지방시대

자치분권의 회고(回顧)와 전망(展望)

지방시대

자치분권의 회고(回顧)와 전망(展望)

지은이 최진혁

1판 1쇄 2024년 5월 30일 1판 2쇄 2024년 6월 28일

발행인 김정겸 펴낸곳 충남대학교출판문화원 주소 대전광역시 유성구 대학로 99

전화 042-821-6045 홈페이지 http://www.cnupress.co.kr E-mail cnupress@cnu.ac.kr

ISBN 979-11-6503-281-4 93350

정가 25,000원

지방시대

자치분권의 회고(回顧)와 전망(展望)

최진혁

충남대학교출판문화원

머리말

정년을 맞이하여 그동안 공부해왔던 자치행정학 전반에 대한 정리가 필요할 듯하여 자료들을 찾아보기 시작하였습니다. 세월은 참으로 빠르게 흘렀고 그렇게 열심을 다해 학문에 매진했다고 생각했지만 학문의 이룸 앞에 휑한 마음이 한켠에 자리잡고 있었습니다. 선현(朱子)의 말씀대로 "소년이로(少年易老) 학난성(學難成)이니 일촌광음(一寸光陰) 불가경(不可輕)이라("소년은 늙기 쉽고 학문은 이루기 어려우니 짧은 시간이라도 가벼이 여겨서는 아니된다")."는 교훈을 순간순간 되새겨 왔지만 여전히 학문을 이뤄야 하는 시간 앞에서 작아지는 자신을 보고 있었는지 모르겠습니다. 그러나 그동안 수고한 많은 양의 논문과 연구자문, 학술발표, 정부정책에 대한 자문과 언론기관의 칼럼 및 인터뷰 등이 밤잠 못 이루며 고민해야했던 순수한 열정의 결정체라는 생각이 들어 용기를 내어 책자로 정리하게 되었습니다.

저자가 태어나 대학에서 공부하고 유학길에 나설 때는 1987년 6.29 선언과 함께 우리나라가 중앙집권적 (지방)행정을 끝내고 지방민주주의 징표인 자치행정을 추구해가기 위한 정치 · 행정환경변화에 놓여 있었습니다. 따라서 그동안 우리나라의 전통행정학으로서의 주제는 국가가 주도하는 발전행정적 시각에서 지방행정을 바라볼 수 밖에 없었던 상황이었던 것이 이후로는 국가로부터 법인격을 받은 지방자치단체(지방정부)가 자율과 책임 하에 주도하는 자치행정이 주목받게 될 것이었습니다. 그리하여 우리나라와 지방자치의 DNA가 유사했던, 지방자치(행정)의 근원지로서 대륙계국가의 대표격인 프랑스의 지방민주주의를 공부할 수 있었습니다. 프랑스 혁명 이후 약간의 지방분권화의 기운이 있었지만 전반적으로 국가중심의 논리가 강하게 작동되었던 중앙집권적 (지방)행정방식에서 1982년 사회당정부의 지방분권적 방식의 지방행정으로 선회하였던 그들의 소중한 경험과 값진 교훈이 우리에게는 매우 큰 자산으로 다가왔기 때문이었습니다. 본 책자에서 논의된 우리나라 자치행정에 많은 정책적 시사점의 근거는 프랑스 지방자치행정의 선험적 학습에서 비롯되고 있다고 할 것입니다.

저자가 "지방분권과 국가균형발전"을 정권브랜드화한 참여정부 2년 성과평가에서 대륙계 국가의 지방분권의 내용과 과제로 발전적 비평을 하게 된 배경도 여기에서 출발하고 있으며, 이를 계기로 지방분권과제를 발굴하고 논의하는 자문위원(대통령자문 정부혁신지방분권위원회) 활동을 하게 되었습니다. 이후 계속해서 이명박정부(지방분권촉진위원회), 박근혜정부(지방자치발전위원회), 문재인정부(자치분권위원회)를 거치면서 줄곧 자치분권과 관련하여 자문 및 연구를 수행해 오면서 국가와 지방이 선순환발전 패러다임에 존재하게 하는 과제를 제시하였습니다. 이제 윤석열정부의 지방시대위원회가 구성되면서 광역자치단체(대전광역시)의 지방시대 위원장으로서 꾸준히 중앙정부와 지방정부의 자치분권과 균형발전 주제에 대해 자문활동을 통해 미래과제를 제시하고 있습니다. 그런 배경에서 우선 대통령자문 기고문과 언론에 밝혔던 칼럼, 인터뷰, 연구기관의 발표문과 자문내용 등을 중심으로 우리나라가 겪어왔던 자치분권과 균형발전의 주요 논쟁(쟁점)을 살펴보면서 지방자치의 제2의 도약으로서의 길을 모색해야 하는 기회로 삼고자 합니다.

이 책자는 총 6편으로 구성되어 있는데, 제1편은 지방시대의 자치분권, 제2편은 지방시대의 자치행정, 제3편은 지방시대의 지방민주주의, 지방의회, 지방선거, 제4편 지방시대의 교육자치, 제5편은 지방시대 자치분권 2.0을 향하여, 제6편 기타 칼럼 및 언론 인터뷰 등을 실었습니다. 이 수고스러운 과정에 원고를 정리 · 편집하는데 큰 도움을 준 충남대학교 출판부와 유지연 박사에게 고마운 마음을 전합니다.

그동안 오랜 세월 학자의 길을 걸어가는 동안 많은 어려움 속에서

묵묵히 지원해주고 격려해준 어머님, 아버님이 5월 어버이날에 더욱 고맙고 그립기만 합니다. 늘 엄격하시어 교육자의 길을 강하게 훈육해주셨던 아버님, 그분이 남겨주셨던 성경귀절이 귓가에 맴돕니다. "나는 선한 싸움을 싸우고 나의 달려갈 길을 마치고 믿음을 지켰으니 이제 후로는 나를 위하여 의의 면류관이 예비되었으므로 주 곧 의로우신 재판장이 그 날에 내게 주실 것이며 내게만 아니라 주의 나타나심을 사모하는 모든 자에게도니라(J'ai poursuivi le bon combat, j'ai achevé la course, j'ai gardé la foi. Désormais la couronne de justice m'est réservée ; le Seigneur, le justice juge, me la donnera en ce Jour-là, et non seulement à moi, mais à tous ceux qui auront aimé son apparition)(Deuxième Epître à Timothée 4 : 7-8)."

끝으로 올해로 교수(공직)생활 25년 6개월을 마치는 동안 바쁜 학내외 활동을 이해해주고, 교육자와 학자로서의 삶에 최선을 다할 수 있도록 배려해 준 소중한 아내와 가족들에게 이 책으로 그동안의 고마움과 미안함을 대신했으면 합니다. 특히 결혼기념일 36주년의 아내에게 뜻깊은 선물로 남기고자 합니다.

목차

Chapter 04 지방시대의 교육자치 ...229

Chapter 05 지방시대 자치분권 2.0을 향하여 ...283

Chapter 06 기타 칼럼 및 언론 인터뷰 …385

01

지방시대의 자치분권

01

참여정부의 지방분권화 재고(再考)

지방분권과 지역균형발전을 그 중요한 국정과제의 기치로 내세워 국정개혁을 수행하고 있는 참여정부가 출범한지도 벌써 6개월이 지났다. 21세기 지식정보화사회, 세계화시대의 새로운 정치환경에 부합하기 위해서는 국가의 일방적인 통치(Government)로서는 더 이상 국가발전을 기약하기 어렵고 따라서 지역중심의 국정운영을 수행케 하여 지방자치단체와 시민사회가 협치(Governance)로서 국가발전을 도모하여야 한다는 논리를 내세우면서 말이다. 그리하여 각 지역마다 정계, 학계, 시민단체의 전문가를 중심으로 지방분권의 올바른 방향을 제시하려는 많은 학술세미나가 경쟁적으로 치뤄지고 있다. 그러나 정작 지방분권화의 수혜자가 되어야 할 주민의 지방분권화에의 체감도는 그리 높지 않은 것이 현실인 듯하다. 국가로부터 완전하게 자율과 책임성을 부여받아야 할 자치권의 미비, 중앙부처의 이기주의와 개별적 단위사무 위주의 단편적 기능이양으로 실질적 지방분권 부진, 자치역량을 강화하기 위한 제도적 개선노력 미흡, 지역이기주의에 따른 지방행정의 비효율성, 민선자치단체장과 지방의회의원의 부정부패에 따른 지방행정의 신뢰성 상실 등의 경험은 주민이 바라보는 지방분권의 매력이 그 긍정적 측면이 월등함에도 불구하고 많이 반감될 수밖에 없는 까닭이었던 것이다.

이러한 배경 하에서 참여정부가 추구하는 〈성공한 지방분권〉이 되기 위한 우리 지방분권화의 로드맵은 다음과 같은 측면에서 재고되어야 할 것이다.

첫째, 국가와 지방자치단체, 지방자치단체와의 관계가 국가의 통일성 내에서 유기적인 협조 내지 연계성 있는 분권화가 되어야 한다. 국가의 지배논리가 너무 강해서도 아니되지만 지방의 독립적 논리가 너무 강해서도 아니된다는 것이다. 국가와 지방자치단체가 따로 격리되어 지방행정을 수행하는 것은 바람직하지 않다. 그런 측면에서 지방의 문제가 국가의 문제가 될 수 있으며, 국가의 문제가 지방의 문제가 될 수 있다는 현실에서 서로 통합의 논리에서 분권화를 조명해야 한다. 이러한 배경에서 그동안 논의되었던 광역지방자치단체장의 국무회의 참석제도는 긍정적이다. 여기에서 한 걸음 더 나아가 정치적 측면에서의 연계성을 강화하는 차원에서 지역의 지방의회가 국회와의 연계성을 가지면서 지방행정을 펼쳐나갈 수 있는 제도적 보완을 고민해야 한다.

둘째, 주민자치적 측면을 강화한 지방분권이 되어야 한다. 왜냐하면 그동안 우리의 지방분권은 국가와 지방자치단체간의 관계를 중시하는 법률적, 행정적 측면에 그 비중을 두는 유럽대륙계통의 단체자치적 논리 하에 지배되어왔기 때문이다. 따라서 자치단체와 주민과의 관계를 중시하는 지방분권의 논리가 상대적으로 소외되었다. 그런 측면에서 주민을 위한 지방민주주의의 발전을 도모해야 하는 방향에서 지방분권정책이 설정되어야 한다. 그러기 위해서는 주민과 가까이 하는 자치행정이 되도록 해야 한다. 주민들이 자기 자치단체에서 행하는 사무에 대해 정보를 알아야 하며, 그리고 그들에 관계되는 정책결정에 그들의 의견을 자유롭게 개진할 수 있도록 해주어야 함은 바로 여기에 있다. 이는 지방민주주의의 가장 중요한 원칙으로 행정행위의 투명성 원칙과 지방정치에의 주민참여의 원칙을 의미하는 것이다. 그런데 결국 주민과 가까이 하는 행정은 주민을 대표하는 지방의회를 통해서 제도적으로 가능하다. 따라서 지방의회의 새로운 역할정립이 요구된다. 특히 지방의원의 자질, 능력을 제고할 수 있는 방안 모색과 자유로운 의회행정 보장과 같은 분야에 깊은 성찰이 있어야 할 것이다. 이와 더불어 주민이 선출해준 자치단체장과 지방의회의원이 주민의 의사에 반하는 행위에 대하여 주민이 소환투표를 통하여 임기 전에 그들을 해임시킬 수 있는 제도를 강구할 필요가 있다.

요컨대, 우리나라의 지방분권화는 국가와 지방자치단체간의 효율적 행정논리와 주민과 지방자치단체간의 민주적 성격을 가속하기 위한 정치적 논리가 혼합되어 있다고 볼 수 있다. 즉, 전자의 논리에서는 국가가 지방자치단체에 얼마만한 자치권을 부여해주어야 하는지, 국가와 지방자치단체간의 기능배분을 어떻게 해야 효과적인지, 국가가 지방자치단체에 대한 중앙통제게임을 어느 정도에서 한정시킬 것인가가 주요 관심이 되었고, 후자의 논리에서는 주민참여 및 주민통제를 어떻게 하면 활성화시킬 수 있을 것인지가 주요 의제가 되었다. 그 동안의 경험에서 얻은 교훈은 국가가 지방자치단체에 깊숙이 관여하는 정치행정게임인 분산행정에서 벗어나 주민이 주인이 되는 지방의회가 주체가 되어 자기지역의 사무는 그들의 자유로운 의결과 집행으로 책임정치행정을 추구하는 진정한 분권행정으로의 전환이 선행되어야 한다는 사실에 있다. 여기에 행정적 의미의 자치에 더하여 정치적 의미의 자치게임을 더욱 활성화하여 참여정부의 진정한 지방분권을 이루어낼 수 있다고 본다.

02

지방분권개혁은 계속돼야 한다

1991년 지방의회의 재구성과 1995년 지방자치단체장 주민직선과 함께 시작된 우리의 지방자치제도는 그동안 중앙집권적 논리 하에 희생된 민주화의 간절한 염원을 담는 사건으로 우리나라 정치·행정사에 매우 의미 있는 중요한 전환기임에 틀림없다. 군사정권에 의해 말살된 민주정치의 원혼은 국민들의 가슴속에 지펴져 이제는 우리의 대표를 우리 손으로 직접 선출하는 것만이 민주정치를 실현하는 유일한 길임을 항변하게 하였다. 임명자치단체장을 두고 지방의원만 주민직선으로 하는 지방자치는 '반쪽 지방자치'라며 자치단체장의 주민직선을 강력하게 요구했던 배경이 바로 그것이다. 그러나 주민직선에 의해 자치단체장과 지방의원을 선출한다고 해서 우리가 염원하던 민주주의는 완성될 수 없다는 교훈을 체득하는 시행착오를 겪기도 하였다. 요컨대, 민주주의를 지탱할 역량 내지 여건(민주주의 제도, 시민사회 성숙)이 구비되어 있지 않고서는 민주주의(주민참정) 수단으로서의 선거(주민참여)의 효과는 그리 크게 나타나지 않는다는 사실이다.

같은 맥락에서 참여정부는 2003년 지방분권특별법을 제정하고, 2004년 주민투표, 2005년 주민소송, 2006년 제주특별자치도 도입, 2007년 주민소환제, 총액인건비제를 도입하는 등 분권국가의 기반을 마련하는 성과가 있었지만 지방자치단체의 역량이 준비되어 있지 않은 상황에서는 지방분권의 참된 성과를 기대할 수 없었다. 여기에 참여정부가 추진한 지방분권개혁의 문제점을 진단하여 국가개혁을 바르게 추진해야 할 의무가 이명박 정부의 과제가 되고 있다. 마치 프랑스의 프랑수와 미테랑(François Mitterand) 좌파정부가 추진한 지방분권개혁을 보다 발전적 분권정책으로 국가개혁을 수행하려 했던, 요컨대 지방분권화를 더욱 가속화시키기 위한 대안으로 헌법개정을 모색하였던 쟈크 시락(Jacques Chirac)과 니콜라사르코지(Nicolas Sarkozy)의 우파정부의 경험이 소중하게 다가오는 이유이다.

그러한 배경에서 이제 출범을 앞두고 있는 우파 이명박 정부는 지속적으로 지방발전과 균형발전을 담보해 낼 수 있는 실용지향적 지방분권개혁을 추진해야 할 것으로 본다. 이를 위해 우선 국정의 통합을 유지할 수 있는 지방분권정책을 제시해야 한다. 전국 246개 지방자치단체에서 발생하는 정치 · 경제 · 사회 전반에 걸친 문제를 〈내치〉차원에서 종합적으로 조정하여 통치권의 정치적 부담을 완화시켜 줄 수 있어야 하기 때문이다. 그리고 지방행 · 재정 등을 총괄적으로 지원 · 관리하여 국정과 지방행정을 통합 · 조정해야 한다. 이는 정부와 소속

정당을 달리하는 지방자치단체장 출현시 예상되는 국정표류를 차단하고 국가 주요정책 사업을 지속적으로 추진해야 하기 때문이다. 이러한 맥락에서 우리나라에 합당한 중앙-지방자치단체간의 바람직한 관계를 설정해야 한다. 즉, 국가와 지방자치단체, 지방자치단체와의 관계가 국가의 통일성 내에서 유기적인 협조 내지 연계성 있는 분권화를 도출해야 한다. 국가의 지배논리가 너무 강해서도 아니 되지만 지방의 독립적 논리가 너무 강해서도 아니 된다는 것이다. 환언하면 국가와 지방자치단체가 따로 격리되어 지방행정을 수행하는 것은 바람직하지 않다는 사실이다. 그런 측면에서 지방의 문제가 국가의 문제가 될 수 있으며, 국가의 문제가 지방의 문제가 될 수 있다는 현실에서 서로 통합의 논리에서 분권화를 조명해야 한다. 이러한 배경에서 그동안 논의되었던 광역지방자치단체장의 국무회의 참석제도(국정을 시도지사와 협의)는 긍정적이다. 여기에서 한 걸음 더 나아가 정치적 측면에서의 연계성을 강화하는 차원에서 지역의 지방의회가 국회와의 연계성을 가지면서 지방행정을 펼쳐나갈 수 있는 제도적 보완을 고민해야 한다. 그런 차원에서 "생산적 지방자치, 통합적 국정관리, 고품질 주민서비스"를 통한 "저비용 고효율의 지방자치" 모델을 구축해야 할 것이다. 이를 통해 국정운영의 효율성을 증진시켜 지방의 발전과 국가의 발전이 선순환하는 실천적 지방자치의 틀을 만들어 갈 수 있을 것이다.

(서울신문 2008.2.5.)

03

지방자치단체간 협력방안

1991년 지방의회의 재구성으로 30년만에 부활된 우리나라의 지방자치는 그동안 중앙정부의 강력한 중앙집권으로 나타난 폐해에 정면으로 도전하여 시행 초반에는 지방자치단체의 자율성을 크게 강조하는 모습으로 나타났다. 따라서 중앙에 집중되어있던 권한을 지방에 이양하여 지방자치단체의 권한을 강화해 주어야 하는 논의가 주 의제가 되었다. 그러나 시간이 지나면서 중앙에서 많은 권한을 이양해 주어도 자치단체의 여건과 역량정도에 따라 자치단체마다 성과가 다르게 나타나는 사실을 깨닫게 되면서 자치단체의 책임론과 역량강화논쟁이 논의되기 시작하였다. 그러나 자치단체장, 지방의회의원이 그 자치단체에서만 활동하는 '칸막이정치행정체제' 속에서 행정관할 구역 위주로 개별사업을 추진하다보니 다른 자치단체와 협력이 필요한 많은 사업들이 제대로 그 성과를 견인해 낼 수 없었다. 또한 행정구역 단위의 분절적 시설공급체계는 필요한 시설이 과소 공급되게 하거나 불필요한 시설이 과잉 공급되게 하여 투자의 효율성을 떨어뜨리는 요인이 되었다. 또한 선호시설의 경우 지방자치단체별로 신설 또는 유치경쟁(PIMFY 현상)으로 중복 또는 과잉투자의 경향이 농후하였고, 당해 행정구역 내의 입지 또는 유치를 꺼려하는 혐오시설(LULU : Locally Unwanted Land Use)의 경우 입지거부(NIMBY 현상)로 나타나 입지선택과 적정서비스공급이 곤란한 지경에 이르렀다. 여기에서 참여정부에 이어 이명박 정부가 계속해서 대한민국의 분권정책으로 중요하게 제기하고 있는 과세 중의 하나가 바로 '정부 및 지방자치단체간 협력체제 강화'라는 사실이다.

이제 스무해의 성년을 맞이한 우리의 지방자치는 '자율'과 '책임'에 더하여 국가와 지방자치단체간, 지방자치단체간의 협력체제를 어떻게 구축하고 가동할 수 있을 것인지에 대한 깊은 성찰이 필요할 때이다. 이를 위해서 우선 국정과 시 · 도정의 통합을 유지할 수 있는 지방분권체제로서 중앙-지방자치단체간, 지방자치단체간의 협력관계가 가능한 정치 · 행정시스템을 구축해야 할 것이다. 국가와 지방자치단체가 따로 격리되어 지방정치 · 행정을 수행하는 것이 아니라 국가의 통일성 내에서 유기적인 협조 내지 연계성 있는 정치 · 행정시스템을 가동해야 하는 것이다. 이런 배경에서 행정적 측면에서 논의되었던 광역지방자치단체장의 국무회의 참석제도를 보다 활성화해야 할 것이고, 광역단체장과 기초단체장의 업무협의체제도 등을 공식화해야 한다. 뿐만 아니라 정치적 측면에서 지방의회가 국회와의 연계성을 가지고 지역의 문제를 함께 논의할 수 있는 제도적 장치를 강구해야 하며, 더 나아가 지방의회 역시 그 지역에만 한정하여 활동하는 지방의원이 아니라 광역과 기초의회간의 연계를 통해 그 지역의 문제를 통합적인 시각에서 조망할 수 있도록 해주어야 한다. 이를 통해 국정, 시 · 도정 운영의 효율성을 증진시켜 지방의 발전과 국가의 발전이 선순환하는 실천적 지방자치의 틀을 만들어 갈 수 있을 것이기 때문이다.

다음으로 협력사업의 성공 · 실패요인을 면밀히 분석하여 지방자치단체간의 협력을 활성화할 수 있는 구체적인 대안들을 모색해야 할 것이다. 그동안 자치단체간 협력사업의 경우 재정적 이익의 발생과 손실(소요되는 거래비용과 발생되는 편익)이 중요한 요인이 됨을 알 수 있었다. 그런데 대부분의 자치단체가 재원부족과 거래비용발생 등으로 자치단체간의 자율적인 협력사업을 기대하기 어려웠던 것이 사실이다. 따라서 중앙정부는 자치단체간 협력사업을 유인하는 행 · 재정적 정책을 펼쳐야 하는데, 그 일환으로 자치단체간 협력대상사업을 정기적으로 조사 · 분석하여 사업유형별로 다양한 사업메뉴와 지원방식을 제시하고 지방자치단체는 지역의 여건을 고려하여 성공가능성이 높은 사업을 추진케 하여 자치단체의 거래비용을 절감할 수 있도록 해 주어야 한다. 또한 협력방식의 다양화 차원에서 거래비용과 편익의 교환을 통한 협력촉진제도를 시행하고, 특정 자치단체가 인근 지방자치단체 혹은 그 지역의 구성원의 이해관계에 직접적으로 영향을 미치는 시설사업을 계획 혹은 집행할 경우 해당 자치단체와 사전에 협의절차를 의무화하도록 하는 협력시설사전협의의무화제도를 채택할 필요가 있다. 그리고 일정한 규모경제가 작용하고 상호보완적으로 활용할 수 있는 광역적 환경시설을 인접 자치단체마다 개별적으로 설치하지 않고 상호간 협약을 통하여 시설교환에 의해 공동설치하여 활용하도록 하는 시설교환제도를 시행할 필요성이 있다.

마지막으로 사업초기부터 이해관계자가 참여할 수 있는 거버넌스 구축이 이루어져 이해관계자간의 갈등구조를 극복하고, 각 자치단체의 자치단체장과 지방의원, 공무원, 주민, 시민단체 등 협력주체들이 지방정부간 상호협력이 함께 더불어 잘 사는 지방자치시대를 여는 핵심적 가치임을 인식할 때 자치단체간의 협력을 활성화할 수 있을 것으로 본다.

(대전일보 2011.1.18.)

04

이명박정부 후반기 지방분권의 발전적 과제

이명박 정부는 2008년 2월 참여정부의 '지방분권특별법'을 '지방분권촉진에 관한 특별법'으로 전면 개정하고 08년 6월 '지방분권촉진에 관한 특별법 시행령'을 제정하여 지방분권의지를 가속화시키면서 마침내 지방분권 조정 · 심의기구로서 08년 12월 2일 '대통령소속 지방분권촉진위원회'를 출범하였다. 참여정부 이후 지방분권개혁이 지속되어야 하는 이유와 그 바람직한 방향을 '선진일류국가'의 국가비전에 두고 적실성 높은 4개분야 20개 과제를 시행하고 있다. 민주화의 염원을 담아낸 부활된 지방자치(1991년)가 20주년을 맞는 뜻 깊은 해에 이명박 정부 후반기 지방분권정책을 조율할 제2기 지방분권촉진위원회가 출범하면서(2011년 1월 27일) 그 완성도를 높이려하고 있다. 이제 우리나라의 지방분권정책이 진정으로 소기의 성과를 내고 국가발전

(선진일류국가)을 견인해내기 위해서는 그동안 진행하였던 과제의 공과를 면밀히 분석 · 검토하여 다음과 같은 방향에서 보완 · 발전시켜야 할 것으로 본다.

우선 지방분권의 기본이념 및 방향, 내용이 어떠한 형태의 국가체제 속에서 실현해 나갈 것인지에 대한 대한민국 국가의 정체성을 분명히 해주어야 한다. 자치의 형태를 강화하기 위해 연방제적 성격을 띤 국가체제를 채택할(수 있는) 것인지 대한민국 공화국의 불가분성에 기초하여 국가의 단일성원칙을 존중하여 단일(단방)국가체제에서 작동하게 할 것인지에 따라 자치(분권)의 모습은 다르게 나타날 수 있기 때문이나. 그동안 추진해왔던 분권목표, 전략, 과제 등이 국가체제 속에 녹아들어 상승효과를 견지해내어야 하는 이유이다. 그런 배경에서 그동안 추진해 왔던 과제들이 단일한 공화국체계 내에서 국가조직의 지방분권화를 강화해나가는 촉매제로서의 역할을 담당할 수 있도록 해주어야 한다. 따라서 지방분권은 국가체제의 성격을 밝혀주는 헌법개정을 통해 더욱 더 실효성이 크게 나타날 것이다.

다음으로 지방자치단체의 자율성을 확대하고 이에 상응하는 행정역량 및 책임성을 강화하는 지방분권이 되도록 해야 한다. 물론 그동안 자치역량강화, 지방재정확충, 권한 및 기능재배분정책을 추진해왔지만 보다 지방자치단체의 자율행정을 보장할 수 있는 진전된 분권내용이 나와야 한다. 지방자치단체의 자율성을 확보하기 위해서는 국가가 지방자치단체에게 자치권을 확대해 주어야 하는 것도 필요하지만 이와 더불어 그동안 지방자치단체에게 행했던 중앙통제의 정도를 분권화의 논리에 맞게 조정해나가는 것도 중요하다. 지방자치단체에게 아무리 많은 자치권을 부여하고 권한이양을 한다하더라도 중앙정부의 지방자치단체에 대한 통제가 강하게 작동한다고 한다면 지방분권은 그 실효성을 상실할 수밖에 없기 때문이다. 특히 그동안 우리나라의 지방자치단체에 대한 중앙정부의 강한 통제는 지방자치를 황폐하게 하는 가장 주요한 요인이었음을 상기해볼 때 더욱 그렇다. 따라서 중앙정부나 광역자치단체가 광역, 기초자치단체에 행하는 통제게임을 보다 분권화의 논리에 부응한 통제로 바꿔 주어야 한다. 즉, 지방자치단체에 대한 국가의 통제는 지방자치의 이념을 존중하는 방향에서 자치단체의 자율적 통제장치가 제대로 기능하지 않을 때에 한하여 행사하도록 해야 할 것이다. 예를 들면 기관위임사무의 경우 국가의 통제가 불가피하다고 볼 수 있으나 자치사무에까지 법령위반여부에 대해서 국가나 광역자치단체가 판단하는 것은 무리가 있다. 따라서 자치사무에 대해서는 사법부에 의해 보다 중립적으로 법령위반여부를 판단하도록 해주어야 한다. 이와 함께 자치단체장의 행위에 대한 판단은 일반행정문제는 사법부에서 재정문제는 회계검사원(감사원)에서 판단하도록 하는 독립성과 전문성을 갖춘 기관에 의한 합법성 통제에 충실하도록 해주어야 한다. 즉, 단체장의 작위 또는 부작위가 위법이라고 인정될 때에는 주무부장관은 그 내용이 행정에 관한 것이라면 이를 취소 · 정지시키거나 또는 이행을 강제하는 판결을 구하는 소를 행정법원에 제기하고, 예산 및 재정에 관한 것이면 회계검사원(감사원)에 청구하여 각각 그 판단에 따르게 하도록 한다.

마지막으로, 분권사회에 맞는 성숙한 주민의 창출을 도모해야 한다. 매번 자기이익에 반하면 비판만하는 고객지향적인 주민에서 국가와 자기 자치단체의 공익을 생각할 수 있는 성숙한 가치지향적인 새로운 주민으로서의 변화를 이끌어 내주어야 한다. 아무리 많은 분권제도를 법과 함께 내놓는다 하더라도 공익적 사고에 가치지향화된 공동생산자로서의 주민이 존재하지 않는다면 모두 허상이 되고 말 것이기 때문이다. 따라서 새로운 주민의 창출을 위한 시민교육을 어떻게 정립하여(시민주도, 정부지원) 활성화 시킬 것인가에 대한 고민이 필요하다.

(대전일보 2011.3.9.)

05

우리나라 자치분권의 미래과제 : 소중한 경험과 교훈을 중심으로

오늘날 전 세계적인 우한폐렴(코로나19) 감염증 확산에 따른 팬데믹(pandemic) 현상은 모든 분야에 불확실성의 영역을 넓혀놓았고, 그동안 전혀 경험해보지 못한 세상에 놓이게 하였다. 특히 값싸고 양질의 행·재정서비스를 창출하고 배분하여 주민의 삶을 제고해주어야 할 책무가 있는 지방정부로서는 이런 미증유(未曾有)의 자치행·재정 환경 변화에 어떻게 대응할 것인가에 대한 고민이 클 수밖에 없다. 이런 특수한 환경변화가 자칫 국가주의의 중앙집권화의 길을 열어주는 것이 아닌가하는 우려도 있지만 민선자치 25년간 쌓아두었던 지방민주주의의 소중한 자산(경험과 교훈)은 이번 위기상황을 지혜롭게 민주적·효율적으로 잘 헤쳐 나갈 수 있는 원동력이 될 수 있을 것으로 본다. 그런 맥락에서 1987년 6.29 민주화운동으로 이어진 자유민주주의의 소중한 열매로써 획득한 지방자치의 기본 토대 위에서 우리의 지난 시간을 겸허히 반추해보면서 새로운 동력을 이끌어 갈 미래과제를 제시해 보고자 한다. 여기에서는 자치분권의 효율적인 논의의 필요성에 의거 국가(중앙정부), 지방자치단체(지방정부), 주민이라는 차원에서 논의할 수 있을 것이다. 왜냐하면 우리의 자치분권제도는 이들 세 요소가 공동으로 만들어나가는 합작품이기 때문이다.

우선, 대한민국이 추구하는 자치분권의 가치 및 정향을 분명히 설정해야 한다는 취지에서 우리나라의 국가의 성격(국가형태)을 규정하고 그 안에서 자치분권의 기본이념 및 정향, 내용을 국가체제와의 관계 속에(국성운영 : 국가-지방관계) 제시해 주어야 한다. 예컨대, 우리나라 자치분권의 기본논리는 자유민주주의체제를 기본으로 하는 단일국가의 틀(체제) 속에서 작동해야 한다. 왜냐하면 우리나라는 실질적으로 정부수립 후 제헌헌법이래 단일국가체제를 유지해온 자유민주공화국이기 때문이다. 우리나라의 자치분권은 연방국가체제가 아닌 단일(방)국가체제 속에서의 자치분권을 추진한다는 원칙을 명백히 제시해 주어야 하는 이유는 여기에 있다. 즉, "우리나라는 '대한민국 민주공화국의 불가분성(indivisibilité de la République Corée)'과 주권불가분성(indivisibilité de la souveraineté)에 기초하여 국가의 단일성원칙을 존중하는 (지방)자치분권화이어야 한다"는 사실을 명확히 밝혀줄 필요가 있다. 따라서 어떤 정치세력도 정치적 목적을 달성하기 위한 수단으로서 자치의 영역을 확대하고자 하는, 혹은 훗날 북한과의 통일을 준비하여야 한다는 미명하에 대한민국 주권을 나누어 가지려는 위험을 차단하고 국가의 단일성(통일성) 내에서 지방자치단체의 다양성을 확보해나가는 자치분권 국가임을 천명해야 한다.

이와 함께 국가(중앙정부)는 자치분권을 통해 궁극적으로 무엇을 실현해 갈 것인가에 대한 답을 찾아야 하는 차원에서 자치분권목표가 설정되어야 한다. 예를들면 지방자치단체의 자율(자치)행정보장, 국가와 자치단체간의 협력보장, 새로운 주민의 창출(주민의 권리확충강화, 의무강화) 등이 그것이다. 그동안 우리나라는 자치분권을 시행함에도 불구하고 국가(중앙정부)의 지방자치단체(지방정부)에 대한 통제 · 감독 부문이 지나쳐 자치단체의 자율성을 보장하기엔 일정한 한계가 있었다. 무엇보다 지방자치의 성공의 열쇠는 어떻게 하면 자치단체의 자유스러운 행정(la libre administration)을 보장할 수 있는가에 달려 있다고 본다. 같은 맥락에서 그동안 초중앙집권적인 지방행정운영에 대한 반발로써 시작된 지방자치제이다보니, 지방자치단체의 자율과 책임만을 중시한 독립적 성격을 강조하게 되었고, 그럼으로써 자연히 국가(중앙정부)로부터 연계되고 협력적인 자치행정을 운영하는데 상당한 제약을 받을 수 밖에 없었다. 즉, 주민이 직접 자치단체장과 의회의원을 선출하여 주민자치의 근간은 마련하였을런지는 모르나, 중앙행정과 지방행정을 연계해 줄 수 있는 국가운영시스템의 미비로 국가와 지방간의 원활한 의사소통이 제한될 수밖에 없었다. 여기서 국가정책에 대한 지방주민의 반발을 해결하는데 어려움이 있었으며, 그에 따른 행 · 재정적 낭비를 지켜볼 수밖에 없었다. 뿐만 아니라 지역의 주민대표기관이라고 하는 지방의회를 만들어 놓았다고는 하지만 각각의 지방의원들은 그 지역에서만 활동할 수밖에 없었던 이유로, 다시 말해 각자의 지역에서 격리되어 의정활동을 할 수밖에 없어 지역의 문제를 소상하게 다른 지방의회나 국회에 알리고 협조를 원활히하는 데는 일정한 한계가 있었고, 또한 국회의원에게 종속된 관계 속에서 의정활동을 할 수밖에 없는 까닭에 지역의 문제를 국회의원과 대등한 관계에서 논의하는 데 근본적 한계를 드러낼 수밖에 없었다. 국가와 지방자치단체간, 지방자치단체간의 협력보장이라는 지방분권목표가 설정되어야 하는 이유는 바로 여기에 있다. 여기에 국가는 "대한민국 자유민주공화국의 단방(단일)국가체제 내에서 통일성을 확보하고 각 지방자치단체(지방정부)의 다양성을 함께 존중해 나가야 하는 자치분권체제 안에서 중앙정부와 지방정부간의 원활한 협력관계가 보장되는 지방자치임"을 확인해 주어야 할 책무가 있다.

다음으로, 지방자치단체(지방정부)는 자치분권으로 더욱 자율성이 확대되고 이에 상응하는 행정역량 및 책임성이 강화되어야 한다. 중앙행정권한의 지방이양을 추진하고, 국가(중앙정부)와 지방정부의 합리적이고 명확한 기능배분으로 지방정부의 책임성을 제고하며, 국세와 지방세의 합리적 조정과 지방재정조정제도를 통해 재정자립도를 제고하며, 자치입법권, 자치조직권, 자치행정권, 자치재정권 확대 및 지방인사의 공정성과 개방성을 확대해 나감으로써 자치역량을 강화해야 한다. 또한 지방자치단체의 자율성을 신장시켜주기 위해서는 국가가 지방자치단체에게 자치권을 확대해 주어야 하는 것도 필요하지만 이와 더불어 그동안 지방자치단체에게 행했던 강력한 중앙통제의 게임을 바꿔주어야 한다. 신지방분권하의 통제방식으로 권력적 · 사전적 통제의 폐지와 행정법원에 의한 적법성의 통제, 감사원(지역감사원)에 의한 예산 · 회계의 적법성 통제를 논의해야 하는 이유는 바로 여기에 있다. 그리고 그간의 자치경험상의 지방자치단체(지방정부)의 모습은 매우 왜곡된 것이었다. 즉, 지방정부가 주민을 위해 보다 값싸고 양질의 행정서비스를 제공해야 하는데, 직선된 자치단체장과 의회의원은 주민들에게 '표'를 과도하게 생각할 수밖에 없어 전시행정 내지 인기행정의 유혹에 매몰되었고, 그럼으로써 지방정책은 왜곡될 수밖에 없는 상황에 놓이게 되었다는 점이다. 요컨대, 자치단체장이나 의회의원은 선거에서 그 지위가 주어지는 까닭에 선거를 통해 안게 된 정치적 부채에 연연하게 되었고, 따라서 특혜의 제공이나 인사상의 배려 등으로 부정과 부패의 연결고리가 자연히 형성될 수밖에 없는 여지를 만들어 놓고 말았다. 지역마다 영향력있는 선거권자들의 무리한 인사 및 사업청탁과 압력으로 공무원의 인사가 정실에 치우칠 가능성이 커졌으며 자치행정의 공정성을 잃는 사례가 많아졌던 것이다. 집행기관의 견제 · 감시기관으로서 지방의회가 새롭게 거듭나야 하고 건강한 시민사회를 만들어내어 시민단체의 바른 역할이 선행되어야 하는 이유가 바로 여기에 있다.

이와 함께 지방정부는 새로운 지방재정운영방식의 모색이 불가피할 것으로 보인다. 전 세계적인 글로벌 경제위기로 국가의 세수 증가폭이 격감하고, 급격한 고령화와 저출산으로 재정수요가 증대되는 재정환경변화에 대다수 지방정부는 기존 사업의 축소, 신규사업 중단, 경상비 일률삭감 조치 등의 감축관리가 예상되고 있다. 따라서 기존의 재정운영방식을 그대로 답습하느냐, 아니면 과학적 지식에 기반한 전략과 우선순위를 설정하여 새롭게 접근해 갈 것인가는 국가나 지방자치단체 모두 미래의 향방을 결정하게 하는 중요한 선택지가 될 것이다. 그런 면에서 기존의 방식으로서 정치적 갈등을 최소화하는 방안으로 고통을 획일적으로 똑같이 분담하는 정치적 접근에서 중장기 전략계획과 우선순위 설정, 비효율적 사업에 대한 삭감으로 고통의 차별화를 통한 관리적 접근으로 전환하여야만 한다. 지방정부가 그동안 자치단체 사업을 전수조사(全數調査)하여 정말 자치단체에 필수불가결한 중요한 사업과 관행적으로 이루어졌던 비능률적인 사업, 이권개입사업 등을 구분해내야 하는 이유이다. 예를 들어 인기위주의 자치행정의 소산(所産)으로 이익집단에 포획된 '나눠먹기식' 지방보조금이 있다면 과감히 청산해야 한다. 그리고 과거방식으로 고통의 분담을 강요하는 획일직이고 일률적인 감축방식에서 그 고통의 분담이 어느 자치단체와 주민에게는 고통의 전가가 될 수 있었음을 감안한다면 이제는 자치단체의 경비의 일률적 삭감이 아닌 미래의 성장동력이 되는 사업에는 그 옥석(玉石)을 구분하여 차별적으로 접근해야 할 것이다. 필수 지방공공서비스, 미래성장의 기반이 되는 사업은 더욱 확대 활성화되어야 하기 때문이다. 또한 부처간, 지역간의 이기주의에 따라 내 부처, 내 지역, 나만 잘 살면 그만이라는 인식에서 벗어나야 한다. 지역과 부처의 재정축소문제는 이제부터 내 지역, 부처와 다른 지역, 부처와의 긴밀한 상관관계에 놓여있음을 자각하고 공동 협력해야 한다. 여기에 우리의 어려움을 함께하고 이겨낼 수 있다는 진솔하고 담대한 주민설득으로 사회적 대타협을 이루어내는 자치단체장의 용기있는 리더십이 요구되는 것이다.

마지막으로 보다 역동적인 주민에 대한 역할변화가 필요하다. 그동안 민선자치의 화두는 수요자 중심주의, 고객지향적 행정 등으로 주민들을 단순한 행정서비스의 객체로서의 지위만을 부여하였을 뿐이다. 그러다보니 자치단체의 행정서비스에 대해 소비자로서의 이기적이고 수동적인 주민을 만들어내었다. 더 나아가 대다수 주민들은 지역이기주의와 자기이해에 함몰되어 자치행정에 많은 혼란을 야기하였다. 결국 주민의 공동체적 민주적 소양이 전제되어야만 지방자치가 성공할 수 있다는 명확하고 단순한 사실을 재확인한 셈이다. 고객지향적이고 피동적 주민을 자기지역의 발전을 위해 자치행정서비스를 지방자치단체(지방정부)와 함께 만들어내는 공동생산자(co-producer)로서의 역동적이고 자율적인 주민으로 변화시켜 나아가야 하는 이유는 바로 여기에 있다.

이와 함께 특히 유념해야 할 중요한 내용은 우리의 지방자치제도가 불행하게도 주민의 필요보다 정치적 이해관계에 우선하는 지방자치제도로 인도되었다는 사실이다. 제1,2공화국, 제3,4,5공화국의 경험을 차치하고서라도 민주화의 염원으로 출범한 제6공화국에서도조차 3김(YS, DJ, JP)의 정파적 이익으로 파행적으로 운영될 수밖에 없었던 것이다. 당시 집권여당(민정당)은 지방자치실시에 따른 권력축소 염려로 지방자치법상 규정된 실시약속을 어기면서 지방의회 구성과 자치단체장 직선을 미루어 왔고, 야당은 야당대로 지방자치실시를 적극적으로 활용하여 지방권력을 확장해가면서 추후 정권교체의 교두보로서 인식하려하였기 때문이다. 그러다보니 중앙권력을 장악하려는 욕심이 지방권력을 활용할 수밖에 없었고, 거기에 지방선거의 쟁점을 지역차원에서 지역의 문제를 지역 스스로 해결해나가도록 하는 다양성을 존중한 지방자치로 이끌어간 것이 아니라 중앙정치의 쟁점을 부각시켜 전국정쟁화하여 중앙권력을 추종하게 하는 일방향(一方向)으로 내몰았다. 여기에서 중앙의 유력정치인의 영향을 받은 지역의 특정정당이 독점하는 상황이 고착화되는 지역주의에 매몰되었던 것이다. 이런 배경에서 우리의 지방자치는 중앙정치에 예속되어 반자치적으로 운영될 수밖에 없었고, 정당공천의 전면적 허용에 따른 지방선거에 권력쟁취를 위한 비리, 부패 등이 만연하였고, 지방자치의 장을 정치인들 그들만의 리그로 전락한 '권력의 섬'으로 만들어 놓아 유능한 지역일군, 지역인재를 충원해내는 역할을 기대하기 어렵게 만들어 놓았다. 결국 우리의 지방자치제도는 정권연장이나 정파적 이익의 수단으로 변질되어 표면적으로는 주민을 내세우지만 실제로는 정치적 이익의 활용대상이 되어 관제(官製)지방자치 내지는 의사(擬似)민주주의로 전락할 위험을 안고 있는 것이다. 지방자치가 정치적 영향을 받을 수밖에 없겠지만, 그래도 건강한 지방자치, 지방민주주의가 뿌리내리기 위해서 지방자치를 정치적 권력의 활용대상의 수단적 가치로부터 벗어나는 노력을 해야 한다. 진정한 민주화, 공동체정신으로 성숙된 주민의식과 이에 기초한 지방정부의 역량강화와 함께 자치분권의 실익(實益)이 주민의 행복으로 이어져 나가는 그 날을 기약해 본다.

(자치분권 2020)

06

2019 자치분권 이렇게 해야 한다

문재인정부의 존재이유 중 하나는 21세기 초반 노무현 참여정부가 갈망하였지만 미완성에 그친 지방분권과 국가균형발전정책의 완성도를 높이는데 있다. 따라서 대한민국의 지방자치역사에 새로운 자치분권적 국정운영의 동력을 가동하여 국가발전의 제2의 도약을 이끌어내야 하는 중차대한 시기로 볼 수 있다. 그런 배경에서 2019년은 1987년 6.29민주화선언 이후 1988년 지방자치법전면개정 이래 30년만에 우리의 자치분권의 재설계작업으로서 준비한 전부개정 지방자치법으로 주민중심의 지방자치가 실현되는 진정한 지방민주주의(la démocratie locale)를 확립해 나아가야 하는 당위성이 있다. 이번 개정자치법의 핵심적 내용을 주민주권확립을 통해 실질적인 지역민주주의를 구현하고, 자치단체의 자율성을 확대하고 이에 상응하는 투명성과 책임성을 확보하며, 중앙과 지방의 관계를 협력적 동반자관계로 전환하고자 한 이유가 바로 여기에 있다. 이제 그동안 정부수립 후 37년의 지방자치, 지방분권의 소중한 경험과 교훈을 토대로 대한민국에 맞는 올바른 자치분권의 논리 위에 각 요소별 정책이 주민의 삶의 현장에 스며들어 가도록 실행에 옮겨야 할 것이다. 그 연장선상에서 자치분권정책의 실과(實果)가 주민에게 돌아가도록 하며, 아울러 지역의 혁신과 창의성이 발현되어 국가발전을 견인해내는 주민, 지역중심의 새로운 자치분권의 시대가 펼쳐지기를 고대하면서 다음의 몇 가지 사항을 제안하고자 한다.

우선 주민의사의 우월성을 인정하여 주민주권이 강화된 주민자치적 자치분권정책이 실행되어야 한다. 따라서 지방자치단체의 의사결정에 주민참여제를 강화하여 해당 자치단체의 주민이 주인의식을 가지고 그들의 공동체 삶에 영향을 주는 자치단체의 행 · 재정서비스 창출과 배분에 그들의 권리와 의무를 다할 수 있도록 해주어야 한다. 이런 배경에서 해당 자치단체의 살림살이에 참여하여 권리와 책임을 다하는 주민참여예산제도를 보다 실질화하며 더 나아가 예산이 잘 집행되었는지에 대한 주민참여결산제도도 고려해야 할 것이다. 이와 함께 주민이 입법권행사에 참여할 수 있게 하는 방안으로 지방의회에 직접 조례를 발의할 수 있게 하며('주민조례발안제'), 기존의 주민소환 · 주민투표의 청구요건 등도 완화하여 주민들의 실질적인 참여가 이루어질 수 있도록 해야 한다.

여기에서 고려해야 할 중요한 일은 주민에게 그리 크게 신뢰를 받지 못하는 지방의회를 진정한 주민대표기관으로 재탄생시켜주어야 할 당위성이 존재한다. 왜냐하면 일반적으로 우리나라와 같이 단일국가 체제에서 자치분권의 기본논리가 국가의 의사가 직접적, 수직적으로 침투하는 비대화된 행정영역을 줄이고, 그동안 상대적으로 소외되었던 주민참여와 주민통제의 역할을 강화하기 위한 일환으로서의 지방의회의 존재이유(la raison d'être de l'assemblée locale)를 강화한 것으로 이해할 수 있기 때문이다. 이는 지방민주주의의 상징적인 기관으로 공법인격을 가진 지방자치단체 수준에서 주민들이 선출한 지방의회의원들에 의해 자유롭게 운영·관리되어야 함을 원칙으로 한다. 물론 민주주의가 대표제도에만 머무를때 불완전하게 된다는 사실을 교훈으로 시민의 권리와 의무를 중시한 참여제도를 대표제도 내로 끌어들여야 할 것이다. 더 나아가 주민주권이 제대로 행사되기 위해서는 지방대표의 합리적 충원방식을 마련해야 한다. 민주주의는 선거에서부터 시작되고 선거를 어떻게 치르냐에 따라 민주주의 체제의 정당성과 효율성이 다르게 나타나기 때문이다. 그동안 우리나라 선거제도는 공명정대한 선거를 확립하기 위하여 불법·타락선거를 방지하기 위한 제도적 장치마련에 노력하여 왔지만 이제 이와 더불어 지역의 유능한 인재가 지역에 봉사할 수 있게 해주는 적극적인 충원장치가 마련되어야 할 것이다. 더불어 유권자가 후보자를 바르게 선택할 수 있도록 정당을 중심으로 정책선거와 책임정치를 강화해나가는 실질적 대의민주주의의 구축이 절대적으로 필요한 사안이기에 2022년 지방선거를 위한 준비의 시간으로 활용해야 할 것이다.

둘째, 자치단체의 자율성을 확대하고 이에 상응하는 투명성과 책임성을 제고하여 종국적으로 자치단체의 역량을 강화해야 할 것이다. 자치단체가 지역주민을 위해 보다 값싸고 양질의 행·재정서비스를 창출하고 배분하기 위해 지방의 자율성과 자기사무를 획기적으로 확대해 주어야 하며, 중앙정부의 지방자치단체에 대한 강력한 통제를 자치분권논리에 맞도록 변환시켜주어야 한다. 그런 배경에서 이번 법안이 제시하는 사무배분기준으로 보충성, 불경합성, 자기책임성의 원칙을 규정하고 국가와 자치단체의 준수의무를 부과하였으며, 법령 제·개정시 사무배분 적정성, 자치권 침해여부 등을 사전적으로 검토하는 '자치분권 영향평가'를 의무화한 것은 매우 고무적이다. 또한 17개 시·도 행정수요 변화 등을 고려하여 기존 법정 부단체장 외에 특성분야전담 부단체장 1명을 필요시 조례를 통해 자율적으로 설치 가능하도록 하는 안(조직운영 자율성 확대), 그리고 시·도지사권한이었던 시·도의회 사무직원에 대한 임용권을 시·도의회의장에게 부여하여 지방의회 사무처 인사운영의 독립성을 보장하는 안도 큰 의미를 부여할 수 있다. 이와 더불어 자치단체의 투명성과 책임성을 제고하기 위하여 결국 자치단체(지방의회)에 대한 주민의 신뢰를 얻는 자치행정을 펼쳐가도록 해야 한다. 그런 배경에서 자치단체는 스마트거버넌스체제(smart governance system) 구축으로 민주적 의사결정체계를 확립해야 한다. 그 일환으로 지방자치단체는 주민참여 속에 행·재정서비스를 함께 공동생산해 나아가는 거버넌스체제를 확립해야 한다. 그런 배경에서 주민의 의사가 시민단체(정당, 학계, 언론, 각 사업공동체)를 경유하여 지방의회에 제시되어 지방자치단체장이 이들의 의사(요구)를 취합하여 자치단체의 지방행·재정정책으로 하여 집행하고 통제받는 체제를 구축해야 한다. 요컨대, 주민행복을 기치로 한 지방자치시대를 열어나가기 위해서는 시민과 시민단체, 지역공동체 등이 보다 역동적으로 참여할 수 있도록 해 주어야 하며, 더 나아가 보다 지혜롭고 영리함으로 행·재정활동을 영위하게 하는 전문가집단과 성숙한 주민의식으로 무장한 시민단체와 협력하는 창의적이고 영리한 거버넌스체제를 구축해야 한다. 따라서 예를 들면 그동안 적용해온 주민참여예산제도는 더욱 더 주민참여범위를 넓히는 것뿐만 아니라 이들의 의식제고를 위한 프로그램개발이 필요하고, 전문성을 갖춘 예산참여위원회를 구성하여 지자체의 행·재정활동의 창의성과 효과성을 견인해낼 수 있도록 해야 한다.

셋째, 중앙과 지방의 관계를 협력적 동반자관계로 전환하는 것이다. 문재인정부는 지역경쟁력이 국가발전을 좌우한다는 신념으로 그동안 획일적이고 집권적인 중앙정치·행정중심에서 탈피하여 지방의 다양성과 활력을 바탕으로 한 새로운 성장동력을 확보하기 위한 자치분권 정책에 노력을 경주하고 있다. 그러나 지방(지역)의 경쟁력을 이끌어내어 새 성장동력을 확보하기 위한 국정시스템(국회-지방의회 협력)의 미비로 자치분권을 통한 지역경쟁력을 국가경쟁력으로 이끌어내는데 실패하였다. 이제 자치적 분권을 실현해내는 지역발전을 이끌어내어 국가경쟁력을 제고할 수 있도록 국회-지방의회의 새로운 패러다임을 설계해야 할 때이다. 그런 배경에서 국회의원은 국민주권에 기초한 국민대표자로서 우선 국정의 통합을 유지할 수 있는 자치분권화를 도모해야 한다. 전국 243개 지방정부에서 발생하는 정치·경제·사회 전반에 걸친 문제를 종합적으로 조정하여 국가경쟁력을 제고할 수 있는 시너지를 창출해야 하기 때문이다. 그런 맥락에서 지방행 · 재정 등을 총괄적으로 지원 · 관리하여 국정과 지방정치 · 행정을 통합 · 조정해내는데 도움을 줄 수 있는 국회(국회의원)가 되어야 한다. 그러기 위해서는 국가와 지방자치단체와의 관계가 국가의 통일성(단일성) 내에서 유기적인 협조 내지 연계성 있는 분권화를 만들어주어야 한다. 즉, 지역의 입법정책문제를 비롯한 현안과제들을 국회의원과 지방의회의원이 함께 조율할 수 있는 제도적 장치가 마련되어야 한다. 지금과 같이 지방의원들이 해당 지역에서만 격리되어 활동할 수밖에 없고, 국회의원과 지역의 문제를 수평적인 관계에서 함께 논의할 수 없는 구도로서는 국정의 선진화를 도모하기 어렵기 때문이나. 따라서 국회의원은 진정한 지방자치를 실현해내기 위해 지방의회와 함께 국가의 의사와 지방의 의사가 서로 교차하여 논의할 수 있는 공간을 만들어 주어야 한다. 이는 국가의 의사가 수직적 내지 계서(階序)적으로 침투되는 행정관계영역과는 달리 수평적 정치관계 영역 안에 존재하게 하도록 하자는 것이다. 이를 통해 국정운영의 효율성을 증진시켜 지방(지역)의 발전과 국가의 발전이 선순환하는 실천적 지방자치의 틀을 만들어 국가경쟁력을 강화해 나갈 수 있을 것이기 때문이다.

마지막으로 자유정신(l'esprit de la liberté)을 가진 공공봉사자로서 정치인을 길러내야 한다. 우리는 우리 지역 문제를 우리 스스로 해결해야 하는 지방자치의 근간을 대의기관인 지방의회에서부터 출발해야 하기 때문이다. 오래 전 민주주의를 확립한 프랑스의 지방의회는 생활기반이 튼튼한 지역유지에 해당하는 자들이 의원으로 활동하여 주민들에게 봉사하는 것이 당연한 논리로 자리매김할 수 있었고, 그런 지위를 매우 명예롭게 인정해주는 사회문화가 보편화될 수 있었다. 여기에서 지방의원, 자치단체장의 높은 윤리의식과 시민정신에 바탕을 둔 노블레스 오블리주(Noblesse oblige : 지도자의 책무)정신이 탄생하게 되었던 것이다. 이를 기초로 프랑스 정부는 지방의 모든 문제를 지방의회에 끌어들여 해결하려는 자치분권화정책을 시도하게 된다. 다양한 주민을 대표하는 위원회를 활성화하여 지역문제를 해결하는 기제로 활용해야 한다. 특히 지역사회 내 갈등문제를 야기한 당사자 그룹도 주민대표로 지방의회 위원회의 구성원이 되어 정책결정을 가능하게 하도록 해주어야 한다. 여기에 지방의원이 국회의원과는 수평적 협력관계 속에 자기 지역의 문제를 상의하고 해결할 수 있는 국가와 지방자치단체간의 유기적인 협조관계가 가능한 정치 · 행정체제를 가동하도록 해야 한다.

요컨대, 우리는 지방민주주의를 다시 세우는 일에 온 힘을 기울여야 한다. 여기에 그동안 중앙정치의 논리에 작동해온 지방의회를 이제 시민의 필요와 요구에 거듭나는 새로운 지방의회로 변모시켜야 하는 당위성이 있다. 여기에는 시민과 생사고락을 같이할 수 있는 유능하고 존경받는 정치지도자가 함께할 때 가능한 일이기 때문에 그러한 인사가 충원될 수 있는 제도적 장치를 마련해야 하고, 무엇보다도 이러한 정치 · 행정체제에서 지방의회의원이 명예롭게 존중받는 사회적 풍토를 조성해야 한다. 그리하여 지도자의 책무를 강조하는 지방자치를 재창조해야 한다. 정치인(지방의회의원, 자치단체장)들이 권력을 가진 자로 주민에게 군림하는 것이 아니라 주민과 기관 구성원들에게 봉사하는 것이 자랑스럽고 명예스럽게 자리매김할 수 있을 때 우리의 지방민주주의는 그 터를 견고하게 깊이 자리매김할 수 있을 것이다.

(자치발전, 2019)

07

지역특성에 맞는 다양한 지방정부조직형태의 실험

우리나라는 1949년 7월 제정 · 공포된 지방자치법에 의하여 모든 지방자치단체의 정부조직형태를 의결기관인 지방의회와 집행기관인 자치단체의 장이 분립하는 기관분리형으로 정하여 오늘에 이르고 있다. 즉, 광역자치단체이든 기초자치단체이든, 도시형 자치단체이든 농촌형 자치단체이든, 대규모 자치단체이든 소규모 자치단체이든, 각 자치단체가 처해있는 사회적 여건이나 행정기능의 차이를 불문하고, 모든 자치단체에 획일적으로 기관분리형 혹은 기관대립형 정부조직형태를 채택하고 있다. 이와 같이 모든 자치단체에 동일한 정부조직을 획일적으로 적용해도 좋은 것인지, 과연 우리 지방자치단체가 지역실정에 맞는 창의적이고 효율적인 지방자치행정을 수행하고 지역경쟁력을 제고할 수 있는 정부조직형태가 기관분립형조직인지에 대한 의문이 든다.

1991년 지방자치 부활 20주년, 민선지방자치 실시 이후 16년이 지난 오늘날 특별히 고려해야 할 대한민국 분권과제(자치조직권) 중 하나는 효율적이고 민주적인 지방자치조직을 어떻게 마련해야 할 것인가에 있다고 본다. 즉, 새로운 지방정치행정 환경에 부합하고 지방분권화에 부응한 우리나라의 바람직한 지방정부 구성형태는 무엇에 중점을 두어 어떻게 설정되어야 하는지에 대한 논의를 필요로 한다. 지방자치의 다양화, 지방정부의 경쟁력이라는 측면에서 지역의 특성과 실정에 부합하는 기관구성의 자율적 선택에 초점을 두어 우리나라에 적용가능한 안을 제시하는 연구는 이제 지방행정체제개편과 맞물려 논의해야 하는 중요한 과제가 되고 있다. 이러한 논의는 지역별 특성을 가장 잘 반영하고 지역의 발전을 가장 효율적으로 추진할 수 있는 제도적 장치가 바로 지방자치제라는데 기초하고 있기 때문이다.

현재의 우리나라 지방정부구조는 직선제를 기반으로 '강시장-약의회형'의 전국공통의 단일모델을 취하고 있으나, 이는 지역별 경제, 사회적 차이를 제대로 반영하지 못하는 단점을 지닌다. 즉 지방의 특수한 여건, 행정수요, 자치역량 등을 고려하지 않고 중앙집권체제에서의 행정편의주의 발상을 그대로 적용해 온 면이 없지 않다. 따라서 지역자원을 동원하여 지역발전을 도모해야 하는 '지방자치의 본질'을 실현하고 지방정부의 경쟁력을 제고하려 한다면 무엇보다도 각 자치단체의 정치 · 경제 · 사회 · 문화적 배경을 고려한 자치구조의 개편이 절실하다고 생각된다. 또한 현행의 분리형 혹은 대립형 기관구성은 운영적인 측면에서 기관간 균형과 견제를 통한 책임성 확보에 큰 한계를 보여주었다. 즉, 기관운영에 있어서 지방의회의 미흡한 의정활동에 대한 비판을 비롯하여 기관간 권한의 불균형으로 인한 단체장의 독주현상은 분리형 기관구성의 취지를 저해하는 요인으로 지적되었다. 이렇듯 지방의회와 자치단체장간의 관계가 진정한 정책대립보다는 단체장과 지방의회간 힘겨루기 양상의 갈등사례가 빈번히 제기되는 모습을 보여주었다.

특히 지방선거에서 나타나고 있는 지역패권주의 투표행태는 지역별 정당독점구도의 확산과 고착화를 나타내어 정당정치를 통한 기관간 균형과 견제기능에 큰 한계를 보여주었다. 독점정당의 지역분할구도는 지방선거가 지역쟁점에 대한 평가의 의미를 갖는 것이 아니라 중앙정치의 중간평가적 성격으로 변질됨으로써 지방자치의 고유한 의미를 퇴색시키는 심각한 문제를 보여주는 것이라 하겠다. 이는 우리나라의 지역적 연고를 중시하는 특수한 정치성향으로 인해 기관분립형의 장점이 살아나지 못하고 있는 이유이다. 또한 행정운영의 전문성 측면에서 볼 때, 민선 단체장은 반드시 행정능력을 겸비한 인사가 자치단체장으로 되는 것이 아니므로 훌륭한 행정을 기대하기 어려웠다는 점도 한계로 지적된다. 또한 자치단체장은 선거에서 그 지위가 주어지는 까닭에 선거를 통해 안게 된 정치적 부채에 연연하게 되어 특혜의 제공이나 인사상의 배려 등으로 부패의 연결고리에서 자유롭지 못한 문제를 드러내었다.

이러한 맥락에서 대전광역시와 충청남도는 이제 기존 지방정부조직이 만들어 낸 문제점을 개선하는 방향에서 해당 지역 여건에 맞는 지방조직의 형태를 준비할 수 있어야 한다. 그러기 위해서는 국가는 지방자치단체가 법률을 통해 지방정부조직의 형태를 스스로 실험할 수 있도록 해주어야 한다. 즉, 지방자치단체에서 충분한 논의와 정책적 실험을 거쳐 선별적으로 채택하는 방안을 강구할 수 있도록 해주어야 한다. 각 자치단체의 실정에 맞는 정부구성형태에 대한 장단점을 충분히 검토하고 지역주민에게 기관구성(지방정부조직)의 다양한 형태를 대안으로 검토하도록 하는 것이 우리나라 민선자치의 방향을 올바로 정립해줄 수 있는 핵심적 기반으로 작용하여 지방정부의 경쟁력을 제고할 수 있을 것으로 기대되기 때문이다.

(내선일보 2011.6.29)

08

'주민참여예산제'의 성공을 위하여

대전광역시가 광역자치단체로는 처음으로 2006년 11월 주민참여기본조례를 제정하고, 이에 따라 각 기관이 추천한 58명의 인사를 중심으로 예산참여시민위원회를 구성하면서 본격적인 출발을 하게 되었다. 이는 그동안 대전광역시의 예산편성이 시민의 관심사항이었음에도 폐쇄적인 관료적 의사결정체제에 의하여 시민과 괴리되어 집행부가 독점적으로 운영함으로써 대전광역시 시민들은 과연 대전시가 무슨 일을 어떻게 수행하고 있는가를 알 수 없어 예산편성 및 집행에서의 알권리를 박탈당하는 꼴이 되고 말았던 사실에 연유하고 있다.

그런 배경에서 대전광역시는 예산편성과정에 민주주의 원리를 실현하고자 시민참여, 예산공개, 관리자 책임의 원리를 구현하고자 하는 것이다. 즉, 예산운영과정에 시민참여를 확대하고, 이러한 과정에서 관련되는 정보를 공개하고, 그 결과에 대하여 공직(관료)사회가 책임을 지게 하고자 하는 것이다. 민선자치 10여년의 경험에 비추어 자치단체장과 지방의회의 인기위주의 예산편성에서 오는 예산낭비나 지방재정의 비효율성 부문을 극복하고자 하는 것도 이와 같은 맥락(지방예산의 책임성 확보)에서 이해할 수 있을 것이다.

짧은 주민참여예산제의 시행과정에서 대전시의 참여예산제의 성과를 성급하게 속단할 수는 없으나 대전시가 주민들의 다양하고 폭넓은 참여를 기반으로 정책결정의 정당성을 확보할 수 있는 기틀을 만들었고, 시민사회와 공무원들의 파트너십을 모색하였다는 점에서 성공적인 거버넌스 구축과 운영의 가능성을 보여주고 있다. 그러나 주민참여예산제가 성공적으로 정착하기 위해서 갖추어져야 할 내용이나 요건들을 볼 때 아직도 갈 길이 먼 것이 사실이다. 즉, 주민참여예산제도는 주민의 폭넓은 참여를 전제로 이루어지는 것인데, 일반시민들은 예산분야에 전문지식이 부족할 뿐 아니라 생업에 전념하고 있어 소극적 참여로 전락할 우려가 있다. 또한 예산과정에 참여하게 될 시민위원회가 그들의 결정으로 집행부와 의회에 대해 강제권을 행사할 수는 없는 상황에서 주민참여예산제도는 형식적으로 흐를 가능성을 배제할 수 없다. 아울러 유권자인 주민들이 결정한 투자우선순위와 금액을 지방의회가 삭감하거나 조정하는 경우 주민들과 지방의회와의 충돌로서 주민대표성에 혼란을 야기할 우려가 있다. 그리고 주민예산참여제도는 지역이기주의, 집단이기주의와 인기영합주의에 의한 비효율적 자원배분으로 흐를 가능성이 크다는 점이다. 특히 동원된 주민, 이해에 관계된 주민들에 의한 예산참여는 더욱 더 분배의 불균형을 심화시키게 되어 그 문제는 매우 심각할 수 있다. 또한 주민참여예산제도는 지방의회의 고유권한인 예산심의권을 침해한다는 논란과 이해부족으로 지방의회의 소극적 태도를 야기할 수 있으며, 주민참여예산제도는 기존의 예산편성시보다 더 많은 과정들을 소화해내야 하는 까닭에 집행부 공무원들의 적극적 지원활동을 기대하기 어려운 면이 있다.

요컨대, 주민참여예산제는 행정의 민주화(정치적 민주성의 논리)와 행정의 효율성(경제적 효율성의 논리)을 동시에 추구할 때 성공적일 수 있다고 본다. 정치적 민주성의 논리에 중점을 둔 예산결정방식은 주민대표성과 대응성은 높을지 모르나 자원의 효율적 배분과는 동떨어진 배분적 기능만을 수행하게 되고, 경제적 효율성의 논리에 매몰되다보면 자원의 효율적 배분은 가능할런지 모르지만 주민대표성은 낮게 되어 결국 책임 있는 재정운영을 수행하는데 한계가 있기 때문이다. 이러한 논리 위에서 이제 막 걸음마를 시작한 대전광역시시민참여예산제도는 대전광역시장과 집행부 간부공무원 및 관련 공무원들이 예산편성과정에서 주민참여예산제도의 필요성을 깊이 인식하고 주민이나 시민참여예산위원회에 적극적인 지원을 아끼지 말아야 한다. 지역주민에게 예산편성의 결정권이 주어질 때 의사결정 지연과 업무부담 가중이라는 부정적 견해보다는 오히려 예산운영의 성과가 크게 나타난다는 사실을 인식하여 시민들에게 다양한 참여기회(참여경로)를 제공해 주어야 할 것이다.

(서울신문 2008.9.30)

09

내향적 지방행정체제개편으로

최근 정치권과 정부에서는 2005년도 제17대 국회에서 논의되었다가 중단된 지방행정체제개편논의에 다시 군불을 지피고 있다. 현행 지방행정체제는 1896년 13도제를 채택한 이후 100년 넘게 중앙집권적으로 유지되어옴으로써 지방자치의 발전에 걸림돌로 작용하고 있고, 오늘날과 같이 교통 · 통신이 발달된 정보화시대에 부합하기 어려우며, 경제활동구역과 행정구역불일치로 인한 주민의 불편을 강요하고 있다는 것이다. 게다가, 행정계층의 다계층제로 인한 기능의 중복과 예산, 인력의 낭비에 따른 행정의 비효율성이 심각하고, 정치사회의 오래된 지역감정문제를 노출하고 있어 개편의 필요성을 정당화하고 있다. 따라서 지방행정계층을 1단계 감축하는 방향에서 도를 폐지하고, 시 · 도와 시 · 군 · 구를 통합하여 전국을 60-70개 전후의 단층제의 '통합광역시'로 재편하자는 주장이다. 그러나 오랜 역사성에 근거한 구역을 인위적으로 통폐합할 경우의 부작용을 간과하거나 주민의 정서에 반할 수 있는 획일적 지방행정체제개편은 오히려 현행체제를 유지하는 것보다 못한 결과를 야기할 수도 있음에 깊은 우려를 아니 할 수 없게 한다.

물론 주민에게 행·재정서비스를 효율적으로 제공해 줄 수 있는 최적규모로서 자치행정구역과 행정을 수행함에 있어 효율성을 제고하고 행정책임을 명확히 할 수 있는 최적단위수로서 자치단체의 계층구조를 논의해 볼 수 있다. 그러나 지난 참여정부에서 시행해봤던 지방자치의 경험을 통해 볼 때, 지금 우리에게 필요한 것은 외향적 틀로서의 지방행정체제보다는 그 체제 내에서 움직이는 내향적 틀로서의 권력관계배분과 관련된 지방행정체제의 개편이 시급할 것으로 보인다. 왜냐하면 그동안 우리에게 나타난 지방자치의 문제는 행정비능률에 따른 구역개편에서보다는 국가와 지방자치단체간의 연계성이 약한 정치행정체제 하에서 중앙권력중심의 지방분권정책을 추진해 왔었던 데서 비롯된 것이 많았기 때문이다. 즉, 주민이 직접 자치단체장과 의회의원을 선출하여 주민자치의 근간은 마련하였다고는 보나, 중앙정부의 협력과 지원을 얻어낼 수 있는 고리가 차단됨으로써 국가와 지방간의 원활한 의사소통이 제약될 수밖에 없었다. 여기서 국가정책에 대한 지방주민의 반발을 해결하는데 어려움이 있었으며, 그에 따른 행·재정적 낭비를 지켜볼 수밖에 없었다. 뿐만 아니라 지역의 주민대표기관이라고 하는 지방의회를 만들어 놓았다고는 하지만 각각의 지방의원들은 그 지역에서만 활동할 수밖에 없었던 이유로, 다시 말해 각자의 지역에서 격리되어 의정활동을 할 수밖에 없어 지역의 문제를 소상하게 다른 지방의회나 국회에 알리는 데는 일정한 한계가 있었고, 또한 국회의원에게 종속된 관계 속에서 일을 할 수밖에 없는 까닭에 지역의 문제를 국회의원과 대등한 관계에서 논의하는데 원초적 한계를 드러낼 수밖에 없었다. 이러한 권력관계 속에서 우리의 지방자치는 국회와 지방의회, 중앙정부와 지방자치단체가 협력하여 국가와 지방의 통합정치 · 행정을 운영하는 데에 도움을 주지 못하였다. 우리의 지방자치는 국가의 지배논리가 너무 강해서도, 약해서도 아니되고 지방의 독립논리가 너무 강해서도, 약해서도 아니 되는 적절한 균형점을 찾아 틀을 만들고 내용을 담아야 한다.

그런 배경에서 지방의 문제가 국가의 문제가 될 수 있으며, 국가의 문제가 지방의 문제가 될 수 있음을 인지하여 우리의 지방행정체제개편은 국가와 지방자치단체, 광역지방자치단체와 기초지방자치단체 간의 관계가 국가의 통일성 내에서 유기적인 협조가 원활히 이루어질 수 있는 정치 · 행정적 권력관계를 이루어내는 내향적인 지방행정체제개편이 선행되어질 때 그 효율성이 증대될 것으로 보인다.

(서울신문 2008.11.25)

10

지방자치발전위원회의 자치현장 토크 : 지방분권 과제로서 중앙 · 지방간의 새로운 관계설정

박근혜정부는 MB정부의 지방분권(촉진위원회)과 행정체제개편(위원회)의 2원체제 운영을 하나의 지방자치발전위원회로 통합하여 그로 하여금 지역발전위원회와 함께 지방발전의 책임적 싱크탱크의 역할을 수행하도록 하고 있다. 지방자치발전위원회는 그동안 지난 정부의 지방분권과 관련한 지방자치의 성과를 진단하면서 새 정부의 지방자치발전의 방향설정을 모색하고 있다. 즉, 그간의 지방분권에 따른 지방자치정책은 자치단체의 자치역량 미흡으로 국민행복과 국가발전으로 이어지는 데는 한계가 있다고 평가하면서 성숙한 지방자치, 행복한 지역주민을 비전으로, 주민편익증진, 행정효율 제고, 지방경쟁력 강화를 목표로 하는 지방자치의 새로운 패러다임을 정립하고 이에 따른 지방자치발전 20개 과제를 제시하고 있다. 그런 맥락에서 최근에는 17개 광역시 · 도를 순회하면서 지역현장의 목소리를 생생하게 청취하고 또한 새 정부의 지방자치발전의 내용도 주민에게 잘 알게 하는 소통의 장도 동시에 제공하는 정부 3.0의 취지에 부합하려는 토론의 장을 전개하고 있다.

그런데 20개 과제들을 들여다보면 지방정부(참여정부, MB정부)에서 이미 논의하였던 주제여서 특별히 새로울 것이 없다. 그럼에도 불구하고 새 정부 국정운영의 중요한 축으로서 지방자치발전의 새로운 전기를 마련한다는 차원에서 중앙과 지방의 관계설정을 지방이 주도하고 중앙이 지원하는 바텀업(bottom-up)체제로 하겠다는 중앙 · 지방관계의 새로운 구도를 세시하고 있다. 대통령주재 지방자치발전위원회 첫 회의에서 박대통령은 "새 정부 지방정책의 기본 패러다임은 지방이 주도하고 중앙이 지원하는 상향식 시스템으로, 각 지방이 자율성을 바탕으로 차별화된 정책을 만들고 중앙정부는 지역맞춤형 지원을 펼쳐야 한다"고 역설한 것이 그것이다.

그렇다면 우리는 그동안 지방자치를 수행해 오면서 중앙 · 지방관계에 지대한 영향을 미쳤던 지방자치단체의 자율성문제와 중앙정부의 지원문제(더 나아가 감독문제)를 어떻게 판단해야 할 것인가에 대해 고민하지 않을 수 없다. 왜냐하면 지방자치 초창기부터 각 지방자치단체는 중앙정부로부터 독립된 법인격을 가진 공공단체로서 그에 상응하는 권한과 자율성을 강조하면서 중앙의 권한을 지방에 이양해야 한다는 논리와 자치권을 강화해야 한다는 논리만을 강하게 주장하였기 때문이다. 이런 상황에서 자치단체의 역량의 차이에 따라 그 권한이양과 자치권확대가 각 자치단체마다 달라질 수 있음을 간과하였고,

이에 따라 해당 권한을 방만하게 운영하는데서 나타나는 문제에 대해 자치단체의 책임성을 강조하게 되었다. 또한 지방자치단체가 자치권 확대와 자율성확보를 위해 아무리 노력한다해도 중앙정부가 강력한 중앙통제를 계속 시행하게 될 경우 자치단체의 자율성확보는 상대적으로 반감 내지 의미없는 것으로 전락될 수밖에 없는 상황을 역시 간과하였다. 그러므로 지방정부의 자율성문제와 중앙정부의 지원문제는 자치권을 강화하고 중앙권한의 지방이양을 통해서만 해결될 수 있다고 생각하는 새 정부의 생각은 오산이다. 중앙정부의 권한을 지방으로 이양하고 자치권을 확대 강화하면서 지방정부의 자율성을 제고하겠다는 정부가 여전히 중앙집권시대의 중앙통제의 논리로 강하게 지방자치단체를 통제한다면 그 효과가 제대로 나타날 수 없음은 자명한 이치이기 때문이다. 따라서 이제 지방정부의 자율성과 중앙정부의 지원문제는 중앙 · 지방간의 새로운 관계설정의 핵심적 사안인 중앙통제게임을 중앙집권논리가 아니라 지방분권논리에 맞는 방향으로 바꾸어줄 때 이루어낼 수 있는 개념임을 유의해야 한다. 여기에서 우리는 프랑스 지방분권개혁의 상징인 프랑수와 미테랑(François Mitterand) 대통령이 지방분권을 강화하고 지방의 자율성을 증진하기 위하여 내세웠던 권력적 중앙통제게임을 지방분권논리에 맞는 적법성의 통제게임으로 바꾸어낸 지혜를 배워야 한다. 즉, 프랑스 지방자치단체는 예산편성과 예산의결, 결산승인 과정에서 적어도 지방분권화에 부응하는 예산과 회계의 규칙성과 적법성 통제가 이루어지는 지방재정법과 이를 규제할 전문적 기관을 통해 지방자치단체의 행 · 재정적 자율권을 신장시켜주고 있기 때문이다. 따라서 우리도 지방자치단체의 행 · 재정적 통제를 중앙정부(안전행정부)가 하더라도 이를 객관화하여 판단할 수 있는 행 · 재정전문가의 판단에 따를 수 있는 제도적 장치를 준비해야 하는 이유가 있다. 여기에서 안전행정부에서 지방자치단체에 할 수 있는 통제의 범위는 적법성 통제에 한하는 정도에 그칠 수 있도록 제한함으로써 자치단체의 자율적 행 · 재정관리를 보장하게 할 때 진정으로 지방이 자율성을 기반으로 차별화된 정책을 만들어 낼 수 있고, 여기에 중앙정부의 지역맞춤형 지원이 시너지효과를 창출해 국가발전의 원동력으로 작동할 수 있을 것으로 본다.

(충청신문 2013.12.9.)

11

중앙-지방의 협력과 소통의 필요성과 과제

I. 서론 : 문제제기

1948년 제헌헌법에 보장되어 시작된 우리의 지방자치는 70년의 헌정사에 절반에 해당되는 35년의 소중한 경험을 통해 귀한 교훈을 얻게 하였다. 초창기 9년간(1952-1961)의 지방자치의 경험은 철저히 중앙집권방식에 의한 것으로 통치권자, 집권당 정치인과 관료들이 합심하여 그들의 정치기반확충과 정권연장을 위한 도구로써 이용하였던 면이 크다. 그러다보니 중앙정부가 지방자치단체에 대해 일방적 지시와 감독이 강하게 나타난 시기로 양자간에 쌍방향적인 협력과 소통은 아예 기대할 수 없었다. 이후 지방의회의 해산과 함께 30년의 지방자치 중단기를 거치면서 쌓아온 민주화의 염원은 마침내 1987년 6.29 선언과 더불어 지방의회의 재구성을 통해 지방자치의 부활을 알리게 하였다. 그러나 집행기관의 장은 여전히 중앙정부의 임명 지위에 놓이게 함으로써 중앙의 영향력을 계속 유지하려는 중앙집권적 의도 속에 의결기관인 지방의회만 직선하는 '반쪽짜리 지방자치'를 거쳐 마침내 1995년 집행기관의 장도 주민직선으로 하는 온전한 민선자치의 시대를 열게 하였다.

이런 배경에서 초창기 민선자치는 중앙정부에 종속적인 초중앙집권적인 지방행정운영에 대한 지방자치단체의 반발로써 나타나 자치단체가 중앙정부를 배제한 독립적이고 자율적인 자치행정운영을 주장하기에 이른다. 물론 시간이 지나면서 자치단체의 방만한 지방행정운영에 따른 지방자치단체의 책임성도 강조하는 모습을 연출하게 되었지만 근본적으로 자치단체로서는 중앙정부의 관여와 통제에 대해서는 매우 부정적이었다. 요컨대, 우리의 자치분권이 지방자치단체의 자율과 책임만을 중시한 독립적 성격을 강조하다보니 자연히 지방자치단체에는 중앙정부가 자리해야 하는 공간이 줄어들거나 사라지게 될 수밖에 없었다. 국가 임명직의 자치단체장이 한편으로는 중앙정부의 일방적인 지시와 통제역할을 수행해온 중앙집권의 화신으로 볼 수도 있겠지만 또 한편으로는 중앙의 의사가 지방에 잘 전달되고 수렴되는 효율적인 중앙지방관계를 형성할 수 있었다. 그러나 민선자치단체장이 되면서 자치단체장은 주민대표기관으로서의 지위가 본질적 지위로 부상하게 되었고, 국가사무를 처리하는 한도 내에서 부가적 지위로서 국가의 하부행정기관의 장의 역할을 수행하였으나 지방자치단체로서는 국가(중앙정부)로부터 연계되고 협력적인 자치행정을 운영하는데 상당한 제약을 받을 수밖에 없었던 것이다. 즉, 주민이 직접 자치단체장과 의회의원을 선출하여 주민자치의 근간은 마련하였을런지는 모르나, 중앙행정과 지방행정을 연계해 줄 수 있는 국가운영시스템의 미비로 국가와 지방간의 원활한 의사소통이 제약될 수밖에 없었다. 여기에서 국가정책에 대한 지역이기주의에 의한 지방자치단체, 지방주민의 반발을 해결하는데 어려움이 있었으며, 그에 따른 행·재정적 낭비를 지켜볼 수밖에 없었던 것이었다.[1] 이러한 국가-지방 지방자치단체간의 갈등은 자원의 효율적 이용을 제약하고 사업추진의 지연에 따른 사회적 비용을 증대시켜 결국 지역주민의 삶의 질을 떨어뜨리고 엄청난 국가적 손실을 야기하게 하고 있는 것이다. 여기에 국가와 지방자치단체간의 협력과 소통이 잘 되어 지역발전이 곧 국가발전으로 견인될 수 있는 국가-지방협력시스템이 구축되어야 함이 무엇보다 절실한 과제가 아닐 수 없다.

이렇듯 자치분권의 완성은 자치단체의 자율과 책임의 독립적 성격으로만 결정되는 것이 아니라 국가와 지방자치단체간의 연계협력체제가 잘 갖추어져 있을 때 가능하다는 사실을 깨닫게 되었다는 점이다. 이는 우리의 자치분권이 단일한 대한민국 민주공화국체제 속에 243개 자치단체의 다양성을 보장해주고 이들의 발전이 국가의 발전을 견인해 낼 수 있다는 믿음(기본 명제) 위에 존재하기 때문이다.

뿐만 아니라 지방자치의 필수적 기관인 지역의 주민대표기관이라

1 자기지역의 지역개발, 환경문제 등을 가지고 국가와 지방자치단체, 지방자치단체간, 지방자치단체와 주민간의 갈등이 심화되고 있다. 지역간 이해대립이 극심한 이슈, 정치적 이슈 등에 대한 결정의 유보로 인하여 파생되는 행정지연문제 또는 절차성의 정당성 결여로 이해당사자가 승복하지 않는 현상이 자주 발생하고 있다(최진혁, 2011 : 50).

고 하는 지방의회를 만들어 놓았다고는 하지만 각각의 지방의원들은 그 지역에서만 활동할 수밖에 없었던 이유로, 다시 말해 각자의 지역에서 격리되어 의정활동을 할 수밖에 없어 지역의 문제를 소상하게 다른 지방의회나 국회에 알리고 협조를 원활히 하는데는 일정한 한계가 있었고, 또한 국회의원에게 종속된 관계 속에서 지방의정 활동을 할 수밖에 없는 까닭에 지역의 문제를 국회의원과 대등한 관계에서 논의하는데 원초적 한계를 드러낼 수밖에 없었다. 결국 국회와 지방의회, 광역-기초지방의회 간에도 연계와 협력할 수 있는 정치적 공간을 만들어 놓지 못했다. 요컨대 정치적 분권이 이루어지지 못했기에 국회와 지방의회산의 연계협력을 기대할 수 없었던 것이다.

이러한 배경에서 국가와 지방자치단체가 유기적으로 상호 협력과 소통이 보장받을 수 있는 체제를 구축해 나갈 필요성은 더욱 커지고 있다. 따라서 국가와 지방자치단체간의 상호 협력체제를 위한 정치 · 행정적 체제를 강구할 필요가 있을 것이다. 그런 배경에서 다음과 같은 지방정치 · 행정구조를 모색해 나갈 필요가 있다.

II. 과제 : 국가(중앙정부)와 지방자치단체간의 연계·협력을 강화한 지방정치·행정체제 구축[2]

국가(중앙정부)와 지방자치단체와의 관계는 정치 · 행정적 통합논리에서 그 기본원리를 찾을 수 있다. 왜냐하면 국가의 지방행정수행방

2 필자의 논문 "국가와 지방자치단체간의 연계(협력)체제에 관한 연구 : 프랑스 사례를 중심으로," 한국비교정부학회(2011)를 참조하여 보완 정리하였음.

식으로의 지방분권은 국가와 지방자치단체, 주민간의 관계가 정치·행정적 역학관계 속에 내재되어 있기 때문이다. 즉, 국가의 정치·행정 논리 속에서 국가와 지방자치단체간의 관계와 지방자치단체와 주민과의 관계를 설정할 수 있기 때문이다. 특히 우리나라는 국가의 단일성 내에서 지방자치단체가 어떠한 자치권을 부여받아 그들의 자율과 책임에 의해 주민에게 보다 나은 공공서비스를 창출할 수 있을 것인가에 대한 답을 찾기 위한 것으로 받아들여질 수 있기 때문이다. 그럴 경우 국가와 지방자치단체와의 협력체제로 중앙정부의 대통령과 내각 및 자치단체장, 국회와 지방의회와의 관계설정을 자치분권적 논리 하에 국가와 지방의 논리가 균형화된 지방정치·행정체제의 구축을 모색해야 할 것이다.

그런 배경에서 국가의 의사가 직접적, 수직적으로 침투하는 비대화된 행정영역을 줄이고, 그동안 상대적으로 소외되었던 주민참여와 주민통제의 역할을 강화하기 위한 일환으로서의 지방의회의 존재이유(la raison d'être de l'assemblée locale)를 강화하는 자치분권적 논리 속에서 국회와의 연계협력방안을 모색해야 한다. 그러기 위해선 국가의 지방자치단체에 대한 중앙통제게임을 자치분권논리에 맞게 전환시켜주어야 하며, 지방의 자율적인 권한행사가 가능하게 해주어야 할 것이다. 여기에서 자치분권화의 논리 하에서 국가와 지방자치단체의 통합정치·행정(연계체제)을 구축하였던 프랑스의 지혜를 다음과 같이 공유해야 할 것이다.

첫째, 국가와 지방자치단체, 지방자치단체와의 관계가 국가의 통일성 내에서 유기적인 협조 내지 연계성 있는 분권화를 구축해야 한다.

국가의 정체성을 먼저 밝히고 그 안에서의 지방분권화를 도출해야 한다. 헌법에 단일국가체제인지 연방국가체제인지 그 성격을 논의해 주어야 한다. 우리가 추구하려는 분권화된 지방정치 · 행정체제는 대한민국 헌법에 보장된 민주공화국체제에서 비롯되어야 하기 때문이다.

둘째, 같은 배경에서 국가의 지배논리가 너무 강해서도 아니 되고 지방의 독립적 논리가 너무 강해서도 아니 되는 균형적 접근이 필요하다는 것이다. 그런 측면에서 각각의 지배논리에 매몰되어 독립적으로 국가와 지방자치단체가 따로 격리되어 지방행정을 수행하는 것은 바람직하지 않다. 지방의 문제가 국가의 문제가 될 수 있으며, 국가의 문제가 지빙의 문제가 될 수 있나는 현실에서 서로 농합의 논리에서 국가와 지방자치단체간의 연계체제를 강화한 지방분권화를 조명해야 한다. 이러한 배경에서 그동안 논의되었던 대통령 주재 시 · 도지사 회의(광역지방자치단체장의 국무회의 참석제도 : "제2국무회의")는 정례화할 필요가 있으며, 행정안전부 장관 주재 시 · 도 행정부시장 · 부지사 회의도 정례화할 필요가 있다. 여기에서 한 걸음 더 나아가 정치적 측면에서의 연계성을 강화하는 차원에서 지역의 지방의회가 국회와의 연계성을 가지면서 지방자치행정을 펼쳐나갈 수 있는 제도적 보완을 고민해야 한다. 그런 맥락에서 중앙과 지방의 정치 · 행정적 인사가 융화되는 각종 위원회제도는 의미 있게 고려되어야 한다. 그런 측면에서 예를 들어 만일 자치분권촉진위원회를 구성한다고 하자면 다음과 같은 인적구성은 참고할 필요가 있다. 즉, 국회에서 선출되는 국회의원, -광역자치단체 의장단에 의해서 선출하는 O명의 광역자치단체의 장, -기초자치단체 의장단에 의해서 선출되는 O명의 기초자치단체의 장, -광역자치단체장 O명, -기초자치단체장단에 의해 선출하는 O명의 장, -대통령에 의한 국가 · 지방공무원 O명, -민간대표 O명, -광역의장단에서 선출하는 O명의 광역의회의원, -기초의장단에서 선출하는 O명의 기초의회의원이 그것이다.

셋째, 국회와 지방의회와의 연계체제를 강화하기 위해서 지역의 대표들이 참여할 수 있는 논의의 장을 국회에 마련해 주어야 한다. 즉, 국회를 양원제로 하여 하원은 주민대표 체제로 운영하고 상원은 지역대표들이 참여하도록 하여 국가의 대표이면서 동시에 지역의 대표자로서의 역할을 담당하도록 한다. 하나의 입법부 안에 대한민국의 지방자치단체를 대표하게 하는 제도로 활용하여 국가적 이슈와 지역의 이슈가 충돌하는 문제를 국가와 지방자치단체의 두 시각에서 조절하게 할 수 있기 때문이다.

넷째, 주민을 위한 지방민주주의의 발전을 도모해야 하는 방향에서 중앙-지방정치 · 행정협력체제가 설정되어야 한다. 그러기 위해서는 주민과 가까이 하는 자치행정이 되도록 해야 하며, 그런 측면에서 주민의 의견을 대표하는 지방의회를 강화하고 이를 토대로 지방의 모든 문제를 지방의회로 끌어들여 문제를 해결하려는 노력이 강조되어야 할 것이다. 다양한 주민을 대표하는 위원회의 구성, 특히 국가정책으로 국가와 지방자치단체간의 갈등문제를 야기한 당사자 그룹의 주민대표를 지방의회의 위원회의 구성원으로 참여하게 하여 소통과 협력을 이끌어 내어 문제해결을 도모할 수 있을 것이다.

(지방행정 2017.8.22.)

12

우리나라 지방정부 기관구성 다양화의 시론(試論)적 · 실험(實驗)적 접근[1]

I. 서론 : 문제제기

우리나라 현재의 지방정부구조는 광역 자치단체이든 기초 자치단체이든, 도시형 자치단체이든 농촌형 자치단체이든, 대규모 자치단체이든 소규모 자치단체이든, 각 자치단체가 처해있는 사회적 여건이나 행정기능의 차이를 불문하고, 모든 자치단체에 직선제를 기반으로 '강시장-약의회형'의 기관분립(대립)형 정부조직형태를 획일적으로 채택하고 있다. 그러나 이는 지역별 경제, 사회적 차이를 제대로 반영하지 못하는 단점을 지닌다. 즉 지방의 특수한 여건, 행정수요, 자치역량

1 본고는 필자의 연구논문(우리나라 지방정부 기관구성의 다양화방안, 한국지방자치학회보, 28(2))을 요약한 것임.

등을 고려하지 않고 중앙집권체제에서의 행정편의주의 발상을 그대로 적용해 오고 있는 실정이다. 따라서 지역자원을 동원하여 지역발전을 도모해야 하는'지방자치의 본질'을 실현하고 지방정부의 경쟁력을 제고하려 한다면 무엇보다도 각 자치단체의 정치 · 경제 · 사회 · 문화적 배경을 고려한 자치구조의 개편이 절실하다고 생각된다.

또한 현행의 분립(대립)형 기관구성은 운영적인 측면에서 기관간 균형과 견제를 통한 책임성 확보에 큰 한계를 보여주었다. 기관운영에 있어서 미흡한 의정활동에 대한 비판을 비롯하여 기관간 권한의 불균형으로 인한 단체장의 독주현상은 분립형 기관구성의 취지를 저해하는 요인으로 지적되고 있다. 특히 지방선거에서 나타나고 있는 지역패권주의 투표행태는 지역별 정당독점구도의 확산과 고착화를 보여주고 있어 정당정치를 통한 기관간 균형과 견제기능에 큰 한계를 노정시켰다. 독점정당의 지역분할 구도는 지방선거가 지역쟁점에 대한 평가의 의미를 갖는 것이 아니라 중앙정치의 중간평가적 성격을 갖는 것으로 변질됨으로써 지방자치의 고유한 의미를 퇴색시키는 심각한 문제를 보여주는 것이라 하겠다.

이러한 맥락에서 우리는 그동안 지방자치부활 지방자치 25년의 경험에서 지방자치단체 기관구성이 제기한 여러 문제점을 고찰해 볼 필요가 있다. 즉, 20여년의 민선지방자치의 공과를 지방자치단체의 기관구성형태에 기초하여 평가해 보고, 현행 분립(대립)형 기관구성의 한계와 문제점을 도출한 후, 새로운 지방정치행정 환경에 부합하고 지방분권화에 부응한 우리나라의 바람직한 지방정부구조 형태는 무엇에 중점을 두어 어떻게 설정되어야 하는지에 대한 논의를 전개하고자 한다. 이를 통하여 기관구성의 다양한 형태를 대안으로 검토하는 것은 우리나라 지방자치의 방향을 올바로 정립해줄 수 있는 핵심적 기반으로 작용하여 지방정부의 경쟁력을 제고할 수 있을 것으로 기대된다. 그런 배경에서 향후 실험적으로 전개해 볼 필요성이 있는 기관구성안들을 시론적으로 접근해보고자 한다.

II. 논의의 틀

지방자치단체의 다양한 여건에 부합하는 기관구성을 실효성있게 접근하기 위해 그동안 사용하였던 기관분립형 기관구성의 운영실적을 평가하면서 다음의 내용을 토대로 그 해답을 찾고자 하였다. 즉, 기관구성의 다양화를 위한 논의의 틀은 우선 국가 · 지방권력구조의 역학관계와 지역특성의 유형화를 시도함으로써 국가 · 지방의 권력체계를 단일국가 혹은 연방국가체계 속에서 집행부 중심의 권력구조인가 아니면 의회중심의 권력구조인가를 고려하면서 다양한 지역실정에 적합한 기관구성의 자율적 선택을 추구해 보고자 하였다. 따라서 지방자치단체의 기관구성에 영향을 줄 수 있는 요인들을 도출한다면 국가 · 지방권력구조(집행부 중심, 의회중심), 지방자치단체의 규모(인구, 면적 ; 대도시, 중소도시), 계층유형(광역 · 기초), 전통적인 지역사회 유형(농어촌 · 도시형), 지역사회의 사회 · 경제적 특성(지배적 산업, 재정규모), 역사 · 문화적 환경 등을 고려하여 주민들의 다양한 요구를 반영하여 접근되어야 할 것으로 보인다(그림1 참조).

<그림 1> 논의의 틀(지방자치단체 기관구성)

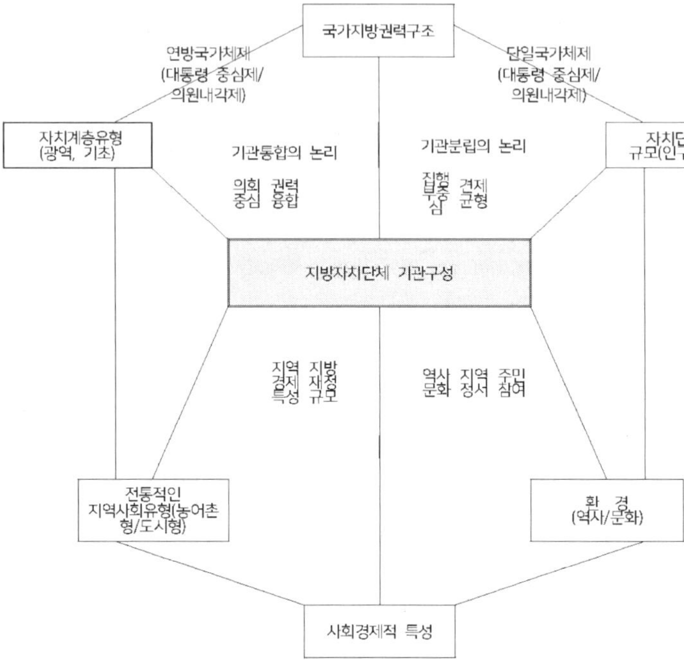

III. 지방정부 기관구성 다양화의 기본방향

1. 단일국가체제에서의 지방분권논리에 맞는 기관구성

우리의 여건상 지방정부의 기관구성은 우선 단일국가체제 내에서 국가의 통일성과 지방자치단체의 다양성을 함께 추구하려는 지방분권논리에 맞는 방향에서 추진되어야 할 것이다. 즉, 국가와 지방자치단체가 연계성을 가지고 주민참여의 효과를 극대화하는 방향에서 지방자치단체 기관구성이 수립되어야 한다. 그런 의미에서 단일국가 권력구조의 대통령중심제를 기본으로 하면서 의회기능을 강화할 수 있는 제도적 기관구성을 모색해 볼 수 있을 것이다.

2. 지역주민의 요구에 부응한 값싸고 양질의 행정서비스를 효율적으로 제공할 수 있는 기관구성

공익을 빌미로 정부가 시장경제에 개입함으로써 시장의 실패를 방지하고 시장원리를 활성화할 수 있었던 초기 정부와는 달리 공익의 개념을 확대하여 복지국가를 내걸었던 거대한 정부는 오히려 시장원리를 교란하고, 비굴한 국민을 양산하고 있는 것으로 비판받고 있다. 공공재가 과잉공급되어 민간부문을 위축시키고, 주민들의 수요를 경직된 정부조직으로 충당하다 보니 다양한 행·재정 수요를 충족시키지 못하였기 때문이다. 이제 지방정부의 기관구성은 주민들의 공공서비스 수요가 주민들의 책임 즉, 조세 및 사용료, 수수료와 같은 부담으로 귀결되어야 한다. 따라서 향후 지방정부의 기관구성은 지역주민의 요구에 민첩하게 대응할 수 있고, 성과관리의 효과가 증대될 수 있는 방향에서 논의되어야 한다. 그런 배경에서 기관분립형 하에 행정의 성과를 책임지게 할 수 있는 수석행정관제(Chief Executive officer) 및 시지배인제도(city manager form)를 고려해볼 수 있다.

3. 기존의 문제점을 해결, 극복, 완화하려는 차원에서 지방정부의 기관구성 다양화

향후 지방정부의 기관구성 다양화는 그간 우리가 실시해 오던 기관분립형(주민직선자치단체장-의회의원)의 문제점을 검토하고 이를 해결, 완화, 극복하기 위한 방향에서 접근되어야 한다. 이 경우 기관분립형의 단점이 반드시 기관통합형의 장점이 아니며, 우리가 경험한 기관분립형의 폐단이 반드시 기관통합형 지방정부 형태로 해결될 수 있는 것은 아니라는 점을 고려하여야 한다. 기관구성은 기관분립형과 기관통합형을 양 극점으로 하여 다양한 조합이 가능하고 또 운영여하에 따라 다양한 결과와 문제를 유발할 수 있다. 결국 우리가 직면한 문제점은 제도의 속성에서만 비롯되는 것이 아니고 운영기술과 관련하여 발생한 것일 수 있다. 이와 같은 제도의 운영결과는 통상 지방정부의 자치역량, 주민들의 인식 등 지역의 지방정치행정 제반 환경과 밀접하게 관련되어 있음을 간과해서는 아니될 것이다.

4. 우리나라 정치 · 행정환경을 고려한 기관구성의 다양화

그동안 기관분립형 기관구성형태를 오랫동안 사용해 온 우리나라 정치 · 행정환경을 고려해볼 때 우리 지방정치 · 행정환경에 급격한 변화를 주는 기관구성은 오히려 실패할 확률이 클 수 있다는 우려가 있다. 따라서 단기적으로는 기관분립형의 기관구성을 다양하고, 유연하게 활용하면서 장기적으로는 그동안 사용하지 않았던 기관통합형의 여건을 조성하고 이를 우리 정치 · 행정환경에 접목시키는 방안을 검토하여야 할 것이다. 즉, 집행부우월주의에 입각한 지방정부구성형태에서 주민들과 접촉면이 넓은 의회중심적인 정부구성형태로의 진전이 필요하다. 요컨대, 기관분립형(1)(의회-지배인형 / 수석행정관형), 기관분립형(2)(주민직선)의 형태를 각 자치단체의 특성에 맞게 유연하게 활용하면서 의회중심주의인 기관통합형의 여건을 조성해 나가도록 하여야 할 것이다.

5. 기관구성 다양화의 전략적 접근

동일한 형태의 외국사례는 해당 지역의 여건에 맞게 수백 년 조정되어온 결과이다. 따라서 드러난 현상만의 도입이나 모방보다는 운영체계를 검토하고 그러한 제도의 근거가 되는 지역의 정치 · 행정환경을 고려하여야 한다. 이러한 맥락에서 향후 지방정부의 기관구성은 각 지방자치단체 정치 · 행정수준 여건에 맞추어 유사한 집락을 구분하여 배분할 수 있어야 한다. 경우에 따라서는 단계적, 실험적 국면을 거친 후에 기관구성의 유사한 단위를 운영하고 이를 평가하여 확산하는 전략을 필요로 할 것이다.

6. 주민이 선택할 수 있는 기관구성

지방정부의 기관구성은 지방의 일을 주민 스스로 처리할 수 있는 방식을 결정하는 것이다. 따라서 전체적인 제도의 틀은 우리나라의 국가운영체제에 부합하는 지방정부 기관구성 다양화 폭을 먼저 설정하고 이 범위 안에서 가능한 여러 형태의 기관구성 조합을 각각의 장, 단점과 함께 제시함으로써 주민들이 직접 선택할 수 있도록 설계되어야 한다. 국가가 미리 법률로 여러 개의 자치단체 기관구성형태를 설정해 놓고, 자치단체의 규모(인구 및 면적), 행 · 재정적 수요, 정치문화, 행정역량, 지역경제 특성(도시적 산업과 농촌적 산업) 등을 감안하여 각 자치단체별로 주민투표에 의하여 주민들이 선택할 수 있어야 한다.

V. 결론 : 향후 지방자치단체별 가능한 기관구성 유형

상기에서 논의한 기관구성의 유형별 특징을 고려하여 향후 우리나라에서 도입 가능한 지방자치단체 기관구성형태를 자치단체 규모, 성격에 따라 다음과 같이 시론적으로 제시해 볼 수 있을 것이다(<표1> 참조).

1) 기초자치단체의 경우

우리나라와 같이 같은 기초자치단체라 하더라도 규모나 재정력에 있어서 큰 차이를 보이고 있는 경우 각각의 여건에 따라 다른 유형의 기관구성형태를 고려하여야 할 것이나 대체로 기관통합(권한의 연한 기관분립(La séparation 'souple' du pouvoir))이나 기관분립(1) 모델(시지배인형) 등을 적용해 볼 수 있을 것이다.

2) 광역자치단체의 경우

우리나라의 광역자치단체는 크게 도시와 농촌혼합형(도가 여기에 해당됨)과 대도시형(서울특별시, 광역시)으로 구분되는데, 이 경우에는 기관분립(1)(권한의 경직분립형), 기관분립(2)(수석행정관) 모델 등을 여건에 맞게 시도해 볼만 할 것이다.

3) 농 · 어촌형 자치단체의 경우

우리나라의 농어촌형 지방자치단체는 군을 의미하는데 이 경우 기관통합(권한의 연한 기관분립), 기관분립(1)(시지배인형) 유형이 도입될 수 있을 것이다.

4) 도시형 자치단체의 경우

우리나라의 도시형 자치단체에는 일반적으로 시와 자치구가 포함되는데 이 경우 기관분립(1)(시지배인형, 수석행정관형), 기관분립(2)(권한의 경직분립(La séparation 'rigide' du pouvoir)) 등의 유형이 적용될 수 있을 것이다.

<표1> 도입 가능한 지방자치단체 기관구성형태

구분	기관통합 (권한의 연한분립)	기관분립(1) (시지배인형 ; 수석행정관형)	기관분립(2) (권한의 경직분립)
기초자치단체	유리(가능)	가능	
광역자치단체		가능	유리
농 · 어촌형자치단체	유리(가능)	가능	
도시형자치단체		가능	유리

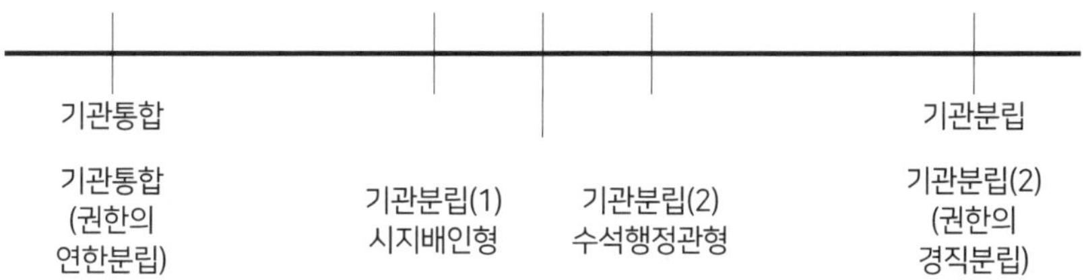

(지방자치박람회 2016.10.27.)

13

지방민주주의의 바른 길잡이로서의 자치분권

우리나라 헌법은 제8장에서 지방자치의 기본원칙과 그 보장을 규정하고 있고, 이를 근거로 지방자치법을 마련하여 지방자치를 통한 민주주의 국가를 지향하고 있다. 즉, 국가로부터 자치권을 부여받아 일정한 독립적 성격을 갖는 지방자치단체가 주민대표기관인 지방의회를 두어 그 지역 내의 공공사무를 지역주민의 자발적 참여를 전제로 하고 있다. 여기에서 우리는 '분권과 참여(decentralization and participation)'의 논리가 배태되고 있는 자치분권의 요체를 확인할 수 있다. 결국 지방자치는 주민참여를 통한 아래로부터의 민주주의를 구현하고, 국가의 법인격을 부여받은 자치단체가 자율과 책임을 동반한 행정업무 수행을 전제로 하고 있는 것이다.

그동안 시행착오를 겪으면서 진행되어온 우리나라의 지방자치가 헌법에 보장되어 시행되었기에 그나마 작금의 박근혜정부의 국정운영의 파행에서 비롯된 위기를 극복할 수 있었지 않나 싶다. 즉, 대한민국 정부수립 후 불완전하였지만 35년여의 지방자치의 학습은 중앙정국의 불안정이나 혼란이 지방에까지 파급되는 것을 최소화하는 방파제 역할을 할 수 있었던 것이다. 제1, 제2공화국 9년간의 값진 학습효과, 1991년 지방자치부활 이후 제6공화국 26년의 소중한 경험과 교훈을 토대로 하여 2017년 대한민국의 새로운 국정운영좌표를 어떻게 설정할 것인가를 깊이 생각하게 하는 시점이다. 이제는 지방민주주의의 활성화를 통해 대한민국의 민주주의의 완성도를 높여야 할 때이다. 새로운 정치행정환경변화에 부응하는 자치분권으로 지방민주주의를 재설계해야 하는 이유가 바로 여기에 있다.

우리가 추구하는 자치분권이 대한민국이라는 민주공화국을 천명한 단일국가라고 한다면 헌법이 규정하는 국가의 통일성 내에서 243개 지방자치단체의 다양성과 자율성을 보장하는 것이라 할 수 있다. 따라서 자치단체의 자율성을 해치지 않는 범위 내에서 국가의 일정한 지도 · 감독과 지방자치단체의 자율과 책임성을 강조하게 된다. 그런 측면에서 자치분권의 실현은 적어도 다음 세 가지 조건을 존중할 때 이루어진다고 볼 수 있을 것이다.

우선 국가사무와 구별된 지방사무가 존재해야 한다. 그리고 지방자치단체의 사무는 '지방의회의 자유로운 결정에 의해서 처리할 수 있다'고 규정할 수 있어야 한다. 이는 지방자치단체의 사무는 법률에 별도로 규정을 하지 않는 한 해당 자치단체의 이해에 관한 모든 사무(주민의 복리에 관한 모든 사무)가 지방자치단체의 자치사무로 된다는 것을 의미하는 것으로 볼 수 있기 때문이다.

다음으로 자치분권이 실현되려면 지방사무가 중앙정부로부터 독립된 지방기관에 의하여 책임있게 수행되어야 한다. 즉, 중앙정부의 영향력 지배하에 자치단체의 기능이 상실되어서는 아니 되고, 자치단체가 그들의 책임성을 완전히 행사할 수 있어야 한다는 것이다. 그러기 위해 지방자치단체가 재정자치를 행사할 법인격을 부여받아야 하고 주민의 의해 선출되어야 하는 것이다. 이는 국가로부터 자치권을 부여받아 일정한 독립적 관계를 추구하여야 한다는 논리인 것이다.

그리고 자치단체의 자율적 관리가 보장되어야 한다. 다시 말해 중앙권한에 독립적으로 존재하는 지방기관은 그들의 기능을 행사하는데 있어 실제의 자치를 혜택받고 누려야 하는 것이다. 이러한 기능적 독립성은 지방사무의 자치행정을 자연히 허용하게 되어 자치분권의 틀을 제공하게 되는 것이다. 요컨대 주민에 의해 선출된 기관에 의한 자유로운 행정(관리)이 되어야 하는 것이다.

요컨대, 우리가 추구하는 자치분권은 대한민국 국가의 정체성으로서의 민주공화국 단일국가로서 "일정한 지역과 주민을 기초로 하는 공공단체가 일정한 국가(중앙정부)의 지도 · 감독(국가와의 협력) 하에 그 지역 내의 공공행정사무를 국가가 부여한 자치권을 가지고 지역주민의 의사에 따라 주민이 선출한 기관을 통하여 주민의 부담으로 처리하는 과정으로써 지역발전과 국가발전에 기여하는 것"으로 받아들여져야 한다. 여기에서 자치분권의 본질을 구성하고 있는 요인은 무엇이고, 이러한 요소들이 어느 방향에서 어느 수준에서 어떻게 변화하게 될 때 자치분권이 활성화될 수 있는지에 대한 논의를 전개할 수 있어야 한다. 이 과정에서 지방민주주의의 뿌리가 제대로 자리잡을 것이며 이를 통해 대한민국 민주주의가 더욱 완성된 모습으로 다가설 수 있을 것이다. 자치분권의 바른 길잡이로서의 국정운영의 패러다임의 전환이 절실히 필요한 시점임에 틀림없다.

(한겨레(2017))

지방시대 자치분권의 회고(回顧)와 전망(展望)

02

지방시대의 자치행정

01

2018년 지방(자치)행정의 성과와 과제

I. 서론 : 문제제기

2018년은 지난 4년간의 지방(자치)행정에 대한 평가와 함께 민선6기를 마감하고 민선7기가 시작된 두 민선시기가 교차하는 해로서 전기의 경험과 교훈을 토대로 새로운 도약을 기하려는 의지가 강한 행정개혁의 적기(適期)로 간주될 수 있다. 여기에서 새로운 자치단체장이 선출된 경우에는 "리더십전이체제(轉移體制 : leadership transition system)"에 따른 전임자와의 인수인계를 통해 단체장 취임초기단계의 불확실성의 행정영역을 줄이고 지방행정의 지속성과 안정성을 확보해 주민중심의 지방행정성과를 창출해내는 것이 무엇보다 중요할 것으로 보인다. 이 시기에 자치단체장이 어떤 리더십을 발휘하고, 집행부 공무원들이 어떤 자세로 공무를 처리하느냐에 따라 민선7기 지방행정 전반에 영향을 미칠 수 있기 때문이다. 또한 단체장 출범초기에는 주민의 요구에 따른 정책을 입안하여 펼쳐나갈 수 있는, 다시말해 관료의 주민에 대한 대응성을 높여나갈 수 있는 지방행정체제가 정립되어질 수 있는 좋은 기회인 것이다.

이러한 민선자치행정 과정을 거치면서 자치분권의 강화에 따라 우리 사회는 그동안 관료적이며 권위적이고 비생산적인 행정서비스체제에서 탈피하여 새로운 주민중심의 행정서비스로 바꿔나가고 있다. 따라서 지방자치단체는 공공행정분야에 새로운 피행정인으로서의 고객(customer)의 개념을 도출시켰으며, 고객중심적 행정서비스체제를 어떻게 성공적으로 구축할 수 있을 것인가가 지방행정의 최대 현안과제가 되고 있는 것이다. 민선6기까지 오면서 여전히 중앙중심의 지방행정수행을 수행하고 있지만 그래도 지방행정은 단체자치 중심의 지방행정에서 주민자치 중심의 지방행정으로 바꾸어내고자 많은 노력을 경주해 오고 있는 것이 사실이다. 그래도 지방행정서비스는 자치단체 내에서 공급주체와 객체사이에 이루어지는 것이므로 이에 관계된 행위자들을 중심(집행부 : 자치단체장, 공무원), 의결기관 : 지방의회의원, 주민)으로 지방행정의 성과를 고찰할 필요가 있고, 민선6기까지의 이들의 소중한 경험과 값진 교훈을 통해 미래과제를 제시해야 하는 의무가 있다. 다만 본고는 주민중심의 지방자치행정정책으로 전개되고 있는 주민참여예산제 사례를 통해 지방(자치)행정의 현황을 고찰하고 그에 따른 대안과제를 제시해 보고자 한다.

Ⅱ. 지방(자치)행정의 성과 및 미래과제

1. 지방자치행정의 성과 내지 공과(功過)

일반적으로 자치단체는 민선자치단체장 출현과 더불어 주민의 높은 기대욕구(rising expectation)에 부응하고자 현장중심, 고객중심의 고품질의 민원행정서비스를 강화하였다. 그동안 행정·민간기관에서 제공되는 서비스 질의 향상으로 주민(고객)의 눈높이가 이미 높아져 있고, 시·도정에 대한 적극적 참여와 관심으로 행정정보공개청구가 지속적으로 증가하고 있고, 콜센터 이용자 증가와 질적 수준향상을 요구하고 있으며, 해외교류 활성화 및 생활수준 향상에 따른 여권수요가 지속적인 증가추세에 있음은 바로 이를 반증하는 결과이다. 결국 자치단체장과 지방의회의원에 대한 각각의 주민직선으로 견제와 균형의 논리에 부합하는 기관구성은 무엇보다 주민통제의 실효성을 제고할 수 있었고, 그에 따라서 주민중심의 지방행정구현이 가능해졌다는 긍정적 평가를 받았다. 여기에는 각종 시민단체를 비롯하여 적극적인 주민의 등장으로 지방정책결정과정에 주민참여의 요구가 증대되었으며, 그런 배경에서 지방자치단체는 지방행정을 보다 투명하고 공정하게 집행하기 위한 노력을 경주하게 하였던 것이다. 그 결과 지방자치단체의 행정정보공개조례제정, 주민감사청구제도, 주민참여예산제도, 주민소환제도, 인터넷홈페이지개설 등이 일반화되었다.

그러나 지방자치단체가 정책결정과정에 주민들을 참여시키는 것을 조례로 보장하여 강화한다고는 하지만 형식적 참여로 치우칠 여지가 많다는 것이다. 예를 들면 주민참여예산제의 경우 예산과정에 참여하게 될 시민위원회 등이 어떤 의사결정을 하더라도, 집행부와 의회에 대해 강제권을 갖게 할 수는 없게 되어 있다는 점이다. 따라서 주민참여예산제도는 자칫 형식적이며 가치 없는 것으로 간주될 우려가 있다. 또한 자치단체장과 공무원의 적극적인 관심과 지원 부족현상을 지적할 수 있다. 즉, 주민참여예산제도는 기존의 예산편성시보다 더 많은 과정들을 소화해내야 하는 까닭에 의사결정의 지연을 초래할 수밖에 없어 소극적인 태도를 보일 수 있으며, 시민참여예산제도에의 적극적 지원활동을 기대하기 어려운 한계가 있다. 물론 형식적인 면에서는 인터넷, 지역회의를 통한 주민의견수렴과 위원회 운영 등을 마련하여 지원하는 면을 볼 수 있으나 기존보다 업무부담 가중이라는 현실에서 이를 극복 내지 대체할 수 있는 다른 인센티브가 없는 상황에서 그 실효성이 의문시되고 있는 것이다(최진혁, 2011 : 121-123). 지방의회의 입장에서도 지방정부가 정책결정과정에 주민들을 참여시키는 것을 조례로 보장하고는 있지만 이 주민참여예산제의 경우 지방의회의 고유권한인 예산심의권을 침해한다는 논란과 이해부족으로 지방의회의 소극적 태도를 야기하는 상황을 연출하였다. 더 나아가 유권자인 주민들이 결정한 투자우선순위와 금액을 지방의회가 삭감하거나 조정하는 경우 주민들과 지방의회와의 충돌로서 주민대표성에 혼란을 야기할 우려가 있음을 지적하고 있다(최진혁, 2011 : 122).

또한 주민의 입장에서 볼 때, 주민참여예산제도는 지역이기주의, 집단이기주의와 인기영합주의에 의한 비효율적 자원배분으로 흐를 위험이 있다는 것이다. 특히 동원된 예산참여는 더욱 더 분배의 불균형을 심화시키고 나아가 분배적 · 소모적 · 단기적 · 정치적 예산분배를 가속화시킬 수밖에 없음을 우려하고 있다. 또한 주민참여예산제도가 특정 지역이나 집단에 악용되어 공평성과 형평성을 훼손할 우려가 제기된다. 즉, 시민참여예산제도를 운영함에 시민참여위원회가 가동된다하더라도 예산편성과정에서 지역대표, 집단대표간의 반목과 갈등을 조장할 우려가 있어 자원이 왜곡배분될 위험에 처해 있는 것이다(최진혁, 2011 : 122-123).

2. 지방(자치)행정의 미래과제

이렇듯 주민중심의 행정서비스들 제공하기 하기 위해 주민참여형 정책을 만들어내고는 있으나 그에 따른 문제점이 지방자치단체 행위자들간의 역학관계에서 나타나고 있는 것이다. 따라서 지방자치단체가 정책결정과정에 주민들을 참여시키는 것을 조례로 보장하는 제도적 장치에 머물지 말고 이들의 형식적 참여가 되지 않도록 참여동기를 유인해주는 대안을 마련해야 한다. 그리고 지방자치단체는 해당자치단체에 관련된 행정서비스를 조직하기 위하여 주변의 다른 자치단체와 자주 연합하여 이를 주민에게 제공할 수 있는 방법도 고려해야 한다. 왜냐하면 생활권이 같은 주민들에게 공동으로 서비스를 관리한다면 보다 높은 수익성을 보장받을 수 있고, 보다 질 높은 서비스를 창출할 수 있기 때문이다.

한편 지방의회의 정책결정과정에도 주민들의 의견을 수렴할 수 있는 제도적 장치를 마련해야 한다. 의원들의 입법활동이나 정책활동에 주민들의 목소리를 담기위한 노력이 전개되어야 하는데, 예를 들면 정기회시 방청을 유도하고, 주민현장에서의 의견진술을 할 수 있도록 개방하고, 의회에 대시민여론수렴과 민원접수처를 설립하여 광범위한 의견수렴을 도모해야 한다. 그리고 지방정책을 효율적으로 결정하기 위해서는 의회위원회제도를 활용할 필요가 있는데, 예를 들어 위원회는 의원들만이 구성원이 되는 것이 아니라 중요한 정책결정사안에 대해 관계되는 주민대표나 주민이해관계자에게도 문호를 열어주어야 한다. 일반적으로 상임위원회를 재정, 인사, 도시계획, 축제 및 의식, 공사, 사회사업, 교육문제, 주거, 스포츠, 여가, 문화, 정보, 관광, 노인, 장애자, 이민(북한이탈주민 포함), 경제활동 및 지방발전위원회 등으로 하여 보다 주민의견을 광범위하게 수렴하여 정책결정을 준비하도록 해야 한다.

이와 더불어 지방행정서비스에 대한 자치단체장과 공무원, 지방의회의원의 인식전환 및 제고가 필요하다. 지방행정서비스의 효율적인 집행에 단초를 제공하는 일은 자치단체장과 집행부 간부 등 리더가 담당해야 할 역할이다. 조직의 서비스지향성은 조직의 최고관리층의 태도와 행동으로부터 직접적인 영향을 받게 되며, 따라서 서비스 접점에 위치한 공직자들은 행정서비스품질 및 고객만족을 중요시하는 서비스를 제공하게 되기 때문이다. 따라서 담당공무원의 전문성을 제고할 수 있는 방안을 모색해야 하는데, 지방행정에 필요한 전문적 식견을 고양할 수 있는 새로운 교육훈련방식을 강구해야 한다.

다음으로 지방자치단체가 지방행정서비스를 효율적으로 제공해주기 위해서는 서비스체계를 그간의 공무원과 시민과의 쌍방향적 시각에서 탈피하여 자치단체장과 공무원, 지방의회의원, 시민, 자치행정체제가 합동하여 제공하는 다차원적인 거버넌스체제로 구축해 주어야 한다. 지방행정서비스가 진정으로 고객행정으로서 주민들의 체감도를 높이기 위해서는 집행부공무원과 지방의회의원이 합심하여 정치 · 행정적으로 지원체제를 제공해 줄 수 있을 때 가능할 수 있기 때문이다. 그리고 지방행정서비스 거버넌스체제를 구축하기 위한 기본적인 전제조건으로 사회자본의 축적이 필요하다. 우선 지방행정서비스 주체들의 상호작용기회를 높이도록 유도해야 한다. 이를 위해 주체들 간에 가치사슬 혹은 기타 여러 측면에서 서로간의 필요성을 인식할 수 있도록 각종 학습네트워크 형성을 지원하는 인센티브 제공 및 제도직 장치를 마련할 필요가 있다. 그런 배경에서 주민의 의사가 시민단체(정당, 학계, 언론)를 경유하여 지방의회에 제시되어 지방자치단체장이 이들의 의사(요구)를 취합하여 지방정부의 주요정책으로 하여 집행하고 통제받는 체제를 구축해야 할 것이다.

또한 분권사회에 맞는 성숙한 공동체적 시민의 창출을 도모해야 한다. 매번 자기이익에 반하면 비판만하는 고객지향적인 시민에서 국가와 자기 자치단체의 공익을 생각할 수 있는 성숙한 가치지향적인 새로운 시민으로서의 변화를 이끌어 내주어야 한다. 아무리 많은 지방행정서비스와 관련된 자치분권제도를 법과 함께 내놓는다 하더라도 공익적 사고에 가치지향화된 공동생산자로서의 시민이 존재하지 않는다면 모두 허상이 되고 말 것이기 때문이다. 따라서 새로운 공동체적 사고에 순응된 시민의 창출을 위한 시민교육을 어떻게 정립하여(시민주도, 정부지원) 활성화 시킬 것인가에 대한 고민이 필요하다.

마지막으로 중앙정부로부터의 지방자치단체의 자주성을 강화할 수 있는 제도적 장치를 강구해야 한다. 자치단체의 자주성이 높을수록 지방행정서비스는 · 활성화될 수 있기 때문이다. 지방행정서비스과정의 민주화가 요청될수록, 지방행정이 주민의 협동적 참여를 필요로 할수록 지방행정서비스에 지방자치단체의 자주성을 더 요구하게 될 것이기 때문이다. 그리고 지방행정서비스 제공의 경로를 다양화할 수 있어야 한다. 공공기관과 민간기관이 공동으로 제공할 수 있어야 하고, 컴퓨터와 통신기술을 활용하여 사이버 지방행정서비스를 구축해야 할 것이다. 또한 시민단체가 지방행정서비스에 대해 적극적인 지원과 협력을 할 수 있는 지역적 문화를 만들어야 한다. 그리하여 지방자치단체와 주민간의 신뢰관계가 강하게 작용하여 사회적 자본이 제고됨으로써 지방행정서비스의 품질은 제고될 수 있으리라 본다.

(지방행정 2018)

02

대전시 지방(자치)행정 60년의 회고와 미래과제

요약문

2009년은 대전시가 출범한지 60주년이 되는 해이고, 동시에 직할시(이후 광역시로 개칭)로 승격된 지 20주년이 되는 뜻 깊은 해가 된다. 대한민국 정부수립과 더불어 제헌헌법(1948. 7. 17)에 의해 보장되어 제정된 지방자치법(1949. 7. 4)에 의해 비롯된 지방자치제도에 따라 대전시가 시작되었다. 그러나 당시의 지방자치제도는 집권자의 정권연장의 수단으로 이용되거나 국가행정의 능률성 도모를 위해 유보 당하는 역사적 시련을 겪으면서 진전되어 왔다. 즉, 야당우위의 국회구조 하의 이승만대통령의 직선제 개헌을 위한 민의조작도구로서의 지방의회의 활용, 헌법에 지방자치가 보장되었음에도 불구하고 헌법부칙에 제한 규정사항을 두어 지방자치를 유예한 것이 그것이다. 이후 제4공화국, 제5공화국헌법은 지방의회의 구성을 조국통일시까지 유예하거나 지방자치단체의 재정자립도를 감안하여 순차적으로 하되, 그 시기를 법률로써 정할 것을 규정하였던 것이다. 이렇듯 정치권으로부터 정권유지의 도구로 전락되었었던 우리의 지방자치는 1987년 6.29 민주화 항쟁이후 마침내 1991년 지방의회의 재구성과 1995년 지방자치단체장을 주민직선으로 하는 획기적인 지방자치의 시대를 구가하게 되었다. 그러나 30여년만에 부활된 지방자치도 정치가의 정쟁게임 하에서 주민의 노력에 의한 주민의 필요성에 근거하여 성취한 지방자치제가 되지 못하다보니 여전히 중앙의 정치논리에 입각한 '중앙집권방식으로의 지방자치'가 되고 있는 것이다.

이러한 배경에서 본 연구는 대전시의 지방자치행정 내용을 정부수립 이후부터 최근의 이명박 정부에 이르기까지 역사적으로 검토하면서 그 특징적 내용을 추출하고자 한다. 이를 위하여 우선 지방행정의 개념을 국가의 지방행정수행방식에 근거하여 정의하면서 대전시 (지방)행정의 검토영역대상범위를 선정하고 이를 기초로 분석틀로 활용하여 설명하고자 한다.

지방(자치)행정은 일정한 국가의 정치적, 경제적, 사회 · 문화적 환경 속에서 첫째, 지방정부의 대내적인 측면인 자치단체의 계층구조 및 정치행정체제, 지방의회와 집행기관의 구성 · 권한을 중심으로 한 기관구성형태 및 양 기관의 관계를 조명해야 할 뿐만 아니라, 둘째, 조직이 공통적으로 갖는 대내적인 관리적 측면, 즉, 지방행정조직, 인사, 재정관리 등을 고찰해야 하고, 셋째, 지방정부가 중앙정부 및 주민과 각각 어떠한 관계를 가지는가 하는 지방정부의 대외적인 측면을 종합적, 체계적으로 설명해야 한다.

이를 기초로 대전시의 지방자치행정의 특징적 요소(총괄적 평가)는 다음과 같다.

1) 대전광역시의 정치 · 행정구조는 광역(대전시), 기초자치단체(5개 자치구)를 불문하고 다음과 같은 특징적 요소를 갖는 동일한 형태의 집행기관과 의결기관을 만들어내고 있다. 첫째, 권력분립원칙에 기초한 집행기관과 의결기관의 분립, 둘째 중앙 내지 상급자치단체에 종속하는 지방행정운영, 셋째 집행부 위주의 정치 · 행정운영, 넷째, 이들 위에 국가의 외부서비스기능이 개입되고 있는 것으로 특별지방행정기관에 의한 분산행정 등이다. 따라서 국가와 지방자치단체간의 기능적 이중체제와 이에 따른 통제게임이 그 주요한 장치로 자리 잡게 되었다고 할 수 있다. 또한 대전광역시는 국가와 지방자치단체간의 이중적 기능체제 - 국가의 의사를 대변하는 국가의 지방행정기관으로서의 지위와 지방자치단체의 대표로서의 지위 - 가 상대적으로 약화됨을 지적할 수 있다. 왜냐하면, 과거의 광역자치단체에 배속된 도지사제도와 달리 지방에서 국가의 의사를 대변할 기구가 없어졌다는 것에 이유를 들 수 있다. 따라서 '국가는 어디에 있는 것인가'의 의문이 제기될 수 있다. 그럼에도 불구하고 분산행정을 통한 분권행정의 특징은 여전히 국가중심의 계서적 관계를 존중하는 행정이 주가 되어 수평적 행정게임을 강조하는 분권행정이 취약한 상황이다. 이러한 배경에서 대전시는 중앙정부와의 긴밀한 협력을 유도해내고, 지역사회의 기초자치단체와 정치 · 행정적으로 긴밀한 유대강화를 해 나가는데 일정

한 한계에 봉착하게 된다.

2) 대전시 초창기 지방자치는 여 · 야정당간에 같은 정당 내에서는 계파파벌의 정쟁의 도구로 이용되다보니 의회와 장과의 갈등은 매번 예기된 사건이었다. 따라서 자치단체장이 집권여당의 인사가 아닐 경우에는 상당한 갈등을 겪을 수밖에 없었다. 한편 민선자치시대에 들어와 자치단체장과 의회의원이 같은 정당소속으로 당선되는 경우가 많아 서로 견제해야 할 기관분립형의 기본취지가 많이 퇴색하고 있다.

3) 1,2,3,4,5공화국 대전시 행정조직은 지역적 특성을 고려하지 않고 전국적으로 거의 획일적으로 편성되어서 집권화된 정부논리를 반영하는데 급급한 형태이었다. 물론 최근의 행정조직개편도 지역의 특성을 고려해야한다고 하지만 여전히 행정조직이 지역적 특성이 크게 반영되고 있지 못하다. 요컨대, 지방자치행정의 강화를 위한 적극적인 기구개편으로 대전시의 여건을 활성화할 수 있는 지방조직개편이 아쉽다.

4) 대전시행정수요는 급증 · 확대하는 것이 일반적인데 비해 대전시의 공무원은 축소해야만 하는 상황이다. 물론 기능중복이나 적정한 업무량에 비례하는 인원배치가 되지 않는 부분을 조정해야만 하지만 근원적으로 부족한 인원이라면 이 경우 주민업무에 적극적이기보다는 형식적 접근이 될 수밖에 없는 한계가 있다. 따라서 정확한 직무분석과 직무평가를 통해 필요한 최적의 공직의 수를 판단해야 한다. 그리고 대전시의 역점시책을 반영하고, 대전시의 특성을 강화할 수 있는 과학도시의 메카로서의 행정업무를 다룰 수 있는 전문공직자의 충원이 아쉽다. 또한 지역개발과 관련한 행정업무 대부분을 행정직이

담당하는 것이 보통이어서 업무수행에 보다 전문적인 식견을 가진 자의 배치와 충원이 아쉽다.

5) 최근 대전시 재정여건을 보면 전반적으로 자체수입인 지방세와 세외수입의 정체, 경직성 고정경비와 사회복지분야 국비지원에 확대에 따른 지방비 부담수요증가로 가용재원이 부족한 현실이다.

6) 대전시 역대시정방침 중 민원행정의 중요성이 시대를 초월하여 공통적으로 강조되고 있다. 그러나 최근의 대전시 시민봉사실의 역할을 8가지 품질서비스 요인(쾌적성, 접근성, 편리성, 친절성, 신속성, 정확성, 공정성, 전문성)에 의거 정성적인 평가를 해보면 대체적으로 접근성, 편리성, 친절성, 신속성 성도의 요인이 비중이 높게 나오고, 전문성 요인은 낮게 평가되고 있다.

7) 대다수 주민들은 지방자치에 대한 몰이해로 지역이기주의나 자기이해에 함몰되어 많은 혼란을 경험할 수밖에 없었다. 대전시민의 민주적 소양이 전제되어야만 지방자치가 성공할 수 있음은 명확한 사실임에도 지역주민의 민주의식 제고에 소홀하였다. 소비자로서의 시민은 계약에 의한 공공서비스를 중시하며 수동적 지위를 갖게 되고, 소유자로서의 시민은 주권을 행사하는 지위이지만 현실적인 제약이 뒤따르는 한계가 있음을 감안할 때 이제는 지역의 발전을 위해 공동투자하는 가치형성자로서의 대전시민의식이 뒤따라줄 때이다.

이와 같은 논의를 토대로 앞으로 대전시가 지향해야 할 과제는 대체로 다음과 같은 사안을 고려해야 할 것으로 본다.

우선, 대전시 자치행정은 협력적 지방정치행정체제를 근간으로 시민사회와 연계하는 거버넌스체제 속에서 운영되어야 한다. 예를 들면 대전시의 역점시책들이 그 성과를 고양하기 위해서는 거버넌스체제 속에서 가능할 수 있다. 따라서 대전시 국책사업관련 산업의 잠재력을 극대화하여 대전·충청지역의 경쟁력 강화와 지속적인 성장을 이끌어내기 위해서는 국책관련 산업의 육성을 산·학협력클러스터라는 틀에 잘 적용시켜 나감은 물론 정치·행정적으로 지원체제를 갖추는 것이 관건이 될 것이다. 그러기 위해 역점정책사업(예 : 국책유치사업) 체계를 정비하고, 관계법령을 제정·보완하고, 관리능력을 배양하도록 해야 한다.

그리고 중앙정부와 대전광역시와의 연계·협력방안을 정치·행정적 차원에서 다각도로 모색해야 한다. 우선 행정적 측면으로 중앙부처와 대전광역시와의 협력·연계체제채널을 확보하고 강화해 나가야 하며, 정치적으로 자치단체장은 지역정치구도의 변화(여소야대)에 대처하여 정당소속이 다른 국회의원일지라도 한 목소리로 결집하여 지원을 얻어내는 리더십을 발휘해야 한다. 다음으로 정치적 측면으로 국회와 지방의회와의 협력체제채널을 가동하여야 한다. 그런 맥락에서 국회에서 영향력을 행사할 수 있는 중량감 있는 정치인을 배출해야 하고, 그런 인물을 키워내는데 고민해야 한다. 그리고 지역현안문제에 대해 당을 초월한 집단적 리더십을 발휘할 수 있어야 한다.

다음으로 대전시 자체 역량강화를 모색해야 한다. 즉, 대전시의 역점시책에 대응한 행정조직, 인력관리, 재정관리를 도모해야 하고, 역점정책(예 : 국책사업유치)의 기획·조정기능을 강화해야 한다. 그런 배경에서 대전시의 지방행정문제 해결모델을 구축하여 집행업무에 대한 평가를 통해 적절한 해결책을 상시적으로 제시할 수 있어야 한다. 그리고 집행업무에 대해 정치·행정적 연계모델 속에 전략적 대응을 강화할 수 있는 대안을 모색해야 한다.

마지막으로 주민의 역량강화를 모색해야 한다. 대전시는 주민참여 속에 행정서비스를 제공해야 한다. 그런 배경에서 주민의 의사가 시민단체(정당, 학계, 언론)를 경유하여 지방의회에 제시되어 지방자치단체장이 이들의 의사(요구)를 취합하여 대전시의 주요정책(예 : 국책사업유치)으로 하여 집행하고 통제받는 체제를 구축해야 한다.

(대전일보 2009.4)

03

코로나19에 대응한 자치행·재정운영방식

오늘날 전 세계가 우한폐렴(코로나19) 감염증 확산에 따른 팬데믹(pandemic) 현상으로 그동안 전혀 경험해보지 못한 세상에 놓이게 되었다. 높은 불확실성과 낮은 예측가능성으로 특징짓는 자치행·재정환경의 변화에 어떻게 대응할 것인가에 대한 고민이 크다. 이런 특수한 환경변화가 자칫 국가주의의 중앙집권화의 길을 열어주는 것이 아닌가하는 우려도 있지만 민선자치 25년간 쌓아두었던 지방민주주의의 소중한 자산은 이번 위기상황을 지방자치의 기본 토대 위에서 중앙정부와의 긴밀하고 효율적인 협력관계를 실질화시키면서 주민에게 보다 실효성 높은 행·재정서비스를 창출하고 배분해 주어야하는 새로운 자치행정체계로 작동하도록 주문받고 있다.

우선 중앙정부와 지방자치단체간의 원활한 협력관계가 가동되는 자치행정체제가 구축되어야 하는데, 이는 그간 정치적 고려에 방점을 둔 기존의 운영방식에서 탈피하여, 과학적 지식에 기반한 효율적 관리에 중점을 두어 주민에게 실익이 돌아가게 하는 보다 실질적인 주민중심의 자치행정운영방식을 모색해야 한다. 여기에 중앙정부의 지원협력과 자치단체의 실행력이 결합되어 성과높은 과실(果實)을 도출할 수 있을 것이다. 그런 배경에서 주민의 의사가 시민단체(정당, 학계, 언론)와 함께 지방의회에서 토론되어 의제화 되도록 하고 지방자치단체장은 이들의 의사(요구)를 취합하여 해당 지방자치단체의 주요정책으로 하여 집행하고 통제받는 그리하여 생활행정의 현장에서 대응력과 집행력을 강화해주는 자치행정체제를 구축해야 한다. 그러기 위해서 중앙정부와 자치단체는 정치 · 경제 등의 변화와 전망 등을 정확히 예측하여 중앙정부와 지방정부의 기능을 조정하고 중장기종합계획을 수립하여 합리적인 정책을 형성할 수 있도록 하여야 한다. 그리고 중앙정부와 지방정부간의 소통이 원활하게 이루어지도록 해야 한다. 여기에서 지방정부의 정책형성과정이 형식적이거나 무의미하면 중앙정부의 정책형성도 오류 내지 왜곡된 정보에 의해 잘못 이루어질 가능성이 높기 때문에 중앙정부의 올바른 정책결정은 지방정부의 바른 정책결정이 전제된 자치행정운영이 되어야 한다. 따라서 중앙정부와 지방정부는 정치 · 행정적으로 긴밀한 의사소통이 가능한 장을 열어주어야 할 것이며, 여기에 문제해결능력이 강화된 자치행정체제를 구축해야 한다. 주민들이 자기 자치단체에서 행하는 사무에 대해 정보를 소상히 알아야 하며, 그리고 그들에 관계되는 정책결정에 그들의 의견을 자유롭게 개진할 수 있도록 개방화되어야 하는 이유이다. 그런데 주민의 민주적 소양이 전제되어야만 자치행정이 성공적으로 실현될 수 있다는 민선자치의 소중한 경험에서 지역주민의 성숙한 주민의식을 가진 민주시민으로 거듭나게 해야 한다. 소비자로서의 시민은 계약에 의한 공공서비스를 중시하며 수동적 지위를 갖게 되고, 소유자로서의 시민은 주권을 행사하는 지위에 머물지만 이제는 함께 살아가야 하는 지역발전을 위해 공동투자하는 가치형성자로서의 주민의식이 뒤따라 갈 수 있도록 해주어야 하는 이유는 바로 여기에 있다.

이와 함께 새로운 지방재정운영방식의 모색이 불가피할 것으로 보인다. 전 세계적인 글로벌 경제위기로 국가의 세수 증가폭이 격감하고, 급격한 고령화와 저출산으로 재정수요가 증대되는 재정환경변화에 대다수 지방정부는 기존 사업의 축소, 신규사업 중단, 경상비 일률삭감 조치 등의 감축관리가 예상되고 있다. 여기에 기존의 재정운영방식을 그대로 답습하느냐, 아니면 과학적 지식에 기반한 전략과 우선순위를 설정하여 새롭게 접근해 갈 것인가는 국가나 지방자치단체 모두 미래의 향방을 결정하게 하는 중요한 선택지가 될 것이다. 그런 면에서 기존의 방식으로서 정치적 갈등을 최소화하는 방안으로 고통을 획일적으로 똑같이 분담하는 정치적 접근에서 중장기전략계획과 우선순위 설정, 비효율적 사업에 대한 삭감으로 고통의 차별화를 통한 관리적 접근으로 전환하여야만 한다. 지방정부가 그동안 자치단체 사업을 전수조사(全數調査)하여 정말 자치단체에 필수불가결한 중요한 사업과 관행적으로 이루어졌던 비능률적인 사업, 이권개입사업 등을 구분해내야 하는 이유이다. 예를 들어 인기위주의 자치행정의 소산(所産)으로 이익집단에 포획된 '나눠먹기식' 지방보조금이 있다면 과감히 청산해야 할 것이다. 그리고 과거방식으로 고통의 분담을 강요하는 획일적이고 일률적인 감축방식에서 그 고통의 분담이 어느 자치단체와 주민에게는 고통의 전가가 될 수 있었음을 감안한다면 이제는 자치단체의 경비의 일률적 삭감이 아닌 미래의 성장동력이 되는 사업에는 그 옥석(玉石)을 구분하여 차별적으로 접근해야 할 것이다. 필수지방공공서비스, 미래성장의 기반이 되는 사업은 더욱 확대 활성화되어야 하는 이유이다. 또한 부처간, 지역간의 이기주의에 따라 내 부처, 내 지역, 나만 잘 살면 그만이라는 인식에서 벗어나야 한다. 지역과 부처의 재정축소문제는 이제부터 내 지역, 부처와 다른 지역, 부처와의 긴밀한 상관관계에 놓여있음을 자각하고 공동 협력해야 한다. 여기에 우리의 어려움을 함께하고 이겨낼 수 있다는 진솔하고 담대한 주민설득으로 사회적 대타협을 이루어내는 자치단체장의 용기있는 리더십이 요구되는 것이다.

(자치발전 2020.8)

04

2020년 자치행정의 방향 : 주민주권을 구현하는 제2의 지방자치의 도약으로

2020년은 대한민국공화국이 민주주의의 실천적 도장(道場)으로서 지방자치를 부활시켜 시행한지 29주년이 되는 해이다. 그동안 우리는 지방주민들의 일상생활에 관련된 사무를 국가(중앙정부)의 관여 없이 주민들의 의사와 책임 하에 스스로(또는 대표자를 통하여) 처리하는 자치행정을 추구하고자 노력하였다. 그럼에도 불구하고 여전히 중앙정부의 강력한 중앙통제와 자치단체의 자치역량이 구비되지 못한 여건 및 지역이기주의와 자기이익에 함몰되어 공동체정신이 훼손된 피동적 주민관(住民觀) 하에서는 우리가 그토록 염원했던 지방민주주의의 동반자로서 자치행정은 소기의 성과를 얻어내는데 일정한 한계를 드러낼 수밖에 없었다. 약 30개 성상(星霜)의 지방자치의 소중한 경험과 값진 교훈이 2020년 자치행정의 올바른 방향설정과 역점시책을 논의하는데 큰 자양분과 동력이 되어야 하는 이유이다.

그런 배경에서 2020년 자치행정은 1987년 6.29민주화선언 이후 1988년 지방자치법전면개정 이래 30년만에 우리의 자치분권의 재설계작업으로서 준비한 전부개정 지방자치법으로 주민중심의 지방자치가 실현되는 진정한 지방민주주의(la démocratie locale) 하에 설정되어야 할 것이다. 여기에 지방자치(행정)의 제2의 도약을 준비해야 하는 당위성이 있다. 요컨대, 주민주권확립을 통해 실질적인 지역민주주의를 구현하고, 자치단체의 자율성을 확대하고 이에 상응하는 투명성과 책임성을 확보하며(자치단체 역량제고), 중앙과 지방의 관계를 협력적 동반자 관계로 전환함과 아울러 지방의 자율성과 책임성을 제고하기 위한 중앙정부의 지방정부에의 통제(지도·감독)제도의 근본적 전환이 필요할 것이다. 이러한 자치분권정책이 주민의 삶의 현장에 스며들어가 내 삶을 바꾸어내는 체감 높은 실행력을 담보해 내는 자치행정의 제2의 도약기를 기대해 보면서 다음의 몇 가지 사항을 제안하고자 한다.

우선, 주민중심의 자치행정이 확립되어야 한다. 주민에게 보다 값싸고 질 좋은 행 · 재정서비스를 창출하고 배분하는 과정에서 주민이 참여할 수 있는 제도적 장치를 마련해야 한다. 주민주권의 논리에 의거 주민은 자치단체의 정책결정 및 집행과정에 참여할 수 있는 권리가 있기 때문이다. 그러기 위해서는 주민과 가까이 하는 풀뿌리 자치행정의 행정문화를 만들어 주어야 한다. 가장 근접한 자치단체에서 주민생활에 관련된 모든 문제를 다양한 부처의 종합적 행정서비스로 해결해 줄 수 있어야 하고(종합행정), 가장 어려운 문제들을 합리적으로 처리해 줄 수 있어야 한다. 여기에 주민들이 자기 자치단체에서 행하는 사무에 대해 알권리 보장으로서 정보공개가 이루어져야 하고, 그리고 주민의 일상생활에 관계되는 정책결정에 그들의 의견을 자유롭게 개진할 수 있도록 해주어야 하는 이유가 있다. 요컨대, 주민중심의 자치행정이 되기 위해서는 주민의사의 우월한 가치를 인정하여 정책결정과정에 일반시민들의 기대와 욕구를 반영하는 기제를 제도화해야 한다. 이미 우리 사회의 지방정책결정은 자치단체 단독으로 행·재정서비스를 창출할 수 있는 것이 아니라 공공기관, 민간기관, 자발적 기관들이 함께 만들어 나갈 것을 요구하는 거버넌스체제 속에서 작동하는 것으로 볼 수 있다. 따라서 지방정책과정에는 지방자치단체장, 지방의회, 지방공무원, 국가일선행정기관, 이익집단, 정당, 전문가집단 등이 참여자로서 활동하게 된다. 여기에서 어떻게 하면 주민의 주권을 존중하고 주민의사의 우월한 가치를 인정하는 정책결정을 이루어낼 수 있을 것인가가 주요 의제가 되고 있는 것이다.

그런 배경에서 주민주권 강화를 통한 주민중심의 자치행정의 활성화를 도모해야 할 것인데, 이에 영향을 미칠 수 있는 요인은 국가가 지방정부에 대해 어느 정도의 자치권을 부여하고 있는가의 내용과 지방정부가 정책결정과정에 주민들을 참여시키는 것을 조례로 보장하는 제도적 장치를 구비하고 있느냐의 여부, 또한 법령이나 조례로 보장하고 있다하더라도 시장과 집행부 공무원의 인식과 의원들의 행태여부, 자치행정구조가 주민에게 얼마나 실질적인 참여를 보장하고 있는 것인가의 여부, 지방정부와 시민과 시민단체의 관계설정여부, 주민(시민)의 의식과 가치관이 어느 정향에 속해 있는 것인가(소극적 주민관, 적극적 주민관, 공동생산자적 주민관) 등을 고려해 볼 수 있다. 왜냐하면 이들 요인들의 상황여부에 따라 다른 성과물을 낼 수 있을 것으로 보기 때문이다. 따라서 이들 인과관계 속에서 지방민주주의의 성과를 제고할 수 있도록 각 자치단체에 맞는 자치행정을 재설계해야 할 것이다(최진혁, 2018).

다음으로, 자치분권 논리에 맞는 지방정부의 자치행정구조와 기능의 재설계가 필요하다. 그동안의 경험에서 우리의 자치행정구조는 관료제 공무원과 주민사이에 다음과 같은 구도가 설정된다고 보고 있다. 즉, 행정정보공개를 통하여 주민의 참여를 독려하려고 하지만 실제는 추상화된 주민전체로서의 대주민(大住民 ; 여론)과 민원인이나 공청회에 참석하는 사람들로 구체적인 개인으로 나타나는 자연인으로서 소주민(小住民)으로 나타나게 된다는 것이다. 따라서 자치행정조직도 고위층, 중위층, 하위층 공무원이 주민과의 접촉시 서로 다르게 접근할 전략적 상황이 연출된다고 보고 있다. 이 과정에서 두 가지 악순환(vicious circle) 현상이 발생하게 되는데(임도빈, 2004), 첫째, 상징적이고 언어적인 측면이 강조되는 고위층-대주민 사이에서 발생하는, 비록 현실은 낙후되거나 정체되어 있어도 좀 더 그럴듯한 목표와 성과로 긍정적인 표현이 등장하는 관계영역이고, 둘째, 관료조직적이고 실질적인 대민관계가 설정되는 곳으로는 관료(특히 하급직)-소주민관계에서 형성되는 현실의 세계라고 보는 것이다. 이 두가지 관계 사이에서 자치행정은 모순된 행 · 재정서비스를 생산해 나갈 위험이 발생하는 것이다. 따라서 자치행정구조는 일부 고위관료가 그들의 지배력을 유지하기 위하여 조직을 활용하려는 정치적인 욕심이 작동할 수 있는 모순공간을 차단해야 할 필요가 있다.

그런 배경에서 더욱 더 정보공개의 범위를 확대하여 행정행위의 투명성을 보장해 주는 시스템을 갖추도록 해주어야 한다. 즉, 지방행정관청의 행위에 관한 주민의 알 권리로서의 정보공개제도를 확대·발전시켜야 한다. 그러나 행정정보의 공개로 개인의 프라이버시나 기업의 이익에 침해를 주거나, 행정의 공정하고 적절한 운영에 현저히 지장을 주거나, 주민 전체의 이익을 훼손하는 등의 문제가 발생할 수 있으므로 정보 이용·공개 등을 통제하는 목적한정제를 규정하며, 비공개 대상을 설정해야 한다. 그럼에도 불구하고 자치단체의 정책결정에 따른 집행행위에 대한 처리내용에 대해서는 주민에게 충분하게 알릴 수 있도록 게시판이나 인터넷홈페이지를 활용하는 방식을 의무화할 필요가 있다. 특히 집행기관(자치단체장과 공무원)이나 의결기관(지방의회)에서 행한 모든 규제적 성격을 갖는 행위는 공개의무를 지도록 규정할 필요가 있다. 특히 공개의 의무를 강하게 요구하는 사안들은 지방의회의 의결사항으로 하여 결정할 수 있을 것이다.

이런 배경에서 지방정부는 자치행정구조를 주민참여 속에 행정서비스를 함께 공동생산해 나가는 거버넌스체제로 확립해 주어야 한다. 그런 배경에서 주민의 의사가 시민단체(정당, 학계, 언론)를 경유하여 지방의회에 제시되어 지방자치단체장이 이들의 의사(요구)를 취합하여 지방정부의 주요정책으로 하여 집행하고 통제받는 체제를 구축해야 할 것이다(최진혁외, 2005). 그리고 대도시의 광역지방정부와 기초지방정부는 종합행정을 추구해야 하는 차원에서 연계성을 강화한 행·재정서비스를 산출해야 한다. 따라서 특정 지역이나 집단에 대한 요구는 형평성을 유지하는 정도에서 조정·운영(균형발전 도모)하는 것이 바람직할 것이다.

이와 더불어 지방자치단체는 해당자치단체에 관련된 행정서비스를 조직하기 위하여 주변의 다른 자치단체와 자주 연합하여 이를 주민에게 제공할 수 있는 방법도 고려해야 한다. 왜냐하면 생활권이 같은 주민들에게 공동으로 서비스를 관리한다면 보다 높은 수익성을 보장받을 수 있고, 보다 질 높은 서비스를 창출할 수 있기 때문이다. 이러한 배경에서 자치단체간 연합방식의 서비스제공을 활성화할 필요가 있다. 그리고 자치단체 내에 존재하는 다양한 기관과 연대하여 주민이 필요로 하는 행·재정서비스를 공급해 주어야 한다. 그런 배경에서 협회(associations), 조합(syndicats), 직업적 단체(groupements professionnels), 기업책임자(responsables d'entreprises), 학교 설립위원회(conseils d'établissements des écoles) 등과 관계를 형성하여 의견을 수렴하고 정책화하여야 할 것이다.

마지막으로 특히 주민과 가까이 하는 자치행정은 주민을 대표하는 지방의회를 통해서 제도적으로 가능하기 때문에 주민대표기관(지방의회)의 새로운 역할정립과 재설계가 요구된다. 지방의원의 자질, 능력을 제고할 수 있는 방안 모색과 자율과 책임의 의회행정 보장과 같은 분야에 깊은 성찰이 있어야 할 것이다. 그리고 지방의회의 존재이유에 맞게 정책결정과정에 주민들의 의견을 수렴할 수 있는 제도적 장치로서, 의원들의 입법활동이나 정책활동에 주민들의 목소리를 담기 위한 노력이 전개되어야 한다. 예를 들면 정기회시 방청을 유도하고, 주민현장에서의 의견진술을 할 수 있도록 개방하고, 의회에 대시민여론수렴과 민원접수처를 설립하여 광범위한 의견수렴을 도모해야 한다. 그리고 지방정책을 효율적으로 결정하기 위해서는 의회위원회제도를 활용할 필요가 있다. 예를 들어 위원회는 의원들만이 구성원이 되는 것이 아니라 중요한 정책결정사안에 대해 관계되는 주민대표나 주민이해관계자에게도 문호를 열어주어야 한다. 일반적으로 상임위원회를 재정, 인사, 도시계획, 축제 및 의식, 공사, 사회사업, 교육문제, 주거, 스포츠, 여가, 문화, 정보, 관광, 노인, 장애자, 이민(북한이탈주민 포함), 경제활동 및 지방발전위원회 등으로 하여 보다 주민의견을 광범위하게 수렴하여 정책결정을 준비하도록 해야 한다. 그리고 모든 자치단체는 지방의회가 지방공공서비스를 공급하기 위한 자문위원회를 설치할 수 있도록 하고, 이 위원회는 해당된 서비스의 사용자협회 대표를 포함하도록 하여 효율적인 행정서비스가 작동할 수 있도록 해야 한다.

이러한 상기의 과제가 잘 작동되기 위해서 중앙정부가 지방자치단체의 자치권을 강화해주는 조치들을 입법화하여 지원해 주어야 함은 물론이다.

(자치발전 2020.)

05

국책사업의 성공적 실행을 위한 표준 매뉴얼 구축의 논리

이명박 대통령이 신년 좌담회에서 과학비즈니스벨트 입지와 관련해 '충청권 과학비즈니스벨트' 대선공약에 대해 "선거 유세 때는 충청도에서 표를 얻으려고 제가 관심이 많았겠죠. 그런데 공약집에 있었던 것도 아니다"고 발언을 하면서 논란이 거세게 일고 있다. 듣기에 따라 대선 때의 '충청권 설치' 공약을 백지화하는 것으로 받아들여질 수 있기 때문이다.

신의를 목숨처럼 소중하게 생각해야 할 정치지도자가 어떤 계산에서 이런 발언을 하고 있는 것인지 신의없음을 한탄하게 된다. 이미 믿음, 신뢰의 가치에 대해 공자도 수레와 수레채의 비유를 통해 훈육하고 있다. 즉, "큰 수레에 수레채 마구리가 없고(대거무예 : 大車無), 작은 수레에 멍에막이가 없으면(소거무월 : 小車無) 어찌 수레가 앞으로 전진해 나갈 수 있겠는가." 예와 월(믿음)이 훼손된 큰 수레(대한민국), 작은 수레(지방정부)가 어찌 앞으로 전진해 나갈 수 있다고 보는가 라고 말이다.

국제과학비즈니즈벨트는 7년간 3조 5,487억원의 사업비(국비)가 투입되는 대형 국책사업으로 330만㎡ 규모로 조성되는 것으로 되어있다. 작년 2월 '국제과학비즈니스벨트 조성 및 지원에 관한 특별법'이 국회를 통과하면서 이 국책사업을 통해 지자체의 획기적인 발전(기초과학 분야 등 파급효과 지대)을 도모하려는 각 자치단체의 이해가 지자체간 사활을 건 유치전으로 비화할 것은 불을 보듯 뻔하다. 벌써 정치권에서는 내년 총선, 대선을 앞두고 이를 적절한 카드로 활용하기 위해 "국제과학비즈니스벨트 ~당이 해내겠습니다"라는 표어로 발 빠르게 대처하고 있다. 이렇듯, 대통령 공약사항을 헌신짝처럼 저버리는 정치적 행태를 어떻게 차단할 것인지, 각 자치단체마다 지역발전에 도움을 받으려는 국책유치사업의 과도한 경쟁이 과연 바람직한 것인지, 또한 중앙정부가 계획한 국책사업이 지방자치단체간의 경쟁만으로 해결될 수 있는 유일한 대안인지에 대한 깊은 성찰이 필요한 때이다.

그런 면에서 중앙정부는 백년 · 천년대계의 국가발전을 견인해내는 대한민국의 지방분권과 지역균형발전을 위한 국책사업의 성공적 실행을 담보할 수 있는 표준 매뉴얼을 다음과 같은 논리에서 준비해야 한다.

우선 국가차원에서 국책사업선정의 명확한 기준과 원칙을 제시해야 한다. 국가는 국가균형발전 차원에서 국책사업선정 기준을 마련하고 이를 투명하고 공정한 절차에 의해 진행하여 해당 자치단체가 모두 공감하는 타당성과 적실성이 높은 사업선정이 될 수 있도록 해야 한다. 이와 함께 정부의 공모사업을 평가함에 있어 물론 재정자립도가 높은 자체역량이 갖추어진 자치단체에 배정하는 것이 성과 내지 효율성측면에서 하나의 기준이 될 수 있겠지만 공공성의 이름으로 진정한 도움이 필요한 자치단체에도 혜택이 갈 수 있는 평가방식도 고려해야 한다. 그리고 과도한 경쟁으로 인한 후유증을 차단한다는 차원에서 공모신청에 일정 수준의 자격요건을 부여하는 가이드라인을 제공할 필요가 있다. 예를 들면 지방자치단체별 전략사업을 국가균형발전차원에서 인정하고, 그 인정한 사업에 한해 신청을 할 수 있도록 해야 하는 것이다.

나음으로 지방자치단체차원에서는 경쟁 자치단체들 간의 비교가능한 객관적인 지표와 유형적인 투자는 물론 자치단체 내 · 외적 네트워크를 어떻게 구축하고 효과적으로 활용하고 있는가를 판단하여 선택과 집중을 가동해야 한다. 국책사업유치는 어느 한 시점에만 노력해서 얻어지는 결과물이 아니라 대전시, 충청권이 장기적 관점에서 접근해야 하는 대상이므로 평소단계, 사업공고 후 응모단계, 사업심사 · 평가단계, 사후단계로 구분하여 각각의 단계에 있어 어떻게 대응방안 및 전략을 강구할 것인가를 검토해야 한다. 예를 들면 정치인네트워크 관리, 선택과 집중대상 정립 및 대내외 홍보, 중앙부처 공무원 네트워크 관리, 평가위원 풀 정립 및 관리 차원 등이 그것이다.

마지막으로 주민차원에서 충청권 주민의 자발적인 참여와 적극적인 의지를 기반으로 하여 중앙정부, 지방정부, 시민사회, 민간부문, 대학 · 연구소 등의 유기적 연계시스템이 효율적으로 작동하는 거버넌스체계가 가동할 수 있어야 한다. 이 과정을 통해 지도자의 굳건한 믿음의 정치가 바로설 수밖에 없는 시스템이 발현될 것이다. 여기에서 이미 충분한 논의를 거쳐 공약화한 국책사업은 국가발전의 중추적 역할로 인식되어 정치인들의 지역이기주의에서 자유로워질 것이고, 따라서 국가(큰 수레)와 지방정부(작은 수레)는 힘차게 전진해 나갈 수 있을 것이다.

(대전일보, 2011)

06

국가는 어디에 있는가(Où est l'Etat)?

지방자치부활 20주년의 해에 대한민국은 대통령 공약사업인 국제과학비즈니스벨트, 동남권 신공항건설 국책사업 선정과 관련하여 지역간 갈등으로 몸살을 앓고 있다. 국제과학비즈니스벨트는 이명박 대통령이 대선후보 시절인 2007년 10월 충청권 공약으로 제시한 것으로 당시 대전의 대덕연구개발특구와 충남 연기 · 공주의 행정중심복합도시, 충북 오창 · 오송단지를 하나의 광역경제권으로 묶어 '한국판 실리콘밸리'를 만들겠다고 약속했던 사안이다. 이제는 다급했던 선거이전의 상황을 무시해도 될만한 사업으로(?) 판단하였는지 아예 공약집에도 없었다는 대통령의 약속파기발언 이후 다시 지역간 경쟁을 부추기는 꼴을 만들어내고 있다. 동남권신공항사업은 수도권 다음으로 많은 1,300만명 인구의 영남권 경제 재도약을 위한 경쟁력강화사업으로 대구 경남·북에서는 밀양을, 부산은 가덕도 신공항을 주장하면서 해당 지역에서의 투쟁은 그 도를 넘어서고 있다. 정치적 논리로 재단되어 온 사업이 내년 총선·대선을 앞두고 여권이 분열되는 모습에 당황했는지 마침내 경제성 논리로 백지화하여 종결하고 말았다. 이후 대구·부산은 각자 민자유치 내지 독자적 사업으로 계속 사업을 실현해 나갈 것임을 선언해 갈등에 따른 국가 손실은 불 보듯 뻔히 지켜보아야 하는 상황이 되었다.

정치인은 권력을 쟁취하기 위해서라면 대한민국이 어떻게 되든 말든 국민을 현혹시켜 표를 얻어낼 수 있는 선심성 공약을 마다하지 않는다. 당선이라는 절대목표에 매몰되어 장밋빛 공약을 내걸고 이후에는 헛공약이 되어 지역간 갈등을 부추기고 있는 셈이다. 마찬가지로 지방자치단체는 자기지역의 발전이 되는 '돈되는 사업'은 물불을 가리지 않고 사생결단으로 접근한다. 우선 어떻게든 개발인프라를 구축하고, 사후에 국비와 민간투자방식으로 개발을 도모하려 한다. 여기에서 지역개발을 두고 자치단체와 민간기업과의 관계는 개발의 이름으로 이익을 창출하려는 기업의 논리가 반영되고 있다. 기업은 뇌물을 동원해서라도 자치단체의 정책 입안자를 설득하고 포획하여 자기기업의 이익에 순응하는 결과를 도출해낸다. 따라서 주민 절대다수의 혜택을 제공하는 편에서보다 기업의 이익에 부응한 주민들에게만 혜택이 돌아가는 개발론자들의 편에서 정책을 결정하게 만든다. 그러다보니 지역발전이라는 이름으로 지역이 황폐화되고, 헛개발 내지 난개발을 양산하게 된다. 요컨대, 대통령을 비롯한 정치인들은 그들의 이해관계 속에서 정권획득의 큰 이익을 위하여 지역개발을 볼모로 표를 구걸하고 있으며, 지방자치단체는 자기지역의 이익에만 급급하여 국가나 다른 지역은 어떻게 되든 상관없는 소지역주의를 만들어내었다. 국정지도자는 출신지역을 위해서도 일해야 하지만 국가의 미래를 위해 균형적 감각으로 그동안 성장의 과실에 소외되었던 지역발전에 관심을 쏟아야 한다. 그러기 위해 정쟁으로 흔들리지 않는 백년대계의 국가발전을 이루어낼 지역의 발전극을 설정하여 각 자치단체가 서로 인정하고 협력해 줄 수 있는 지역발전의 틀을 만들어주어야 한다. 또한 지방자치단체의 존재이유는 이익창출의 개발이 결코 아니다. 오히려 돈벌이가 되는 것이라면 무엇이든지 하려는 기업을 견제해서 바른 개발을 유도해내는 것이 무엇보다 중요하다. 위(국가)아래(지방자치단체)가 서로 이익을 위하려 투쟁하면 나라가 위태로워진다(上下交征利, 國危矣)는 맹자의 교훈이 절실히 와 닫는 이유이다.

더구나 민주화의 간절한 바람으로 지난 20년간 지방자치가 다시 시작되었지만 자기지역에 한정하여 정치행정게임을 할 수밖에 없는 구도(칸막이 정치행정)가 형성되어 전체인 국가보다는 국가의 지체인 지방자치단체를 우선시하는 결과를 낳고 말았다. 각 자치단체들은 단체장은 임명제로 하고 지방의원만 주민직선으로 하는 지방자치는 '반쪽 지방자치'라며 자치단체장의 주민직선을 강력하게 요구하여 주민직선자치를 이루어내었지만 상대적으로 국가가 수행하였던 국가사업은 지역에 반영할 수 있는 통로를 차단시키고 말았다. 국가의 중요한 정책이 지방에 수용되지 못하였고 지방의 중요한 사항이 정치적인 논리로 재단되어 국정에 제대로 반영되지 못하고 왜곡되어 나타날 수밖에 없었다. 그러다보니 지역에서는 이해집단화된 주민의 논리에 강하게 집착하게 되어 인기 · 전시행정이 판을 치게 되었고 국가보다는 지역만을 생각하게 하는 정치인과 주민들을 양산하였다.

국가는 안중에 없고 자기지역발전에만 목메는 철저한 지역이기주의가 득세하고 있는 셈이다. 충분한 검토도 없이 대선 공약으로 내걸었다가 뒤늦게 사과성명을 발표하는 '공약빚'에 몰리는 대통령의 모습에 씁쓸함을 지울 수 없고, 각 지자체마다 이득이 되는 사업을 자기지역으로 유치해야한다는 현수막과 머리삭발의 투혼으로 투쟁을 마다하지 않는 지방의원, 시민단체인사들을 보며 안타까운 생각이 든다. 과연 우리의 국가는 어디에 있는가?

(대전일보 2011.4.6)

07

파리시를 통해 본 대전시 녹색도시의 과제

'숲의 도시', '푸른 대전만들기' 등의 구호로 녹색도시를 지향하고 있는 대전시가 대전둘레산길, 대청호반길, 대덕특구올레길의 등반산책로와 세천공원, 만인산자연휴양림, 한밭수목원 등의 공원을 조성하면서 시민들의 놀이 및 휴식공간을 제공하고 있다. 많은 자연녹지를 제공하기 위해 수고를 아끼지 않고 있는 대전시에 시민으로서 심심한 감사의 마음을 드리고 싶다. 그러나 우리가 추구하려는 녹색도시의 목적과 방향이 무엇이고 이를 이루기 위한 수단적 내용은 무엇인지, 그리고 대전시가 함께 할 동반자로서의 기관과 더 나아가 중앙정부, 다른 자치단체와의 협력관계는 어떻게 이루어지고 있는 것인지에 대한 점검이 필요하지 않나 여겨진다. 최근 기후온난화, 자원고갈, 種(개체)의 소멸의 위협에 직면해 있는 환경재해의 심각성에 대해서는 전

세계적 · 지구적인 화제이고 그만큼 중차대한 문제이다. 따라서 이러한 문제에 노출된 대전시민의 건강권을 얼마나 고려하여 녹색정책을 추진해야 할 것인지에 대한 깊은 고민이 필요한 사안이다. 그럼에도 불구하고 이러한 위협에 대한 시민들의 무감각적인 행태는 여전하고, 따라서 이를 어떻게 바르게 계도할 것인지에 대한 논의도 전개되어야 할 것 같다. 그런 배경에서 유럽의 상징적 대도시이면서 아름다운 정원과 공원으로 일찍이 생태환경도시를 주창했던 파리시의 경우를 참고로 몇 가지 제안을 하고자 한다.

우선, 녹색도시를 추구해야 하는 분명한 가치철학이 담긴 기본인식이 시민들에게 전달되어야 한다. 우리가 실행하려는 녹색도시의 출발점은 지구환경의 위해가 시간적으로 다음 세대까지 연장해 줄 정도의 여유가 없음을 인식하여 우리 세대에서 책임 있는 역할을 수행해야 한다는 선에서 시작되어야 한다. 또한 대전시의 녹색도시는 자원고갈의 첫 번째 희생자인 가장 못가진자와 가장 빈약한 다른 자치단체(자치구) 및 세대간에 연대성을 강조하면서 지속가능한 항구적인 개발을 유도해내는 방향에서 찾아야 할 것이다. 여기에서 대전시는 녹색생태환경의 중요성을 깊이 인식하여 환경부서의 국장을 부시장으로 격상시키는 조치를 행해봄직하다. 파리시는 중앙정부의 절대적인 협력과 유기적인 지원체제 하에 '녹색공간 및 환경국'(DEVE)'을 구성하여 생태환경도시를 주도하고 있고, 중앙정부차원에서도 생태환경부장관을 국무장관으로 격상시켜 지속가능한 국토계획을 모색하고 있는 이유이다.

다음으로 국가(중앙정부)와 긴밀한 협력 하에 친환경 녹색도시를 위한 수단적 성격으로의 주요한 정책들을 추진해야 한다. 예를 들면 난방

(에너지)절약정책이다. 난방에너지소비의 감소는 동시에 에너지절약을 수행하는 것이며, 가스방출량을 감소시키는 것이며, 유통비용을 감소시키는 것이기 때문이다. 파리시는 에너지절약의 사회적 문화적 영향을 강조하여 "19℃에 사는 것은 우리 모두가 가능한 것이다"라는 표어와 함께 주민들의 의식전환을 유도하는 난방절약캠페인을 벌이고 있다. 같은 맥락에서 자연자원의 고갈을 늦추게 하고 연소를 감소하게 하는 태양(열)에너지나 볼타(전지) 빛에너지를 활용할 방법을 모색해야 한다. 파리시는 재생에너지로부터 열소비율을 30% 감축시키는 계획을 수행하고 있고, 이를 위해 프랑스 가스회사, 전력회사와 동반자관계를 형성하고 있다. 또한 시민의 삶 영역을 훼손시키는 주범으로서 소음규제를 강화해야 한다. 차량속도제한으로 도로소음을 감소시키고, 대중교통을 촉진하며, 소음방지용 차도를 활용하도록 해야 한다. 아울러 홍수에 대비해 빗물을 수거하여 어려움에 대처할 수 있는 하수구정리가 필요하고 더 나아가 수도배분망, 공기정화망, 전화캐이블망 등과 같이 연계하는 '정화망통합관리체제'를 가동해야 한다.

마지막으로 취약지역에의 공원조성과 토양오염방지정책과 숲, 공원, 정원관리를 수행하여야 한다. 취약지역에 공원과 마을을 잇고, 만남의 장소를 제공하고 수로에 수생식물을 심어 무공해지대를 개발해 나가고, 시민의 접근이 가능한 넓은 초원을 제공하고 놀이와 쾌적한 활동이 가능하도록 해야 한다. 현재 파리시는 450여개의 공원이 조성되어 파리시민 주거지에서 도보로 5분 안쪽이면 정원 및 공원에 도달할 수 있도록 하고 있음을 상기해야 한다. 아울러 도시에 있어 토양오염방지에 대한 새로운 기술을 연구소와 함께 개발하여 지속가능한 개발에 연계하여 시행하도록 해야 한다. 물리-화학적 치료로 수자원오염을 방지하고, 화물-트럭에 의한 오염된 토양의 이동에 연계된 대기오염을 차단해야 한다.

결국 대전시가 추진하고 있는 녹색도시는 대한민국의 지속가능한 항구적인 발전(개발)에 전적으로 통합되어 대전시민들이 함께하는 사회 및 지역통합을 이루어내는 방향으로 진전되어 시민들이 행복지수를 높이는 도시로 만들어야 하는 시대적 책임성을 다해야 하는 중차대한 과제인 것이다.

(대전일보 2011.6.1.)

08

세종특별자치시 어디로 어떻게 가야 하나?

노무현 대통령 후보(2002.9.30)의 공약으로 시작된 세종시는 신행정수도에서 행정중심복합도시, 세종시수정안 시기를 거쳐 2012년 7월 1일 명실상부한 세종특별자치시 시대를 열기까지 우리 현대사에 있어 엄청난 갈등과 분열의 값비싼 비용을 부담하여야만 하였다. 아마 이는 출발부터 예견되어진 상황이었지 않나 여겨진다. 왜냐하면 세종시 출발이 수도권 집중을 억제하고 낙후된 지역경제 해결을 위해 충청권에 행정수도를 건설하겠다는 명분(대한민국의 국가균형발전과 지방분권)은 그럴듯하였지만 속내는 대권을 쟁취하기 위한 수단으로서 충청권 표를 공략하기 위한 측면이 강하였기 때문이다. 적어도 국민의 필요, 주민의 필요에 의한 민주주의의 소통메카니즘에 따른 의사결정체계에 따라 대한민국의 수도권 집중의 비효율문제, 중앙집권과 지역불균형문제를 해결하려고 하였다면 세종시는 지금과 같은 정쟁의 수단으로 뒤틀린 왜곡의 장에 들어서지 않았을 수도 있었을 것 같다. 이는 마치 염불에는 관심이 없고 잿밥에만 관심을 들인 형국에서 비롯된 업보인 것 같아 씁쓸하기 그지 없다.

이제 박근혜정부는 국민과 약속한 세종시원안을 새로운 지방분권과 국가균형발전으로 승화시킴으로써 세종시 시대를 성공적으로 이끌어나가야 하는 중차대한 사명을 안고 있다. 우선 정부부처 세종시의 이전이 수도권의 과도한 집중을 완화하여 지역발전의 전기를 마련하고, 이를 계기로 대한민국의 균형발전을 실현함으로써 국가경쟁력을 강화할 수 있음을 보여주어야 한다. 이를 위해서 세종시는 기존의 244개 지방자치단체가 향유하였던 자치와 분권의 논리에서 보다 전향된 차원의 실질적 지방분권과 자치권을 행사할 수 있는 여건을 제공해주어야 한다. 중앙정부와 세종시간의 전향적인 기능배분과 재원배분이 이루어져야 하고, 분권논리에 맞는 중앙정부의 세종시 지원 및 감독게임이 형성되어야 한다. 여기에 세종시가 제대로 뿌리를 내리기까지 그 목적(지방분권과 국가균형발전)에 도달하기 위하여 다른 자치단체와는 차별된 다른 지원(특례)을 해 주어야 하는 이유가 있다.

다음으로 세종시는 그동안 중앙집권체제에서 비롯된 수도권과 비수도권 갈등구조를 해결하는 지역균형발전으로서의 도시가 되어야 한다. 그런데 세종시가 탄생해오는 과정에서 수도권과 비수도권, 심지어는 충청지역간의 서로 다른 이해관계로 갈등을 빚어왔으며, 세종시가 출범하면서부터는 세종시 예정지역과 편입지역간의 불균형적인 발전의 간극이 크게 벌어지고 있다. 예정지역에 위치하는 정부세종

청사와 각종 기반시설 건설에 정부예산이 22조 5,000억원이 투입되고 있지만 편입지역은 사용할 수 없는 비용으로 상대적으로 낙후지역으로 내몰릴 상황에 있는 것이다. 요컨대, 균형발전의 상징적 도시가 불균형화된 도시로 전락할 운명에 처해 있는 것이다. 따라서 세종시는 국토균형발전을 선도해 나가는 균형선도도시(pilot city)로서 다른 지역으로 확산시켜나가는 계기를 제공하여 대한민국의 각 권역별로 그에 맞는 또 다른 균형선도도시를 건설하여 활용해 나가는 모멘텀을 제공하는 도시로 활용해야 할 것이다. 이와 함께 세종시는 세종시 건설에 따른 기존 읍·면지역과의 불균형문제를 해결하면서 지역간의 단순한 균형보다는 기회의 형평성을 통해 주민의 삶의 질을 높이는 모범적인 지역균형발전도시로 승화시켜야 하는 당위성이 존재한다.

마지막으로 세종시는 정부부처이전 공무원이 가족과 함께 살고 싶은 도시로 만들어 주어야 한다. 그렇게 하기 위하여 공무원들의 정주여건을 획기적으로 개선해 주어야 할 것이며, 특히 공교육을 살리는 자치교육모델을 확립하여 교육성과를 크게 거양해내는 도시로 성장하게 해 주어야 한다. 아이들이 자기의 능력과 여건에 맞는 학교를 선택하게 하고, 우수한 학교 선생님의 지도로 각자의 성장잠재력을 최대한 이끌어내어 교육성과를 크게 빛내는 도시로 탈바꿈시켜야 한다. 그렇게 될 경우 오지말라고 해도 스스로 아이들 교육을 위해 수도권, 아니 전국의 학부모들은 기꺼이 '맹모삼천지교(孟母三遷之敎)'의 주인공이 되어 지방분권과 균형발전의 실질적 성과를 견인해 낼 수 있을 것으로 본다.

(충청신문 2013.8.20)

09

박근혜 정부가 추구하는 '정부 3.0'의 발전적 검토

최근 박근혜 정부가 추진하고 있는 국정운영 패러다임인 '정부3.0'으로 대한민국의 모든 지방자치단체가 이 새로운 정부운영방식의 핵심가치를 실현하기 위한 노력으로 분주하다. '정부 3.0'은 무슨 개념이고, 무엇을 추구하려고 하는 것인지, 그렇게 하기 위해서 자치단체는 무엇을 준비해야 하는 것인지를 놓고 각 자치단체의 집행부 공무원들은 해당 전문가로부터의 강연요청이나 토론회, 워크숍 등을 통해 새로운 행정환경에 부합하기 위해 발빠르게 움직이고 있는 듯하다. '정부 3.0'의 명칭은 '정부1.0', '정부2.0'의 연장선상에서 비롯되는 것으로 국민에게 일방적으로 정보를 제공하던 정부운영방식을 '정부 1.0'으로 보고, 그보다 진전된 정부와 국민간에 쌍방향 소통이 가능해진 정부운영방식을 '정부 2.0'으로 칭하면서 보다 획기적인 국민중심의 서비스를 지향하기 위한 차원에서 제기되었다. 따라서 그동안 정부1.0, 2.0의 운영방식에서 비롯된 문제점을 극복해나가고 새로운 환경에 대처해가는 과정에서 이제 정부는 국민에게 공공정보를 적극적으로 개방하고 공유하며 부처간의 칸막이를 없애 소통과 협력이 원활히 이루어지도록 함으로써 국민 개개인에게 맞춤형 행정서비스를 제공하는 동시에 일자리 창출을 통해 지역경제활성화에 기여하도록 진화한 유능한 정부운영방식을 추구하고자 하는 것이다.

이러한 배경에서 대전광역시도 개방, 공유, 소통, 협력이라는 핵심가치를 적극적으로 실현하기 위하여 시정의 의사결정과정에 시민의 실질적인 참여를 강화하고 부서간 칸막이를 없애고 정보공유 확대를 통해 시민을 찾아가는 맞춤형 행정서비스로서 공공시설물데이터를 전면 개방하고자 하는 '시민참여형 공공시설물 안전관리 맵서비스'를 제공하고 있다. 이렇듯 지방정부가 공공정보를 개방하고 활용하게 함으로써 기관의 투명성 제고는 물론 주민생활편의를 한층 업그레이드시킬 수 있다는 점에서 매우 획기적인 행정서비스 운영방식임에는 틀림없다. 그러나 그동안 제6공화국의 다섯 번의 정권교체와 민선자치 20여년의 경험은 보다 신중한 접근을 요구한다. 즉, 매번 정권교체기에 추구했던 정부혁신이 제대로 성공하지 못하였던 이유는 주민자치정신에 맞는 주민의 필요에 의해 아래로부터의 운동으로 나타나지 못하고 정권의 필요에 의해 중앙정부의 위로부터의 운동에서 비롯되었다는 점에서 찾을 수 있기 때문이다. 대다수의 시민들은 잘 알지도 못하는 수사학(rhetoric)적 용어사용과 시민들이 정보공개를 활용하고 이를 통해 느낄 수 있는 문제점 등의 학습효과를 통해 의견전달될 수 있는 소통메카니즘을 구축해 놓지 않은 채 공무원들에게만 학습을 강요하는 위로부터의 탑다운(top-down)방식은 마치 '정부3.0'을 지향한다고 하면서도 '정부1.0' 내지 2.0의 방식으로 접근하는 우를 범하고 있는 것은 아닌지 되묻게 되는 것이다. 같은 맥락에서 정부부처간의 소통과 협력을 이끌어내기 위해서는 주민의 의사가 수렴되어 정책협력이 가능한 지방의회와의 긴밀한 협력과 소통이 필수불가결한데 이와의 협력채널은 무시한 채 집행부 위주의 접근이 되고 있다는 사실이다. 정부3.0은 민선자치시대에 부응하는 새로운 국민행복의 개인별 맞춤행정서비스를 지향하는 바, 이는 집행부와 의회간의 협력과 견제가 이루어지는 정치 · 행정적 공간에서 이루어질 수밖에 없기 때문이다.

그리고 정부는 공공기관 정보(공공데이터)의 민간부문에서의 생산적인 활용을 통해 민 · 관 협치를 강화하는 '정부2.0'의 연장선상의 거버넌스체제를 주장한다. 그런데 민관협치가 보다 수준 높은 성과를 창출해내기 위한 차원에서 일정부분 규제가 필요한데 이에 대한 언급이 없다. 예를들면 민간수요가 많은 교통, 기상, 지리, 교육, 복지, 재정정보 등의 공공정보가 개방되어질 경우 정부와는 다른 민간기업이 그들의 이익을 극대화하기 위한 차원에서 이들 정보를 영리화하려는 유혹을 떨쳐내기 어렵고, 여기에서 파생되는 부작용에 대한 통제를 준비하지 않는다면 '정부 3.0'은 성공할 수 없을 것이기 때문이다. 공공정보를 가공하여 자신들의 사적 소유로 만든 영리 기업들이 공적 기관으로서의 주민에 대한 공공서비스의 합리적인 생산과 분배를 수행할 수 있을지의 우려에 대한 답을 해야하는 이유는 바로 여기에 있다.

이와 더불어 정보공개의 범위를 어디까지 해야 할 것인가에 대해 실질적 성과를 이뤄내기 위해서는 예를들면 국가안전보장, 국민의 생명 · 신체 및 재산의 보호, 사생활의 보호, 진행중인 재판에 관련된 정보 등을 제외한 모든 분야에까지 전향적으로 공개범위를 확대해 나가는 모습을 보여야 할 것이다. 소위 '영양가' 없는 정보만 공개하고 진정 필요한 정보가 공개되지 않는다면 무슨 의미가 있겠는가 하는 것이다. 이와 함께 보다 역동적인 공무원으로의 역할변화를 도모하고 그동안 수요자중심주의, 고객지향주의 안에 사로잡힌 피동적 주민관을 지방자치단체와 협력하여 공동의 행정서비스를 창출해내는 능동적 주민관을 가진 높은 시민의식의 소유자로 바꿔주어야 한다. 그럼으로써 '정부3.0'은 각 자치단체의 자치단체장과 지방의원, 공무원, 주민, 시민단체, 기업 등 협력주체들이 정책사업 초기부터 이들이 함께 역동적으로 참여하여 영리하게 운영할 수 있는 환경조성(스마트거버넌스 구축)을 통해서 소통하는 투명한 정부, 일 잘하는 유능한 정부, 국민 중심의 서비스 정부를 만들어 낼 수 있을 것으로 본다.

(충청신문 2013.11.11.)

10

국가균형 발전축으로서의 세종시

I. 서론

지방분권과 지역균형발전을 그 중요한 국정과제의 기치로 내세워 국정개혁을 수행하고자 하였던 참여정부에서 싹텄던 신행정수도와 행정중심복합도시가 실용적인 정부를 지향하려는 이명박정부에서 수정안을 제기하였다가 다시 원안에 따르게 되는 우여곡절 끝에 세종특별자치시가 탄생하였다.[1] 즉, 지방분권과 지역균형발전의 상징적인

1 세종특별자치시의 출범은 대체적으로 다음의 과정을 거쳐 이루어졌다. 즉, 신행정수도특별조치법이 공포되었고(2004.1.16), 신행정수도 건설 최종입지를 확정(연기, 공주지역)하였으며(2004.8.11), 행정중심복합도시건설특별법이 공포(2005.3.18)되었다. 이후 행정중심복합도시 명칭이 '세종' 으로 확정되어(2006.12.21), 세종특별자치시 설치 등에 관한 특별법제정(2010, 12.27)과 더불어 세종시 출범준비단이 발족되었고(2011.4.4), 제19대 국회의원선거 및 세종특별자치시장, 교육감 선거(2012.4.11)를 통하여 유한식(선진통일당) 후보가 당선되어 2012.7.2 취임식과 출범식을 보았다.

도시로서의 세종시의 탄생과 성장의 어려움은 신행정수도에서 행정중심복합도시[2], 세종시수정안으로 변모해 오는 과정에서 잘 읽을 수 있는 대목이다.

이제 21세기 지식정보화사회, 세계화, 지방화시대의 새로운 정치 · 행정환경에 부합하기 위해서는 어쩔 수 없이 분권형 국가운영체제를 채택하여 지역의 역량을 강화하고 책임성을 강조하지 않으면 안되게 되었다. 그러나 분권과 지방자치는 지역이기주의에 따른 선호사업의 경우 지방자치단체별로 유치경쟁으로, 혐오시설인 경우 입지거부로 갈등을 드러내게 되었다. 뿐만 아니라 그동안 신자유주의에 의해 발전되어온 시장주의적, 고객지향적이고 성과지향적인 행정운영방식은 우리사회를 보다 경쟁지상주의로 내몰았고, 부유한 자치단체와 그렇지 못한 자치단체간의 간격을 더욱 심화시키는 결과를 초래하였다.[3] 여기에서 우리가 그동안 지방분권과 지역균형발전에의 많은 노력을 수행하였음에도 구성원의 지지와 합의를 이끌어내는 사회통합적 노력을 경시하고서는 그 성과가 크게 나타나지 못한다는 사실도 인식하게 되는 학습효과를 얻었다.

2 수도권 집중의 폐해와 국토의 불균형발전의 문제를 시정하고자 참여정부는 신행정수도건설의 카드를 제시하였으나 2004년 10월 헌법재판소의 위헌결정으로 중단되게 되었다. 이후 참여정부는 신행정수도건설특별법위헌결정에 따른 후속대책위원회를 가동, 헌법재판소의 결정취지는 반영하되 수도권과 지방이 모두 상생 · 발전할 수 있는 국가균형발전효과를 극대화하는 대안을 모색하던 과정에서 "신행정수도 후속대책을 위한 연기 · 공주지역 행정중심복합도시건설을 위한 특별법"을 제정하기에 이른다.

3 이러한 배경에서 최근 새로운 국가발전 패러다임을 요구하고 있다. 즉, 자본주의 4.0에 의거하여 성과가 좋은 자치단체는 더욱 지원해주고, 그렇지 못한 단체는 함께 배려와 지원을 아끼지 않는 공생의 패러다임이 그것이다. 이와 관련하여 시장과 정부의 역할론에 대한 논의를 이끌어가고 있다. 즉, 시장에 치우치면 사회가 망가지고, 사회에 치우치면 시장이 망가져 공멸(共滅)한다는 것이다. 즉, "시장은 사회가 제공하는 노동력과 소비자 없이 존재할 수 없고, 사회는 시장이 제공하는 효율성과 생산력 없이 유지될 수 없다"(조스팽 프랑스 전 총리 인터뷰기사 ; 조선일보, 2011.8.24)는 것이다. 규제완화 · 감세를 통해 자본의 투자 활성화만 바라는 신자유주의적 방법이 시장에 경도된 양극화 해법이라면, 중산층과 부자의 것을 덜어내는 것도 모자라 국채를 찍어서라도 서민 · 빈곤층에 나눠줘야 한다는 베네수엘라, 그리스식의 복지 포퓰리즘은 사회에 경도된 양극화 해법이라는 것이다.

이러한 배경에서 이 글에서는 지방분권과 지역균형발전의 수단으로 제시되고 있는 세종특별자치시의 적실성과 타당성, 효과성을 더욱 견지하여 성공한 지방분권개혁과 지역균형발전으로 사회통합을 이루어내는 국가균형발전축으로서 국가발전을 견인해내는 몇 가지 발전적 과제를 제시해 보고자 한다.

II. 세종특별자치시 발전과제

1. 지방분권 논리에 맞는 국가와 세종특별자치시와의 관계 정립

세종특별자치시(이하 세종시) 출범은 우선 단일국가체제 내에서 국가의 통일성과 지방자치단체의 다양성을 함께 추구하려는 대한민국의 지방분권논리에 맞는 방향에서 추진되어야 한다. 즉, 국가와 세종시(지방자치단체)가 연계성을 가지고 주민참여의 효과를 극대화하는 방향에서 수립되어야 한다. 다시말해 중앙정부와의 관계에서 행정적 분권과 지방정부로서 세종시의 자치적 분권이 보장되는 지방분권논리에 따라 운영되어야 할 것이다. 이에 따라 세종시는 국가와 지방자치단체의 기능배분, 재원배분, 감독(통제)정도를 지방분권화의 논리에 적합한 체계 내에서 설정해야 할 것이다. 이와 더불어 세종시는 이제 새로 만들어 나가는 과정에 있는 소규모 도시이면서 광역수준의 도시이기 때문에 모든 자치단체가 사용한 기존의 획일적인 기관분립형 기관구성에서 나타난 문제점을 보완해 나가는 기관구성의 다양화 모델을 적용해 볼 필요가 있을 것이다.[4] 즉, 민의를 소중히 하고 의회민주주의를 강화해 나가며, 특별자치시로서 행 · 재정업무를 전문가적 식견에서 효율적으로 집행해 나갈 수 있는 기관통합형(연한 기관분립형) 내지 의회-관리관제도를 활용할 필요성도 제기된다.

2. 지역균형발전의 선도도시

세종특별자치시는 지역균형발전논리에 부응하는 도시이어야 한다. 즉, 대한민국이 처한 수도권에의 초집중화 내지 과밀에 따른 지역불균형을 시정하는 국토개발정책을 입안 실행하여 지역균형발전을 선도해 내는 상징도시가 되어야 한다. 그러기 위해 국가와 지방자치단체의 지역균형발전정책이 수립되고 그에 따른 기관간에 연계협력의 실효성을 연출하는 도시이어야 한다. 이로써 국가가 세종시를 통해 각 지방자치단체와 연대성 내지 사회통합을 도출해 내며, 각 직종(공공기관, 기업 등)의 공간적 배분을 균형적으로 이뤄내는 그리하여 대한민국의 경쟁력을 이끌어내는 선도도시로 발전시켜야 한다. 여기에는 그동안 중앙집권체제와 과도한 수도권집중이 만들어 놓은 갈등구조, 특히 수도권 편향주의에 매몰된 정치행정사회문화를 해결해 내는데 단초가 될 수 있는 지역균형발전으로서의 세종시가 되어야 한다. 그리고

4 우리나라의 지방정부구조는 광역 자치단체이든 기초 자치단체이든, 도시형 자치단체이든 농촌형 자치단체이든, 대규모 자치단체이든 소규모 자치단체이든, 각 자치단체가 처해있는 사회적 여건이나 행정기능의 차이를 불문하고, 모든 자치단체에 직선제를 기반으로'강시장-약의회형'의 기관분립(대립)형 정부조직형태를 획일적으로 채택하고 있다. 따라서 지방의 특수한 여건, 행정수요, 자치역량 등을 고려하여 국가가 미리 법률로 여러 개의 자치단체 기관구성형태를 설정해 놓고, 자치단체의 규모(인구 및 면적), 행 · 재정적 수요, 정치문화, 행정역량, 지역경제 특성(도시적 산업과 농촌적 산업) 등을 감안하여 각 자치단체별로 주민투표에 의하여 주민들이 선택할 수 있어야 한다는 논의를 전개하고 있다(최진혁, 2012)

세종시는 지역간의 단순한 균형보다는 기회의 형평성을 통해 주민의 삶의 질을 높이는 차원 높은 지역균형발전이 되어야 한다. 이를 통해 시민(시민단체)과 정부와 기관(공공기관, 협력기관)이 함께 공동생산해내는 시행·재정서비스를 창출하는 사회통합의 실효성을 극대화할 수 있는 도시로 만들어나가야 할 것이다. 이러한 배경에서 일반적으로 고려해야 할 사안은 다음과 같다.[5]

1) 지방분권논리에 순응한 지역균형발전(정책) 수립

① 자율과 경쟁체제 확립 : 지역균형발전을 이루기 위해 선행조건으로 자율과 경쟁체제를 확립한 지방분권체제를 구축해야 한다.

② 경쟁과 통합, 균형의 도시개발 : 구성원들에게 그들의 상보적인 측면과 장점을 개발하고 도움을 제공하며, 집단적 조직을 향상시키고, 경제적 발전 및 혁신전략을 강화해야 한다. 그리고 세종시 개발에 있어 모든 행위자들과 함께 시너지효과를 증대할 수 있도록 동반자관계를 발전시켜야 한다(DIACT, 2008).

③ 국가와 지방자치단체간에, 지방자치단체간에 상생·보완·협력하는 지역균형발전을 도모해야 한다. 이런 배경에서 세종시는 단순한 수도권의 인구집중억제가 아니라 비수도권에 대한 종합적이고 체계적인 지원과 투자(각종 기반시설 확충, 세제혜택, 보조금지급, 고용촉진 등)가 이루어지도록 하는 파급효과를 유발할 수 있어야 할 것이다.

5 특히 수도권정책과 관련하여 프랑스의 지방분권과 지역균형발전의 사례를 통하여 시사 받을 수 있는 사안을 제기하였다(배준구, 2003 : 1-20).

④ 수도권을 단순히 규제하는 차원이 아니라 수도권의 중심부인 서울특별시의 성장을 억제하되 국토공간 및 광역도시권의 관리차원에서 문제해결을 위한 정책수단을 모색하여야 할 것이다.[6]

⑤ 부처간 이기주의를 극복할 수 있는 지역균형발전정책의 전담기구를 마련할 필요가 있다. 예를 들면 프랑스의 경우 1960년대 초반 국토개발위원회(DATAR : Délégation à l'Aménagement du Territoire et à l'Action Régionale)가 주도하여 레지옹(Région)광역자치단체의 활동범위 안에서 국토개발을 성공적으로 수행하였다. 특히 각종 기금 및 보조금 배분, 계획수립의 지침제시 및 협상 등을 통하여 정책의 일관성과 실효성 확보에 크게 기여한 것으로 평가받고 있다.

⑥ 지역균형발전정책은 지방분권화 관련법의 제정을 통해 그 효과를 증대시켜야 할 것이다.[7] 이와 함께 비현실적인 성장목표와 논리를 수정하고 점진적으로 개선책을 도모해야 한다.

2) 성장거점(다핵연계형 구조) 지역 창출

세종시는 대한민국의 국토개발정책을 지역간 경쟁과 사회통합, 지역균형의 국토개발을 수행하도록 하는 첨병도시가 되어야 한다. 그리고 세종시를 통해 그 기운을 전 국토로 확산시켜야 한다. 즉, 세종시와

---

6 광역행정체제구축 하에 지역문제의 해결전략을 충청권(중부권)의 예로서 설명해보면 다음과 같다(최진혁, 2003 : 359-361). (1) 광역권개발 : 아산만권 광역개발계획, 장항 · 군산권 광역개발계획, 대전 · 청주권 광역개발계획(2) 4대권 개발경영 : 서해안권, 백제권, 북부권, 금강권(3) 대전, 충남, 충북도의 내의 기초자치단체간의 협력방안 모색(4) 대전, 충남, 충북도와 다른 광역자치단체와의 연계방안(5) 도시주택난 해결(6) 지역환경보전과 지속가능한 개발

7 예를 들면 지방정부의 자치권을 보장하고, 자율과 책임에 의한 지방행정을 수행하게 하는 지방분권법, 지역균형발전정책의 기초를 제공하는 지역균형발전법, 신행정수도건설법, 지방대학육성지원법 등을 고려해 볼 수 있다.

더불어 지역의 특성과 경쟁력을 고려하여 대한민국의 발전극으로서 전국의 주요 거점지역을 창출해내는데 기여해야 한다. 예를 들면 〈그림1〉과 같이 모색해 볼 수 있다. 이와 더불어 세종시가 국토균형발전을 선도해 나가는 지방거점도시로서의 균형선도도시로서 주변도시와 상생발전을 유도해 나가야 할 것이다. 이를 계기로 전국적 차원의 균형선도도시를 건설하여 활용할 필요도 있다. 예를 들면 다음과 같이 경쟁력을 갖춘 도시로 하여금 주변 지역발전을 함께 이끌 수 있도록 선도도시로서 지원책을 강구해야 할 것이다(그림2 참조).

<그림1> 성장거점 지역(다핵연계형 구조) 창출

<그림2> 균형선도도시의 건설

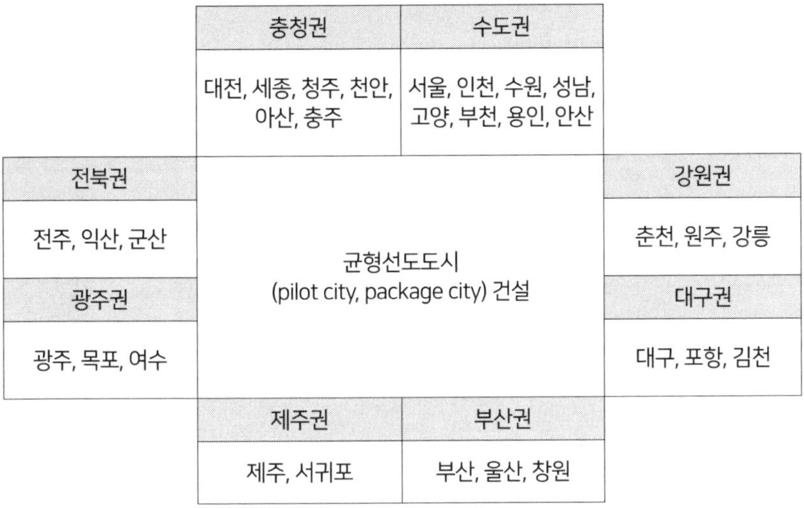

3) 지역균형발전의 강화

세종시는 중앙집권체제와 과도한 도시집중이 만들어 놓은 갈등구조를 해결하는 지역균형발전의 틀 속에서 설정되어야 한다. 이러한 배경에서 국가와 세종시간에, 세종시와 인접 광역자치단체, 기초자치단체간에 상생 · 보완 · 협력하는 지역균형발전을 도모해야 한다. 이에는 프랑스 신도시(les villes nouvelles) 개발을 들 수 있는데, 이는 대도시 주변의 도시로서 무정부적 발전에 대처하고 부정적인 도시화진전(도시중심부에 너무 많은 인구집중)에 따른 균형적인 도시창출에 두었다. 예를 들면 파리 주변으로는 Cergy-Pontoise, Evry, Marne-la-Vallé, Melun-Sénart, Saint-Quentin-en-Yvelines 도시가 있고, 지방에는 Lille-Est, Le Vaudreuil pres de Rouen, L'Isle-d'Abeau pres de Lyon, Rives de l'Etang de Berre(Fos) pres de Marseille가 있다.

4) 지방교육인프라 구축 : 인재의 지역할당

비수도권의 경쟁력을 강화하고 국토균형발전을 선도하는 지역교육을 특성화하고, 지방인재 등용을 위한 공공부문의 지역인재할당제를 고려해야 한다. 더 나아가 지역 거점대학과의 연계 하에 수준 높은 공교육(대학교육)과 평생학습체제를 구축해야 한다. 특히 정부부문의 경쟁력과 혁신역량을 제고시키기 위한 공공부문의 대학원교육을 준비해야 한다. 예를 들면, 미국 하바드대학교 케네디스쿨(공공정책대학원)과 프랑스 국립행정학교(ENA) 등이 그것이다.

참고문헌

김순은 외.(2009). 지방정부간 협력방안에 관한 연구. 한국지방자치학회보, 21(1).
변창흠.(2003). 지역균형발전전략으로서 신행정수도 건설 논쟁의 평가, 지역사회개발연구 28(1).
배준구.(2003). 프랑스 수도권정책의 수단과 효과, 한국지방정부학회.
최진혁.(2003). 충청권 행정환경의 변화와 발전과제, 사회과학연구 제14권, 충남대학교 사회과학연구소.
최진혁.(2011). "지방분권과 지역균형발전의 상징도시로서의 세종시와 사회통합 구현방안," "세종시 국정운영의 효율화와 사회통합" 토론회, 충북발전연구원.
최진혁.(2012). "우리나라 지방정부 기관구성의 시론(試論)적 접근," 서울행정학회 추계학술대회 발표논문집.
정부혁신지방분권위원회.(2003). 참여정부 지방분권의 비전과 추진방향.
중앙대학교 산학협력단.(2007). 행정중심복합도시의 교육자치 등에 관한 연구.
건설교통부.(2006). 행정중심복합도시 건설기본계획(안).

조선일보(2011.8.24)
Baguenard, Jacques. (1996). *La décentralisation*. Paris : P.U.F.
Baguenard Jacques et Becet, Jean-Marie. (1995). *La démocratie locale*. Paris : P.U.F.
Bécet, Jean-Marie. (1996). Les compétences de la commune. CNFPT, *Les collectivités locales en France*, Paris : La documentation française.
Dillinger, William. (1994). *Decentralization and Its Implications for Urban Service Delivery*. Urban Management Program Discussion Paper 16. Washinton. D.C. : World Bank.

Verpeaux, Michel. (1996). Les lois de décentralisation depuis 1982. CNFPT, *Les collectivités locales en France*, Paris : La documentation française.
Http://www.datar.gouv.fr(검색일 : 2012.10.15) DIACT.(2008).
Http://www.interieur.gouv.fr(검색일 : 2011.8.25. /2012.10.15.).

(지방행정 2012.11)

11

민선7기 지방의회에 바란다

전국 243개 지방자치단체(지방정부)가 지난 6.13 지방선거를 통해 7월 2일부터 공식적으로 민선7기 업무를 시작하였다. 그동안 23년의 민선자치 경험(물론 1,2공화국의 9년, 91년 지방의회 재구성에 따른 지방자치 부활로 다시 시작된 지방자치 경험을 합산하면 제헌헌법제정 이후 36년임)은 우리에게 지방민주주의(la démocratie locale ; Local democracy)를 위해서 지불해야 하는 소중한 경험과 값진 교훈을 얻게 하였다. (민선7기가 찾아야 하는 지방자치의 동력은 바로 여기에서 시작되어야 할 것으로 본다.) 지방의회의원과 자치단체장을 주민들이 직접 선출만 한다고 해서 우리가 염원하던 진정한 지방민주주의는 완성될 수 없음을 체득하는 학습효과를 겪고 있는 것이다. 민주화된 정당체제를 갖추지 못한 상태에서 정책정당으로서의 주민의 요구를 반영하지도 못하고, 유능한 인사가 지역에 봉사할 수 있게 하는, 지역민이 공감하는 정치적 충원제도를 마련하지 못하여 갈수록 정치에 대한 불신을 낳게 하고 있는 것이다. 또한 민선자치가 시행되면서 직선된 지방의회의원과 자치단체장은 '재선(再選)'이라는 절대적 과제에 봉착하면서 주민들에게 '표(票)'만을 생각할 수밖에 없는, 따라서 전시행정 내지 인기행정의 유혹에 매몰되어 지방정책은 왜곡될 수밖에 없게 되었다. 요컨대, 그토록 염원하던 주민직선 지방의회의원과 자치단체장은 선거에서 그 지위가 주어지는 까닭에 선거를 통해 안게 된 정치적 부채에 연연하게 되었고, 그 연장선상에서 선거에 공(功)이 큰 인사에게 특혜의 제공이나 인사상의 배려 등으로 부패의 연결고리가 자연히 형성될 수밖에 없는 여시틀 만들어 놓고 말았다. 지역마다 영향력있는 선거권자들의 무리한 인사 및 사업청탁과 압력으로 공무원의 인사가 정실에 치우칠 가능성이 커졌으며 자치행정의 공정성을 잃는 여지가 많아졌다. 여기에 선거운동에 과다한 비용지출, 그 부채를 갚기 위해 공무를 빙자하여 사리사욕을 추구하는 행위와 차기 재선을 노린 인기획득에 치우친 자치운영으로 내실있는 지역발전을 기대할 수 없었다. 더구나 견제세력이 미비한 가운데 제왕적(帝王的) 자치단체장으로 군림하게 하는 강시장-약의회형의 획일적 지방정부조직이 지방자치의 위기를 불러오고 있는 것이다.

이와 같은 값진 교훈을 거울삼아 이제 '자치분권의 제2의 도약'을 열어가야 하는 시점에 우리는 지방민주주의의 완성을 향해 보다 힘차게 전진해 나아가야만 한다. 그런 배경에서 헌법(제118조)이 보장하는 자유민주주의체제와 지방자치제도의 핵심적 기관인 지방의회의 존재이유에 합당한 역할론을 상기시키면서 소박한 바램을 제안하고자 한다.

우선 주민의 신뢰를 기본으로 양육되는 지방의회는 주민의 일상생활과 연관된 이해를 의정서비스를 통해 주민에게 인정받는 길을 선택해야 한다. 우리 지역사회의 문제를 정확히 진단하여 효율적인 해법으로 처방해줄 수 있는 지방의회로 거듭나게 해야 한다. 여기에 지방의회 의정활동의 전문성을 담보한 값싸고 양질의 의정서비스를 제대로 창출할 수 있도록 도와주어야 하는 당위성이 존재하는 것이다. 더구나 21세기가 추구해야 하는 지방의회는 여야간의 대화와 타협은 무시되고 다수의 논리가 장악하게 하여 상호존중과 설득의 정치에 기반한 공동선의 추구가 무참히 훼손되는 지극히 형식적인 존재로 형해화된 (결과지향적인) 자유민주주의적 의회제도가 아니라 열린 대화를 통한 상호 이해와 신뢰를 기본으로 공동선의 완성을 지향하는 자유민주주의의 재창조로서의 의회제도, 즉 과정지향적인 숙의(熟議 : deliberation)민주주의적 의회제도로서의 변화이다. 여기에 지역사회의 문제를 상호 토의와 설득의 과정을 거치는 가운데 시민의 삶의 질을 높여줄 수 있는 정책지향적 의회로의 재설계할 필요성이 있다. 이런 배경에서 민선7기에 우리가 지향해야 하는 지방의회는 전문적인 정책의회로서의 주민친화적인 의정서비스를 통해 주민대표기관, 의결기관, 입법기관, 집행부 견제 · 감시기관으로서의 역할을 수행하여야 할 것이다. 요컨대 지방의회는 대의민주주의에 상응하여 중앙권력의 자의적 행사를 방어해야 하고, 지방주민의 소중한 의견을 수렴하여 자치단체의 의사를 의결하고, 자치단체의 자치법규를 제정하며, 의회의 결정사항이 집행기관에 의하여 잘 수행되고 있는가를 견제 · 감시하는 의정활동을 펼쳐나가는데 그 존재가치를 둘 수 있을 것이다.

합의제기관인 지방의회는 주민의 일상생활과 관련된 지방적 이해(les intérêts locaux)를 숙지하여 지방민주주의라 칭하는 것에 합당한 것으로 구체화시켜야 하는데, 이 민주주의는 원칙적으로 대표제도 내에서 구현되는 것으로 볼 수 있다. 이 대표제도가 원활히 수행되기 위하여는 주민의 참여와 통제가 기본으로 전제되어 있어야 한다. 민주주의가 대표제도에만 머무를 때 불완전하게 된다는 사실을 민주주의 역사의 교훈에서 깨우치고 있기 때문이다.

일반적으로 자유민주주의 국가의 경우 지방자치 영역에서 지방의회(assemblée locale)를 부정하는 일은 마치 '다리 없이 걷고자하는, 날개 없이 날고자하는' 바램으로 자치분권의 거대한 원동력을 차단하는 것과 같은 이치로 이해될 수 있다. 따라서 지방의회의 구성은 지방분권(정책)에 의해 지원받은 지방자치를 필연적 귀결(조건)로 받아들여야 하는 것이다. 그리고 무엇보다 중요한 것은 자치분권의 핵심적 기관인 지방의회가 주민으로부터 신뢰받는 기관으로 주민이 어려울 때 함께 동고동락하는 기관으로 다시 태어나야 한다. 지역주민의 아픔과 고충을 함께 하며 그들을 위해 전적으로 봉사할 수 있는 자세가 명예롭게 존중받는 사회문화를 만들어 가야 한다. 노블레스 오블리주(Noblesse oblige) 정신이 지방의회와 함께 자치행정 공간에서 작동할 수 있게 해주어야 하는 이유는 바로 여기에 있다.

(자치의정 2018.11)

12

민선7기 자치단체장에게 바란다

촛불민심과 남북 화해협력(평화체제 구축)이라는 시대적 흐름에 적극적으로 대응하지 못하고 계파간 권력싸움으로 비춰진 자유한국당은 지방선거 역사상 그 유례를 찾아볼 수 없는 대참패의 수모를 6.13 지방선거(2018년)로 확인받았다. 보통 지방선거가 정권의 중간평가 성격의 선거임에도 더불어민주당(여당)이 압승하면서 문재인정부의 자치분권 국정운영이 한층 탄력을 받을 것으로 보고 있다. 그러나 지역의 일꾼을 뽑아야 하는 지방선거가 철저히 중앙정치의 예속 하에 움직일 수 밖에 없는 정치적 구도를 연출해내면서 자율과 책임, 자기역량을 우선시해야 하는 지방자치 정신에 상당한 흠결을 남겨 놓고 말았다.

이제 7월 2일부터 민선7기가 시작된다. 그동안 23년의 민선자치 경험(물론 1,2공화국의 9년, 91년 지방자치 부활로 다시 시작된 지방자치 경험을 합산하면 제헌헌법제정 이후 36년임)은 우리에게 지방민주주의를 위해서 지불해야 하는 값진 교훈을 얻게 하였다. 자치단체장과 지방의원을 주민들이 직접 선출만 한다고 해서 우리가 염원하던 진정한 민주주의는 완성될 수 없음을 체득하는 학습효과를 겪고 있는 것이 그것이다. 민주화된 정당체제를 갖추지 못한 상태에서 정책정당으로서의 주민의 요구를 반영하지도 못하고, 유능한 인사가 지역에 봉사할 수 있게 하는 지역민이 공감하는 정치적 충원제도를 마련하지 못하여 갈수록 정치에 대한 불신을 낳게 하고 있는 것이다. 또한 민선자치가 시행되면서 직선된 자치단체장은 재선이라는 절대적 과제에 봉착하면서 주민들에게 '표'만을 생각할 수밖에 없는, 따라서 전시행정 내지 인기행정의 유혹에 매몰되어 지방정책은 왜곡될 수밖에 없게 되었다. 요컨대, 자치단체장은 선거에서 그 지위가 주어지는 까닭에 선거를 통해 안게 된 정치적 부채에 연연하게 되었고, 그 연장선상에서 선거에 공(功)이 큰 인사에게 특혜의 제공이나 인사상의 배려 등으로 부패의 연결고리가 자연히 형성될 수밖에 없는 여지를 만들어 놓고 말았다. 지역마다 영향력 있는 선거권자들의 무리한 인사 및 사업청탁과 압력으로 공무원의 인사가 정실에 치우칠 가능성이 커졌으며 자치행정의 공정성을 잃는 사례가 많아졌다. 여기에 선거운동에 과다한 비용지출, 그 부채를 갚기 위해 공무를 빙자하여 사리사욕을 추구하는 행위와 차기 재선을 노린 인기획득에 치우친 자치운영으로 내실있는 지역발전을 기대할 수 없는 지방자치의 위기를 불러오고 있는 것이다. 이와 같은 값진 교훈을 거울삼아 이제 '자치분권의 제2의 도약'을 열어가야 하는 시점에 우리는 지방민주주의의 완성을 향해 보다 힘차게 전진해 나아가야만 한다. 그런 배경에서 자치분권의 환경에 적극 대응해야 하는 민선7기 자치단체장에게 그 존재이유에 합당한 역할론을 상기시키면서 소박한 바램을 제안하고자 한다.

우선 지방자치단체의 장은 자치법규에 규정된 내용을 근거로 접근해보면 지방자치단체의 목표를 실현하는 최고집행기관으로서, 해당 자치단체를 대표하며, 교육·학예사무를 제외한 지방자치단체의 일반적 집행업무를 총괄하는 기능을 수행하는 독임제 인사로 볼 수 있다. 또한 우리나라 자치단체장은 중앙정부(또는 상급자치단체)가 직접 또는 그 직속의 지방행정기관을 통하여 처리하는 사무를 제외하고는 원칙적으로 중앙정부(또는 상급자치단체)의 지방행정사무를 수임·처리하고 있는 바, 그 한도 내에서는 중앙정부(또는 상급자치단체)의 하급 지방행정기관으로서의 지위도 가지게 된다. 결국 자치단체장은 자치분권의 기본정신에 비추어 볼 때에 지방자치단체를 대표하고 최고행정기관으로의 지위를 고유한(본질적인) 것으로 하면서 중앙정부의 사무를 수임·처리하는 한도 내에서 중앙정부의 하급지방행정기관으로서의 지위를 부가하고 있다고 볼 수 있을 것이다. 따라서 본질적 지위를 우선으로 부가적 지위를 차선으로 하여 그에 걸맞는 역할을 수행해야 할 것이다.

여기에서 자치단체장은 공익적 가치를 기초로 어떻게 하면 자치의 주체인 고객(수요자)인 주민에게 보다 값싸고 양질의 행·재정서비스를 제공할 수 있을 것인가를 고심해야 하며, 자치분권의 실익이 주민에게 돌아갈 수 있도록 행정권한을 행사하도록 해야 한다. 그러기 위해서 해당 자치단체의 여건과 당면 문제 등을 정확히 진단하고 그에 따른 올바른 처방을 내릴 수 있도록 집행기관의 자체역량을 개발해주는 것이 필요하다. 자치단체의 자율과 책임에 기반한 집행부 구성원들이 자기혁신이 이루어질 수 있게 하며, 지방공직자들을 변화의 역군(役軍)으로 지역발전의 창도자(唱導者)로서의 사명을 감당할 수 있도록 해주어야 하는 이유이다. 이를 위해서 능력있는 인사를 적재적소에 임명하는 것이 무엇보다 필요하며 누구나 공감하는 공정한 인사체제를 확립함으로써 자치역량을 강화해 줄 수 있을 것으로 본다. 전임 자치단체장이 발탁한 인사라도 해당 직위에 적임자라면 계속해서 중용하여 해당분야의 전문성과 정책의 일관성을 유지하는 것도 고려해야 한다. 무엇보다도 자치단체장의 인사권에 회전문, 측근, 정실, 보은, 코드 인사로 능력과 덕망받는 인사가 홀대받는 상황을 연출해서는 공식사회의 동력을 얻어내기 곤란하다. 자치단체장이 존경받지는 못하더라도 인사문제로 경멸당하지는 않도록 노력해야 하는 이유이다. 한편 자치단체장의 강력한 권한에 대응하기 위해서나 자치단체의 책임성을 강화하기 위해 내부통제제도로서의 감사시스템을 작동하게 하고 더 나아가 감사원(지역감사원)에 의한 자치단체의 예산 · 회계의 적법성 통제가 가능하도록 제도적 장치를 준비해주어야 한다. 자치단체의 역량이 구비되어 있지 않은데 중앙정부의 권한을 많이 이양해주어야 하는 자치분권은 그 실효성을 의심받게 하기 때문이다. 그리고 무엇보다 중요한 것은 자치분권의 핵심적 기관인 지방의회가 주민으로부터 신뢰받는 기관으로 다시 태어날 수 있도록 도와주어야 한다. 지역주민의 아픔과 고충을 함께 하며 그들을 위해 전적으로 봉사할 수 있는 자세가 명예롭게 존중받는 사회문화를 만들어 가야 한다. 노블레스 오블리주(Noblesse oblige) 정신이 지방의회와 함께 자치행정 공간에서 작동할 수 있게 해 주었으면 한다.

다음으로 자치단체장은 부가적 지위로서 중앙정부의 사무를 위임받아 처리할 때 중앙정부의 하급행정기관에 걸맞는 역할을 수행해야 한다. 대한민국이 단일국가라는 정통성 안에 243개 자치단체의 다양성과 특성을 살린 자치분권이 균형과 조화를 이루어 나아가야 하는 이유이다. 시 · 도와 시 · 군 및 자치구에서 시행하는 국가사무는 법령에 다른 규정이 없으면 시 · 도지사와 시장 · 군수 및 자치구의 구청장에게 위임하여 처리하게 하고자 하는 것이다. "지방분권은 자치의 형태이지 독립의 형태가 아니다(André de Laubadère)"라는 단일국가의 자치분권의 정책기조 아래 국가와 243개 지방자치단체가 협력네트워크체제가 가동되어야 하는 이유는 여기에 있다. 그런 면에서 광역자치단체장과 기초자치단체장이, 우리가 마주친 현안 과제들을 국가와 지방자치단체의 두 시각에서 균형있게 조절하게 하는 제도적 장치를 강구해 주었으면 한다. 광역자치단체장과 기초자치단체장이 그 지역에서만 격리되어 존재하게 하지 말고 그 지역의 문제를 국가차원에서, 광역차원에서 통합적으로 함께 논의할 수 있도록 해주어야 한다. 국가의 문제가 지역의 문제로, 지역의 문제가 국가의 문제가 될 수 있기 때문이다.

마지막으로 자치단체장은 자치분권의 정신과 논리에 맞는 새로운 공동체적 주민의 창출과 더불어 주민과 함께 행 · 재정서비스를 만들어내는 신거버넌스체제(New governance system)를 확립해 나가야 한다. 자기지역의 문제에 직접 참여하여 어떻게 하면 우리 자치단체를 위해 우리의 권리와 의무를 다할 수 있을 것인가를 깊이 생각하게 하는 성숙한 주민을 만들어 나아가야 한다. 시민교육을 어떻게 정립하여(시민주도, 정부지원) 활성화 시킬 것인가에 대한 고민이 필요한 대목이다. 그리고 특히 촛불정신으로 표출된 실질적 주권자로서 국민적 참여요구가 증대된 시대적 상황에서 이 새로운 지역주민이 자기 자치단체의 정책결정, 집행에 대해 직접적 표현능력을 행사할 수 있도록 직접민주주의제를 강화해 주어야 할 것이다. 주민투표제, 주민발의제, 주민소환제, 주민참여예산제를 더욱 확대 · 보완해야 하는 이유는 바로 여기에 있다.

(사지발선 2018.6.28)

03

지방시대의 지방민주주의, 지방의회, 지방선거

01

풀뿌리 민주주의의 위기

2006년 7월 출범한 민선 5기 지방의회가 후반기 의장단 선출과정에서 지방의원들의 도덕적 해이와 비리, 적절치 못한 처신으로 또 다시 주민들의 원성을 사고 있다. 서울시의회의장은 동료의원들을 돈으로 매수하여 당선되었으나 구속된 신세이고, 부산시의회도 의장단선거를 두고 돈 봉투가 왔다 갔다 하여 경찰이 수사를 벌이고 있으며, 대전시의회는 의장단 부정선거를 이유로 의장선거무효소송을 제기하며 갈등을 겪고 있다. 또한 모 기초의회의장은 자신이 운영하는 사업장(식당)에서 업무추진비를 과다하게 사용하는 등 자기사업의 이권에 활용하는 행태를 보여 지탄을 받고 있다. 결국 후반기 원 구성을 두고 주민들의 생활정치 · 행정에 책임져야 할 의원들의 자기 밥그릇채우기식의 감투싸움에 따른 지방의회의 파행으로 주민들만 피해를 받게 되는 처지가 됐다. 지방의회무용론이 더욱 힘을 받을 수밖에 없는 이유이다.

그러나 우리지역의 문제를 우리 스스로 해결해야하는 지방자치의 근간은 우리들의 대표기관인 지방의회에서부터 출발한다. 자치단체장을 주민직선으로 선출하지 않는다 하더라도 지방자치를 시행할 수 있지만 지방의회를 주민이 직접 구성하지 않으면 지방자치는 불가능하기 때문이다. 지방의회가 바로 풀뿌리 민주주의의 근간으로 간주되고 있는 이유이다. 따라서 민주주의를 오래 전에 확립한 서구의 민주주의 국가에서는 지방자치는 민주주의의 학교 내지는 민주주의의 훈련장 등으로 민주주의의 전제조건으로 묘사되고 있는 것이다. 프랑스의 유명한 법 · 정치학자인 알렉시스 드 또크빌(Alexis de Tocqueville)의 표현을 빌린다면 '지방자치는 그것을 주민의 손에 가까이 가져오므로 주민들이 그것을 어떻게 행사할 것인지를 가르쳐 준다'고 하면서 '지방자치 없이도 국가는 자유로운 정부를 수립할 수 있을런지 모르나 자유정신(l'esprit de la liberté)은 가질 수 없다'고 갈파하고 있다. 이러한 맥락에서 정치지도자의 높은 윤리의식과 시민정신에 바탕을 둔 지도층의 의무(노블레스 오블리쥬 : Noblesse oblige)가 자리 잡게 된다.

그러나 우리의 지방자치는 서구라파의 그것과는 달리 주민의 필요에 의해서 절대권력에 대항해 주민의 자유를 쟁취하는 사건에서 시작되었다기 보다는 중앙의 정치논리(중앙정치인의 필요)에 의해 시작되었다는데 그 한계가 있다. 그러한 맥락에서 지방의회가 구성되다 보니 주민의 아픔과 슬픔, 어려움을 헤아리는 기관이라기보다는 지방의원들의 정치적 이해, 개인적 편익에 따라 움직이는 기관이 되고 말았다. 주민의 소중함을 알고는 있지만 그것이 생활방식으로 처절하게 체감한 것이 아니고 학습으로 공허하게 이해한 것이기에 지방의회의 소중함을 알 수가 없다. 결국 민주주의의 소중한 가치인 '국민(주민)에 의한, 국민(주민)을 위한, 국민(주민)의 정부'가 '정치인에 의한, 정치인을 위한, 정치인의 정부'로 왜곡 변질될 수밖에 없는 연유이다.

이제 우리의 지방의회는 철저히 주민의 필요에 의해 다시 태어나야 한다. 주민의 생사고락을 함께 할 유능하고 존경받는 정치지도자들을 배출해야만 한다. 그러기 위해선 그러한 인사가 충원될 수 있는 제도적 장치 마련해야 하고, 그 무엇보다도 중요한 것은 이러한 제도적 장치에서 지방의회의원이 명예롭게 존중받는 풍토를 조성해야 한다. 여기에서 우리는 시노자의 의무를 강조하는 지방자치를 재창조해야 하는 것이다. 지방자치의 그 본래적 가치인 주민을 위해 봉사하는 민주성 개념을 기본으로 하면서 의정활동의 효율성을 증대할 수 있는 능률성 개념을 부가적으로 모색해야 하는 이유이다. 지방의회의원들은 권력을 가진 자로 주민에게 군림하는 것이 아니라 그 권력으로 주민과 기관구성원들에게 봉사하는 것이 자랑스럽고 명예스럽게 자리매김할 수 있을 때 우리의 지방자치의 빛을 크게 발할 수 있기 때문이다. '지방의 일상생활에서 주민이 어려움에 닥쳤을 때 가장 먼저 손을 내미는 곳은 어디입니까' 라는 질문에서 거리낌 없이 지방의회를 선택하였다는 주민의 수가 많아지는 시대를 빨리 기대해 본다.

(서울신문 2008.8.5)

02

실질적 자치분권 추진으로 지방민주주의 완성

I. 서론 : 문제제기

대한민국 제헌헌법 이래 우리나라의 지방분권과 지방자치의 역사적 맥락을 보면 제1,2공화국의 경험을 차치하고서라도 1991년 지방의회의 재구성과 1995년 지방자치단체장 주민직선(민선1기)이라는 자치분권의 큰 전환점을 통해 현재 민선6기까지의 소중한 경험과 교훈을 체득 중에 있다. 지방주민들의 필요에 의해 지방자치를 실시한 것이 아니라 중앙정치의 정치기반확충과 정권연장을 위한 도구로써 시행하다보니 처음부터 왜곡된 지방자치를 시행할 수밖에 없었다. 또한 헌법에 지방자치를 규정하고 보장받았음에도 불구하고 이를 시행할 수 없는 이유를 헌법부칙을 통하여 교묘히 비켜 나갔던 3,4,5공화국의 중앙집권적 경험에서 이제 더 이상 우리의 민주주의를 후퇴시켜서는 아니된다는 간절한 염원(1987.6.29선언)으로 지방자치의 부활을 쟁취하게 하였던 것이다. 우리의 대표를 우리 손으로 직접 선출하는 것만이 민주정치를 실현하는 유일한 길임을 항변하게 하였고, 지방의회의원과 자치단체장을 모두 주민직선으로 하여 이들의 견제와 균형을 도모하는 기관분립형 기관구성을 시행할 수 있었다.

그러나 자치단체장과 지방의원을 주민들이 직접 선출만 한다고 해서 우리가 염원하던 진정한 민주주의는 완성될 수 없음을 체득하는 학습효과를 겪기도 하였다. 민주화된 정당체제를 갖추지 못한 상태에서 정책정당으로서의 주민의 요구를 반영하지도 못하고, 유능한 인사가 지역에 봉사할 수 있게 하는 지역민이 공감하는 정치적 충원제도를 마련하지 못하여 갈수록 정치에 대한 불신을 낳게 하고 있는 것이 그것이다. 또한 민선자치가 시행되면서 직선된 자치단체장과 의회의원은 재선이라는 절대적 과제에 봉착하면서 주민들에게 '표'만을 생각할 수밖에 없는, 따라서 전시행정 내지 인기행정의 유혹에 매몰되어 지방정책은 왜곡될 수밖에 없게 되었다. 더구나 민선자치는 신자유주의와 결합되면서 더욱 수요자 중심주의, 고객지향적 행정 등을 강조하면서 주민들을 단순한 행정서비스의 객체로서의 지위만을 부여하다보니 자치단체의 행정서비스에 대해 소비자로서의 수동적인 주민을 만들어내었을 뿐이었고, 더 나아가 대다수 주민들은 지역이기주의와 자기이해에 함몰되어 자치행정에 많은 혼란을 야기하는 주범이 되고 말았다. 요컨대, 민주주의를 지탱할 역량 내지 여건(민주주의 제도, 시민사회 성숙)이 구비되어 있지 않고서는 민주주의(주민참정) 수단으로서의 선거(주민참여), 주민자치의 효과는 그리 크게 나타나지 않는다는 사실을 깨닫게 되었다.

이런 배경에서 곧 민선7기(2018.6.13)를 준비해야 하는 시점에, 마침 자치분권을 더욱 강화하고 분권형헌법개정의 논의를 전개해 가고 있는 문재인 정부가 명목적인 자치분권이 아니라 실질적인 그것으로 만들어 가기 위해서는 보다 근원적인 문제인식과 추진노력이 뒤따라야 할 것으로 보아 다음과 같은 내용을 제시해보고자 한다.

II. 실질적 자치분권의 추진 : 지방민주주의의 완성

자치분권은 지방자치와 지방분권의 합성어로 지방자치를 이루기 위해선 지방분권이 함께(선행)해야 하고 지방분권이 실현되기 위해서는 지방자치의 가치 내지 정신이 더불어 가야하는 매우 밀접한 관계다. 지방자치는 주민참여를 통한 아래로부터의 민주주의를 구현하고, 국가의 법인격을 부여받은 자치단체의 자율과 책임을 동반한 행정업무 수행을 전제로 하기 때문에 자치와 분권의 요소가 함께 작동하고 있다고 할 것이다. 이러한 맥락에서 문재인정부는 다음과 같은 자치분권개혁과제를 논의해야 한다.

1. 명백한 국가체제 정립 하의 자치분권 설정

우선 우리나라의 국가의 성격(국가형태)을 규정하고 그 안에서 지방분권의 기본이념 및 방향을 국가체제와의 관계 속(국정운영 : 국가-지방관계)의 큰 틀 안에서 제시해 주고, 그에 따른 하위 목표 및 원칙들이 제시되어야 한다. 예컨대, 우리나라 지방분권의 기본논리는 제헌헌법의 정신에 따른 자유민주주의체제를 기본으로 하는 단일국가체제의 틀 속에서 작동해야 한다. 왜냐하면 우리나라는 실질적으로 정부수립 후 제헌헌법이래 단일국가체제를 유지해온 민주공화국이기 때문이다.[1] 요컨대, "우리나라는 '대한민국 공화국의 불가분성(indivisibilité de la République Corée)'과 주권불가분성(indivisibilité de la souveraineté)에 기초하여 국가의 단일성원칙을 존중하는 지방분권화이어야 한다"는 사실을 밝혀줄 필요가 있다. 왜냐하면 어떤 정치세력도 자치의 영역을 확대한다는 혹은 훗날 북한과의 통일을 준비하여야 한다는 미명 하에 대한민국 주권을 나누어 가시려는 위험을 차단하고 국가의 단일성(통일성) 내에서 지방자치단체의 다양성을 확보해나가는 지방분권 국가임을 천명하여야 할 것이기 때문이다.

2. 국가와 지방자치단체의 논리가 동시에 작용하는 균형잡힌 이중 정치 · 행정체제의 구축

국가와 지방자치단체의 논리가 동시에 작용하는 균형잡힌 이중정치 · 행정체제를 모색하여야 한다. 즉, 한편으로는 국가중심의 논리에서 지방행정을 수행하려는 고리가 있어야 할 것이고(분산행정·행정적 분권), 한편으로는 지방자치단체 중심의 논리에서 해당지역의 사무를 자율과 책임 하에 지방행정을 수행하려는 틀을 만들어주어야 한다(분권행정·자치적 분권). 요컨대, 지방분권이라 해서 지방자치단체의 자율성과 책

1 연방제국가를 선언하려면 헌법개정이 이루어져야 하는 상황이다.

임성만을 강조하는 지방자치단체 중심의 일방적인 분권이 되어서는 곤란하다. 국가와 지방자치단체가 주민과 시민사회와 함께 하는 정치 · 행정적 통합적 자치분권을 이루어내야 하는 이유이다. 이러한 맥락 하에서 정치적 측면에서는 지방의원과 국회의원이 함께 국가의 문제와 지방의 문제를 논의할 수 있는 정치적 장(예 : 상원제도)을 마련해야 하고, 행정적 측면에서는 지방자치단체장의 국정참여방안(제2국무회의)을 모색하여야 한다. 이와 함께 전국 243개 지방자치단체에서 발생하는 정치 · 경제 · 사회 전반에 걸친 문제를 〈내치〉차원에서 종합적으로 조정하여 통치권의 정치적 부담을 완화시켜 줄 수 있도록 국정의 통합을 유지할 수 있는 지방분권정책을 마련해야 한다. 그리고 정부와 소속정당을 달리하는 지방자치단체장 출현시 예상되는 국정표류를 차단하고 국가 주요정책 사업을 지속적으로 추진해 나갈 수 있도록 정부가 지방행 · 재정 등을 총괄적으로 지원 · 관리하도록 해야 한다. 이러한 맥락에서 우리나라에 합당한 중앙-지방자치단체간의 바람직한 관계를 설정해야 한다. 국가와 지방자치단체, 지방자치단체와의 관계가 국가의 통일성 내에서 유기적인 협조 내지 연계성 있는 지방분권화를 도출해야 하는 이유는 바로 여기에 있다.

3. 지방자치단체의 자율성 확대 및 이에 상응하는 행정역량 및 책임성 강화

지방자치단체의 자율성을 확대하고 이에 상응하는 행정역량 및 책임성을 강화하는 지방분권개혁이어야 한다. 중앙행정권한의 지방이양을 추진하고, 국세와 지방세의 합리적 조정과 지방재정조정제도를 통해 재정자립도를 제고하며, 자치입법권 확대 및 지방인사의 공정성과 개방성을 확대해 나감으로써 자치역량을 강화해야 한다. 또한 지방자치단체의 자율성을 신장시켜주기 위해서는 국가가 지방자치단체에게 자치권을 확대해 주어야 하는 것도 필요하지만 이와 더불어 그동안 지방자치단체에게 행했던 강력한 중앙통제의 게임을 바꿔주어야 한다. 자치분권시대에 맞는 통제방식으로 권력적 · 사전적 통제의 폐지와 행정법원에 의한 적법성의 통제, 감사원(지역감사원)에 의한 예산 · 회계의 적법성 통제를 논의해야 하는 이유이다. 지방자치단체에 대한 국가의 통제는 지방자치의 이념을 존중하는 방향에서 자치단체의 자율적 통제장치가 제대로 기능하지 않을 때에 한하여 행사하도록 해야 한다. 그런 면에서 다음과 같은 방향에서 이루어져야 할 것으로 본다. 첫째, 기관위임사무의 경우 국가의 통제가 불가피하다고 볼 수 있으나 자치사무에까지 법령위반여부에 대해서 국가나 광역자치단체가 판단하는 것은 무리가 있다. 따라서 자치사무에 대해서는 사법부에 의해 보다 중립적으로 법령위반여부를 판단하도록 해야 한다. 이와 함께 자치단체장의 행위에 대한 판단은 일반행정문제는 사법부에서 재정문제는 회계검사원(감사원)에 판단하도록 하는 합법성 통제에 충실해야 한다. 즉, 단체장의 작위 또는 부작위가 위법이라고 인정될 때에는 주무부장관은 그 내용이 행정에 관한 것이라면 이를 취소 · 정지시키거나 또는 이행을 강제하는 판결을 구하는 소를 법원에 제기하고, 예산 및 재정에 관한 것이면 회계원(감사원)에 청구하여 각각 그 판단에 따르게 해야 할 것이다. 둘째, 주무부장관이 자치행정에 대한 합목적성의 통제를 못하도록 해야 한다. 자치행정의 내용이 공익에 부합되는가, 공익을 해할 우려가 있는가, 합목적적인가의 여부에 대하여는 중앙정부(주무부 장관)가 관여하지 않도록 하며 독립적 기관인 행정법원과 당해 집행기관, 지방의회 및 주민통제에 의하도록 해야 할 것이다.

4. 주민자치의 강화

주민자치적 측면을 강화한 지방분권개혁이 되어야 한다. 왜냐하면 그동안 우리의 지방분권은 국가와 지방자치단체간의 관계를 중시하는 법률적, 행정적 측면에 그 비중을 두는 유럽대륙계통의 단체자치적 논리 하에 지배되어왔기 때문이다. 따라서 자치단체와 주민과의 관계를 중시하는 자치분권의 논리가 상대적으로 소외되었다. 그런 측면에서 주민을 위한 지방민주주의의 발전을 도모해야 하는 방향에서 자치분권정책이 설정되어야 한다. 그러기 위해서는 주민과 가까이 하는 자치행정이 되도록 해야 한다. 주민들이 자기 자치단체에서 행하는 사무에 대해 정보를 알아야 하며, 그리고 그들에 관계되는 정책결정에 그들의 의견을 자유롭게 개진할 수 있도록 해주어야 함은 바로 여기에 있다. 이는 지방민주주의의 가장 중요한 원칙으로 행정행위의 투명성 원칙과 지방정치에의 주민참여의 원칙을 의미하는 것이다. 그런데 결국 주민과 가까이 하는 행정은 주민을 대표하는 지방의회를 통해서 제도적으로 가능하다. 따라서 지방의회의 새로운 역할정립이 요구된다. 특히 지방의원의 자질, 능력을 제고할 수 있는 방안 모색과 자유로운 의회행정 보장과 같은 분야에 깊은 성찰이 있어야 할 것이다.

그런 배경에서 지방자치의 핵심적 기관으로 주민대표기관인 지방의회 의정활동의 전문성을 어떻게 하면 강화할 수 있을 것인가에 대한 답을 찾아야 한다. 이를 위해 입법정책지원기능과 관련한 의정활동 전문성과 관련하여 활성화 방안을 모색해야 한다. 즉, 지방의회의 전문성 강화차원의 활성화방안은 본질적으로 의회조직차원과 의원개인차원의 논의가 우선되어야 하고, 부가적으로는 우리나라와 같이 기관분리형의 기관구성에서는 집행기관과 연계성을 띤 지방정부차원을 고려해야 하고, 지역의 문제가 국가(중앙)의 문제가 되기도 하고 국가의 문제가 지역의 문제가 되기도 하기 때문에 이에 관계된 입법활동이 국회와 지방의회와의 협력관계차원에서 논의할 수 있도록 해주어야 한다. 그리고 무엇보다 중요한 것은 지방의회가 주민으로부터 신뢰받는 기관으로 다시 태어나야 한다는 점이다. 지역주민의 아픔과 고충을 함께 하며 그들을 위해 전적으로 봉사할 수 있는 자세가 명예롭게 존중받는 사회문화를 만들어 가야 한다. 노블레스 오블리주(Noblesse oblige) 정신이 지방의회에서 작동할 수 있게 해 주어야 한다.

5. 새로운 공동체적 주민의 창출 : 직접민주주의의 강화

자치분권사회에 맞는 성숙한 주민의 창출을 도모해야 한다. 그동안 주민참여, 주민통제지향적인 지방민주주의를 추구하려고 노력하였지만 집단이기적인 주민 앞에 그 효과가 상쇄될 수밖에 없었다. 따라서 이제 국가와 자기 자치단체의 공익을 생각할 수 있는 성숙한 가치지향적인 새로운 주민으로서의 변화를 이끌어 내주어야 한다. 고객지향적이고 수요자중심의 논리에서 만들어 놓은 수동적 · 피동적 주민의 형상에서 행정서비스의 공동생산자(co-producer)로서 함께 책임질 수 있는 성숙한 주민의식과 역량을 구축해 내어야 한다. 따라서 새로운 공동체적 주민의 창출을 모색해야 하는 바, 시민교육을 어떻게 정립하여(시민주도, 정부지원) 활성화 시킬 것인가에 대한 고민이 필요하다. 그리고 이 새로운 지역주민이 자기 자치단체의 정책결정, 집행에 대해 직접적 표현능력을 가질 수 있도록 직접민주주의를 강화해야 한다. 따라서 지방자치단체는 확정적 주민투표, 주민발의, 주민소환제, 주민참여예산제를 더욱 확대 보완해 주어야 한다.

III. 결론

요컨대, 자치분권의 요체로서 지방민주주의의 확립은 대표제와 참여제를 동시에 추구할 때 가능한 것으로 볼 수 있다. 즉, 대표제도에서 지방민주주의는 두 가지 측면으로 나타나게 되는데, 그 하나는 주민이 책임을 행사하고 의결하는 수단을 가져야만 하는 그들의 대표자를 선출해야한다는 사실이고, 또 다른 하나는 주민이 지방정책결정과정에 참여해야한다는 사실이다. 이제 중앙정부와 지방정부, 행정기관과 주민의 관계가 더 이상 '가부장적인 아버지'와 후견인을 필요로 하는 '어린아이'와의 관계가 아닌 것이다. 그러나 오늘날 우리는 대표자를 선출하는 곳과 주민이 자기지역의 정책결정과정에 참여하는 곳에 제대로 주민의 필요에 대응하지 못하는 지방민주주의의 위기를 겪고 있다. 그럼에도 불구하고 대표제 민주주의는 가치가 있는 것이고 계속 개선되어야만 하는 것이라고 한다면 우리 지방민주주의의 위기는 대표제 민주주의가 아니라 민주주의가 대표제도에만 머무를 때 불완전하다는 사실에서 비롯되는 것임을 깨달아야 한다. 따라서 대표제도를 보완하는 직접민주주의의 제도 개선이 함께해야 할 것이라 본다. 이와 함께 그동안의 자치분권의 소중한 교훈은 주민의 민주적 소양이 전제되어야만 지방자치가 성공할 수 있다는 명확하고 단순한 사실을 재확인하고 있는 중이다. 이제 고객지향적이고 피동적 주민을 자기지역의 발전을 위해 자치행정서비스를 지방자치단체와 함께 만들어내는 공동생산자로서의 역동적 주민으로 바꾸어내는 노력이 주민으로부터 존중과 신뢰를 받는 명실공히 주민대표기관으로서의 지방의회로의 재탄생과 더불어 뒤따라주어야 할 때라고 본다.

(한국행정연구원 KIPA 2018.5.21.)

03

민선 5기 지방자치의 과제 : 민선자치 15년 경험을 통한 값진 교훈[1]

1995년 6.27지방선거를 통해 시작된 우리의 민선자치는 지난 6.2지방선거를 통해 이젠 성장기라 할 수 있는 제5기째로 접어들게 되었다. 당시 중앙정치권의 이해관계 속에서 지방의회만 구성(1991년)해 놓은 '반쪽짜리 지방자치'에서 자치단체장을 우리 손으로 직접 선출하여 지역문제를 처리해 나가는 것이 진정 우리가 바라는 민선자치임을 항변하게 하였던 것이다. 그러나 15년 동안의 민선자치경험은 기대한만큼 성과를 내지 못하고 갖은 시행착오 속에 다음과 같은 값진 교훈을 얻게 하였다. 지방자치의 효율적인 논의의 필요성에 의거 국가, 지방

1 본 칼럼은 저자의 핵심적 논리로서 지방자치의 개선 내용의 주를 이루고 있습니다. 이를 기반으로 자치분권의 정책적 논의를 확대발전시키고 있음을 밝힙니다. 따라서 이와 같은 논조의 글을 다른 칼럼에서 중복적으로 사용하고 있음을 혜량하여 주시기 바랍니다.

자치단체, 주민이라는 차원에서 제기해 볼 수 있을 것 같다. 왜냐하면 우리의 지방자치는 이들 3요소가 공동으로 만들어나가는 합작품이기 때문이다.

우선, 그동안 초중앙집권적인 지방행정운영에 대한 반발로써 시작된 우리의 지방자치는 지방자치단체의 자율과 책임만을 중시한 독립적 성격을 강조하다보니 자연히 국가(중앙정부)로부터 연계되고 협력적인 자치행정을 운영하는데 상당한 제약을 받을 수밖에 없었다. 즉, 주민이 직접 자치단체장과 의회의원을 선출하여 주민자치의 근간은 마련하였을런지는 모르나, 중앙행정과 지방행정을 연계해 줄 수 있는 국가운영시스템의 미비로 국가와 지방간의 원활한 의사소통이 제약될 수밖에 없었다. 여기서 국가정책에 대한 지방주민의 반발을 해결하는데 어려움이 있었으며, 그에 따른 행 · 재정적 낭비를 지켜볼 수밖에 없었다. 뿐만 아니라 지역의 주민대표기관이라고 하는 지방의회를 만들어 놓았다고는 하지만 각각의 지방의원들은 그 지역에서만 활동할 수밖에 없었던 이유로, 다시 말해 각자의 지역에서 격리되어 의정활동을 할 수밖에 없어 지역의 문제를 소상하게 다른 지방의회나 국회에 알리고 협조를 원활히하는 데는 일정한 한계가 있었고, 또한 국회의원에게 종속된 관계 속에서 일을 할 수밖에 없는 까닭에 지역의 문제를 국회의원과 대등한 관계에서 논의하는데 원초적 한계를 드러낼 수밖에 없었다. 여기에 국가는 "대한민국 공화국의 단방(단일)국가체제 내에서 통일성을 확보하고 각 지방자치단체의 다양성을 함께 존중해 나가야 하는 지방분권체제 안에서 중앙정부와 지방정부간의 원활한 협력관계가 보장되는 지방자치임"을 확인해 주어야 할 책무가 있다.

다음으로 지방자치단체는 주민을 위해 보다 값싸고 양질의 행정서비스를 제공해야 하는데, 직선된 자치단체장과 의회의원은 주민들에게 '표'를 과도하게 생각할 수밖에 없어 전시행정 내지 인기행정의 유혹에 매몰되어 지방정책은 왜곡될 수밖에 없는 상황에 놓이게 되었다는 점이다. 즉, 자치단체장이나 의회의원은 선거에서 그 지위가 주어지는 까닭에 선거를 통해 안게 된 정치적 부채에 연연하게 되고, 따라서 특혜의 제공이나 인사상의 배려 등으로 부패의 연결고리가 자연히 형성될 수밖에 없는 여지를 만들어 놓고 말았다. 지역마다 영향력있는 선거권자들의 무리한 인사 및 사업청탁과 압력으로 공무원의 인사가 정실에 치우칠 가능성이 커졌으며 자치행정의 공정성을 잃는 사례가 많아졌다. 여기에 자치단체장, 의회의원의 선거운동에 과다한 비용지출, 그 부채를 갚기 위해 공무를 빙자하여 사리사욕을 추구하는 행위와 차기 재선을 노린 인기획득에 치우친 자치운영에 대한 근본적인 차단책이 필요할 것이다. 집행기관의 견제 · 감시기관으로서 지방의회가 새롭게 거듭나야 하고 건강한 시민사회를 만들어내어 시민단체의 바른 역할이 선행되어야 하는 이유가 바로 여기에 있다.

마지막으로 보다 역동적인 주민에 대한 역할변화가 필요하다. 그동안 민선자치의 화두는 수요자 중심주의, 고객지향적 행정 등으로 주민들을 단순한 행정서비스의 객체로서의 지위만을 부여하였을 뿐이다. 그러다보니 자치단체의 행정서비스에 대해 소비자로서의 수동적인 주민을 만들어내었다. 더 나아가 대다수 주민들은 지역이기주의와 자기이해에 함몰되어 자치행정에 많은 혼란을 야기하였다. 주민의 민주적 소양이 전제되어야만 지방자치가 성공할 수 있다는 명확하고 단순한 사실을 재확인한 셈이다. 이제 고객지향적이고 피동적 주민을 자기지역의 발전을 위해 자치행정서비스를 지방자치단체와 함께 만들어내는 공동생산자로서의 역동적 주민으로 바꾸어내는 노력이 뒤따라주어야 할 때라고 본다.

(대전일보 2010.6.28)

04

지방의회 살리는 운동의 원년으로!

신묘년 새해부터 모 자치단체 기초의회 의원들이 어려운 살림에도 불구하고 유럽국로의 해외연수를 도모했다는 용맹함(?)에 뉴스거리가 되었는지 인천공항에까지 추적하여 의원들을 취재하는 보도를 접하게 되었다. 또한 여의도 국회의원들은 서민들이 물가고에 힘들어 하든 말든 국민세금으로 넉넉하게 차량유지비를 지급받아 가장 비싼 기름만을 취급하는 주유소를 이용하고 있다는 뉴스도 방영되었다. 주민들과 가까이 주민의 일상생활과 복지, 지역경제에 관련된 주민의 의사를 반영하여 주민의 아픔과 서러움을 대변해주는데 그 존재가치를 지니는 지방의회와 국회의 의원들의 현 주소이다.

서울시의회는 여소야대의 의회구성으로 기존 예산이 삭감 내지 지급받지 못하여 제대로 서민정책을 펴기가 어렵게 되었고, 양화대교공사가 'ㄷ'자로 방치되어 시민들의 불편을 야기하고 있으며, 대전시의회는 한 의원이 영세상인의 처지를 뒤로하고 자신소유의 상가를 기업형슈퍼마켓(SSM)에 임대해 주어 지탄을 받고 있다. 주민들의 생활 정치와 행정을 책임져야 할 의원들이 자기 이권 챙기기와 중앙정치의 이해에 몰두하면서 지방의회가 주민들을 외면하고 있는 것이다. 1991년 지방자치 부활 이후 우리의 지방의회는 스무해 청년이 되었지만 여전히 지방의회에 대한 부정적인 인식이 사그러들지 않고 있는 이유이다.

그러나 우리 지역 문제를 우리 스스로 해결해야 하는 지방자치의 근간은 대의기관인 지방의회에서부터 출발해야 한다. 자유민주주의 국가의 경우 지방자치 영역 안에서 지방의회를 부정하는 일은 '다리 없이 걷고자하는, 날개 없이 날고자하는' 바램으로 지방분권의 거대한 원동력을 차단하는 것과 같은 이치로 이해될 수 있기 때문이다. 지방의회가 풀뿌리 민주주의의 근간으로 간주되는 이유이다. 오래 전 민주주의를 확립한 프랑스의 지방의회는 생활기반이 튼튼한 지역유지에 해당하는 자들이 의원으로 활동하여 주민들에게 봉사하는 것이 당연한 논리로 자리매김할 수 있었고, 그런 배경에서 보수를 받는 것 자체가 오히려 수치라고 생각할 정도의 의식이 자리잡고 있었다. 여기에서 지방의원의 높은 윤리의식과 시민정신에 바탕을 둔 노블레스 오블리주(Noblesse oblige : 지도자의 책무)정신이 탄생하게 되었다. 이를 기초로 프랑스 정부는 지방의 모든 문제를 지방의회에 끌어들여 해결하려는 분권화정책을 시도하게 된다. 다양한 주민을 대표하는 위원회를 활성화하여 지역문제를 해결하는 기제로 활용하고 있다. 특히 갈등문제를 야기한 당사자 그룹도 주민대표로 지방의회 위원회의 구성원이 되어 주민에 밀접한 정책결정을 가능하게 하고 있다. 기피시설이 될 수 있는 방폐장설치문제도 철저히 지방의원들의 이해와 협조 속에 주민들의 전적인 신뢰를 낳고 있는 이유이다. 여기에 지방의원이 국회의원과는 수평적 협력관계 속에 자기 지역의 문제를 상의할 수 있는 국가와 지방자치단체간의 유기적인 협조관계가 가능한 정치·행정체제를 가동하게 된 것이다.

이제 우리는 지방의회를 다시 세우는 일에 온 힘을 기울여야 한다. 우리 사회에 지방의회를 살리자는 캠페인이 일어나야 한다. 이 운동에 주민과 시민단체들이 앞장서야 하고 더 나아가 국회, 중앙정부 인사들이 목소리를 내야 한다. 그리하여 중앙정치의 필요에 의해 만들어진 지방의회를 이제 주민의 필요에 거듭나는 새로운 지방의회로 변모시켜야 한다. 여기에는 주민과 생사고락을 같이할 수 있는 유능하고 존경받는 정치지도자가 함께할 때 가능한 일이다. 그러기 위해서는 그러한 인사가 충원될 수 있는 제도적 장치를 마련해야 하고, 무엇보다도 이러한 정치·행정체제에서 지방의회의원이 명예롭게 존중받는 사회적 풍토를 조성해야 한다. 그리하여 지도자의 의무를 강조하는 지방자치를 재창조해야 하는 것이다. 지방자치의 그 본래적 가치인 주민을 위해 봉사하는 민주성 개념이 기본이 되어야 하고 의정활동의 효율성을 증대할 수 있는 능률성 개념이 부가적으로 모색되어야 하는 까닭이다. 지방의회 의원들은 권력을 가진 자로 주민에게 군림하는 것이 아니라 주민과 기관 구성원들에게 봉사하는 것이 자랑스럽고 명예스럽게 자리매김할 수 있을 때 우리의 지방의회는 주민 편에서 살아날 것이다. 그 때는 주민들이 앞장서서 우리 의원들이 의정활동에 필요하다면 유럽연수 정도는 적극적으로 보내주는 날이 되지 않을까 한다.

(대전일보 2011.1.18.)

05

박근혜정부 지방자치발전위원회의 출범에 부쳐

박근혜정부는 집권 6개월을 보내면서 지난 5월 제정된 '지방분권 및 지방행정체제개편에 관한 특별법'에 따라 기존의 지방분권촉진위원회와 지방행정체제 개편추진위원회를 발전적으로 통합한 대통령소속 지방자치발전위원회를 구성하였다. 이로써 대한민국의 지역발전에 관련한 논의는 이 위원회를 거쳐 대통령에 보고되어 대한민국의 지역발전정책을 총괄하게 될 것으로 기대되고 있다. 따라서 지방자치발전위원회가 우리나라 지방자치발전의 콘트롤타워로서 제 기능을 다하기 위해서는 우선 그동안 지난 정부에서 추진하였던 지역발전정책을 평가하는 일에서부터 시작되어야 할 것으로 본다. 여기에 참여정부, MB정부가 추진하였던 지방분권 47개 과제, 20개 과제를 바르게 진단하여 지역발전에 기초한 지방분권으로서의 국가개혁의 주춧돌로 삼아야 할 당위성이 있다. 그러려면 이들 과제가 어떤 배경에서 어떠한 정책이 입안되었고, 어떠한 과정을 거쳐 어떤 성과(결과)를 내었는가를 분석해야 한다. 이를 바탕으로 박근혜정부에서 성공적으로 이끌 수 있는 가시적 분권과제로서 새로운 과제와 지난 정부에 이어진 지속적 과제를 제시해야 할 것이다.

이런 배경에서 그동안 많은 논의가 있었으면서도 간과되었던 주제로서 박근혜정부가 확고히해야 할 지방분권의 기본적 정향을 제시하고자 한다. 무엇보다도 우리나라 지방분권정책을 펼쳐나감에 있어 가장 중요한 사실은 우리나라의 국가의 성격을 규정하는 일일 것이다. 즉, 단일한 국가체제로서의 지방분권을 얘기할 것인지 연방국가체제에서의 지방분권을 규정할 것인지에 대한 논의가 필요하다. 이는 헌법에 규정해야 할 매우 중요한 사항으로 가장 기본적이고 중요한 주제가 된다. 물론 우리의 헌법은 제1조에서 대한민국의 주권은 국민에게 있고, 모든 권력은 국민으로부터 나온다는 민주공화국으로서의 국가의 형태를 규정하고 있다. 그러나 국가의 구성이 단일한 성격인지 연방적 성격인지에 대한 언급은 없다. 다만 주권이 하나밖에 없는 국가로서 국가의 하부조직단위로 244개의 지방자치단체를 두고 있는 것으로 보아 단일국가로서의 성격을 갖고 있는 것으로 해석할 수 있다. 그런데 그동안의 지방분권을 위한 헌법개정논의나 지방행정체제개편논의를 두고 지방자치와 지방분권을 더욱 확대해주어야 한다는 측면과 또한 통일을 대비해야 한다는 측면에서 연방제적 성격의 지방분권정책을 준비해야 한다는 주장도 제시되기도 하였다. 지방자치단체가 주권을 갖는 단위로서의 지위를 부여받아 예를들면 '강소국연방제도'

로 대한민국을 운영하면 주민들의 자치체감도가 증가되어 지방자치의 실효성을 제고시킬 수 있다는 주장이었다. 그러나 이는 자치의 실효성을 확대한다는 미명하에 충청권과 영남권, 호남권을 따로 통치하겠다는 매우 위중한 상황으로 오해받을 수 있는 사안이다. 다시말해 대한민국의 주권을 지역별로 나누어 갖자라는 즉, 권력을 나누어 갖자라는 정치인들의 권력욕심에 의해 비롯되고 있음을 경계하지 않을 수 없는 상황이기 때문이다.

이런 배경에서 박근혜정부는 대한민국의 국가성격을 분명하게 헌법에 규정하고 그에 따른 지방분권정책을 밝혀내는 용단을 가져야 한다. 그렇지 않으면 계속 정치인들의 정쟁의 휘용돌이 속에 대한민국의 지방분권개혁이 표류될 가능성이 있다. 여기에서 우리나라국가의 성격을 규정하고 그 안에서 지방분권의 기본이념 및 방향을 국가체제와의 관계 속에 제시해 주고, 그에 따른 하위 목표 및 원칙들을 도출하여야 하는 이유가 있다.

우리나라 지방분권의 기본논리는 자유민주주의체제의 민주공화국을 기본으로 하는 주권이 하나인 단일국가체제를 확실히하는 헌법적 틀 속에서 논의해야 할 것이다. 왜냐하면 우리나라는 실질적으로 정부수립 후 제헌헌법이래 단일국가체제를 유지해온 민주공화국이기 때문이다. 예컨대, 상기의 정쟁의 혼란을 차단하기 위하여서도 앞으로 헌법개정을 한다면 "우리나라는 '대한민국 민주공화국의 불가분성(indivisibilité de la République Corée ; indivisibility of the Republic of Korea)'과 주권불가분성(indivisibilité de la souveraineté ; indivisibility of sovereignty)에 기초하여 국가의 주권을 나누어 가질 수 없는 국가의 단일성원칙을 존중하는 지방분권화이어야 한다"는 사실을 밝혀주어야 할 것이다. 따라서 어떤 정치세력도 권력의 욕심에 어두워 자치의 영역을 확대하고자 한다거나 혹은 훗날 북한과의 통일을 준비하여야 한다는 미명 하에 대한민국 주권을 나누어 가지려는 위험을 차단하고 국가의 단일성(통일성) 내에서 지방자치단체의 다양성을 확보해나가는 지방분권국가임을 천명해야 할 것이다. 여기서부터 다시 시작해야 한다.

(충청신문 2013.9.17.)

06

지방민주주의의 완성은 스마트 거버넌스체제 속의 지방의회로

1991년 지방의회의 재구성과 1995년 집행기관의 장의 주민직선으로 대한민국의 국가운영은 지방분권화 정책을 수용하는 새로운 지방화 시대를 표방하기에 이르렀다. 그러나 지방분권 정책의 근간인 지방의회의 역할을 두고 볼 때, 1950년대의 소중한 지방의회 운영경험과 1991년 지방의회 부활 이후 18년간의 민선자치의 노력이 있었음에도 불구하고 우리나라의 지방의회제도는 아직도 해결해야 할 많은 과제 속에 주민으로부터 만족할만한 수준에 이르지 못하고 있다. 주민봉사자이기보다 자기이권 챙기기에 급급한 의원들에서 지방의원의 자질과 역량을 의심하게 하고, 전문적인 정책지원 및 지원인력부족으로 양질의 의정서비스를 제공할 수 없게 하며, 자치입법권 범위의 협소로 인해 의회의 활동범위가 상당히 제약받는 등의 지방의회 비판론과 한계론이 그치질 않는 이유이다. 이는 우리나라 지방의회의 구성이 주민의 필요에 의해서 이루어진 것이 아니라 국가의 필요에 의해서 그것도 집권자의 정권연장수단으로써 악용되거나 국가행정의 능률성 도모를 위해 유보당하는 역사적 시련을 겪으면서 왜곡된 지방의회의 역사에 기인하고 있지 않나 여겨진다. 그러면서 30여년만에 부활된 지방의회도 정치가의 정쟁게임 하에서 주민의 자발적 노력에 의한 주민의 간절한 필요성에 근거하여 성취한 지방의회가 되지 못하다 보니 여전히 중앙의 정치논리에 입각한 '중앙집권방식으로의 지방자치' 하에 지방의회가 운영되고 있는 것이다.

여기에서 우리나라의 지방의회의 존재는 역사적으로 볼 때 풀뿌리 민주주의를 담보하는 엥글로색슨계의 지방자치제도인 주민자치와는 거리가 있었다. 지방자치 없이도 지방의회가 존재할 수 있고, 반대로 지방의회 없이도 지방자치의 존재가 가능하다는 철저한 국가위주의 지방행정수행방식의 발상에서 지방의회가 운영되었다고 볼 수 있다.

이런 배경에서 재탄생한 우리의 지방의회는 강시장-의회형의 기관분립형 지방정부조직에 갇혀 더욱 그 위상이 낮게 평가받고 있는 실정이다. 기관분립형 지방정부의 근본취지인 견제와 균형의 원리도 두 기관간의 불균형화된 관계로 인해서 소기의 성과를 이루지 못하고 있다. 더구나 지방의원에 대한 지원체제도 미약할 뿐만 아니라 지방의회 사무처(사무국) 직원에 대한 인사권한을 집행기관이 행사하고 있기 때문에 그 불균형은 매우 심한 것으로 평가받고 있다. 이는 집행부 중심의 사고에 편향되어 민주주의가 의회권력으로부터 출발한다는 중요한 핵심가치를 간과하고 있는 것이다. 이제 주민이 필요로 하는 지방의회로 거듭날 수 있도록 주민요구에 따른 대응성, 책임성, 신뢰성을 높이는 제도적 장치를 강구해야 한다. 지방민주주의의 완성은 근본적으로 대표제도 내에서 구현되는 것으로 지방의회의 지위와 역할의 중요성에서 찾아야 하기 때문이다.

특히 21세기 지방의회는 국가와 지역사회가 통합된 정치 · 행정을 수행할 수 있는 체제를 확보할 수 있는 지방분권하의 거버넌스(협치)체제로 그 존재의의를 찾아나가야 한다. 즉, 국가와 지방자치단체, 시민사회가 하나의 네트워크(연결망) 체제를 형성하여 지역문제를 처리해야 한다. 그런데 단순히 연결망만 확보하는 수준에 머물러서는 아니되고 국가와 지방자치단체, 시민사회의 연결망요소들이 보다 주민의 필요에 의한 대응성이 높은 거번넌스체제로서 영리한 구성원들에 의해 역량이 발휘될 때 이루어질 수 있는 개념임을 유의해야 한다. 즉, 국가와 지방자치단체가 단절되어 일을 추진하는 것이 아니라 상호 협조하는 실질적인 장이 영리한 구성체제와 구성원을 통해 성과를 창출해야 한다. 따라서 지방의 의사가 중앙에 전달되도록 하는 제도가 스마트한 거번넌스체제에 녹아들어가 있어야 할 필요가 있다. 이를 위해 행정적 라인에서는 지방자치단체장의 국정참여를 제도화할 필요가 있고, 정치적 라인에서는 지방의원이 국회에서, 국회의원이 지방의회에서 지역문제를 서로 논의할 수 있는 제도를 마련해야 한다. 요컨대, 스마트 거버넌스(smart governance)에 부합하는 지방의회운영은 그동안 국가가 지방자치단체에 통제지향적 측면에서 깊숙이 관여했던 정치 · 행정게임을 어떻게 하면 주민의 우월한 의사를 존중하여 지방의회가 시민사회와 상호 협조적인 공동파트너십을 이루어 영리한 구성원의 활동으로 자기지역의 사무는 그들의 자유로운 의결과 집행으로 책임정치 · 행정을 추구하는 진정한 분권행정으로의 변화를 도모할 수 있겠는가의 문제로 볼 수 있는 것이다. 지방민주주의의 완성을 위한 일환으로써 주민참여와 주민통제의 역할을 존중하는 시민사회와의 스마트한 거버넌스체제 속에 지방의회의 존재이유를 강화할 필요가 있음은 바로 여기에 있다.

(충청신문 2013.9.16.)

07

충청권 국회의원 선거구 증설의 당위성

대전시가 최근 국회의원 선거구 증설문제 논의로 시끄럽다. 여기에는 대전시 인구가 151만명으로 비슷한 규모의 광주시(146만명)보다 5만명 정도 많은데 국회의원 수는 오히려 광주의 8명에 비해 2명이 적고, 대전시보다 인구가 38만명이 적은 울산시와 동일한 국회의원 수를 가지고 있다는 불균형적 사실에 기인한다. 충남의 경우도 전남보다 인구는 18만명이나 많은데 비해 의원 정수는 10대 12로 2명이 적다. 이를 충청권과 호남권으로 보면 충청 25석(대전 6 세종 1 충남 10 충북 8), 호남 30석(광주 8 전남 11 전북 11)으로 형평성에 심히 저촉되고 있음을 알 수 있다. 이는 표의 등가성 훼손문제로 지역대표 선출권을 행사함에 있어 심각한 불평등을 야기하고 있다는데 문제의 심각성이 있다.

그렇다면 왜 이렇게 대전시를 비롯한 충청권의 의석이 타지역(영 호남)에 비해서 적게 책정되어 있을까하는 의구심이 든다. 이는 물론 다른 지역에 비해 과소한 인구수에 기인하는 점이 있었던 것도 사실이지만 그동안 우리나라 선거구획정(국회의원 수)은 집권정당에게 유리하게 작용하는 방식을 사용해 왔던 권력게임에 근간한 것이 또 다른 주요 요인이었지 않나 여겨진다. 즉, 정권을 창출한 경험이 있는 영호남은 그들의 권력신장을 위하여 그들의 텃밭을 효율적으로 관리하면서 안정된 권력을 누리고자 하는 정치적 의도를 드러낼 수밖에 없었던 지역주의라는 정치환경적 요인이 강하게 작용한 이유가 여기에 있다. 그런 배경에서 집권여당에게 안정적인 다수의 의석을 확보한다는 차원에서 선거구분할을 용이하게 해줌과 동시에 전국구의원을 통해 의석수를 넓혀나가고자 하는 정치적 의도가 강하게 작용하였던 것이다. 여기에서 충청권은 영호남에 비해 상대적으로 국회의원 과소대표의 희생을 감수해야만 하였다.

그런데 (선거구획정의 기준으로 제시되고 있는 인구문제로) 인구수에 비례하여 선거구를 책정해야 함이 타당한데, 모든 선거구를 인구수만으로 동일하게 책정하기는 어려운 현실이다. 따라서 행정구역, 지리적 상황, 그 지역의 역사적 · 전통적 일체감 등을 고려하여 선거구획정을 해야 하는 까닭에 인구편차는 날 수밖에 없다는 사실이다. 다만 선거구간에 인구편차를 어느 정도 허용해야 할 것인가라는 국민적 합의가 필요한 대목이다. 여기에서 우리나라 헌법재판소는 최대 · 최소선거구간의 인구편차를 과거 4대1에서 3대1로 완화하고 있다. 즉, 인구 10만인 선거구가 최소인구 선거구라면 30만이 넘는 선거구는 분할대상이 된다는 것이다. 그럼에도 불구하고 유권자의 투표가치가 타 지역구의 3분의 1에 불과한 사실에 평등선거에 대한 신뢰가 깨지고 만다. 이와 같이 우리는 선거구 인구편차를 비교적 폭넓게 허용함에 따라 특히 농어촌 지역구의 인구편차를 폭넓게 허용함으로써 반사적 이익을 주로 영·호남이 되고 있다는 점에 주목해야 한다. 더구나 지역구의석의 불평등한 배분과 지역기반의 정당구조가 집권정당의 정치적 의도에 편승하여 특정지역에 기반을 둔 정당의 과도한 영향력이 제도적으로 보장받고 있는 것이 아닌가 여겨진다. 선거구간의 인구편차가 크고 그것이 특정정당의 선거구별 지지분포와 연결되는 경우에 특정정당에게 유리하게(혹은 불리하게) 선거구획정을 하려는 유혹으로 게리맨더링효과가 발생할 수 있음은 여기에서 비롯된다.

이런 배경에서 대전시를 비롯한 충청정치권은 인구비례에 상응하는 형평성있는 선거구획정을 위해 전략적 접근으로서 한 목소리를 내야 할 것이다. 그동안 충청권 정치의 한계라는 비판을 떨쳐버리고 새로운 권력창출의 독립변수로서의 위상을 찾아나가는 계기를 만들어주어야 한다. 그러기 위해 지역의 주민의견을 듣는 자리를 마련하고 그런 과정에서 지역주민의 대표기관인 지방의회가 일정부분 역할을 담당해야 한다. 즉, 지방의회가 지역의 현안문제인 선거구획정문제를 공론화하여 토론의 장을 만들고 여기에서 일정 합의된 사항을 국회와의 소통을 통하여 국회선거구획정위원회에 전달이 되어야 할 것이다. 그 대표(표)의 불평등성, 왜곡의 심각성을 각인할 수 있도록 지역 정치권의 목소리가 정당의 이해관계에 의해 분열되는 모습을 보여서는 아니될 것이다.

(충청신문 2013.10.12.)

08

기초선거 정당공천제 폐지에 대한 진실게임

제18대 대선을 앞두고 새누리당 박근혜후보가 그동안 문제시되었던 지방선거에서의 중앙정당관여로 인한 지방자치의 심각한 폐해를 직시하면서 내놓게 된 기초선거 정당공천제폐지공약이 집권 1년이 지나면서 민선6기의 6.4 지방선거를 앞두고 새누리당 내부사정이 있었던 것인지 없었던 일로 말을 바꾸게 되는 겸연쩍은 모양새가 되어버린 것 같다.

당시의 여야정치권은 정당공천제의 폐해를 국민으로부터 심하게 질타받고 대권도전에 급한 나머지 대다수 국민의 여론에 부합하는 정당공천제의 폐지를 당론 내지 공약사항으로 만들어내기에 급급하였다. 이는 그동안의 지방선거가 중앙정당의 정당별 지지에 따른 소위 연계투표가 이루어짐에 따라 지방자치가 중앙정치에 철저하게 예속

되는 상황을 연출하였던 데에서 비롯되고 있다. 즉, 지방선거가 지역사회의 비전과 정책논점을 중심으로 치뤄져야함에도 불구하고 '대선의 전초전' 내지 '현정권에 대한 중간평가'의 의미를 부여해 중앙정당의 대리전으로 지방선거를 왜곡시키거나 실종시켰다는 점에 무거운 책임감의 발로(發露)였다고 보여진다. 거기에는 지방선거후보자들이 당선에 결정적 역할을 행사하는 지역구 국회의원에게 공천연줄을 대기위한 처절한 경쟁에서 정당공천제는 이미 공천과정과 당선 후 임기중에 태생적으로 각종 비리, 부패의 산실로 비쳐질 수밖에 없었다. 유력한 당의 공천이 곧 당선이라는 등식을 만들어냄으로써 후보자가 본질적 가치관으로 가져야 하는 지역주민에 대한 봉사정신은 수박겉핥기식의 흉내정도만 낼뿐이었고, 오직 공천권을 가진 국회의원(또는 지구당위원장)에게 무조건적 충성을 맹세하는 것이 자치단체장, 지방의원의 절대적인 충원시스템이었던 것이다. 더구나 철저하게 지역주의에 기생해온 정당공천으로 단체장 소속정당과 의회의 다수당이 동일한 1당지배체제를 연출하고 있는 지방선거는 자치단체장(집행부)에 대한 지방의회의 견제와 균형효과를 기대하기 어렵게 하여 그만큼 지방자치의 효율성을 상실하게 하였다는 사실이다.

그런데 이제 집권여당인 새누리당은 이와 같은 정당공천의 폐해를 직시하면서도 2003년 헌법재판소의 위헌 결정을 상기시키면서 광역자치단체장, 의회의원을 선출하는데는 정당공천이 가능하고, 기초자치단체장, 의원선거에는 정당공천이 불가한 것으로 하는 것은 지방자치의 민주성의 기능에 비추어 평등성 내지 형평성에 심각한 하자(당시 현재는 공직선거법 제84조 '기초의원 선거 후보자 정당 표방 금지' 조항에 대해 "후보자의 정치적 표현의 자유를 침해하며 유독 기초의원 후보자만을 다른 지방선거의 후보자에 비해 불리하게 차별하고 있어 평등 원칙에 위배된다"며 위헌 결정)를 보이는 것으로 헌법위반사항으로 비춰질 수 있기에 정당공천제를 그대로 유지하는 쪽으로 가닥을 잡는 모양이다. 여기에는 또한 정당공천을 폐지하는 경우 검증되지 않은 후보들이 난립하면서 지방정치의 질을 떨어트릴 가능성이 크다고 하는 점과 지방토호세력들이 지방정치를 장악하고 오히려 돈 선거가 은밀하게 부활할 것이란 우려도 작용하고 있다. 특히 여성과 장애인 등 사회적 약자의 정계진출이 그만큼 더욱 어려워질 것이라는 비판적 상황도 한 몫 하였다.

이에 야당인 민주당은 새누리당의 정당공천제폐지안을 철회하는 안을 속으로는 쾌재를 부르면서도 표면적으로는 박근혜대통령의 공약파기에 대한 책임추궁으로 박근혜정권 흠집내기에 좋은 호재를 만난듯이 신바람나게 전력투구를 하고 있다. 실제로 여야국회의원 모두 정당공천제가 폐지될 경우 그들이 지역에서 누린 절대권력으로서 활용할 수 있었던 기초단체장, 의원 등의 선거자본력(선거일꾼)이 상실되는 고충을 누구보다 잘 알고 있기 때문이다. 따라서 정당공천제 폐지가 되지 않을 것을, 아니, 되어서는 아니된다는 것을 염두에 두고 6.4 지방선거를 앞두고 대통령에 대한 공세로 정권의 중간평가로서 지방선거의 유리한 교두보로 활용하겠다는 철저한 정략적 발상인 것이다. 여기서 우리는 지금상황과 뒤바뀌어 논쟁을 벌였던 여당인 민자당과 야당의 평민당(민주당전신)이 주는 교훈을 뇌리에 떠올리게 한다. 역시 '92년 대통령선거전에서의 유리한 교두보를 확보하기 위한 정략적 접근으로 당시 야당인 평민당은 정당공천제를 주장하였고, 여당인 민자당은 정당공천제를 채택하면 거대여당에 대한 반발심리가 작용하여 호남은 물론 서울 등 대도시에서도 야당이 득세할 것이며, 특히 서울시의회를 야당이 장악하게 될 경우 우리나라 정치공학상 통치자체가 상당한 어려움에 직면할 것이라는 정략적인 판단에 따른 것이었음을 잘 알고 있다. 이렇듯 지방선거가 국회의원들의 정략적 판단에 놀아날 수밖에 없는 현실에서 기초선거 정당공천제의 폐지, 철회 운운은 또 다시 국민들에게 정치의 불신만을 가중시키게 하여 그 어떤 묘약으로도 해결되지 못하는 위중한 상황으로 몰아갈 수 있음을 경계해야 한다. 국회가 이제 진정으로 변해야 하는 이유이다.

(충청신문 2014.2.3)

09

공정하고 올바른 선택은 정책선거와 책임정치 구현으로부터!

민주주의는 선거에서부터 시작되고 선거를 어떻게 치르냐에 따라 민주주의 체제의 정당성과 효율성이 다르게 나타난다고 볼 수 있다. 4.13총선을 앞두고 이제 대한민국의 민주주의 완성차원에서 어떻게 준비해야 할 것인가를 점검해보고자 한다. 어떻게 보면 그동안 우리나라 선거제도는 공명정대한 선거를 확립하기 위하여 불법 · 타락선거를 방지하기 위한 제도적 장치마련의 소극적 측면에 부심하여 온 측면이 있다. 그러나 이제는 이와 더불어 유권자가 후보자를 바르게 선택할 수 있도록 정당을 중심으로 정책선거와 책임정치를 강화해나가는 실질적 대의민주주의의 구축이라는 적극적 측면이 절대적으로 필요한 시점이라고 할 수 있다. 그런 면에서 정당이나 후보자가 쌓아온 경력과 능력, 그리고 앞으로의 국정운영에 대한 비전 등 자신의 정견과 정책을 중심으로 상대 후보자와 경쟁하는 형태의 정책선거를 제도화해야 한다. 여기에서 각 정당들이 후보자를 잘 선택하고 유권자들에게 정당이 선택한 후보자들을 잘 판단할 수 있도록 정책을 통한 선거경쟁을 이끌어내고, 선거이후 정책이행에 대한 유권자의 심판을 이끌어내는 책임정치를 유도해내야 하는 이유가 바로 여기에 있다. 여기에서 우리는 선거공약의 목표치를 보다 구체적으로 명시하고, 이러한 목표를 실현하기 위한 재정적 근거와 로드맵을 체계적으로 제시하는 국민에 대한 서약으로서의 매니페스토(manifesto)의 중요성이 있는 것이다.

그리고 민주주의 국가에서의 선거는 최소한 대표선출의 기능을 포함해서 민주적 정당성의 부여, 주민간 · 세대간 · 단체간 갈등의 해소를 통한 화합과 통합, 정치적 교육, 그리고 지역인재 충원으로서의 대표 육성의 기능을 수행해야 한다. 그러기 위해 각 정당은 후보자 공천을 합리화할 수 있는 제도적 장치를 마련해야 할 것이고, 유권자는 보다 종합적인 정보를 가지고 선거를 통해 가장 이상적인 후보를 선출하거나 최소한 가장 나쁜 후보를 낙선시켜 정치지도자를 순리적으로 순환시켜 나가야 하는 의무가 있다. 선거를 통한 대표자 선출은 단순히 선출로 그치는 것이 아니라 헌법과 법령이 부여하고 있는 권한을 국민으로부터 위임받음으로써 결국 그들이 행사하는 권한이 정당화되는 것이기 때문이다.

그런 배경에서 이번 4.13선거가 제대로 수행되기 위해서는 그 선거가 반드시 공명정대하게 실시되어야 할 뿐만 아니라 유권자가 정당별로 정책적 내용을 숙지하여 선택할 수 있도록 하여 정당중심의 책임

정치를 강화하는 실질적 민주주의를 구축해야 하는 기회로 삼아야 한다. 후보자의 공천과정이 무원칙과 민주적 경선이 실종된 상태라면 부정과 비리가 만연할 수밖에 없는 상황을 만들어 낼 것이고, 정책선거가 될 수 없음은 자명한 이치이다. 따라서 국민이 공감하는 지역인재를 바르게 충원할 수 있는 제도적 장치를 마련해야 함은 물론 정책적 차이를 중심으로 건전하게 정책선거로의 경쟁이 이루어져 그 후보자들이 국민에게 선택 · 평가받을 수 있게 해주어야 한다.

(충청투데이 2016.2.5)

10

지방의회의 전문성 확보 : 의원보좌관제도[1]

I. 문제제기

1991년 지방의회의 재구성을 통해 부활한 우리의 지방자치제도는 그동안 25여년간의 노력이 있었음에도 불구하고 지방의회의 존재이유를 두고 볼 때 여전히 아직도 해결해야 할 많은 과제 속에 주민으로부터 만족할만한 수준에 이르지 못하고 있는 형편이다. 이는 우리의 지방의회 탄생배경이 철저히 주민과 유리되어서 구성된 측면이 있기 때문이라 볼 수 있다. 즉, 1950년대 지방의회는 주민의 필요에 의해서 이루어진 것이라기보다는 국가의 필요에 의해서 그것도 집권자의 정

1 본고는 필자의 연구논문(지방의회 의정활동 전문성 강화방안 · 정치/정보연구 14(2))을 참고하여 보완 정리한 것입니다.

권연장수단으로써 악용되었으며, 1991년의 재구성된 지방의회도 주민의 필요에 의해 구성되었기보다는 국가의 필요, 정확히 이야기하면 집권정치세력의 이해관계에 의해 구성되었다는 사실에서 그 태생적 한계를 찾아볼 수 있기 때문이다. 요컨대, 우리나라의 지방의회의 존재는 풀뿌리 민주주의를 담보하는 엥글로색슨(anglo-saxon)계의 지방자치제도, 주민자치(autonomie des citoyens)와는 거리가 있었다. 즉, 이는 지방자치 없이도 지방의회가 존재할 수 있고, 반대로 지방의회 없이도 지방자치의 존재가 가능하다는 철저한 국가위주의 지방행정수행방식의 발상으로 지방의회가 구성되었던 대륙계 단체자치(autonomie des collectivités)적 논리에서 비롯된 것이 아닌가 여겨진다(최진혁, 1999 : 56).

지방의회는 주민 가까이에서 주민들의 일상생활에 관련되는 문제(자치단체업무)에 대해 주민의 의사를 적극적으로 수렴하면서 지역사회의 의사결정체제에 충실히 반영하여 값싸고 양질의 의정서비스를 민주적인 장(대의제 민주정치)에서 주민에게 제공하려는데 그 존재가치를 찾을 수 있다. 그런데 이러한 존재가치가 빛을 발하고 지방의회가 성공적으로 뿌리내리기 위해서는 지방의회의 전문성 확보가 매우 중요한 과제임에 틀림없다. 그동안 우리나라 지방의회가 부정적인 평가를 받아온 이유 중의 하나는 지방의원의 전문성부족과 정책보좌인력의 부족에 따른 의정지원체계의 미흡에서 비롯된 것으로 조사되고 있다(지방자치학회, 2007 ; 서울특별시의회, 2009). 요컨대, 지방의원 개개인의 전문성부족과 제도적으로 지방의원에 대한 의정활동 보좌기능의 미비는 지방의회의 성공적 수행을 가로막는 장애요인으로 간주되고 있는 것이다. 지방의회 의정활동의 전문성 확보가 무엇보다 중요하게 대두되고 있는 이유는 바로 여기에 있다.

이러한 배경에서 본고는 지방의회 의정활동 전문성을 어떻게 하면 강화할 수 있을 것인가에 대한 답을 의원보좌관제도에서 찾고자 한다.

II. 지방의회의 의정활동 보좌인력(의원보좌관제도)의 논의 및 대안

1. 의원보좌관제의 논의

지방의회의 의정활동 보좌인력은 일반적으로 조직차원의 보좌인력과 개인차원의 보좌인력으로 구분하여 논의해 볼 수 있다. 조직차원의 보좌인력은 위원회, 정책연구실 등으로 의원이 접수한 의안을 조사·연구하고 필요한 정보를 수집하기 위하여 매스미디어, 정기간행물, 관계논문, 법률 등의 검토를 통해 의원에게 의견을 제시하고 필요한 사항에 대한 자문을 행하는 것을 상기해 볼 수 있다. 개인차원의 보좌인력은 의원 개인에 대해 의정활동에 도움을 줄 수 있는 보좌역으로 예를 들면 입법자료조사원이 해당하는데 그의 역할은 보통 정책보좌, 정무(지역)보좌, 사무보좌로 구분할 수 있다. 정책보좌제도는 의원의 정책활동에 대한 지원과 조사를 수행하는 것으로 자료나 기사의 수집, 스크랩정리를 하거나 예산관련 혹은 시정질의와 관련된 자료를 수집·정리하는 업무, 문헌조사, 보고서 작성, 정책논의를 위한 회의 준비업무를 행하는 보좌역할이고, 지역보좌는 지역의 민원을 접수하거나 청취하여 의원에게 전달하거나 민원현장을 직접 확인 점검하는 업무를 의미한다. 사무보좌는 의원의 일정관리, 방문객안내, 의원홍보 및 홈페이지관리, 문서작성, 복사, 우편물관리 등을 들 수 있다(서울특별시의회, 2010 : 74).

<그림1> 지방의회 의정활동 보좌인력(보좌관제도)의 논의틀

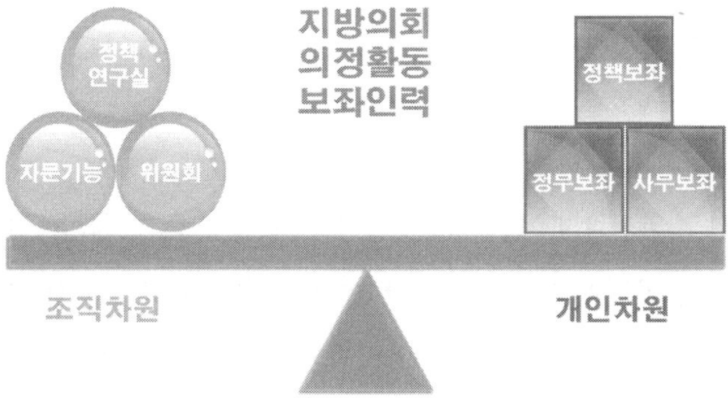

2. 외국사례

미국의 지방의회는 각 지방의 상황에 따라 의원들의 전문성을 보좌하기 위해 개인보좌인력이나 공동보좌, 그리고 의회사무처의 전문가 등의 다양한 보좌인력을 지원하고 있다. 예를들면 뉴욕시의회의 직원은 의원과 의원 개인보좌인력, 위원회 담당직원, 그리고 의회서비스 담당직원으로 구분하여 운영하고 있다. 뉴욕시 의원들의 입법활동을 지원하기 위해서 조직적 차원으로 각종 위원회와 입법사무부(Legislative Document)를 활용하고 있으며, 개인적 차원으로 의원의 운영자금내에서 활용 가능한 개인보좌제도를 운영하고 있다(최진혁, 2011 : 293-295). 프랑스 지방의회 역시 의원들의 임무를 수행함에 있어 필요한 수단을 보장해 주는데, 전문적 보좌인력을 조직과 개인차원에서 제공받고 있다. 예를 들어 파리시의회는 의원 수당의 계산 및 지급, 6개 정치적 단체로 배분된 163명 의원(그중 33명은 보좌관)의 처분에 따른 인적자원을 활용할 수 있게 하고 있다(www.paris.fr). 현재 파리시장은 21명의 보좌관과 함께 분야별 전문가의 도움을 받아 업무를 수행하고 있다(www.paris.fr 2016.4.5).[2]

3. 대안

상기의 논의시각에 따라 지방의회 의정활동을 조직적으로 아니면 개인적으로 접근해야 할 것인가에 대한 사회적 합의를 이끌어내는 공론화가 필요할 것으로 보인다. 다만 지방의회의 조직적, 개인적 보좌인력을 준비해야 하는 차원에서 우선 현행 지방의회 위원회의 의사진행 활동 및 의사진행을 보다 효율적으로 보좌할 수 있도록 전문위원제도의 적절한 개선조치가 뒤따라야 할 것이며,[3] 장기적으로 의원보좌관제의 도입을 다음과 같이 긍정적으로 검토해야 할 것이다. 왜냐하면 복잡다변화되는 지역사회문제를 의원 개인이 모두 해결해줄 수 있는 전능한 전문지식과 활용지식을 갖추고 있다고 보기 어렵기 때문이다.

첫째, 조직차원에서 의장소속 하에 '전문보좌기관'의 설치를 고려할 수 있다.[4] 국회에서 국회의장 소속하에 '예산정책처', '입법조사처'

2 파리시장의 측근에서 보좌하는 각 분야 보좌관(9명)과 일반보좌관(16명)이 각 분야별 전문적 식견으로 보좌하고 있다. 즉, 인사관리와 공공서비스분야, 법률, 비종교성분야, 예술분야, 국제관계분야, 소통과 언론관계분야, 예산 · 재정분야, 지속가능한 개발 · 환경분야, 예방대책 · 안전분야, 국회와의 관계에서 정치적 조언을 받고 있다. 또 한편으로는 주거, 일자리창출, 도시정책, 에너지, 수자원관리, 쓰레기, 청결문제, 유아보호, 차별척결, 양성평등, 교통, 교육, 장애문제, 경제발전, 지방민주주의, 공동체 연대적 삶 등에 관하여 자문을 받고 있다 (www.paris.fr 2016.4.5).

3 전문위원 자격기준 강화 및 비상임전문위원 활용, 전문가 채용이 가능한 인력충원시스템의 구축 모색 ; 지방의회가 주도적으로 전문위원의 요건을 선정하고 지방자치단체의 조례로 규정하여 전문성제고 ; 전문위원의 개방직화, 전문계약직제 활용(최진혁, 2011 : 312-313).

4 특히 전문보좌기관을 의장 직속으로 두는 것은 집행기관과 밀접한 관계를 가질 수 있는 의회사무기구의 장의 영향력을 차단하기 위한 것이다. 우리나라 국회의 '예산정책처', '입법조사처'도 사무총장 소속

를 설치하여 운영하는 것과 같이 의회별로 입법 및 정책을 전문적으로 지원하는 부서를 의장 직속으로 설치하도록 한다. 각 상임위가 필요로 하는 분야의 전문가로 충원하되, 상임위원회별 의정활동에 필요한 입법 및 정책연구를 분담하도록 한다. 충원된 전문가는 지방의회의 전체 수준에서 의원의 의정활동을 위한 입법, 정책연구 등 전문적 연구를 포괄적으로 지원한다.

둘째, 보좌인턴제 도입을 고려할 수 있다. 실제 유급보좌관제를 실시하는 것이 지방의회의 정책보좌기능을 활성화하는데 가장 큰 효과적일 것이나, 당장 시행하기 어려울 경우 단기적으로 국회에서 실시하는 것과 같은 보좌인턴제를 시행하는 방법이 바람직할 것이다.

셋째, 공동보좌관제의 도입을 고려할 수 있다. 개인보좌관제가 어려울 경우 보좌관 1인이 여러 의원을 보좌하는 행태의 공동보좌관제를 신설하는 방안을 모색할 수 있다. 이 제도는 1명의 보좌관이 2-3명의 의원을 보좌하도록 할당하는데, 의원 공동으로 보좌관을 효과적으로 활용하기 위해 가급적 동일한 상임위원회의원 소속의원들에 배속하는 것이 효과적일 것이다.

넷째, 장기적으로 의원개인별 보좌관제의 도입을 고려할 수 있다. 광역의회의 경우 보좌관을 별정직으로 충원할 수 있도록 하고, 정치적 영향력을 불식시키기 위해 일정 수준의 자격을 갖춘 인재를 임용할 수 있도록 제도화할 필요가 있다. 현재 국회의원의 보좌관 같이 광역지방의원 개인별로 유급의 (가칭)정책보좌관을 도입하며 별정직 5급

이 아닌 국회의장 직속으로 설치되어 있으며, 이는 정당출신인 사무총장의 영향이 미치지 못하도록 한 것이다.

으로 보할 수 있도록 한다. 이처럼 본 제도를 도입할 경우 지방자치법 제32조에 새로운 항을 신설하여 정책보좌관직을 규정하도록 한다.[5]

(공공정책 2016.4.5.)

5 '지방자치법'에 지방의회 의정활동을 지원하기 위한 '정책연구지원인력'을 둘 수 있도록 규정한다. 조직적 차원에서도 검토한다면 그 근거규정을 다음과 같이 마련할 수 있다. -시 · 도 광역의회 및 인구 50만명이상 대도시 : 위원회에 두는 전문위원 정수 기준을 준용하여 배치한다. -인구 50만명 이하 도시 : 1인을 둔다.

11

정책선거로의 6.4지방선거(민선6기)의 방향[1]

I. 서론

지난 2010년 6 · 2지방선거(민선5기)는 2006년 5.31 지방선거(민선4기)에서 시작된 매니페스토(manifesto)에 의한 정책선거를 진일보시킬 수 있는 기회였다. 그러나 여전히 '대선의 전초전' 내지 '현 정부에 대한 중간평가' 또는 '중앙정당의 대리전'으로 치러지다 보니 지방선거가 지니는 주민의 일상생활과 밀접한 관련이 있는 지역현안과제를 정책적으로 판단해 볼 수 있는 그런 선거와는 거리가 멀었었다. 이번 2014년 6.4지방선거는 우리사회의 총체적 부조리와 문제점을 민낯으로 보여

1 본고는 필자의 한국행정학회 발표논문(2012, 하계학술대회)을 수정보완하여 정리하였음을 밝힙니다.

준 세월호 참사사건으로 정부의 무능함이 부각되는 상황으로 전개됨으로써 역시 지방선거가 정부여당에 대한 평가, 정권심판적인 성격으로 흐를 가능성이 농후해졌으며, 이 사건이 장기화되는 과정에서 정치권이 선거운동을 중지할 수밖에 없었고, 그러다보니 지역문제를 정책화하여 주민들에게 소상히 알리는 소통의 시간을 충분히 가질 수 없었다. 따라서 지역문제를 논의할 수 있는 정책선거는 뒷전으로 밀리고 있는 형국이다. 이러한 상황에서 지방자치는 여전히 중앙정치에 예속되어 반자치적으로 운영될 수밖에 없고, 정책실종에 따른 무책임 정치가 자행할 수밖에 없는 노릇이다. 따라서 지방자치가 지역의 문제를 정책화하지 못한 채, 주민의 진정한 올바른 선택을 받아내지 못하는 지방선거로는 주민자치를 실현해 내는데 큰 장애요인으로 작용할 수밖에 없는 것이다.

요컨대, 그동안 우리 지방선거의 문제점은 지방선거에 정책화되어 있지 않은 중앙정당이 지나치게 개입해서 드러난 부작용이 자못 심각하다는데 있다. 정당민주화도 실현되지 못하고 정책정당으로서의 주민의 요구를 반영하지 못하는 미숙한 정당체제로 지방선거를 치렀던 것이다. 정당공천을 둘러싼 비리와 잡음은 당선 후 단체장과 의원의 지방공직 부패로 연결되고, 지역감정의 조장과 지역주의의 고착화를 야기하였고, 주민들은 정치에 불신의 벽을 높게 쌓게 하였던 것이다. 그런 배경에서 지난 대선(2012.12.19)을 앞두고 박근혜 새누리당후보와 민주당 문재인 후보는 기초선거에 정당공천배제를 공약으로 내세웠고, 6.4지방선거(민선6기)를 앞두고 그 약속을 다시 철회하려는 정치권(새누리당)의 논리에 명목상이나마 반대진영에 갇혀 새정치민주연합을 만들어 내었으나 그 약속을 지켜내지 못하고 여전히 과거정치의 틀에서 벗어나지 못하는 형국이다.

또한 교육의 정치적 중립성을 강조하여 정당이 배제된 상태에서 치른 교육감 선거의 경우도 정책과 공약 중심의 경쟁은 기대할 수 없었고 색깔론과 상호비방전으로 얼룩지면서 유권자의 불신과 회의만 증폭시켰다. 결국, 교육감 및 교육의원선거는 누가 누군지 모른 채 마구잡이로 찍는 이른바 '묻지마 투표' 혹은 후보 이름 게재 순서를 정당순서로 착각해 찍는 '일자 투표' 내지 '로또 투표'가 되었다는 평가다. 따라서 선거결과는 투표율에 상관없이 교육민의는 왜곡될 수밖에 없었고, 정책선거와는 상관없는 교육감직선을 통한 교육자치는 주민의 불신과 비대표성을 안고 출발하는 근본적인 문제에 직면하게 되었다.

이러한 배경에서 본고는 과거 지방선거가 지역 정치구조가 특정정당에 독점되면서 지역주의선거행태 속에 철저히 중앙당 대리전으로 치러진 문제점을 정책선거가 되지 못하는 이유에서 찾을 수 있다고 보아 이를 개선할 노력으로서의 6.4지방선거에서 정책선거의 방향을 제시하고자 한다.

II. 정책선거와 관련한 이론적 논의

1. 정책선거와 매니페스토(Manifesto)의 의의

민주주의는 선거에서부터 시작되고 선거를 어떻게 치르냐에 따라 민주주의 체제의 정당성과 효율성이 다르게 나타난다. 일반적으로 그동안 우리나라 선거제도는 공명정대한 선거를 확립하기 위하여 불법과 타락선거를 방지하기 위한 제도적 장치마련에 노력하여 왔다. 이제 이와 더불어 유권자가 후보자를 바르게 선택할 수 있도록 정당을 중심으로 정책선거와 책임정치를 강화해나가는 실질적 대의민주주의의 구축이 필요한 시점이라고 할 수 있다. 정책선거는 정당이나 후보자가 쌓아온 경력과 능력, 그리고 앞으로의 국정운영에 대한 비전 등 자신의 정견과 정책을 중심으로 상대 후보자와 경쟁하는 형태의 선거를 의미한다(박명호, 2003 : 217 ; 이동윤, 2010 : 105). 여기에서 각 정당들이 후보자를 잘 선택하고 유권자들에게 정당이 선택한 후보자들을 잘 판단할 수 있도록 정책을 통한 선거경쟁을 이끌어내고, 선거이후 정책이행에 대한 유권자의 심판을 이끌어내는 책임정치를 유도해내야 하는 이유가 바로 여기에 있다. 여기에서 우리는 매니페스토의 중요성을 알게 되는 것이다. 매니페스토는 '증거(물)'을 의미하는 라틴어 마니페스투스(manifestus)를 어원으로 하는 것으로 "정당이 선거이후 정권을 담당할 경우 반드시 입법화하겠다고 약속한 정책개요를 공식적으로 문서화하여 선거기간 중 공표하는 국민에 대한 서약"으로서 오늘날 "정당이나 후보자가 선거에 임하여 집권 이후 어떤 정책을 수행할 것인가를 유권자들에게 공식적·직접적으로 표명하는 문서"로 이해된다(Robertson, 1976 : 72 ; 조진만, 2008 : 114 ; 이동윤, 2010 : 105). 결국 매니페스토는 정당과 후보자의 정책공약을 포괄적으로 지칭하지만 일반적인 공약과 다른 점은 선거공약의 목표치를 보다 구체적으로 명시하고, 이러한 목표를 실현하기 위한 재정적 근거와 로드맵을 체계적으로 제시해야 한다는 것이다(이현출, 2006 ; 최준영, 2007 ; 이동윤, 2010).

2. 이론적 논의의 틀

이번 6.4선거에서 정책선거의 체계를 정립해야 한다는 명제 하에 다음과 같은 차원에서 논의를 전개하고자 한다. 즉, 책임정치를 실현해 낼 수 있는 기제로서의 정당의 역할을 재조명해야 하고(정당 차원), 후보자의 정책선거에 대한 적극적인 자세와 사명감이 필요할 것이며(후보자 차원), 유권자의 정책선거에 대한 바른 이해와 함께 현명한 판단과 선택을 할 수 있어야 할 것이고(유권자 차원), 이러한 여건이 조성될 수 있도록 지원과 협력을 해 줄 수 있는 시민단체의 역할이 논의되어질 때 가능하다고 할 것이다(시민단체 차원). 즉, 정책선거의 체계정립은 다음과 같은 논의를 근간으로 설정되어야 할 것으로 본다(그림1 참조).

① 정당은 그 지역문제를 정확히 파악할 수 있는 전문성 있는 조직체계를 준비해야 하고, 정책선거를 담보해 낼 수 있는 선거법을 준비하고, 정책선거제도를 정착시키기 위한 노력을 경주해야 한다(정당 차원).

② 후보자는 지역문제를 제대로 분석 · 평가하여 이를 정책화하고 선거운동에서 이를 밝힐 수 있는 선거운영능력을 높일 수 있는 전문성을 제고하는데 있다(후보자 차원).

③ 유권자는 정책선거에 대한 바른 이해를 기초로 지역문제를 바르게 정책화하여 준비한 정당과 후보자를 선택할 수 있는 역량있는 주민으로서의 지위를 부여해야 한다(유권자 차원).

④ 정책선거가 실현될 수 있는 시민사회의 여건을 조성해 줄 수 있는 시민단체의 지원과 협력을 모색해 볼 수 있다(시민단체 차원).

<그림1> 논의의 틀 : 정책선거의 체계정립

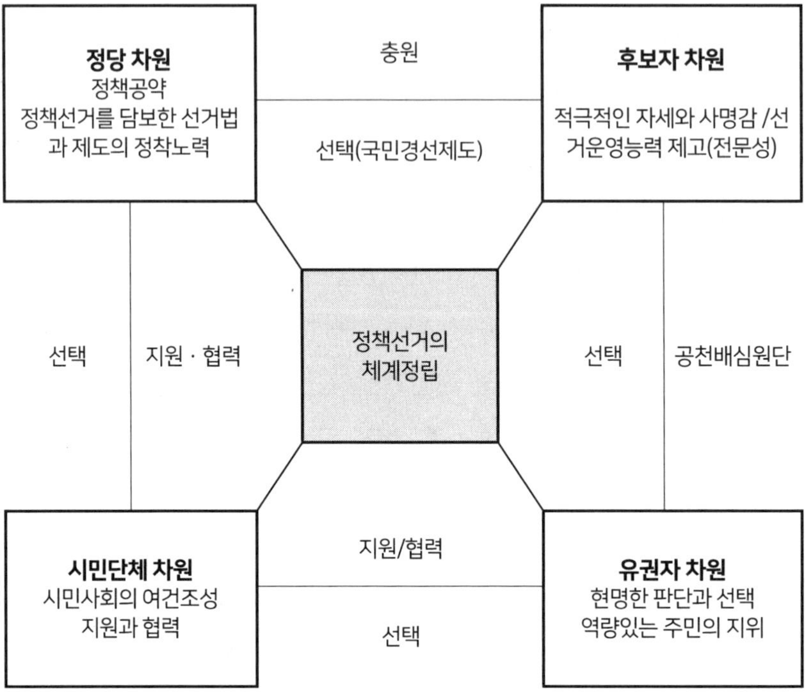

III. 정책선거의 정립방안

지방선거는 지역의 일꾼, 즉, 자치단체장(특별시 · 광역시장, 도지사, 시장, 군수, 자치구청장)(교육감), 지방의회의원을 뽑는 일이다. 대의민주주의 하에서는 주민(유권자)들에게 이들의 선택을 도와주기 위해 정치권력을 장악하려 하는 정당을 필요로 하게 되는 것이고, 정당은 지역의 문제와 비전을 정책의 형태로 구체화시켜 주민(유권자)들의 지지를 얻어내야 하는 것이다. 특히 지방자치 하에서의 자치단체장과 지방의회의원은 지역주민들의 일상생활과 밀접한 생활관련 지역현안을 지방정책으로 전환시켜 주민의 삶의 질을 제고시켜나가는데 온 힘을 경주해야 하는 것이다. 이런 배경에서 민선6기를 맞이하는 6.4지방선거(2014년)가 정책선거가 되기 위해서는 다음과 같은 점에 유의할 필요가 있을 것이다.

1. 정당중심의 책임정치의 강화

2014년 6.4지방선거를 정당관여배제로 하자는 논의가 정치권의 이해관계 속에 무산되고 정당이 관여하는 선거로 재확인되면서 이제야말로 유권자가 정당별로 정책적 내용을 숙지하여 바르게 선택할 수 있도록 하여 정당중심의 책임정치를 강화하는 실질적 민주주의를 구축해야 할 때라고 본다. 그동안 선거에서 나타난 주민들의 불신 내지 회의를 극복하기 위해서는 정당들이 정책적 차이를 중심으로 건전하게 정책선거로의 경쟁이 이루어져 그들 후보자들이 주민에게 선택받을 수 있게 하여야 하고, 선거이후 정당과 그 정당이 선택한 후보자의 정책이행정도를 주민들의 준엄한 평가를 통해 심판하는 제도적 장치를 강화하여 책임정치를 정착시켜야 한다. 그러기 위해 최소한 다음과 같은 조건이 충족되어야 한다. 즉, 정책선거를 담보한 선거법과 제도의 정착, 정치권(정당)의 정책선거 착근에의 의지와 태도, 후보자의 양심적인 자세와 사명감, 유권자의 현명한 판단과 선택, 그리고 시민단체의 지원과 협력이다.

2. 정당민주화의 실현

지방선거에서 정당은 지역정치구조를 특정정당에 독점화시켜 토착비리와 지역주의를 재생산하고, 건전한 지방자치를 저해하는 주요 원인이 되고 있는 것으로 비판받고 있다. 따라서 지방선거에 정당을 배제시켜야 한다는 논리가 있음에도 불구하고 지방선거에 정당이 참여해야 한다면 바람직한 역할수행을 위하여 전제조건으로 정당민주화를 실현해 내는 일이 무엇보다 중요하다 할 것이다. 따라서 후보의 선출이 지방차원에서 자율적으로 결정될 수 있도록 하고 중앙당의 개입을 최소화하는 후보선출시스템을 작동하여야 한다. 이 과정에서 지역의 문제와 미래비전을 담은 정책을 개발하여 후보자들간의 토론회를 거쳐 가장 잘 이해하고 있고 선명한 정책대결이 가능한 후보자를 선출해 내도록 해야 한다. 지방정치의 충원 기회와 선택 · 운영의 효율성을 제고시키기 위한 방안으로서 정책문제를 크게 강화시켜야 하는 이유이다.

이런 면에서 정당이 공천 취지에 맞는 후보자의 기준을 명확히 제시하여 비리를 차단하고 책임정치를 실현하는 순기능 역할 증대 방안을 제시하면서 지방자치의 취지에 맞는 당헌 · 당규를 전제로 지방당의 자율적인 후보 선출이 되도록 해야 할 것이다.[2] 이 과정에서 지역의 문제를 해결하고 미래의 비전을 담아낼 수 있는 정책토론회를 통한 정책공약을 만들어내는 시스템을 구축해야 할 것이다. 그리고 정당의 실정(정책 실패)에 대한 책임을 물을 수 있는 근거가 되도록 평가체계 역시 구축해야 할 것이다.

---

2 유권자들의 보다 신중한 선택과 정당 사이의 공정한 경쟁을 유도할 필요에서 공천제도 보완 / 공천과정을 합리적이고 투명하게 하는 제도적 보완이 필요하다(사회통합위, 2010).- 민주적 경선절차(경선 프라이머리, 여론조사, 선거관리위원회 대행 등)를 당헌 · 당규에 명시할 것 - 공천배심원제, 후보선정위원회의 시행대상 선정 기준·요건에 대한 명확한 규정화 필요- 지역구 국회의원의 과도한 개입을 제한하는 제도적 장치 마련

3. 매니페스토의 실천 강화 / 후보자의 정책공약이행 평가 / 유권자 의식제고

지역주민(유권자)들이 필요로 하는 매니페스토 선거운동을 실천해 나가야 한다. 매니페스토 운동은 정당과 유권자간의 문서적 계약을 토대로 책임정치를 강화해 나가겠다는 취지로 시작된 것이다. 따라서 정당의 정책적 입장과 우선순위를 유권자에게 알려주고 유권자의 정책적 선택을 도와줄 수 있도록 정책내용을 개발해 나가도록 해야 할 것이며, 당선된 이후 정당이나 후보자가 매니페스토의 정책내용을 과연 얼마나 충실하게 이행하였는가에 대한 평가체계를 구축해야 할 것이다. 그럼으로써 주민(유권자)에게 책임을 다하는 책임정치의 본을 보여야 할 것이다. 그럼으로써 유권자는 지역문제를 정책화하여 우리 지역을 진정으로 잘 파악하여 현실가능한 정책을 입안하여 실현하고자 하는 후보자를 잘 선택할 수 있게 되는 것이다. 또 그렇게 진행되는 분위기가 유권자의 의식을 제고해 나가는 일환으로 발전할 수 있고, 그러한 의식은 또 다른 한편으로 현명한 판단을 통하여 정치권에 횡행하는 꼼수정치를 사라지게 하는 등 정치권을 정화시키는 작용을 하게 하여 결국 유권자의 지위를 강화시키게 된다. 한편 언론은 정당이 매니페스토의 내용과 형성과정을 선거과정에서 자세히 보도하고, 그 문제점을 지적하는가 하면 후보자들이 내걸고 있는 정책문제 등도 같은 배경에서 진단하여 보도함으로써 매니페스토 운동의 촉매제 역할을 수행할 수 있을 것이다.

4. 시민단체간의 협력과 지원

지역시민단체는 주민조직과 지원 네트워크 구축과 활동을 전개하면서 지역의 미래에 대한 비전과 정책, 사업들을 주민들이 적극적으로 개진하게 하고, 이의 수용과 정책화 과정을 도와주어야 한다. 일반적으로 주민을 위한 자치행정이 되기 위해서는 자기 자치단체에서 행하는 사무에 대해 정보를 알아야 하며, 그리고 그들에 관계되는 정책결정에 의견을 개진할 수 있어야 하는 것인데, 이를 위해 시민단체가 주민의 의견을 결집시켜 정책결정에 도움을 줄 수 있도록 해 주어야 한다. 이는 지방민주주의의 가장 중요한 원칙으로 행정행위의 투명성 원칙과 지방정치에의 주민참여의 원칙을 의미하는 것이다. 따라서 지역시민단체는 주민과 지방자치단체간의 관계를 중시하는 지방정부 중심체제를 강화하는 방향에서 정당의 정책형성에 도움을 주도록 해야 한다. 그러기 위해서는 지역시민단체가 자발적 주민참여를 도모하기 위한 정책을 제공해야 한다. 지역시민단체 내부 참여관련 조직의 확충, 시민교육관련기구 및 제도의 확충 · 정비, 참여에 대한 구성원의 수용성 강화문제에 대한 고찰이 있어야 하는 이유는 여기에 있다(최진혁, 2005 : 136). 이를 기반으로 주민의 의사가 시민단체(NGO)를 경유하여 정당에 제시되어 정당(지역구위원장)이 이들의 의사(요구)를 취합하여 각 해당 정당의 정책으로 선거에 임하게 하여 유권자로부터 통제받는 체제를 구축해야 한다(최진혁 외, 2005 : 136)(<표 1> 참조).

<표1> 지역의사전달망(정책형성/결정단계)

시민 ↓	개별 의견
시민단체 ↓	의견취합 / 토의준비(문제에 대한 합의) 정책의제화(형성)
후보자 ↓	지역현안과제 도움요청(정보교환) 정책화 논의
정당 ↓	정책결정 · 집행
↓	정책결정 · 집행에 대한 통제 및 평가

참고문헌

이동윤. (2010). 정책선거와 매니페스토 운동 : 2010년 제5회 전국동시지방선거 평가. 「동서연구」 22(2) : 101-137.

이종수. (2010). "6.2지방선거 결과에 대한 평가와 향후의 과제분석", 사회통합위원회/한국 지방자치학회. 지방선거제도 이대로 좋은가? 지방선거제도 개선 제1차 기획토론회.

정명은, 이종수. (2008). "지방정부 정당구도가 지방의회 의정활동에 미치는 영향", 도시행정학보, 제21권 제1호, 25~48.

조진만. (2008). 한국매니페스토 정책선거의 과제와 제도적 개선방안. 「한국정당학회보」. 7(2) : 111-134

최진혁 외. (2005). 「자립적 지역발전모델」. 대영문화사.

최진혁. (2012). "지방선거에서 정책선거의 방향," 한국행정학회 하계학술대회발표논문.

황아란. (2010). "지방선거의 정당공천제와 중앙정치의 영향 : 제도적 요인과 개선방안", 제1차 토론회 6.2지방선거평가와 정당공천제의 실태와 개선방안. 사회통합위원회, 한국지방자치학회.

대통령자문 사회통합위원회.(2010). 사회통합과 지방자치 활성화를 위한 지방선거제도 개선 방안 도출

Robertson, David.(1976). *A Theory of Party Competition*, London : Wiley.

Courcelle-Labrousse Vincent, Vincent Isabelle. (1995). Gagnez les élection. Paris : First vie pratique.

(자치발전 2014.5.27.)

12

국민(주민)행복시대의 지방자치

I. 서론 : 문제제기

1995년 6.27지방선거를 통해 시작된 우리의 민선자치는 올해(2014년) 6.4지방선거를 통해 이젠 성장기라 할 수 있는 민선6기째로 접어들게 된다. 당시 중앙정치권의 이해관계 속에서 지방의회만 구성(1991년)해 놓은 '반쪽짜리 지방자치'에서 자치단체장을 우리 손으로 직접 선출하여 지역문제를 처리해 나가는 것이 진정 우리가 바라는 민선자치임을 항변하게 하였던 것이다. 그러나 19년 동안의 민선자치경험은 자치단체장-의회의원을 주민직선만한다고 하여 얻어지는 것이 아님을 깨닫게 하였고, 자치단체의 역량(자치역량)과 민주시민으로서의 역량이 구비되어 있지 않고는 우리가 기대한 주민의 삶의 질이 제고되는 지방자치는 실현될 수 없다는 값진 교훈을 얻게 하였다. 따라서 박근혜정부는 그동안의 시행착오를 교훈삼아 이제야말로 주민행복과 지방발전을 실질적으로 이루어낼 수 있는 지방자치모델을 정립해야 함을 직시하고 있다. 지역주민이 행복해하는 자치에 비전을 두고 주민편익증진, 행정효율제고, 지방경쟁력 강화를 목표로 자치역량을 강화할 수 있는 지방분권정책 20개 과제를 추진하고 있다.[1] 이와 함께 박근혜정부는 '정부3.0'의 정부운영패러다임으로 '소통하는 투명한 정부', '일 잘하는 유능한 정부', '국민중심의 서비스 정부'를 실현하여 국민행복의 지방자치시대를 열어나가겠다고 하고 있다.[2] 즉, 박근혜정부는 그동안 우리의 지방자치는 자치역량의 미흡[3]으로 국민행복과 국가발전으로 이어지는 데는 한계가 있었다고 진단하고 지방분권 강화[4]와

---

1 20개 지방자치발전과제를 설정하여 추진하고 있다(지방자치발전위원회, 2013). 1. 강력한 지방분권 기조확립과 실천 : -자치사무와 국가사무의 구분체계정비, -중앙권한 및 사무의 지방이양, -특별지방행정기관 정비, -국가와 지방자치단체의 협력체제 정립 2. 자치기반 확충 및 자율과 책임성 강화 : -지방재정 확충 및 건전성 강화, -지방선거제도 개선, -지방의회 활성화 및 책임성 제고, -지방자치단체 평가제도 개선, -지방자치단체간 행정협력체제 정립 3. 주민중심 생활자치 · 근린자치 실현 : -자치경찰제도 도입, -교육자치와 지방자치 통합, -읍면동 주민자치회 도입, -지자체간 행정구역 경계조정 제도개선, -주민직접참여제도 강화, -지방자치단체 소규모 읍면동 통합 4. 미래지향적 지방행정체제 구축 -특별 · 광역시 자치구 · 군의 지위 및 기능 개편, -대도시 특례제도 개선, -지방자치단체 기관구성형태 다양화, -도의 지위 및 기능 재정립, -시군구 통합 및 통합지자체 특례발굴

2 '정부 3.0'의 명칭은 '정부1.0', '정부2.0'의 연장선상에서 비롯되는 것으로 국민에게 일방적으로 정보를 제공하던 정부운영방식을 '정부 1.0'으로 보고, 그보다 진전된 정부와 국민간에 쌍방향 소통이 가능해진 정부운영방식을 '정부 2.0'으로 칭하면서 보다 획기적인 국민중심의 서비스를 지향하기 위한 차원에서 제기되었다. 따라서 그동안 정부1.0, 2.0의 운영방식에서 비롯된 문제점을 극복해나가고 새로운 환경에 대처해가는 과정에서 이제 정부는 국민에게 공공정보를 적극적으로 개방하고 공유하며 부처간의 칸막이를 없애 소통과 협력이 원활히 이루어지도록 함으로써 국민 개개인에게 맞춤형 행정서비스를 제공하는 동시에 일자리 창출을 통해 지역경제활성화에 기여하도록 진화한 유능한 정부운영방식을 추구하고자 하는 것으로 이해할 수 있다(최진혁, 2013).

3 권한과 자율성 미흡 : 사무구분체계 모호, 중앙중심 사무배분, 중앙의존형 지방재정구조 ; 책임성 결여 : 방만한 재정운영, 선심성 사업추진, 폐쇄적 인사운용 ; 고비용 · 저효율의 지방행정체제 지속 : 급속한 환경변화에도 행정체제 불변

4 강력한 지방분권추진체계 구축, 중앙권한의 지방이양 적극 추진, 핵심 지방분권과제<특행기관 정비, 자치경찰제도 도입 등> 추진, 생산적 지방자치를 위한 제도개선<지방의회 활성화, 중앙-지방협력회의 등>

지방재정확충 및 건전성 강화정책[5]을 국정과제로 추진하고자 하고 있는 것이다.

그 배경에는 우리의 지방자치의 진화과정의 산물에서 비롯되고 있는 것이다. 즉, 초창기 지방자치(민선1기-2기)는 지방자치단체의 자율성을 강조하는데 급급하였고 그러다보니 중앙정부와 마찰을 불러일으켰고, 여기에서 자치단체의 자율적 권한(자치권)의 확대를 요구하게 되었다. 그러나 자율적 권한만으로 지방자치의 완성도가 미흡한 관계로 자치단체의 책임이 강조되기 시작하였다(민선3기-4기). 그러나 여전히 중앙지방간의 협력문제가 제대로 수행되지 않자 협력을 강조하는 목소리가 나오기 시작하였다(민선5기). 여기까지는 자치단체의 제도적 측면에서 지방자치의 틀을 만들어내는 과정이었다면 이제 민선6기는 그 제도가 만들어내는 서비스가 (아니 그 자치단체의 제반여건과 관계하여) 주민들에게 어떻게 만족과 기쁨을 줄 수 있는 것인지에 대한 소프트웨어적인 점이 부각되기 시작하였다고 보고 있기 때문이다.

이런 배경에서 박근혜정부는 지방자치를 통해 국민(주민)이 행복해하는 나라를 건설하겠다는 의지를 표명하고 있는 것인데, 과연 이를 실현하기 위해서는 어떠한 내용을 준비하고 추진해 나아가야 하는 것인지에 대한 담론을 제공해 보고자 한다.

5 지방자치단체의 자체재원 비중 확대, 지방재정조정제도 개선, 지방재정의 건전성 및 투명성 대폭 강화

II. 지방자치와 주민행복에 대한 이론적 배경

1. 지방자치와 주민행복

지방자치는 지역주민들이 그들의 일상생활에 관련된 사무를 국가(중앙정부)의 관여없이 그들의 의사와 책임 하에 스스로(또는 대표자를 통하여) 처리하게 하는 제도로 이해하고 있다. 이는 지방정부가 어떻게 하면 주민들에게 보다 양질의 행·재정서비스를 창출해 낼 수 있을까에 대한 물음에서 비롯되는 것으로 결국 지방자치는 생활자치행정으로서 (주민의 의견을 수렴하여) 주민의 삶의 질을 높이는 정책을 개발하고 집행하여 결과적으로 주민행복을 제고하는데 그 궁극적 목적이 있다. 그러나 주민이 느끼는 행복수준은 매우 주관적이고 상대적인 까닭에 각 지방자치단체(지방정부)는 이에 부응하는 정책목표를 설정하고 평가하기 위한 노력을 수행하지 않을 수 없다. 그런 배경에서 각 지방자치단체는 주민의 삶의 질(행복) 수준을 측정할 수 있는 지표개발에 고심하고 있는 것이다. 과거 경제력 중심의 자치단체 경쟁력 지표가 물질적 풍요에서 이제는 인간의 참된 행복을 측정해야 한다는 논의에 이름에 따라 그동안 20여년의 경험을 쌓은 우리의 지방자치는 이제 지방정부가 제공하는 행·재정서비스가 어떻게 주민행복감을 만들어낼 수 있는 것인지에 대해 진지한 고민이 필요한 시점이 되었다.

2. 관계긴밀적 접근

여기에서는 지방자치와 주민행복은 밀접한 관계에 있다는 것을 전제로 논의를 전개하고자 한다. 왜냐하면 지방자치가 추구하고자 하는 것은 지방자치(행정)에 있어 주민의사의 우월적 가치를 인정하여 이들의 참여하에 지방정책을 결정 · 집행하고, 이 과정에서 주민이 원하는 행 · 재정서비스를 제공하고 그 결과에 대해 주민에 대한 행정책임을 보장하려는 민주성에 근간을 두는 것으로 이것이 뒷받침될 때 주민자존감을 찾을 수 있고 주민행복의 기초를 다질 수 있기 때문이다. 또한 지방자치단체가 정책을 집행해나감에 있어 (법령을 시행함에 있어) 모든 주민에게 공평하게 적용하여 지방정부정책의 신뢰를 제공하는 공정성에 기초하는 것으로 적어도 이것이 뒷받침될 때 주민행복을 생각할 수 있기 때문이다. 또한 정책집행에 있어 법령의 근거에 따라 주민의 실질적 권익을 보장하는 합법성에 기초를 두었을 때 주민들이 지방정부가 제공하는 행 · 재정서비스에 대한 만족도가 제고될 것이고 그에 따라 주민행복을 이야기할 수 있기 때문이다.

3. 주민행복의 개념

행복(happiness)의 사전적 의미는 "생활에서 충분한 만족과 기쁨(즐거움)을 느끼는 흐뭇한 상태", "심신욕구가 충족되어 만족감을 느끼는 정신상태" 등으로 정의되고 있다(국립국어연구원). 그런데 행복은 다의적인 개념으로 학자들마다 다양하게 정의하고 있으며, 행복을 보는 시각도 기준도 차이가 있다. 행복은 개인의 전체 삶에 대한 주관적인 감정과 평가로 정의되기도 하며(강원발전연구원, 2012 : 7), 삶의 질 또는 웰빙과 비슷한 의미로도 사용되고 있다. 이처럼 행복은 명확히 정의될 수 있는 것이 아니라 개인의 가치관이나 인생관, 개인의 기대수준, 환경에 따라서 달라질 수 있는 개념임을 유의해야 한다. 그러나 대체적으로 행복을 인간의 정신적 환경(심리적 상태)에 기초하여 주관적인 평가와 인지상태를 설명하려는 주관적 측면과 인간의 물리적 환경(객관적 여건)에 기초하여 객관적인 삶의 물리적 구성요소로 설명하려는 객관적 측면으로 풀이하고 있다. 전자는 삶에 대한 행복감, 만족감, 성취감 등으로 정의할 수 있고, 후자는 의식주, 건강, 성별, 연령, 소득, 교육, 보건 등으로 정의 할 수 있는 것이다(하동군, 2013 : 29).

본고에서는 주민행복은 주민이 느끼는 주관적 안녕(安寧)감(subjective well-being)으로 해석하여 해당 자치단체에서의 삶의 만족도가 중요하게 작용하는 개념으로 파악하고자 한다. 한편 주민의 삶의 만족도가 자치단체가 제공해 주는 행·재정서비스에서만 이루어지는 개념이 아니지만 본고에서는 그렇게 한정하여 접근하고자 한다. 즉, 자치단체가 제공하는 행·재정서비스가 주민의 만족도를 높여주었다면 주민의 삶의 질은 높은 것으로 해석되어 주민행복감이 높을 것으로 풀이할 수 있다. 결국 주민행복은 (한정적으로 파악해 볼 때) 주민이 그 자치단체에서 제공되는 행·재정서비스에 대해 즐거움과 만족을 느끼는 상태로 정의할 수 있다. 주민행복과 주민의 삶의 질이 동일한 의미를 갖는 것으로 볼 수는 없지만 행복을 웰빙(well-being) 또는 삶의 질과 유사한 의미로 사용하고 있음을 알 수 있다(강원발전연구원, 2012 : 7).

4. 행복결정요인 : 행복지수[6]

지방자치단체의 주민의 행복을 측정하기 위한 지표체계 구성은 국가나 사회에 따라 동일하지 않다. 대체적으로 객관적 평가위주의 지표는 주민 개개인의 삶의 질보다는 경제나 사회환경에 대한 지표로 평가하려 하고 있으며, 주관적 평가위주의 지표는 주민들이 그들의 삶에서 경험한 삶의 질 개념에 기초하여 인식적인 요소에 비중을 두어 평가하고자 한다(강원발전연구원, 2012 : 8-9).

-객관적 차원 : 행복은 의식주, 건강, 성별, 연령소득, 교육, 보건, 여가 등 삶의 다양한 물리적 구성요소의 객관적 지표를 통해 파악되는 물질적 조건을 의미한다.

-주관적 차원 : 행복은 삶에 대한 행복감, 만족감, 자립감, 문화적 풍요로움, 안전, 스트레스의 부재 등 통상 안녕감(well-being)이라고 불리는 주관적 평가 및 인지상태를 의미한다.

이와 같이 지역주민들의 행복을 결정하는 요소들이 매우 다양하지만 본고는 하드웨어 측면과 소프트웨어 측면에서 물질적 요인과 정신적(주관적) 요인을 포함한 논의를 전개해 나가고자 한다(그림1 참조).

6 행복지수 : 자신이 얼마나 행복한가를 스스로 측정하는 지수이다. 영국의 심리학자 로스웰(Rothwell)과 인생상담사 코언(Cohen)이 만들어 2002년 발표한 행복공식을 말한다. 이들은 18년 동안 1,000명의 남녀를 대상으로 80가지 상황 속에서 자신들을 더 행복하게 만드는 5가지 상황을 고르게 하는 실험을 하였다. 그 결과 '행복은 인생관·적응력·유연성 등 개인적 특성을 나타내는 P(personal), 건강·돈·인간관계 등 생존조건을 가리키는 E(existence), 야망·자존심·기대·유머 등 고차원 상태를 의미하는 H(higher order) 등 3가지 요소에 의해 결정된다'고 주장하였다. 이들은 3요소 중에서도 생존조건인 E가 개인적 특성인 P보다 5배 더 중요하고, 고차원 상태인 H는 P보다 3배 더 중요한 것으로 판단하여 행복지수를 P+(5×E)+(3×H)로 공식화하였다(네이버 지식백과, 2014).

<그림1> 지방자치와 주민행복의 논의틀

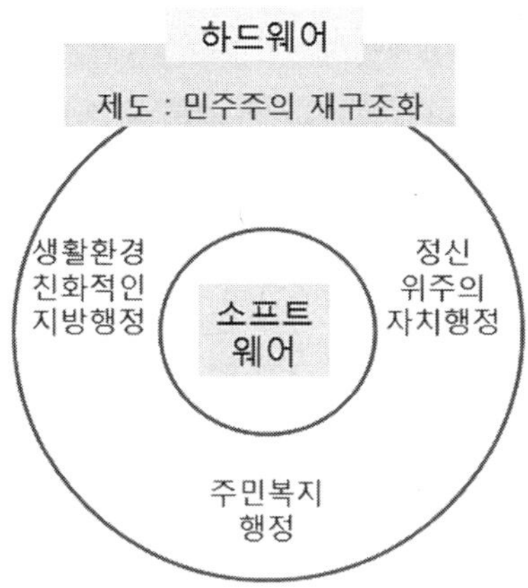

III. 주민행복을 위한 지방자치과제

그동안 우리나라의 지방자치는 민주주의를 지탱할 역량 내지 여건(민주주의 제도, 시민사회 성숙)이 구비되어 있지 않고서는 민주주의(주민참정) 수단으로서의 선거(주민참여)의 효과는 그리 크게 나타나지 않는다는 사실을 경험하였다. 같은 맥락에서 참여정부, MB정부가 추구한 지방분권도 물론 여러 측면에서 성과가 있었지만[7] 지방자치단체의 역량이 준비되어 있지 않은 상황에서는 지방자치의 성과를 기대할 수 없었다. 그런 상황에서 주민의 삶의 질을 제고할 수 있는 자치단체 행・재정서비스의 창출은 일정한 한계에 봉착할 수밖에 없었다. 따라서 21세기

7 2003년 지방분권특별법을 제정하고, 2006년 제주특별자치도를 도입하는 등 분권국가의 기반을 마련하였고, 2007년 총액인건비제를 도입하고 행정권한의 지방이양을 통하여 지방의 자율성을 강화하였고, 2004년 주민투표, 2005년 주민소송, 2007년 주민소환제를 도입하여 주민참여제도의 활성화를 기하였다는 점에서 성과로 기억될 수 있다.

대한민국의 지방자치는 하드웨어측면에서 자치적 분권을 강화한 지방자치단체의 정치 · 행정체제의 구축이라는 민주주의의 재구조화를 이루어내야 하고, 이를 바탕으로 소프트웨어적 측면에서 자치단체가 주민의 삶의 질을 제고시킬 수 있는 맞춤형 행 · 재정서비스를 제공해주어야 한다. 그런 배경에서 주민행복을 위한 지방자치는 일정한 한계내에서 다음과 같은 방향에서 그 구조와 내용을 설정해야 할 것이다.

1. 하드웨어적 측면

1) 민주주의의 재구조화 : 자치적 분권을 강화하는 지방자치단체의 정치 · 행정체제 구축

21세기 우리가 추구하려는 지방자치는 20세기 국가중심의 중앙집권적 논리에서 벗어나 주민의사의 우월적 가치를 인정하는 주민중심의 생활단위를 근간으로 지역주민이 행복해하는 자치가 효율적으로 작동되는 민주주의체제를 구축해야 한다. 대의제민주주의를 근간으로 시민편익을 증진해내어 시민의 삶의 질을 중시하는 직접민주주의를 보완해내는 그리하여 시민 모두가 공공이익을 위해 효과적으로 작동되는 지방분권적 정치 · 행정체제를 구축해야 한다.

우리나라의 지방자치의 논리가 국가의 단일성 체계 내에서 지방자치단체의 특색있는 발전과 다양성을 추구하려는 것이라면 국가와 지방자치단체의 논리가 동시에 작용하는 이중정치 · 행정체제를 모색하여야 할 것이다. 즉, 한편으로는 국가중심의 논리에서 지방행정을 수행하려는 고리가 있어야 할 것이고(분산행정/행정적 분권), 한편으로는 지방자치단체중심의 논리에서 해당지역의 사무를 자율과 책임 하에 지방행정을 수행하려는 틀을 만들어야 한다(분권행정/자치적 분권). 요컨대, 지방분권이라 해서 지방자치단체의 자율성과 책임성만을 강조하는 지방자치단체중심의 일방적인 분권이 되어서는 곤란하다. 따라서 국가와 지방자치단체가 주민과 시민사회와 함께하는 정치·행정적 통합적 분권을 이루어내야 할 것이다. 이를 통해 주민이 지방정치·행정공간에 자유롭게 의사개진을 통해 그들의 의견이 수렴되어 정책으로 입안되고 주민이 원하는 행·재정서비스를 창출할 수 있을 것이다. 따라서 주민의 생활정치행정이 작동될 수 있는 정치·행정적 통합적 분권체제가 원활히 가동되는 구조적 기제를 우선 만들어주어야 할 것이다.

이와 더불어 지방의 의사가 중앙에 전달되도록 하는 제도를 정치·행정적 측면에서 강구할 필요가 있다. 이러한 맥락에서 정치적 측면에서는 지방의원과 국회의원이 함께 국가의 문제와 지방의 문제를 상의할 수 있는 정치적 장을 마련해야 하고, 행정적 측면에서는 지방자치단체장의 국정참여방안이 모색되어야 한다. 같은 맥락에서 지방정부간 협력체제도 정치·행정적으로 연계가능한 장치를 모색할 수 있을 것이다. 여기에서 정치적 분권을 강화하는 차원에서 지역의 지방의회가 국회와의 연계성을 가지면서 지방행정을 펼쳐나갈 수 있는 제도적 장치를 보완해야 한다. 그런 차원에서 "생산적 지방자치, 통합적 국정관리, 고품질 주민서비스"를 통한 "주민행복의 지방자치" 모델을 구축해야 할 것이다. 이를 통해 주민편익을 증진시켜 지역민의 행복을 기반으로 한 지방의 발전과 국가의 발전이 선순환하는 지방자치의 틀을 만들어 갈 수 있을 것이다. 여기에서 지방주민의 의견수렴으로 결정된 정책이 중앙정부의 협력에 의해 지방정부의 정치 · 행정적 체제 인프라구축에 기여할 수 있을 것으로 본다.

2) 민주적 의사결정체계 구축 : 스마트거버넌스 체제구축

지방자치단체는 주민참여 속에 행 · 재정서비스를 함께 공동생산해 나가는 거버넌스체제를 확립해야 한다. 그런 배경에서 주민의 의사가 시민단체(정당, 학계, 언론, 각 사업공동체)를 경유하여 지방의회에 제시되어 지방자치단체장이 이들의 의사(요구)를 취합하여 자치단체의 지방행 · 재정정책으로 하여 집행하고 통제받는 체제를 구축해야 한다(최진혁, 2005 : 136)(<표1> 참조). 요컨대, 공공행 · 재정의 새로운 거버넌스는 시민의 눈높이에 합당한 것처럼 여겨져야 하는 것이다. 그런데 이렇게 하기 위해 지방행 · 재정거버넌스에 연계된 시선은 효과성과 창조성을 담은 프리즘에 의해 통과되어야 할 뿐만 아니라 공공서비스의 품질과 이들 서비스 앞에 형평성이라는 두 가지 목적에 연계되어야만 하는 것이다. 21세기 지방행 · 재정의 구축에 있어 성과, 영리함과 형평성을 동시에 추구해야 하는 스마트형 공공행 · 재정거버넌스의 틀을 마련해야 하는 이유는 바로 여기에 있다.

<표1> 민주적 의사결정체제(스마트형 공공행 · 재정거버넌스)

시민 시민단체, 정당, 학계, 언론, 각 사업공동체 지방의회	통합된 의견
↓	
자치단체장 집행부 공무원(집행기관)	의견취합
↓	
지방의회의원(의결기관)/지방재정위원회 (주민참여, 토의)	토의준비(문제에 대한 합의)
↓	
국회의원	건전 지방재정과제 도움요청(정보교환)
↓	
중앙부처(기획재정부, 행정안전부 등) 공무원	건전 지방재정과제 도움요청(정보교환)
↓	
자치단체장, 집행기관(지방재정국 · 예산담당관실)	의회 의사일정에 등재
↓	
지방의회	지방의회에서의 토론 및 의결
↓	
자치단체장, 해당 집행부(지방재정국 · 과 · 예산담당)	집행
↓	
자치단체장, 집행기관, 시민, 시민단체	집행에 대한 통제 및 평가

자료 : (최진혁외, 2005 : 136)

요컨대, 주민행복를 기치로 한 지방자치시대를 열어나가기 위해서는 시민과 시민단체, 지역공동체 등이 보다 역동적으로 참여할 수 있도록 해 주어야 하며, 더 나아가 보다 지혜롭고 영리함으로 행 · 재정활동을 영위하게 하는 전문가집단과 성숙한 주민의식으로 무장한 시민단체와 협력하는 창의적이고 영리한 거버넌스체제를 구축해야 한다. 따라서 예를 들면 그동안 적용해온 주민참여예산제도는 더욱 더 주민참여범위를 넓히는 것뿐만 아니라 이들의 의식제고를 위한 프로그램개발이 필요하고, 전문성을 갖춘 예산참여위원회를 구성하여 지자체의 행·재정활동의 창의성과 효과성을 견인해 낼 수 있도록 해야 한다(최진혁, 2012 : 93).

2. 소프트웨어 측면

1) 적극적인 주민복지행정

지방자치는 종래와 같이 지방선거를 통하여 기관의 자기선임을 실현하는 정치적 욕구의 충족에 그쳐서는 아니되며, 보다 적극적으로 주민복지를 증진하고 주민생활의 질을 향상시키는 실질적인 행정기능을 수행하는데 중점을 두어야 한다. 예를들면 다음과 같은 분야에 지방정부가 주민복지 프로그램을 가동해야 할 것이다.

(1) 주택복지 프로그램

주민들이 쾌적한 주거생활을 영위할 수 있는 권리를 충족시켜줄 수 있는 복지프로그램 일환으로 자치단체가 임대주택을 건설하여 필요한 주민들에게 제공해 줄 수 있도록 해야 한다. 정말 어려운 저소득층의 무주택자들에게 지방정부가 임대주택을 마련하여 공급해줄 수 있는 제도적 장치를 마련해야 한다. 이와 함께 주민의 안전을 책임져야 하는 경찰서, 아이들의 교육문제를 해결해줄 수 있는 학교 및 학원, 유치원, 주민의 건강과 여가를 활용하게 하는 병원, 공원 및 체육시설 등의 부대시설 등도 제공해 주어야 할 것이다.

(2) 노인복지 프로그램

자치단체는 노령화사회에 대비하여 노인들이 보람있는 여생을 영위할 수 있도록 프로그램을 개발해야 한다. 노인들의 여가활용문제, 일자리문제(소득보장), 사회심리적 문제, 이성과 성의 문제, 건강문제(의료보장) 등에 관심을 가지고 접근해야 한다. 따라서 자치단체는 취업을 알선해주고, 노인휴양시설, 노인대학운영, 노인사회봉사 활동단체의 결성, 노인복지센터 운영 등에 지원프로그램을 가동해야 할 것이다.

(3) 아동복지 프로그램

사회의 특별한 보호가 필요한 요보호아동 뿐만 아니라 모든 아동들이 가족 및 사회의 일원으로서 육체적 · 정신적으로 건강하게 성장할 수 있도록 보호 · 지원해주는 프로그램을 준비해야 한다. 생활보호대상 아동(결손가정아동, 소년소녀가장)에 대한 상담과 일자리제공, 자립지원 등의 정책을 가동해야 한다.

(4) 장애인복지 프로그램

자치단체는 장애인이 정상인과 같은 삶을 영위할 수 있도록 재활, 자활정책을 수립하여 지원해야 한다. 따라서 장애인의 직업교육, 취업을 알선해 주어야 한다. 의료, 교육, 직업적 재활을 통합적 서비스망으로 제공하여 장애인이 독립적 삶을 영위할 수 있도록 해주어야 할 것이다.

2) 정신위주의 자치행정

지방자치는 지역경제의 발전이나 물질적 부의 증진에 그쳐서는 안 되며, 보다 높은 차원의 정신적 가치와 공동체의식의 함양에 관심을 가져야 한다. 따라서 정신적 가치를 담아내고 있는 문화 · 예술분야의 프로그램을 개발하여 제공해줄 필요가 있다. 또한 공동체 삶의 중요성을 인지한 프로그램을 제공하여 선린적 이웃관계 속에 지역민의 공동체의식을 제고할 수 있도록 한다.

3) 생활환경친화적인 개발행정 / 친환경녹색도시의 건설

주민행복은 자치단체의 환경적 측면에서 오는 부분도 크기에 이에 대한 고려가 다음과 같은 분야에 있어야 할 것이다.

(1) 취약지역에의 공원조성

주민들이 현대생활에서 지친 심신을 쾌적한 환경에서 쉴 수 있게 하는 공간을 만들어주어야 한다. 따라서 자치단체는 관련단체와 협의하여 주민들의 거주지 3-5분 거리에 공원을 조성해 접근성을 용이하게 해주어야 한다. 특히 자치단체 내에 상대적으로 취약지역으로 구분된 지역이 있다면 그 지역부터 환경재생지역으로 탈바꿈시켜야 한다. 이는 도시환경을 쾌적하게 할 뿐만 아니라 취약지역의 발전을 도모해낼 수 있는 시너지효과를 가지게 되기 때문이다. 따라서 파리시의 예에서 보듯이 공원과 마을을 잇고, 만남의 장소를 제공하고 수로에 수생식물을 심어 무공해지대를 개발해 나가고, 시민의 접근이 가능한 넓은 초원을 제공하고 시민들의 놀이와 쾌적한 활동이 가능하도록 해주어야 할 것이다. 공원의 정원은 매우 다양한 생태환경으로 구성되어 생태적으로 관리되도록 하고, 수자원 관리도 생태학적으로 관리하도록 해야 할 것이다.

(2) 하수구 정리계획 : 공중정화서비스의 통합관리시스템구축

시민개개인의 건강과 안전에 영향을 미칠 수 있는 하수구 정리서비스가 필요하다. 특히 공중정화서비스의 통합관리시스템구축으로 주민들의 쾌적한 생활을 영위할 수 있도록 해 주어야 할 것이다. 아울러 물 사용량, 쓰레기량을 감축하도록 하는 지자체와 주민이 함께 공동서비스로 구현해내도록 하여야 할 것이다.

(3) 소음규제계획

시민의 쾌적한 삶 영역을 훼손시키는 주범으로서 소음에 대한 규제가 필요하다. 따라서 자치단체는 관계기관과 협력하여 소음감소를 위한 여러 정책들을 개발해 내고 지원을 아끼지 말아야 한다. 홍보도 강화하여 주민의 협조도 얻어내야 함은 물론이다. 예를들면 파리시가 단행한 차량속도제한으로 도로소음감소, 대중교통 촉진, 소음방지용 차도 활용, 음향격리, 녹색동(qurtiers verts / ex : Alésia-Tombe-Issoire)건설 등의 서비스가 그것이다(www.paris.fr 2014.4).

(4) 공기정화계획(plan climat)

주민들의 쾌적한 삶을 영위해 나갈 수 있도록 자치단체는 인접자치단체와 협력하여 공기정화계획을 수립해야 할 것이다. 예를 들면 서

울시는 도시민의 교통차량에 의한 배기가스, 미세먼지, 황사 등으로 서울시민의 건강에 위협을 받고 있다. 따라서 파리시가 2005년에 수립한 파리공기정화계획(le Plan Climat de Paris)과 같은 프로그램을 준비해야 한다.[8]

참고문헌

최진혁.(2013). 박근혜 정부 '정부3.0'의 이해 우정공무원강의안.
최진혁.(2012). "지방재정거버넌스 설계방안," 지방재정11-12, 한국지방재정공제회.
최진혁.(2010). "민선자치 15년 경험과 값진 교훈," 대전일보 칼럼.
최진혁외.(2005). 자립적 지역발전모델, 대영문화사.
최진혁.(2001). 지방자치단체 행정서비스에 대한 주민(시민)평가모델의 발전적 고찰, 사회과학연구 제12권 충남대학교 사회과학연구소.
황규선.(2012). 강원도 행복지수 작성을 위한 기초연구. 강원발전연구원.
대통령소속 지방자치발전위원회.(2013). 지방자치발전 비전과 실천과제.
대통령소속 지방분권촉진위원회.(2009). 지방분권 종합실행계획안.
대통령소속 지방분권촉진위원회.(2009). 2009 지방분권백서.
대통령소속 지방분권촉진위원회.(2010). 제1기 지방분권촉진위원회 지방분권백서.
하동군.(2013). 하동 행복지수 측정 및 비교연구, 중앙대학교 산학협력단.
www.paris.fr(2014.4.1 검색)
www.Dict.gouv.fr(2014. 4.1 검색)
네이버 지식백과(2014). 행복지수.

(자치의정 2014.4.11.)

8 2005년에 파리시는 이라는 이름으로 온실효과가스방출에 대한 억제책 계획을 만들었다. 이러한 고민에 따른 분석은 <파리기후계획의 백서>로 나타났다. 2007년 10월 1일 파리시의회에서 만장일치로 결정하였다. 2004년에 비해 2050년에 75%로 온실가스방출감소계획을 갖고 있다. 2020년에 계획한 내용은 다음과 같다. -가스방출량 30% 감소 -시읍면공원의 공공조명과 에너지소비 30%감축 -재생에너지로부터 발생한 에너지소비의 30% 감축(www.paris.fr 2014.4.1)

제3편 지방시대의 지방민주주의, 지방의회, 지방선거

13

국회의원과 지방자치

우리나라는 지역경쟁력이 국가발전을 좌우한다는 신념으로 그동안 획일적이고 집권적인 중앙정치 · 행정중심에서 탈피하여 지방의 다양성과 활력을 바탕으로 한 새로운 성장동력을 확보하기 위한 지방분권 정책에 노력을 경주하고 있다. 그러나 지방의 경쟁력을 이끌어내어 새 성장동력을 확보하기 위한 국정시스템(국회-지방의회 협력)의 미비로 지방분권을 통한 지역경쟁력을 국가경쟁력으로 이끌어내는데 실패하였다. 이제 자치적 분권을 실현해내는 지역발전을 이끌어내어 국가경쟁력을 제고할 수 있도록 국회의 새로운 패러다임을 설계해야 할 때이다.

그런 배경에서 국회의원은 국민주권에 기초한 국민대표자로서 우선 국정의 통합을 유지할 수 있는 지방분권화를 도모해야 한다. 전국 246개 지방정부에서 발생하는 정치 · 경제 · 사회 전반에 걸친 문제를 종합적으로 조정하여 국가경쟁력을 제고할 수 있는 시너지를 창출해야 하기 때문이다. 그런 맥락에서 지방행 · 재정 등을 총괄적으로 지원 · 관리하여 국정과 지방정치 · 행정을 통합 · 조정해내는데 도움을 줄 수 있는 국회, 국회의원이 되어야 한다. 그러기 위해서는 국가와 지방자치단체와의 관계가 국가의 통일성(단일성) 내에서 유기적인 협조 내지 연계성 있는 분권화를 만들어주어야 한다. 즉, 지역의 입법정책 문제를 비롯한 현안과제들을 국회의원과 지방의회의원이 함께 조율할 수 있는 제도적 장치가 마련되어야 한다. 지금과 같이 지방의원들이 해당 지역에서만 격리되어 활동할 수밖에 없고, 국회의원과 지역의 문제를 수평적인 관계에서 함께 논의할 수 없는 구도로서는 국정의 선진화를 도모하기 어렵기 때문이다.

이런 맥락에서 대한민국 국회는 "대한민국 공화국의 단방(단일)국가체제 내에서 통일성을 확보하고 각 지방자치단체의 다양성을 함께 존중해 나가야 하는 지방분권체제 안에서 중앙정부와 지방정부간의 원활한 협력관계가 보장되는 지방자치임"을 확인해 주어야 할 책무가 있다. 그런 배경에서 국회의원은 국가와 지역의 통합적 정치리더로서 해당지역 지방의회의원과 협력하여 지방자치단체의 국책사업을 국가발전의 원동력으로 이끌어낼 수 있도록 온 힘을 다하여야 한다.

따라서 국회의원은 진정한 지방자치를 실현해내기 위해 지방의회와 함께 국가의 의사와 지방의 의사가 서로 교차하여 논의할 수 있는 공간을 만들어 주어야 한다. 이는 국가의 의사가 수직적 내지 계서(階序)적으로 침투되는 행정관계영역과는 달리 수평적 정치관계 영역 안에 존재하게 하도록 하자는 것이다. 이를 통해 국정운영의 효율성을 증진시켜 지방의 발전과 국가의 발전이 선순환하는 실천적 지방자치의 틀을 만들어 국가경쟁력을 강화해 나갈 수 있을 것이기 때문이다.

(자치행정 2012. 3)

04

지방시대의 교육자치

01

진정한 지방교육자치 어떻게 해야 하나?

지방자치의 부활과 더불어 제기된 우리의 교육자치는 지방교육자치에 관한 법률을 제정하게 되었고(1991.3.6), 이에 근거하여 1991년 9월1일 각 시 · 도 교육위원회가 개원되어 운영되어오면서 교육행정의 주요기관인 교육감, 교육위원의 선거문제, 교육행정기관과 일반행정기관과의 관계설정 문제 등을 주요 내용으로 하는 법률개정을 거치면서 오늘에 이르고 있다. 그러나 학교운영위원들을 선거인단으로 한 간선제의 폐해를 주민직선제로 치유하고자 했던 교육감직선제가 주민들의 무관심과 전근대적인 투표행태(내 고향사람 밀어주기식 지역구도 팽배, 초등 · 중등 분열) 등으로 위기에 봉착하고 있다. 교육자치를 과연 이렇게 해야만 하는가에 대한 깊은 우려를 자아내기에 충분하다(부산의 경우 선거비용 175억, 투표율 15,3%). 요컨대, 주민직선제의 교육자치에도 불구하고 여전히 교육자치의 주체가 되는 교육 수혜자인 주민의 체감도는 매우 낮은 실정이다.

이는 지방자치, 교육자치가 누구의 필요에 의해 출현하였는가에 대한 질문으로 답을 얻을 수 있는 것이 아닌가 싶다. 우리나라의 지방자치는 주민이 필요에 의해서 실현된 것이 아니라 중앙의 정치인들이 그들의 이해관계 하에 정쟁차원의 소용돌이 속에서 이루어졌다는 점에서 진정한 지방자치를 실현해나가기에는 일정한 한계를 인정해야 했던 것처럼 우리의 교육자치도 교육의 주체가 되는 교사 또는 학생, 학부모(주민)의 자발적 참여에 의해 비롯된 것이 아니라 정치권의 이해관계 속에 위로부터의 운동으로 전개되었다는 점에서 그 한계를 지닐 수밖에 없는 것이다. 그럼에도 불구하고 오늘날 우리의 교육(행정)환경의 변화는 우리의 교육자치의 필요성을 더욱 가속화시키고 있으므로 적어도 교육분권의 틀을 갖출 수 있는 교육시스템을 구축해야 할 것으로 본다.

우선 국가의 입장에서 보면 그동안 정부수립 후 반세기에 가깝게 중앙집권방식에 의한 교육행정수행방식으로 길들여진 교육행정체제로는 더 이상 효율적인 교육행정을 산출할 수 없음을 인식하게 되었다는 사실이다. 따라서 중앙(교육과학기술부)에 집중되어 있는 권한과 기능은 점차 지방자치단체(교육청)로 이양하여야 하고, 그에 따라 지방자치단체의 자율권을 신장하고 책임행정을 강화하여야 한다. 그러기 위해서 교육과학기술부와 교육청간에 명확한 기능배분이 이루어져야 하겠고, 그에 따른 재원과 인력배분이 뒷받침되어야 할 것이다. 아울러 교육분권은 중앙정부(교육과학기술부), 광역교육청, 기초교육청의 연계성을 확보하는 차원에서 그 적정성이 모색되어야 한다. 왜냐하면 중앙정부의 지배논리가 너무 강해서도 안 되지만 지방(지역교육청)의 독립적 논리가 너무 강해서도 안 되기 때문이다. 따라서 중앙과 지방교육행정이 행정적, 정치적 차원에서 연계성 있는 제도를 강구할 필요가 있다.

다음으로 지방자치단체의 입장에서 보면 어떻게 하면 교육자치의 주체(수혜자)인 주민(교사, 학생, 학부모)에게 보다 값싸고 양질의 교육서비스를 제공할 수 있을 것인가를 고심하게 되었다는 점이다. 이는 지방정부가 시장경제의 논리에서 민간부문과의 경쟁을 할 수밖에 없는 상황하에 비롯된 것으로 교육행정업무의 질적 변화, 교육공무원의 전문화, 교육행정정비의 과학화, 지방정부의 경영합리화를 도모하게 될 것으로 보인다. 그런 배경에 일반행정기관에서 교육행정기관으로의 교육분권이 이루어져야 한다. 교육은 본질적으로 가치창조적 활동이기 때문에 외부의 간섭이나 통제로부터 벗어나야 하고, 특히 일반행정으로부터 분리되어 그 전문성을 보장받을 수 있어야 하기 때문이다. 그런가하면 교육행정은 일반행정과 연계하여 주민에게 통일된 행정의 효율성을 제공해 주어야 하는 측면도 있다. 그런 맥락에서 교육자치기관구성은 일반행정과 교육행정을 분리 속의 통합형태로 발전시켜 나가야 한다.

마지막으로 교육수요자(주민)의 입장에서 보면 주민들도 이제는 자기지역의 교육문제에 직접 참여하여 어떻게 하면 우리 아이들의 교육을 위해 우리의 권리와 의무를 다할 수 있을 것인가를 깊이 생각하게 되었다는 점이다. 즉, 집권화 방식의 운영에서 오는 주민의 소극적 자세를 지양하고 분권화를 통하여 주민의 민주화 훈련을 제고시키지 않을 수 없게 되었다는 점이다. 그런 배경에서 교육행정기관(교육청)에서 단위학교로의 분권이 이루어져야 한다. 교육자치란 교육활동의 이해당사자인 교사, 학생, 학부모가 교육활동을 자신들의 책임 하에 처리하는 것이라고 할 수 있기 때문에 교육활동이 이루어지고 있는 단위학교에서 교육행정관청의 간섭을 받지 아니하고 교육에 관하여 독자적인 의사결정을 할 수 있는 범위가 확대되어야 한다. 요컨대, 교육자치는 교육공무원들이 중앙정부나 일반행정직에 대하여 독립과 자율성만 확보한다고 하여 달성되지는 않는다는 점이다. 진정한 교육자치는 교육현장인 교실에서 모든 교사가 자율성과 책임성을 가지고 학생들을 자유스럽게 교육할 수 있을 때 비로소 이루어질 수 있는 것이다. 여기에서 우리는 교사중심의 교육자치가 가능하도록 교육과학기술부가 교육전문가로서 교사를 존경하는 분위기를 조성하는데 앞장서야 하는 이유를 찾을 수 있을 것이다.

(서울신문 2008.6.10.)

02

교육자치 어떻게 해야 하나?

산과 들녘의 푸르름이 싱그러운 오월의 산천초목만큼이나 풋풋하고 생동감 넘치는 우리 아이들을 보며 어떻게 하면 이 아이들에게 맑고 바르게, 밝고 건강하게 잘 자라나게 하여 이 지역과 이 나라의 동량으로 기여하게 할 것인지에 대한 생각을 해보게 된다. 어떤 교육시스템으로 이 아이들을 키워낼 수 있을까 고민하면서 최근 논의되고 있는 교육문제를 교육분권과 교육자치의 강화 차원에서 몇 가지 제시해보고자 한다. 교육분권은 교육에 관한 분권이므로 지방분권을 전제로 성립되는 개념이며 교육자치와 연계하여 실현되어야 한다. 따라서 지방분권의 큰 틀에서 우리 교육환경변화에 맞추어 교육의 분권화를 논의해야 할 것으로 보인다. 그럴 경우 단일한 국가체제 내에서 지방자치단체(교육청)의 다양성을 함께 추구해야 하는 교육자치를 모색해야 하는 것으로 그 중요한 요인들은 국가(교육부)와 지방자치단체(교육청), 단위학교, 그리고 그 구성원인 교사, 학생, 학부모, 더 나아가 주민입장에서 논의될 수 있을 것이다.

우선, 중앙정부(교육부), 광역교육청, 기초교육청과의 관계가 교육분권의 논리에서 바르게 정립되어야 하는데, 그러기 위해서는 자치권, 기능배분(및 재원배분), 중앙통제의 문제를 바르게 설정해야 한다. 이는 국가가 부여한 권리로서의 교육자치권을 가지고 중앙(교육부)과 지방자치단체(교육청)와의 합리적인 기능배분 및 재원배분을 통해 교육분권논리에 맞는 교육부의 통제체제를 마련해주어야 하는 이유이다. 교육부의 권한 중 지방교육청에서 수행하는 것이 보다 효율적인 사무들은 과감히 지방교육청, 더 나아가 단위학교에 이양할 수 있어야 하고, 교육청에 부담을 지우지 않는 재원배분도 함께 이루어져야 한다. 뿐만 아니라 교육자치기관의 연계성을 확보하는 차원에서 교육분권의 적정성을 모색하여야 한다. 교육부의 교육정책이 지방교육청의 협력을 얻어낼 수 있어야 하고, 지역교육청의 교육문제를 교육부가 수용할 수 있어야 하기 때문이다. 따라서 지방행정과 교육행정의 행정적, 정치적 차원에서의 연계성 있는 제도를 강구할 필요가 있다. 교육부장관과 교육감과의 연계(협력)채널 확보와 지방의회(교육위원회)와 국회가 교육문제를 가지고 협력할 수 있는 제도적 장치를 모색해야 하는 이유는 바로 여기에 있다.

다음으로, 교육분권은 중앙정부로부터의 분권과 일반행정으로부터의 분권을 통해 실현될 수 있다. 즉, 국가로부터의 일정한 자치권을 부여받아 교육자치기관이 그들의 자율과 책임 하에 교육 · 학예사무를 관장하는 것이다. 따라서 과거의 일방적인 교육통치에서 벗어나 주민이 참여하여 함께 만들어가는 민주적 교육통치(거버넌스)를 지향하여야 할 것이다. 또한 교육은 본질적으로 가치창조적 활동이기 때문에 외부의 간섭이나 통제로부터 벗어나야 하고, 특히 일반행정으로부터 분리되어 그 전문성을 보장받을 수 있어야 하는 것이다. 그럼으로써 교육행정이 교육자들의 고유한 전문성과 독자성이 발휘될 수 있도록 지원체계를 강화해나갈 수 있을 것이다. 그런가 하면 교육행정은 일반행정과 연계하여 주민에게 통일된 종합행정의 효율성을 제공해 주어야 하는 측면도 있다. 그런 맥락에서 교육자치기관구성은 일반행정과 교육행정을 분리 속의 통합형태로 발선시켜 나아가야 할 것이다. 즉, 일반행정과 교육행정을 각각 자치단체장과 교육감의 집행기관에서 담당하되, 지방자치단체의 교육행정과 일반행정을 총괄하는 의결기관을 하나로 하여 그 연계성을 강화하는 것이다. 물론 이 경우 교육·학예부문의 전문성을 고려한 의결기구가 되도록 법제정비와 그 운영의 묘를 살려야 할 것이고, 지방의회 교육상임위원회에 교육관련 당사자(교사, 학생, 학부모)들이 참여하여 의사결정을 할 수 있는 방안이 마련되어야 할 것이다.

마지막으로, 교육자치란 교육활동의 이해당사자인 교사, 학생, 학부모가 교육활동을 자신들의 책임 하에 처리하는 것이라고 할 수 있기 때문에 교육활동이 이루어지고 있는 단위학교에서 교육행정관청의 간섭을 받지 아니하고 교육에 관하여 독자적인 의사결정을 할 수 있는 범위가 확대되어야 한다. 요컨대, 교육자치는 교육공무원들이 중앙정부나 일반행정직에 대하여 독립·자율성만 확보한다고 하여 달성되지는 않는다고 본다. 진정한 교육자치는 교실에서 모든 교사가 책임성과 자율성을 가지고 학생들을 자유스럽게 교육할 수 있을 때 비로소 이뤄지는 것이다. 여기에서 교육자로서의 자부심을 가질 수 있는 교육환경이 만들어지고 자연히 우리 아이들은 건강하게 실력과 인성을 겸비한 교육을 받을 수 있을 것이다.

(대전일보 2011.5.4.)

03

민선5기 출범과 교육자치의 기관구성형태를 통해서 본 시 · 도교육의원의 위상과 과제

I. 교육위원의 위상변화

1991년 지방자치의 부활과 더불어 제기된 우리나라의 교육자치는 지방교육자치에 관한 법률을 제정하게 되었고(1991.3.6), 이에 근거하여 1991년 9월1일 각 시 · 도 교육위원회가 개원되어 운영되어오면서 교육행정의 주요기관인 교육감, 교육위원의 선거문제, 교육행정기관과 일반행정기관과의 관계설정 문제 등을 주요 내용으로 하는 법률개정을 거치면서 오늘에 이르고 있다.

우리나라는 교육 · 학예사무의 전문성과 독자성을 감안하여 지방자치단체의 일반기관으로서의 의결기관인 지방의회와 집행기관인 자치단체장과는 별도의 특별기관으로서 광역단위에 교육위원회와 교육감을 설치하였다. 즉, 기초단위에는 교육자치를 허용하지 않고 일반행정과는 독립적으로 교육행정을 수행하였으며, 교육기관구성에 있어서는 권력분립의 원칙에 입각하여 지방교육의 의결기능과 집행기능을 각각 다른 기관에 분담시켜, 기관간에 견제와 균형의 논리를 추구하고자 하였다. 그러나 일반행정과의 연계 협력이 되지 않는 상황에서의 교육행정은 비효율적이고 진정한 교육자치를 수행하기에는 일정한 한계가 있음을 인식하게 되었다. 즉, 교육행정기관이 일반행정으로부터의 독립만을 강조하는 것이 교육자치라는 인식은 지방자치의 틀 밖에서 교육자치를 하겠다는 발상으로 그 한계를 가질 수밖에 없었던 것이다. 이는 교육자치가 아니라 교육행정기관의 자치에 지나지 않는다는 비판이다(최진혁 · 김찬동, 2010). 또한 교육행정이 일반행정에서 분리되어 있기 때문에 일반행정으로부터 교육에 대한 행 · 재정적 지원을 원활하게 적극적으로 지원받기 어렵다는 사실이다. 그 뿐만 아니라 지방교육사무에 대한 의결권의 이원화로 인한 교육행정의 비효율성이 크다는 사실이다. 즉, 교육위원회는 교육 · 학예사무의 심의의결기능을 행사하지만 최종의결기관이 아니며, 핵심사무에 대하여는 지방의회의 의결을 거치도록 되어 있었기 때문에 이에 따른 행정적 낭비가 제기되었고, 의사결정과정에서 기관과의 갈등 · 대립으로 인한 업무비효율 문제가 대두되었다. 그리고 조직과 인력의 중복에 따른 비효율문제 또한 심각한 것이었다(최진혁, 2005 : 537-538).

이러한 배경에서 국회는 2005년 지방교육자치에관한법률 전부개정법률안을 제안하였고(백원우의원 외 27인 발의)[1], 2007년 지방교육자치법 개정으로 교육위원회를 시 · 도의회내 상임위원회로 전환하고, 교육감, 교육위원을 주민의 직접선거로 선출하게 하였다. 이에 따라 2010년 6.2지방선거(민선5기)는 지방자치단체장과 지방의회의원, 교육감과 교육의원을 동시에 선출하는 1인 8표제의 통합선거를 시행하게 되었다.[2] 따라서 교육위원회는 지방의회의 상임위원회로서의 위상을 가지면서 일반행정에 연계된 기관구성을 갖게 되었다(그림1 참조). 그러면서 교육위원회는 시 · 도의회의원과 교육의원후보자의 자격을 가진 자로서 교육의원선거규정에 따라 별도로 선출된 의원으로 구성하되, 교육의원이 과반수가 되도록 하고 있다(지방교육자치에 관한 법률 제5조)[3]. 이는 한편으로 과거 교육위원회의 교육위원에서 지방의회의 교육의원으로 위상이 변화되었다는 사실이고, 또 한편으로는 교육의원이면서 교육상임위원회의 입장에서는 교육위원의 역할도 수행하게 되었다는 사실이다. 이에 본고에서는 민선5기 출범과 함께 변화된 교육의원의 모습을 교육기관구성형태를 통해 그 역할과 과제를 점검해 보기로 한다.

1 그 구체적인 내용은 다음과 같다. 즉, 교육위원회를 시 · 도의회내 상임위원회로 전환하고, 교육감 · 교육의원을 주민직선제로 하며, 교육감사무의 위임 · 위탁대상을 확대하고, 시 · 도교육청의 자율성을 확대하며, 지방교육에 관한 협의기구를 마련하고, 교육감선거를 지방동시선거로 연결하기 위해 교육감임기 등에 대해 경과조치를 마련한 것이다(지방교육자치에 관한 법률 전부개정법률안, 2005).

2 광역자치단체장, 광역의회의원, 광역의회비례대표, 기초자치단체장, 기초의회의원, 기초의회비례대표, 교육감, 교육의원이 그것이다.

3 이 경우 교육의원이 궐원되어 과반수에 미달하게 된 경우는 제외하는 것으로 하고 있다.

II. 교육위원, 교육의원 선거방식의 변화 / 교육행정기관구성의 사적 고찰

교육위원 선거방식의 변화와 일반행정과의 관계를 통해 교육행정기관의 구성형태를 고찰해 보면 다음과 같다.

1. 1949년 제정교육법(1949.12.31)

교육구설치에 관한 법령(1948)과 교육구회설치에 관한 법령으로 미국식의 교육구(school district)를 두어 교육자치를 시행하려 하였으나 미군정종식으로 시행되지 못하고 1949년 제정교육법에 이 내용이 반영되어 17개 시교육위원회와 123개 교육구 교육위원회가 구성되었다. 시군단위에서는 초등교육을 담당하였고, 중등교육은 도청의 문교사회국에서 담당하였다. 시(서울특별시 포함)지역에서는 교육위원회가 합의제 집행기관의 성격을 띠었고, 군지역에서는 특별자치단체인 교육구를 두어 교육행정을 일반행정으로부터 독립하여 수행하도록 하여 구교육위원회는 의결기관으로의 성격을 띠었다. 도단위 교육위원회는 단체장의 자문기관 성격이었다(고전, 2003).

1) 군단위

(1)구교육위원회 : 군에 교육구를 설치하고, 교육구에 의결기관으로 구교육위원회를 구성하였다. 구성원으로서 군수는 당연직이었으며, 위원은 구내 읍면의회에서 1인씩 선출하였고 군수가 구교육위원회의 의장으로 하였다. 구교육위원은 지방의회의원, 국회의원, 국가공무원

(군수제외) 또는 지방공무원을 겸할 수 없게 하였고, 명예직으로 하였다.

(2) 교육감 : 교육구의 집행기관에 교육감을 두었는데, 이는 구교육위원회의 추천으로 도지사와 문교부장관을 경유하여 대통령이 임명하였다.

2) 시단위

(1) 시교육위원회(합의제 집행기관) 구성 : 구성원으로서 시장은 당연직이며, 시의회에서 선출한 10인의 위원으로 구성하고 시장이 의장이 되었다.

(2) 교육감 : 시교육위원회의 추천으로 특별시교육위원회 교육감은 문교부장관을, 시교육위원회 교육감은 도지사와 문교부장관을 경유하여 대통령이 임명하였다.

3) 도단위

도교육위원회 구성은 도내 각 교육구 및 시교육위원회에서 1인씩 선출한 위원과 도지사가 선임한 3명의 위원으로 조직하였다. 그리고 위원 중에서 1인의 의장과 2인의 부의장을 선출하였다.

2. 1962년 교육법개정(1962.1.6)

5.16 군사혁명으로 특별지방자치단체였던 군교육구가 폐지되고 그 기능이 군에 통합되었다. 그리고 시교육위원회도 폐지되어 그 기능이 시에 통합되었다. 따라서 교육감이 담당하던 업무는 교육국장, 교육

과장이 담당하게 되었다.[4]

1962년 개정교육법은 교육의 전문성과 지방교육의 특수성을 고려하여 서울특별시 · 도, 시 · 군에 교육 및 학예에 관한 의결기관으로서 교육위원회를 두었다. 즉, 서울특별시 · 도 교육위원회는 당해 지방의회에서 선출한 3인의 위원, 문교부장관이 임명한 2인의 위원으로 구성하였다. 시 · 군교육위원회는 당해 지방의회에서 선출한 3인의 위원, 도지사가 임명한 2인의 위원으로 구성하였다. 그러나 당시 지방의회가 폐지되었으므로 지방의회가 구성될 때까지 특별시 · 도교육위원은 특별시장 · 도지사의 추천으로 문교부장관이 임명하였고, 시 · 군교육위원은 시장 · 군수의 추천으로 도지사가 임명하였다. 집행기관으로서 교육감은 폐지되었다. 따라서 교육행정은 일반행정에 통합되었다.

3. 1963년 교육법개정(1963.11.1)

제3공화국 정부가 교육자치의 중요성을 인지하여 그 실행을 담보로 1963년 11월 교육법이 개정됨에 따라 지방자치단체의 교육 · 학예에 관한 사무의 집행기관으로서 시 · 도에는 합의제 집행기관인 교육위원회가, 시 · 군에는 독임제 집행기관인 교육장이 각각 구성되었다. 그리고 서울특별시와 부산시에는 교육위원회의 하급집행기관(교육청)을 둘 수 있도록 하였다(구교육법 제15조). 이 교육법개정은 교육행정의 독립성 여부를 놓고 하나의 타협책으로서 교육사무에 관하여 특별자

4 '도와 서울특별시의 행정기구에 관한 건'(각령 제233호, 1961.10.6) 제2조, 제3조는 도와 서울특별시에 교육국을 두어 교육, 교육공무원의 인사, 교육비, 특별회계의 관리와 집행, 교육과 문화시설의 관리, 과학, 기술, 체육, 출판, 저작권과 기타 문화학예에 관한 사무를 분장하도록 하였다.

치단체를 설립하지 아니하고 일반행정조직에 통합하도록 하되, 다만 그 집행기능을 시·도지사 등 지방자치단체의 장으로부터 독립시키는 제도로 변경하였다는 점이다. 즉, 교육위원회는 5명의 선출위원(지방의회 선출)과 2명의 당연직 위원(시·도지사, 교육감)으로 구성하였고, 시·도지사가 의장이 되었다. 교육감은 당해 교육위원회 추천에 의해 문교부장관의 제청으로 대통령이 임명하며, 교육장은 교육감의 제청으로 문교부장관을 경유하여 대통령이 임명하였다.

4. 1991년 지방교육자치에관한법률(1991.3.8)

교육학예의 사무를 특별시, 직할시, 도의 사무로 하는 광역단위에서만 교육자치를 허용하였다. 그동안 합의제 집행기관인 교육위원회를 심의의결기관(위임형의결기관)인 교육위원회와 집행기관인 교육감으로 분리하였다. 즉, 교육위원회는 위임형의결기관으로서 그 구성원으로서 교육위원은 당해 시·도의회에서 시·군 및 자치구의회가 추천한 자 중에서 무기명투표로 선출하되,[5] 그 정수의 1/2이상은 교육 또는 교육행정경력이 있는 자로 하였다. 시·군 및 자치구의회의 교육위원 추천은 2인으로 하되, 그 중 1인은 교육 또는 교육행정경력이 있는 자이어야 하였다. 한편 교육위원 정수의 1/2이상은 교육 또는 교육행정경력 15년 이상 있거나 양 경력을 합하여 15년 이상 있는 자로 하였다. 그리고 시·도의 교육학예사무의 집행기관으로 시·도에 교육감을

5 당시 교육위원 선출방식을 놓고 정치적 배경을 가진 지방의회의원들이 교육위원을 선출하는 데 대한 비판이 제기되었고 보다 교육수요자의 요구를 반영할 수 있는 선출제도를 모색해야 할 필요성이 요청되었다.

두었는데, 교육감은 당해 교육위원회에서 무기명투표로 선출하되, 재적교육위원 과반수의 찬성을 얻어야 하며, 과반 득표자가 1인이면 최고득표자와 차점자에 대하여, 최고득표자가 2인 이상이면 최고득표자에 대하여 결선투표를 하여 다수득표자를 당선자로 하고 다수 득표자가 2인 이상인 경우에는 연장자를 당선자로 하였다.[6]

5. 1997년 개정 지방교육자치에관한법률(1997.12.17)

계속해서 교육학예의 사무를 특별시, 광역시, 도의 사무로 하는 광역단위에서만 교육자치를 허용하였다. 즉, 교육위원회는 학교운영위원회에서 선출한 선거인과 시 · 도에 조직된 교원단체에서 추천한 교원의 선거인으로 구성된 시 · 도교육위원선거인단에서 교육위원을 선출하였다. 교육위원 정수의 1/2이상은 교육 또는 교육행정경력이 10년 이상 있거나 양 경력을 합하여 10년 이상 있는 자이어야 하였다. 교육위원회가 선출하던 교육감은 각급 학교에 설치된 학교운영위원회에서 선출한 선거인과 교육단체에서 추천한 선거인으로 구성된 교육감선거인단에서 무기명투표로 선출하도록 하였는바, 전체 교육감선거인 과반수의 찬성을 얻은 자를 당선자로 하였다. 과반투표자 없는 때에는 최고 득표자가 1인이면 최고 득표자와 차점자에 대하여, 최고득표자가 2인 이상이면 최고득표자에 대하여 결선투표를 하여 다수득표자를 당선자로 하고, 다수 득표자가 2인 이상인 경우에는 연장자

6 그러나 교육감이 추천이나 출마의 과정없이 당해 교육위원회에서 무기명투표로 선출하되 재적 교육위원 과반수의 찬성을 얻어야 한다는 무등록, 무추천, 비공개의 선출방식(교황식 선출방식)과 이에 따른 금권타락선거에 대한 비판이 세게 일었다.

를 당선자로 하였다.

그러나 선거인 수가 지나치게 적다보니 금품수수 등이 상대적으로 용이하여 공정선거를 해치게 되었고, 선거운동의 제한으로 후보자를 검증할 기회가 적었다. 또한 교원단체 선거인수가 학교운영위원회 선거인수 중 3/100으로 교원들의 참여비중을 매우 낮게 책정하여 교육의 전문성을 담보할 교사대표성이 매우 취약하였다. 따라서 교육의 전문성 확보의 어려움, 학교운영위원회 대표들의 주민 대표성보다는 학교단위별 대표성이 부각되는 문제가 제기되었다.

따라서 학교운영위원회 구성원 전원을 선거인단(간접선거)으로 하는 교육감, 교육위원 신출시기(2000.3-2006.12)를 맞게 된다. 즉, 종전의 학교별 각 1인의 학교운영위원회선거인 및 교원단체선거인을 선거인단으로 하였던 것을 교육위원, 교육감 선거인 증원을 위하여 학교운영위원회 구성원 전원을 선거인단으로 하였다. 학교운영위원회 구성의 일반적 비율은 학부모위원 40-50%, 교원위원 30-40%, 지역위원 10-30%로 하여 교원의 참여비율을 상향 조정하였다. 그러나 선거과정에서 학교운영위원 선출의 담합 · 불공정 사례 노출, 출신학교 편가르기에 의한 교단분열, 현직 교육감의 지위를 이용한 선거운동 등 위법행위 노출, 소수의 선거인단에 의한 주민대표성 논란에 대한 비판이 일었고,[7] 따라서 주민직선제로의 전환을 모색해야 한다는 의견이 대두되

---

7 당시의 선거인단에 의한 간선제의 비판적 내용은 다음과 같다. -선거인단의 대표성 결여(주민대표성 미흡, 정당성 결여) : 학교운영위원회 위원이 교육감 선거인단을 구성하여 선출하게 됨으로 결국 교육감은 주민대표성에 상당한 취약한 것으로 드러남-학교의 정치화, 교직사회 분열 : 학교운영위원회 위원들이 투표권을 행사하게 됨에 따라 학교가 정치화되고 이에 따라 교직사회는 분열하게 됨-선거과열과 혼탁 : 금품살포, 이권약속, 결선투표시 후보자간 담합사례가 단골메뉴로 등장하여 선거가 과열, 혼탁양상을 보이게 됨-선거방식의 비합리성 : 선거운동기간이 짧고 선거운동방식을 제한하고 있어 후보자를 검증할 기회부족, 현직 공무원의 출마가 가능함으로 선거운동 기간동안 행정업무의 공백을 초래, 선거

었다.

6. 2007년 지방교육자치에 관한 법률(2007.5.11)/주민직선제에 의한 교육감, 교육의원 선출시기(2007.1-현재)

일반행정과 교육행정의 연계성을 확보하고 그동안 교육감, 교육위원선거제도의 문제점을 보완한다는 차원에서 시・도의회에 교육・학예에 관한 의안과 청원 등을 심사・의결하기 위하여 상임위원회(교육위원회)를 두었다. 즉, 교육위원회를 지방의회의 상임위원회로 전환하였다. 이 교육위원회는 시・도의회의원과 교육경력 또는 교육행정경력을 가진 자로서 구성하되 교육의원이 교육상임위원회의 과반수 이상을 차지하도록 하였다.[8] 그리고 교육의원은 주민의 보통・평등・직접・비밀선거로 선출하도록 하였는바, 전체 교육의원정수는 77인, 교육위원회 위원 정수는 139인으로 하였다(표-2 참조). 교육의원후보자는 교육경력 또는 교육행정경력이 10년 이상 있거나 양 경력을 합하여 10년 이상 있는 자이어야 하였다.

시・도 교육・학예 집행기관으로서 교육감은 역시 주민의 보통・평등・직접・비밀선거에 따라 선출되도록 하였고, 교육감후보자는 교육경력 또는 교육공무원으로서의 교육행정경력이 5년 이상 있거나 양 경력을 합하여 5년 이상이어야 하는 것으로 하였다.

운동의 공정성에 시비가 제기됨

8 서울시의회 교육상임위원회의 경우 15인의 교육위원 중에서 교육의원이 8인, 시의원이 7인으로 구성하고, 교육의원과 교육감은 정치적 중립을 지키도록 하였다. 정당추천 안받는 교육감 후보들은 기호가 없어 투표용지 게재순위를 결정하는 추첨에 온갖 신경을 쓸 수 밖에 없다. 지역별로 정당이나 후보에 대한 선호도가 분명할 경우 교육감 후보들도 순서에 따라 '어부지리(漁父之利)'할 수 있는 가능성이 커졌다. 따라서 '로또'당첨으로 간주되었다.

<표-1> 교육위원, 교육감 선출방법 변화

구분	교육위원회(교육위원)	교육감
1949-1961	시(서울특별시 포함)지역에서는 합의제 집행기관의 성격, 군지역에서는 교육구를 두어 교육행정을 일반행정으로부터 독립하여 수행하도록 함. (구교육위원회는 의결기관 성격) 시장은 당연직이며, 시의회에서 선출한 10인의 위원으로 구성하고 시장이 의장이 됨.	교육위원회의 추천과 도지사/문교부장관을 경유하여 대통령이 임명 (교육 · 교육행정경력 7년 이상 인자)
1961.5-1963.12	서울특별시 · 도 교육위원회는 당해 지방의회에서 선출한 3인의 위원, 문교부장관이 임명한 2인의 위원으로 구성. 시 · 군교육위원회는 당해 지방의회에서 선출한 3인의 위원, 도지사가 임명한 2인의 위원으로 구성. 지방의회가 구성될 때까지 특별시 · 도교육위원은 특별시장 · 도지사의 추천으로 문교부장관이 임명하였고, 시 · 군교육위원은 시장 · 군수의 추천으로 도지사가 임명함	교육감 폐지시기
1962-1990	서울특별시 · 부산시 · 도에 교육위원회를 두었고(합의제 집행기관), 시 · 군에는 교육장(독임제 집행기관)을 둠. 즉, 교육위원회는 5명의 선출위원(지방의회 선출)과 2명의 당연직 위원(시 · 도지사, 교육감)으로 구성하였고, 시 · 도지사가 의장이 됨.	교육위원회의 추천과 문교부장관의 제청으로 대통령이 임명 교육 · 교육행정경력(88년에는 교육 · 교육전문직경력 20년 이상)이 있는 자
1991-1994	합의제 집행기관인 교육위원회를 심의의결기관(위임형의결기관)인 교육위원회와 집행기관인 교육감으로 분리함. 즉, 교육위원은 당해 시 · 도의회에서 시 · 군 및 자치구의회가 추천한 자 중에서 무기명투표로 선출하되, 그 정수의 1/2이상은 교육 또는 교육행정경력이 있는 자로 함. 시 · 군 및 자치구의회의 교육위원추천은 2인으로 하되, 그 중 1인은 교육 또는 교육행정경력이 있는 자이어야 함. (교육위원 정수의 1/2이상은 교육 또는 교육행정경력 15년 이상 있거나 양 경력을 합하여 15년 이상 있는 자)	교육위원회에서 선출 (학식덕망, 비정당원, 교육경력 또는 교육전문직원경력 20년 이상인자)
1995-1996	상동	교육위원회에서 선출 (학식덕망, 비정당원, 교육경력 또는 교육공무원으로서의 교육행정경력 15년 이상인자)

1997-1999	교육위원회는 학교운영위원회에서 선출한 선거인과 시 · 도에 조직된 교원단체에서 추천한 교원의 선거인으로 구성된 시 · 도 교육위원선거인단에서 교육위원 선출. (교육위원 정수의 1/2이상은 교육 또는 교육행정경력이 10년 이상 있거나 양 경력을 합하여 10년 이상 있는 자)	교원단체 선거인(학교운영위원회 선거인 총수의 3%)과 학교운영위원회 선거인(학교당 1인, 학부모위원 또는 지역위원)으로 구성된 선거인단에서 선출 (학식덕망, 비정당원, 교육경력 또는 교육공무원으로서의 교육행정경력 5년 이상인자)
2000- 2006.12.19	학교운영위원회 구성원 전원을 선거인단(간접선거)으로 선출	초 · 중 · 고 학교운영위원회 위원 전원으로 구성된 선거인단에서 선출 과반수 득표해야 당선, 과반수 득표 안되면 1, 2위 후보간 결선투표함 (학식과 덕망이 높고, 과거 2년간 비정당원이며, 교육경력 또는 교육공무원으로서의 교육행정경력이 5년 이상인자)
2006.12.20- 현재	시 · 도의회에 교육 · 학예에 관한 의안과 청원 등을 심사 · 의결하기 위하여 상임위원회(교육위원회)를 둠. 이 교육위원회는 시 · 도의회의원과 교육경력 또는 교육행정경력을 가진 자로서 구성하되 교육의원이 과반수가 되도록 구성. 그리고 교육의원은 주민의 보통 · 평등 · 직접 · 비밀선거로 선출(주민직선제).(교육의원후보자는 교육경력 또는 교육행정경력이 10년 이상 있거나 양 경력을 합하여 10년 이상 있는 자)	주민의 보통 · 평등 · 직접 · 비밀선거에 따라 선출(주민직선제) 후보자등록신청개시일을 기준으로 교육경력 또는 교육공무원으로서의 교육행정경력이 5년 이상 있거나 양 경력을 합하여 5년 이상 있는 자(시 · 도지사의 피선거권이 있는 자로서 후보자 등록신청개시일부터 과거 2년 동안 정당의 당원이 아닌 자)

출처 : http//www.agendanet.co.kr(교육감 자격요건과 선출방법 변화 연혁)에서 재정리

<그림1> 일반행정과 교육행정의 관계

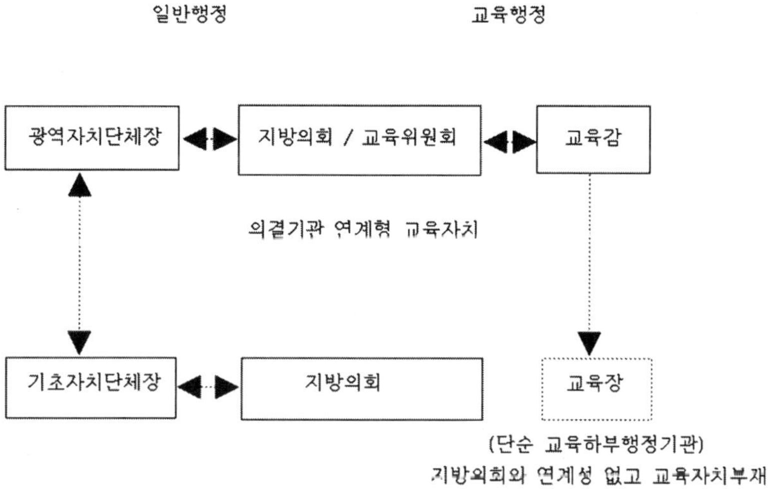

<표-2> 각 시 · 도별 교육위원회 위원, 교육의원 정수 및 선거구역(소선거구제)

시/도	교육위원회 위원 정수	교육의원 정수	선거구역
서울특별시	15	8	제1선거구(종로구, 중구, 강북구, 성북구);제2선거구(은평구, 용산구, 서대문구, 마포구);제3선거구(도봉구, 노원구, 중랑구); 제4선거구(성동구, 광진구, 동대문구);제5선거구(양천구, 강서구, 영등포구);제6선거구(구로구, 금천구, 관악구);제7선거구(동작구, 서초구, 강남구);제8선거구(송파구, 강동구)
부산광역시	11	6	1(서구, 사하구);2(동구, 중구, 영도구, 남구);3(연제구, 부산진구);4(강서구, 북구, 사상구);5(동래구, 금정구);6(해운대구, 수영구, 기장군)
대구광역시	9	5	1(중구,서구,남구);2(동구);3(북구);4(달서구);5(수성구, 달성군)
인천광역시	9	5	1(남구, 중구, 옹진군);2(서구, 동구);3(연수구, 남동구);4(부평구);5(계양구, 강화군)

광주광역시	7	4	1(동구, 남구);2(서구);3(북구);4(광산구)
대전광역시	7	4	1(동구, 대덕구);2(중구);3(서구);4(유성구)
울산광역시	7	4	1(중구);2(남구);3(동구, 북구);4(울주군)
경기도	13	7	1(안양시,의왕시,과천시,군포시,광명시);2(성남시,구리시,하남시,광주시);3(의정부시,동두천시,남양주시,포천시,가평군);제4(부천시,안산시,시흥시);제5(수원시,평택시,오산시,화성시);6(양주시,고양시,파주시,김포시,연천군);7(여주군,이천시,용인시,양평군,안성시)
강원도	9	5	1(춘천시,화천군,양구군,철원군);2(원주시,홍천군,횡성군);3(강릉시,정선군,평창군);4(동해시,삼척시,태백시,영월군);5(속초시,고성군,양양군,인제군)
충청북도	7	4	1(청주시상당구,영동군,보은군,옥천군);2(청주시흥덕구);3(충주시,제천시,단양군);4(청원군,음성군,진천군,괴산군,증평군)
충청남도	9	5	1(천안시);2(공주시,아산시,연기군);3(보령시,홍성군,청양군,예산군);4(서산시,태안군,당진군);5(금산군,논산시,계룡시,부여군,서천군)
전라북도	9	5	1(전주시완산구,완주군);2(전주시덕진구,익산시);3(군산시,김제시);4(정읍시,고창군,부안군);5(남원시,순창군,진안군,무주군,장수군,임실군)
전라남도	9	5	1(목포시,완도군,해남군,진도군,신안군);2(여수시);3(순천시,고흥군,보성군);4(나주시,영암군,무안군,영광군,함평군,장흥군,강진군);5(광양시,담양군,장성군,곡성군,구례군,화순군)
경상북도	9	5	1(포항시,울릉군,영덕군);2(경주시,영천시,경산시,청도군);3(김천시,상주시,고령군,성주군,칠곡군);4(안동시,영주시,문경시,예천군,청송군,영양군,봉화군,울진군);5(구미시,군위군,의성군)
경상남도	9	5	1(창원시,밀양시,창녕군);2(마산시,의령군,함안군);3(진주시,함양군,산청군,거창군,합천군);4(진해시,김해시,양산시);5(통영시,고성군,사천시,거제시,하동군,남해군)
계	139	77	

III. 교육위원, 교육의원의 역할과 과제

1. 교육의원의 역할(권한)

1991년 지방자치가 부활되어 지방의회를 재구성하고 1995년 자치단체장을 주민직선으로 하는 본격적인 자치시대에 돌입하였음에도 불구하고, 교육분야에서는 여전히 교육의 전문성과 독립성에 중점을 두어 정치적 중립성을 강조하여 일반행정과 분리된 상황에서 교육감과 교육위원에 대한 선거는 교육의 수요자, 주민으로부터 직접 선택받는 것에서 비켜 있었다. 그동안 교육위원은 문교부장관의 임명제, 지방의회에서의 이중간선제, 학교운영위원회와 교원선거인의 선거인단에 의한 간선제를 거쳐 2010년 주민직선 교육의원을 보게 되었다. 그 배경에는 그동안 교육위원선거가 불법과 탈법으로 만연된 혼탁선거로 점철되었고, 자신에게 유리한 인사를 학교운영위원회에 포함시키는 등 학교운영위원회를 정치적으로 이용한 사례가 많았고, 이권개입, 인사청탁, 접대 등에서 사리사욕을 채울 수 있는 고리로 여겼던 부분이 있었다는 사실이다.[9] 요컨대, 학교운영위원회를 통한 간접선거는 교육위원(교육감)선거비리문제, 교육계내 편가르기 현상, 학교운영위원회의 정치화, 교육위원(교육감)의 주민대표성 취약, 교육위원(교육감)의 주민책임성 미흡, 교육위원(교육감)에 대한 신뢰성 약화 등이 제기되었던 것이다.

---

9 교육청발주의 각종 공사를 자기가 아는 업자에게 주도록 압력을 행사하고 이를 통해 이권을 챙기고, 교육장과 교원인사는 물론 지역교육청 기능직인사까지 압력을 넣으며 개입하는 불합리한 현상이 나타났다.

그런 배경에서 2010년 6.2 주민직선의 교육의원, 교육감선거제도가 시행되었으나 교육자치의 적정단위, 선거구, 동시 · 분리선거, 정치적 중립의 허구성, 교육계분열과 사회분열, 중앙정치의 대리전 등으로 기대했던 주민직선의 교육선거의 의미가 퇴색되었다(최진혁 · 김찬동, 2010). 표면적으로는 정치적 중립성을 지켜야 할 선거제도였지만 결국은 정치적 색깔을 상당히 노출할 수밖에 없었던 선거였던 것이다. 정치의 단위공간에서 자치라는 이름으로 선거를 하다보니 이는 정치화되지 않을 수 없었던 것이었다.[10]

이제 우리 앞에 놓인 교육자치는 학교의 자치나 교육행정기관의 자치만을 의미하는 것은 아니다라는 사실이다. 시민의 입장에서도 교육에 대한 자치권의 회복이란 관점에서 고려되어야 한다는 것이다. 즉, 시민들은 자신의 자녀들에 대하여 교육시킬 내용에 대한 자유와 교육세를 부담하는 것에 대한 교육선택의 권리가 있음을 고려해야 할 것이다. 그동안 국가에 의한 획일적이고 평균적이며 기계적인 교육(의무교육)만을 제공하면서 교육에 대한 국가의무를 다하였다고 생각하였을지 모른다. 그러나 국가의 교육에 대한 책무는 단지 의무교육을 제공하는 것만이 우선해야 할 가치가 아니라 시민들이 자유롭게 자신의 교육을 선택할 수 있는 자율성을 제공해주고, 이것이 제대로 성과를 낼 수 있는 기반과 제도를 마련해 주는데 그쳐야지, 이것을 획일적으로 교육내용과 교육시간, 교육시설에 대한 규제권을 가지고 행사하는

---

10 도시지역의 경우에는 유권자가 교육위원의 경우에는 약 100만이상의 인구규모에서 1명을 뽑는 것이었기에 2-3개의 자치구에 걸쳐서 1명을 선출하는 것이었고, 교육감의 경우는 1천만 명에 1명을 선출하는 선거였기 때문에 유권자와 후보자의 심리적, 공간적, 물리적 거리가 너무 멀어서 자치의 단위라고 할 수 없었다(최진혁 · 김찬동, 2010).

것을 국가의무라고 생각해서는 곤란하다. 이제 교육분권에 맞는 국가의 지원감독이 이루어지는 범위에서 해당 자치단체 주민들이 교육자치적정단위에서 학생, 학부모, 교사들이 선택하고 책임지도록 하고, 그러한 활동에 도움을 주는 교육행정기관이 합력하여 진정한 교육자치를 만들어내야 하는 것이다.

이런 배경에서 진정한 교육자치를 확립해 나아가야하는 교육의원으로서 그 역할은 어느 때보다 무겁고 크다 할 것이다. 과거 교육행정이 일반행정과 분리되어 독자적으로 운영되어온 교육위원회가 이제는 지방의회의 상임위원회의 하나로서 일반행정과 연계운영하는 방식에서 그 역할을 수행하게 되었다. 따라서 교육위원회가 지방의회의 전심기관정도에 취급되던 위상을 높이는 계기를 마련하였고, 지방세가 교육재정으로 흘러들어갈 수 있는 통로를 확보해주었다는 의미를 찾을 수 있다. 이는 과거 교육행정업무에 한정해서 논의하였던 교육위원들을 이제 해당 자치단체의 종합행정범위 안에서 교육문제를 논의하게 하는 교육의원으로 그 역할을 넓혀놓았다고 할 수 있을 것이다. 다시 말해 교육에 대한 지방자치단체의 책임과 권한을 강화하는 맥락에서 교육위원이 교육의원으로 변화되었다고 볼 수 있다. 이러한 배경에서 교육의원이 교육위원으로서 수행할 수 있는 권한은 일반적으로 다음과 같다. 즉, 지방의회의 하나의 상임위원회인 교육위원회는 당해 시 · 도의 교육 · 학예에 관한 다음 사항을 심사 · 의결하는 권한을 행사한다는 것이다(지방교육자치에관한법률 제11조 제①항).

① 조례안

② 예산안 및 결산

③ 특별부과금 · 사용료 · 수수료 · 분담금 및 가입금의 부과와 징수에 관한 사항

④ 기채안

⑤ 기금의 설치 · 운용에 관한 사항

⑥ 대통령령으로 정하는 중요재산의 취득 · 처분에 관한 사항

⑦ 대통령령으로 정하는 공공시설의 설치 · 관리 및 처분에 관한 사항

⑧ 법령과 조례에 규정된 것을 제외한 예산 외의 의무부담이나 권리의 포기에 관한 사항

⑨ 청원의 수리와 처리

⑩ 외국 지방자치단체와의 교류 · 협력에 관한 사항

⑪ 그 밖에 법령과 시 · 도 조례에 따라 그 권한에 속하는 사항

그런데 ⑤-⑪에 규정된 사항에 대하여 행한 교육위원회 의결은 시 · 도의회 본회의의 의결로 본다(지방교육자치에관한법률 제11조 제②항)는 것이다. 즉 조례안, 예산안 및 결산, 특별부과금 · 사용료 · 수수료 · 분담금 및 가입금의 부과와 징수에 관한 사항, 기채안을 제외하고는 교육위원회는 최종 의결권을 갖게 되는 것으로 볼 수 있다. 교육위원회가 일반 상임위원회와 달리 ⑤-⑪에 규정된 사항에 대해서는 심의권과 함께 최종 의결권을 가지게 되므로 교육위원회의 위원이 되는 일반 지방의원을 선출하는 지역구 주민은 다른 지역구 주민에 비해서 실질적으로 지방자치단체의 교육관련 의사결정에 두 배의 참여권을 행사하게 되는

셈이 된다.[11] 따라서 교육의원과 일반의원이 서로 다른 대표성을 가진다고 볼 수 있고 교육의원은 단일상임위 소속으로만 활동하게 되는 지위 등을 고려해 볼 때 동일한 의원으로 보기 어려운 면이 있다.

그런데 교육의원은 시 · 도의회의원의 지위와 권한을 갖는다(지방교육자치에 관한 법률 제6조 1항)고도 할 수 있다. 따라서 지방의회가 누리는 지방자치단체의 고유의 사무를 독자적으로 자유스럽게 결정할 수 있는 권리와, 법령의 범위 안에서 자치단체의 의사를 스스로 결정할 수 있는 최고의사결정기관으로서의 지위를 가진다. 그리고 지방자치법을 포함한 개별법령 또는 조례에서 정하는 사항에 대하여 의결권을 행사할 수 있는 것이다(지자법 제39조 2항)[12].

한편 교육위원회 위원장은 교육위원회가 주민의 재정적 부담이나 의무부과에 관한 조례안, 지방자치단체의 일반회계와 관련되는 사항에 해당하는 의안을 의결할 때에는 의결하기 전에 미리 특별시장 · 광역시장 · 도지사의 의견을 들어야 하는 것으로 하고 있어(지방교육자치에 관한법률 제11조 제③항) 자치단체장과의 관계를 설정하고 있다. 그리고 교육위원회에서 의결된 의안 중 본회의의 의결로 보는 의안은 교육위원회 위원장이 이를 5일 이내에 교육감에게 이송하고 동시에 시 · 도의회의장에게 보고하도록 하고 있다. 또한 시 · 도의회의장은 본회의의

11 이는 결국 해당 주민에게 제한된 선거의 효력을 주게 되어 보통선거의 원칙에 위배되는 문제가 될 수 있다.

12 지방의회의 의결사항①조례의 제정 · 개정 및 폐지②예산의 심의 · 확정③결산의 승인④법령에 규정된 것을 제외한 사용료 · 수수료 · 분담금 · 지방세 또는 가입금의 부과와 징수⑤기금의 설치 · 운용⑥대통령령으로 정하는 중요재산의 취득 · 처분⑦대통령령으로 정하는 공공시설의 설치 · 처분⑧법령과 조례에 규정된 것을 제외한 예산 외의 의무부담이나 권리의 포기⑨청원의 수리와 처리⑩외국지방자치단체와의 교류협력에 관한 사항⑪그 밖에 법령에 따라 그 권한에 속하는 사항

의결을 필요로 하는 사항에 관한 의안이 교육위원회의 심사를 거쳐 본회의에서 의결된 때에는 이를 의결된 날로부터 5일 이내에 교육감에게 이송해야 하는 것으로 하고 있어 교육감과의 관계를 밝히고 있다(지방교육자치에관한법률 제41조 제①,②항).

2. 지방의회의 상임위원회로서의 교육위원회(교육의원)의 과제

교육의원선거는 일몰법에 의거 2010년 6.2선거에 한하여 실시하도록 되어 있어 자연히 4년후에는 폐지되는 것으로 하고 있다. 따라서 4년 후에는 교육 · 학예사무의 집행기관인 교육감만을 선거로 뽑게 된다. 이는 교육학예사무를 심사의결해줄 교육위원회를 일반의원으로 대체하겠다는 것으로 교육자치제도의 정합성에 문제가 있다고 보여진다(최진혁 · 김찬동, 2010). 즉, 지방교육자치는 지방자치와 교육자치가 결합되어 있는 것으로 자치의 기본은 의결기관인 의회를 운영하는 것인데, 교육학예 의결기관인 교육위원회가 폐지된다는 것은 교육자치에 반한다고 볼 수 있기 때문이다. 따라서 교육학예사무의 의결기관 기관으로서 교육위원회의 존립여부와 구성문제는 진정한 교육자치를 담보해내는 교육의원의 존재이유에서 찾아야 할 것으로 보인다.

참고문헌

고전. 2003. 지방교육자치제도 진단연구. 한국교육개발원
이혜숙 · 김찬동 · 박은철. 2008. 지방교육행정과 일반행정의 관계정립방안 연구. 서울시정개발 연구원
최진혁. 2005. 우리나라 교육분권의 적정성논의에 관한 연구. 한국사회와 행정연구 제16권 제1호
최진혁 · 김찬동. 2010. 분권형국가운영체제를 위한 교육선거(교육감, 교육의원)의 개선방안: 교육자치의 적정단위와 행정역할을 중심으로. 사회통합위원회/한국지방자치학회.
지방교육자치에관한법률. 2010.2.26 개정(법률 제10046호)

(자치발전, 2010)

04

교육자치의 재구조화를 통한 교육선거의 개선 방안

I. 서론 : 문제제기

우리나라는 2010년 6.2지방선거(민선5기)를 통해 정치적 중립성과 시민에게 교육참정권을 부여해야 한다는 이유로 정당관여를 배제한 가운데 교육감, 교육의원 모두 주민직선으로 선출하였다.[1] 1991년 지방자치가 부활되어 지방의회를 재구성하고 1995년 자치단체장을 주민

1 정당관여를 허용한 자치단체장(시장, 도지사, 시장 · 군수 · 구청장), 지방의회의원 역시 주민직선으로 하여 지방선거 처음으로 1인 8표제의 통합선거를 전국적으로 시행하였다. 당시 교육계가 주민직선제를 선호한 이유를 두 가지 입장으로 설명하고 있다. 첫째, 교육감 및 교육위원의 주민대표성이 부족하다는 비판에 대한 반작용으로 주민직선제를 통해 교육선거를 하게되면 주민대표성이 공고해져 교육자치를 흔들어대는 악습을 차단할 수 있다는 것이고, 둘째 학교운영위원들의 교육선거(간선제)는 학교운영위원에 대한 학교장의 강한 영향력 때문에 대부분의 보수세력교장인 상황에서 진보세력이 그만큼 불리하다고 보아 주민직선제를 통해 진보세력의 입지를 강화하려는 속내가 있었다고 보는 것이다(송기창 외, 2009 : 55-56).

직선으로 하는 본격적인 자치시대에 돌입하였음에도 불구하고, 교육 분야에서는 여전히 교육의 전문성과 독립성에 중점을 두어 정치적 중립성을 강조하여 일반행정과 분리된 상황에서 교육감과 교육의원에 대한 선거는 교육의 수요자, 주민으로부터 직접 선택받지 못하고 선거인단에 의한 간선제에 머물러 있었다. 교육의 정치적 중립성이라고 하는 헌법적 가치로 인하여 교육의원이나 교육감은 정당에 소속이 되거나 정당의 지지를 표방할 수 없도록 하였다. 그럼에도 불구하고, 지난 선거를 보면 교육정책에 대한 성향이 정파적이라고 하는 문제에서 벗어나지 못하는 모순에 빠져있음을 직시하게 된다. 교육선거를 치르면서 진보적 교육정책과 보수적 교육정책으로 정치적 대결구도를 형성하여 교육계를 분열과 혼돈으로 몰아가야만했던 아픔이 깊은 상처로 자리잡고 있기 때문이다. 여기에서 우리는 교육의 정치적 중립성을 어느 범위까지 해석해야 할 것인가를 고민해야 하는 상황에 처하게 된다. 즉, 우리가 주장하는 것은 교육내용에 대한 정치적 중립을 요구하는 것이지, 교육정책에 대한 선호까지 중립적이어야 함을 주장하는 것은 아니지 않는가 하는 것이다. 따라서 교육정책에 대한 선호까지 중립을 요구하는 차원에서 정당의 참여를 배제하는 교육선거는 '눈가리고 아웅하는 격'의 모습으로 비춰질 수 있다. 또한 교육자치는 가능한 한 주민(교육수요자)과 가까운 행정계층에서 실시하는 것이 효과적일 수 있는데, 그동안은 주민에게서 거리가 먼 광역자치단체인 시 · 도에서만 교육자치를 실시하도록 되어있는 상황에서 교육자치라기보다는 '교육행정의 자치'라는 비판에서 자유로울 수 없었다. 이는 교육자치단위가 넓은 광역단위는 교육자치가 추구하는 수요자

중심의, 또는 교사중심의 체감도 높은 교육효과를 지향하는데 기초단위보다 취약하다고 하는데 있음을 간과하고 있었던게 아닌가 여겨진다. 따라서 교육자치는 교육수요자들의 참여와 결정을 존중해주어 교육효과를 제고시킬 수 있는 작은 단위인 기초단위 내지 학교자치구로 발전시켜내는 교육자치의 재구조화를 통해 이뤄낼 수 있는 것이라고 본다(최진혁, 2014).

더구나 교육감, 교육의원을 선출하는 교육선거를 두고 특별 · 광역시장, 도지사, 시장, 군수, 구청장, 지방의회의원을 선출하는 일반선거에 비해 운에 운명을 걸 수밖에 없는 '로또'선거니 유권자의 무관심이 고조된 선거, 정치적 중립의 허구성이 드러난 선거로서 비판하고 있다. 이는 교육선거가 정당공천이 배제되어 투표용지에 기호없이 후보이름만 기재하도록 하였고, 더구나 추첨을 통해 순번을 정하게 되는 연유로 기호순번 1,2번을 받은 후보가 상대적으로 유리할 수밖에 없는 기형적 선거에서 비롯되고 있다. 또한 일반, 교육선거를 통합하여 1인 8표제의 동시선거를 하다보니 후보자를 판단하기 어려웠고, 이는 유권자들의 무관심을 방조하는 원인을 제공하였다. 그리고 교육선거는 정치적 중립을 강조하다보니 정당배제를 통한 선거를 할 수밖에 없었고, 이는 결과적으로는 후보자나 유권자 모두 이미 정치적 선택을 하고 있는 허구성을 보여주었다. 왜냐하면 후보자의 공약을 보면 교육정책의 이념적 선택이 드러나는 상황에서 유권자의 입장에서는 자신의 정치적 선호에 따라 선택하게 되었기 때문이다. 또한 후보자의 선거공보도 일반선거의 후보자들이 사용했던 정당을 표현해주는 그들만의 고유한 색깔을 활용함으로써 정당의 영향을 받아 유권자의 표심을 자극하려는 모습이 드러났기 때문이다(최진혁, 2014).

이런 배경에서 이제 지방자치의 완성도를 높이고, 그 가운데 주민(교육의 수요자, 학부모)이 그들의 자녀들에게 교육시킬 내용에 대한 자유와 교육세를 부담하는 것에 대한 교육선택의 권리를 확보해주어야 하는 논리에서 일반행정과 교육행정은 통합형태의 새로운 교육자치모델을 창출해내야 한다. 그 연장선상에서 이번 교육선거를 준비해야 하고, 이를 계기로 기존의 교육행정의 모순을 극복할 수 있는 교육자치 재구조화의 시금석을 놓는 교육선거이어야 할 것으로 본다. 따라서 본고에서는 교육자치의 적정단위는 과연 어떠해야 하는가의 문제와 여기서 행정의 역할은 무엇이어야 하는가에 대한 논의를 통하여, 현재의 교육자치를 위한 개혁의 연장선상에서, 사회통합을 위한 교육자치 제도의 방향성을 제시하는 차원에서 교육선거(교육감, 교육의원)제도의 문제점과 과제를 논의하고자 한다(최진혁 · 김찬동, 2011).

II. 교육선거의 이론적 논의

1) 교육자치의 적정단위

교육자치는 행정계층을 어느 수준에서 해야 하는가에 따라서 논란이 될 수 있다. 교육자치를 가장 기초적인 수준에서 할 것인가 아니면, 광역적인 수준에서 할 것인가가 논점이다.

2) 지원역할로서의 교육행정

교육자치에서 교육행정의 방식이 어떻게 진행되어야 하는 것인가가 중요한 논점이 된다. 그런 배경에서 교육행정은 학교자치의 지원역할(support role)에 그쳐야 한다. 교육행정이 학교자치나 지역학교구(school district)를 통제하고 규제하는 역할에서 벗어나야 하는 이유이다. 관료제가 심화되면, 시민중심의 행정보다는 상급자중심, 관료중심의 행정으로 흐를 위험성, 즉 관료제의 병폐현상으로 교육자치가 왜곡될 수 있기 때문이다.

3) 교육위원회와 지방의회의 관계와 위상

교육자치에서 교육위원회와 지방의회의 관계가 어떻게 되는가도 중요한 논점이다. 교육위원회와 지방의회가 분리되어 있는 유형과 교육위원회가 지방의회의 상임위원회의 하나로 있는 유형, 교육위원회가 지방의회 속에 포함되어 있는 유형으로 나눌 수 있고 그에 따른 상관관계와 위상이 설정되기 때문이다.

4) 이론적 논의의 틀

합리적인 교육선거제도를 제안하기 위해서는 우선 기존의 교육선거제도의 평가가 이루어져야 할 것이고, 그렇게 하기 위해 적절한 평가기준과 요소들이 선정되어야 할 것이다. 우선 교육선거는 분권형 국가체제운영이라는 큰 틀에서 우리나라 교육자치의 적정방안에서 논의를 전개해야 한다. 여기서 우리나라의 교육감, 교육의원선거제도의 적정성논의는 어떠한 방향에서 어떠한 내용으로 설정되어야 하는가를 다음의 세 가지 주요 판단기준에 따라 제시하고자 한다. 왜냐하면 교육자치의 본질은 교육수요자를 비롯한 주민이 교육의 정책결정과 세원부담에 참여하도록 하고, 교육수장이 선거를 통해 주민통제를 받는다는 사실에 근거하기 때문이다(교육자치의 적정단위와 자치의 규모, 자치의 계층문제). 또한 교육자치는 결국 교육행정의 관료제에 의해 수행되는 것이기에 이들의 역할이 어떠한 모습으로 반영되어야 하는지도 논의되어야 하기 때문이다. 마지막으로 교육자치는 일반행정과의 관계설정을 어떻게 할 것인가가 주요 이슈화되어 있기에 그 관계설정을 주도하는 교육위원회와 지방의회와의 관계와 위상문제(교육자치기관구성형태)를 논의해야 할 것으로 보기 때문이다(최진혁 · 김찬동, 2011).

(1) 교육자치의 직정단위, 실시난위 : 광역, 기초, 교육구(새로 재편)

(2) 교육행정의 역할변화(지원역할 강조)

(3) 교육위원회와 지방의회의 관계와 위상 : 의결기관과 집행기관과의 관계(교육자치기관구성형태)

그리고 교육선거와 관련하여 논의되어야 할 내용들도 보완적으로 검토해야 한다. 이 요인들은 그동안 교육선거를 통해 제기되고 있는 이슈화되어있는 내용이기 때문이다.

(1) 선거방식 : 임명제, 간선제, 직선제[2]

(2) 동시선거, 분리선거 :

① 교육선거(교육감, 교육의원)와 일반지방선거의 분리실시

2 교육기관구성형태와 관련하여 다음과 같은 논의를 할 수 있다. 교육집행기관을 구성하는 방식에는 교육감, 교육장과 같이 독임제로 하는 방식과 교육위원회(교육감도 구성원이 됨)와 같이 합의제로 하는 방식을 떠 올려 볼 수 있다. 또한 합의제집행기관은 그 선임방식에 따라 주민직선제와 지방의회에 의한 집행기관 간선제 또는 임명제를 구상할 수 있다. 그리고 독임제 집행기관도 선임방식에 따라 다양한 구성논리가 전개되는바, 주민직선제, 지방의회(교육위원회)에 의한 간선제, 지방의회(교육위원회)의장을 집행기관장으로 하는 제도를 구상할 수 있고, 지방의회(교육위원회)에서 임명하는 제도나 중앙정부(교육부, 대통령)에서 임명하는 제도를 생각해볼 수 있다(최진혁, 2008).

② 포괄적 선거주기 재조정 : 선거주기를 대통령-지방자치단체장-시 · 도교육감선거, 국회의원-지방의원-교육의원 등으로 이원화

(3) 선거운동방식

(4) 선거비용과다문제

(5) 정치적 중립 / 정당의 개입제한문제

(6) 후원회 허용문제

(7) 후보자 기호부여방식 : 투표용지 구성 · 배열문제

III. 교육선거 개선방안

1) 교육감선거

교육감에 대한 현재의 주민직선제는 넓은 의미의 주민대표성은 확보하는 명분은 획득하였을지 몰라도 교육감의 교육정책과 무관한 유권자들이 선거에 참여함으로써 직접적으로 관계되는 교사, 학생, 학부모의 이해가 반영될 수 있는 여지를 상대적으로 낮추는 문제가 있다. 또한 교육행정에 불가피하게 관련될 수밖에 없는 일반자치단체와의 협력이나 연계관계가 형성되지 않을 수 있으며, 그 결과는 고스란히 교육정책의 수혜자들인 학생들에게 갈 수밖에 없다는 점이다. 그리고 시장 · 도지사-교육감을 함께 주민직선으로 함으로써 이념적으로나 정책방향면에서 두 단체장이 충돌하는 경우, 협력과 연계관계가 형성될 수 없다는 점이다. 더구나 지금과 같은 동시선거하에서는 주민들의 선거관심이 모두 자치단체장에게 집중되는 현상을 가져오게 되어 상대적으로 교육감후보자에 대한 관심도가 떨어지며, 이러한 현상은

여전히 교육감 후보자에 대한 정확한 정보나 지식이 없이 투표하는 경향으로 이어질 수 있다는 점이다. 따라서 본고는 다음과 같은 대안을 제시하고자 한다(사회통합위원회, 2010).

(1) 시·도지사와의 러닝메이트제

광역교육행정에 대한 교육감선거를 위하여 단체장과 러닝메이트로 선거에 임하는 방법, 시도지사와 교육부시장으로서 러닝메이트로 선거에 임하는 방법(이혜숙 · 김찬동 외, 2008)을 제안할 수 있다. 전자의 방법은 집행기관의 통합 없이 일반행정과 교육행정의 분리로 인한 연계협력부재의 문세를 해소하는 방법이다. 즉 일반행정단체장이 교육감과 지방교육정책에 대한 입후보 단계에서 공동으로 정책을 만들고, 실천전략을 구상함으로써, 당선이후에 정책공조가 가능하게 하는 것이다. 후자의 방법은 지방교육행정과 일반행정을 통합하였다고 할 경우에 시도지사 밑에 교육부시장 혹은 교육부지사를 두어서 러닝메이트로 선출하는 방안이다. 이는 정치적 중립성과 교육 전문성훼손 가능성에 대한 우려를 피할 수 있으면서 행정효율성과 협력적 거버넌스를 용이하게 할 수 있는 장점이 있다. 그러나 시 · 도지사와 교육감의 관계가 제도적으로 종속적일 수밖에 없고, 기관분리형의 교육자치제라는 점에서 현실적인 어려움이 있다는 지적을 받을 수 있다.

(2) 시 · 도지사 임명제

시 · 도의회에서 복수의 후보자를 추천하고 시 · 도지사가 최종적으로 교육수장을 선택할 수 있게 하는 방법을 제안할 수 있다. 이 방식은 시 · 도지사가 교육수장 임명의 최종 결정권자가 되어, 교육행정에 관한 유능한 전문가를 교육감으로 임명할 때에는 교육행정의 질을 높이고 교육행정의 능률을 향상시킬 수 있다. 또한 교육감이 되려고 하는 자가 선거권자나 정당의 환심을 사려고 노력할 필요가 없으므로 교육감은 오로지 합리적인 교육행정처리에 전념할 수 있을 것으로 본다. 그리고 일반행정(시 · 도지사)과의 협조가 원활하게 될 것이고, 그럼으로써 교육행정의 통일성 · 일관성을 확보하기가 용이할 것이다. 그러나 교육자치의 기본원칙인 기관의 자기선임원칙에 배치되며, 따라서 교육자치가 아니라는 비판에 직면할 수 있으며, 지방교육행정이 관료주의적으로 운영될 가능성이 크다. 또한 교육감의 신분이 시도지사에 예속된 국가교육공무원이므로 민의의 충실한 반영보다는 시도지사의 지시에 따르는데 급급하게 되는 비판에서 자유롭지 못할 것이다.

(3) 제한적 주민직선제

교육관련 인사들의 참여를 확대하고자 하는 것으로, 과거 간선제보다 확대하여 학부모, 교직원, 교육청 직원, 학교운영위원회 위원, 사립학교재단이사장 · 이사 등 교육관계자 전원에 의한 직선제로 하자는 안이다. 이는 교육을 잘 아는 교육수요자와 공급자에게 교육수장의 선택권을 부여함으로써 교육행정의 독립성을 확보하면서도 교육수요자인 일반주민과의 대표성도 확보하게 되어 교육행정의 민주성과 능률성을 동시에 추구할 수 있다는 장점이 있다. 그러나 제한적직선제는 이미 우리 교육자치가 일반행정과 교육행정을 통합하는 새로운 교육자치모델로서의 장을 마련했다는 점에서 이에 상응하지 못하는 모순되는 상황을 만들어내고 있다는 점과 이와 관련하여 교육관련집단의 이기주의로 매도당할 수 있다.

2) 자격요건, 투표방식 등

(1) 교육감 선출자격요건의 교육경력의 존치여부

2010년 2월 개정된 지방교육자치법은 '교육경력이 5년 이상 돼야 교육감이 될 수 있다'는 규정을 2014년 6월30일까지만 적용키로 했다. 이는 다양한 경력을 가진 사람이 교육감에 선출될 수 있도록 하자는 취지이다. 그러나 교육감은 교육전문성을 가진 집단의 수장으로 그에 상응한 최소한도의 교육경력을 갖추도록 해야 할 것이다.

(2) 투표용지 : 교호순번제 적용

주민직선제를 계속 시행할 경우 '로또 선거' 내지 '묻지마 선거', '깜깜이 선거'라는 오명을 개선하기 위해 '교호순번제'를 적용해 보고자 한다. 교호순번제는 A, B, C 후보가 출마할 경우 (가)기초의원 선거구에서는 A-B-C순, (나)선거구에서는 B-C-A순, (다)선거구에서는 C-A-B순으로 투표용지를 배열하는 것이다.

3) 교육의원

(1) 교육자치제도의 기관구성상의 정합성 확보

교육의원선거는 일몰법에 의거하여 민선6기에는 폐지되기에 교육집행기관인 교육감만을 선거하게 된다. 이는 교육자치제도의 정합성에 문제를 제기하게 한다(최진혁 · 김찬동, 2011). 즉, 지방교육자치는 지방자치와 교육자치가 결합되어 있는 것으로 자치의 기본은 의결기관인 의회를 운영하는 것인데, 교육학예 의결기관인 교육위원회가 폐지된다는 것은 교육자치에 반한다고 볼 수 있기 때문이다. 따라서 교육학예사무의 의결기관으로서 교육위원회의 존립여부와 구성문제는 진정한 교육자치를 담보해내는 교육의원의 존재이유에서 찾아야 할 것으로 보인다.

(2) 교육전문가에 의한 교육위원회(교육의결기관) 구성

이번 선거는 교육의원선거가 폐지됨으로써 일반선거로 구성되는 교육과 무관한 지방의원에게 교육문제까지도 담당하게 하고자 한 것으로 교육전문가가 지방의회(교육위원회)에 진입하는 제도적 장치를 무력하게 하였다. 그럼으로써 교육전문가가 활동할 기회를 박탈하였다는 데에 문제의 심각성이 있다. 교육위원회가 폐지될 경우, 교육에 대한 시 · 도 위원회의 전문성 약화로 교육감에 대한 견제 · 조정 기능이 크게 약화될 것으로 보인다. 따라서 교육위원회를 지방의회에 존치하게 하여(교육상임위원회) 교육의결기관의 역할을 제도화해야 할 것이다.

참고문헌

송기창 외.(2009). 교육감직선제평가와 개선과제, 한국교육개발원.
이혜숙 · 김찬동 외.(2008). 지방교육행정과 일반행정의 관계정립방안 연구, 서울시정개발연구원.
최진혁.(2008). "외국의 교육자치제도 : 미국, 프랑스, 일본을 중심으로", 「공공정책 21」.
최진혁 · 김찬동.(2011). "분권형 국가운영체제를 위한 교육선거의 개선방안 : 교육자치의 적정단위와 행정역할을 중심으로", 「한국지방자치학회보」 23(3).
최진혁.(2014). "교육선거와 교육자치의 재구조화", 충청신문 2014-01-07 칼럼.
대통령자문사회통합위원회.(2010). 사회통합과 지방자치활성화를 위한 지방선거제도 개선방안 도출.

(자치발전, 2014)

05

외국의 교육자치제도 : 미국, 프랑스, 일본을 중심으로

지방자치의 부활과 더불어 제기된 우리나라의 교육자치는 지방교육자치에 관한 법률을 제정하게 되었고(1991.3.6), 이에 근거하여 1991년 9월1일 각 시 · 도 교육위원회가 개원되어 운영되어오면서 교육행정의 주요기관인 교육감, 교육위원의 선거문제, 교육행정기관과 일반행정기관과의 관계설정 문제 등을 주요 내용으로 하는 법률개정을 거치면서 오늘에 이르고 있다. 우리나라는 광역단위의 교육자치를 허용하면서 일률적인 기관분리형 모델을 채택하고 있다. 다시 말해 권력분립의 원칙에 입각하여 지방교육의 의결기능과 집행기능을 각각 다른 기관에 분담시켜, 기관간에 견제와 균형의 논리를 추구하고자 하고 있다. 그런데 집행기관의 구성방법을 기준으로 볼 때 2007년 이후로는 교육감을 주민이 직접 선출하는 기관분리형이기 때문에 권한의 경직된 분리모형(La séparation 'rigide' du pouvoir)으로 해석할 수 있다.[1] 이는 교육의사결정을 담당하는 의결기관(교육위원회)과 결정된 의사를 집행하는 집행기관(장)에게 어떻게 업무를 분장하여 처리하게 할 것인가에 대한 고민으로 이해할 수 있다. 과연 이들간의 역할을 어떻게 수행하게 할 때 지방자치시대에 부응한 교육자치제도로서 거듭나게 할 수 있을 것인가에 대한 답을 준비해야 한다. 이런 배경에서 본고는 외국(미국, 프랑스, 일본)의 교육자치제도(기관구성) 통해 가늠해 보기로 한다.

미국 워싱턴시는 시정부로부터 독립성을 가진 교육위원회(State Board of Education or DC Board of Education)를 설치하고 있는데 의회의 비준을 받아 시장이 임명하는 4명의 위원과 주민직신으로 신출하는 5명의 위원으로 구성된다. 주민직선인 5명의 위원들 중 1명은 시 전체(at large) 선거로 선출되는 교육위원회의 위원장이고, 나머지 4명은 각 학교구(School District)에서 1명씩 선출된다. 이 교육위원회는 워싱톤시의 교육과 관련된 모든 정책을 결정하고, 교육체제 전반의 운영을 책임지는 교육감(Superintendent of Public Instruction)을 임명한다. 요컨대, 워싱톤시 교육자치제도는 일반행정과는 독립된 교육행정기관(교육위원회)을 두고 여기에서 교육행정의 책임자를 임명하는 분리형 체제를 채택하고 있다. 즉, 6세 이상 18세 미만에 해당하는 아이들을 위한 초·중등교육(primary and secondary education)을 교육위원원회와 교육감체제로서 운영

1 그러나 학교운영위원들을 선거인단으로 한 간선제의 폐해(조직선거)를 주민직선제로 치유하고자 했던 교육감직선제가 주민들의 무관심과 전근대적인 투표행태(내 고향사람 밀어주기식 지역구도 팽배, 초등/중등 분열) 등으로 위기에 봉착하고 있다. 2008년 7월 30일 치러진 서울시교육감의 경우 임기 1년 10개월을 위해 선거비용 320억을 지출하였고, 투표율은 15,4%를 나타내 주민대표성에 심각한 문제를 제기하고 있다.

하고 있다. 여기서 중요한 것은 교육위원회가 초·중등교육의 운영을 책임질 교육감을 채용하고 해임할 수 있는 권한을 행사하고 있다는 점이다. 교육감은 전문경영인으로서 인사권, 예산권, 정책의 집행권을 총괄하여 수행하는 최고교육행정책임자로서 채용당시 교육위원회와 성과계약을 협상할 수 있고 그 계약내용을 시민들이 요청하는 경우 공개하여야 하는 것으로 되어 있다. 교육위원회는 예산의 작성, 교육시설의 운영, 공립학교에 대한 일반적 통제·감독 등에 관한 권한을 행사하고 있다. 18세 이상의 학생들을 위한 고등교육체제는 시장이 임명하는 8명의 투표권을 가진 6년 단임의 위원으로 하는 고등교육위원회에서 수행된다. 8명의 교육위원은 각 선거구에 거주하는 사람들로 구성되어야 하고, 고등교육기관의 동문회와 재학생 대표를 포함하도록 하고 있다. 그리고 워싱톤시시장, 시의회의장, 초·중등교육위원회의 교육감이 투표권을 가지지 않은 명예위원으로 활동하고 있다(홍준현, 2007).

프랑스의 일반행정은 지역(région), 도(département)단위에서 국가의 대표자인 도지사(préfet)와 집행기관인 지방의회의장과 의결기관인 지역지방의회가 있어 3체제로 운영되고 있다. 수직적으로 볼 때 지역청, 도청, 군청, 시읍면청으로 계층화되고 있다. 교육행정은 교육부장관 아래 교육관리구역으로 교육구를 두어 각 지역에는 지역교육행정청이, 도에는 도교육감찰청이 교육행정을 수행하고 있다. 예를 들면 스트라스부르그의 교육기관구성형태는 대통령 임명자인 집행기관(장)(recteur)과 의결기관(교육위원회 ; conseil académique)이 통합된 모델을 보이고 있다. 교육위원회에서 집행기관장을 선출한 것은 아니지만 결국 집행기관장인 교육행정청장이 교육위원회의원으로 활동함으로써 통합형효과를 보게 된다. 요컨대, 국가와 지방간에 연계성이 강화된 교육행정기관형태라 볼 수 있다. 이는 지역교육행정청장과, 교육관계자와 지방의회의원이 구성원이 되는 교육위원회를 구성하고, 중앙정부가 임명한 교육집행기관장(recteur, inspecteur d'académie)을 두고 있는 모형(연한 분리형 내지는 통합형모델)이라 할 것이다. 교육계층으로 볼 때 스트라스부르그교육청이 알자스지역을 커버하는 광역단위 교육청으로서 교육행정청장(le recteur)을 두고, 그 하부에 도 단위에서 교육감찰청장(l'inspecteur d'académie)을 조직한 것으로 교육자치 2계층제인 교육체제이다(교육행정청장+교육감찰청장체제)(최진혁, 2007).

일본의 교육자치제도는 자치단체장으로부터 독립한 교육위원회가 수행한다. 예를 들면 동경도의 경우 지사로부터 독립된 교육위원회가 있고, 그 소속하에 교육청이 있다. 교육위원회위원은 공선된 자가 아니고 일정한 자격조건을 갖춘 자(교육, 학예, 문화에 식견을 가진 고매한 인품의 소유자) 중에서 자치단체장이 의회의 동의를 얻어 임명한다. 교육위원회는 교육장을 임명하여 교육위원회의 운영을 맡기고 있다(정세욱, 2005). 즉, 교육장과 교육위원회가 함께 교육행정을 수행하는 합의제기관으로 하고 있다. 그러면서 일반행정과 일정한 독립성을 유지하면서 연계성을 확보하고 있다.

이상의 논의에서 교육집행기관을 구성하는 방식에는 교육감, 교육장과 같이 독임제로 하는 방식과 교육위원회(교육감도 구성원이 됨)와 같이 합의제로 하는 방식을 떠 올려 볼 수 있다. 또한 합의제집행기관은 그 선임방식에 따라 주민직선제와 지방의회에 의한 집행기관 간선제 또는 임명제를 구상할 수 있다. 그리고 독임제 집행기관도 선임방식에 따라 다양한 구성논리가 전개되는바, 주민직선제, 지방의회(교육위원회)에 의한 간선제, 지방의회(교육위원회)의장을 집행기관장으로 하는 제도를 구상할 수 있고, 지방의회(교육위원회)에서 임명하는 제도나 중앙정부(교육부, 대통령)에서 임명하는 제도를 생각해볼 수 있다.

이 제도들은 각각의 장단점을 가지고 있으며 해당 국가의 정치·행정적 환경 속에서 운영의 묘에 따라 달리 전개될 수도 있다. 따라서 지방자치정신에 부합되는 우리나라의 교육자치제도를 마련하기 위해서는 이러한 제도적 장치의 장단점을 비교분석하여 교육수요자인 주민에게 소상하게 알려 그들이 주민투표제도에 의해서 선택할 수 있는 교육자치제를 모색해 보는 것이 어떨까 한다. 그럴 경우 다음과 같은 교육자치의 기본정신이 담겨있는 제도적 장치를 강구해야 할 것이다.

첫째, 지방분권의 원리로서 지방교육은 중앙정부에 의한 획일적인 지시와 통제를 지양하고 지방의 실정과 특수성을 고려하여 시행되어야 할 것이다. 따라서 지방교육은 국가로부터 일정한 독립성을 갖는 지방교육기관에 의해 자유스럽게 교육행정사무를 의결하고 집행할 수 있도록 해야 한다. 둘째, 분리·독립의 원리로서 교육은 본질적으로 가치창조적 활동이기 때문에 외부의 간섭이나 통제로부터 벗어나야 하며, 특히 일반행정으로부터 분리되어 그 독자성을 보장받아야 할 것이다. 이는 교육활동의 특수성 내지 전문성을 중시하는 원리로서, 교육에는 어떠한 외부적인 통제나 정치적 이용 또는 당파적 방편이 허용되어서는 아니 된다. 셋째, 전문적 관리의 원리로서 교육은 일반행정으로부터 분리·독립하여야 할뿐만 아니라 그 자체가 전문적인 지식과 기술을 갖춘 요원들에 의하여 관리되어야 한다는 것이다. 더 나아가 전문성을 띄고 있는 교육활동에 있어서 전문가인 교육자들의 판단과 결정이 존중되어야 할 것이다. 이는 교사들의 전문가적 자율성이 보장되어야 함을 의미한다. 넷째, 주민통제의 원리로서 교육의 민주성을 중시하여 주민들의 요구에 부응하는 교육이 되어야 할 것이다. 그러기 위해서는 교육정책과정과 집행과정에 교육수요자인 주민(교사, 학생, 학부모)들이 최대한 참여할 수 있도록 해야 한다.

06

교육선거와 교육자치의 재구조화

2014년 갑오년(청마)의 새해가 밝았다. 올해 지방에서는 무엇보다 민선5기를 마감하고 민선6기를 시작하는 선거를 치뤄야 하는 중요한 해이기도 하다. 그러다보니 새해 벽두부터 각종 언론에서는 이번 지방선거를 예측하는 기획프로그램들이 활발하게 진행되고 있다. 특히 교육감, 교육의원을 선출하는 교육선거를 두고 특별 · 광역시장, 도지사, 시장, 군수, 구청장, 지방의회의원을 선출하는 일반선거에 비해 운에 운명을 걸 수밖에 없는 '로또'선거니 유권자의 무관심이 고조된 선거, 정치적 중립의 허구성이 드러난 선거로서 비판하고 있다. 이는 교육선거가 정당공천이 배제되어 투표용지에 기호없이 후보이름만 기재하도록 하였고, 더구나 추첨을 통해 순번을 정하게 되는 연유로 기호순번 1,2번을 받은 후보가 상대적으로 유리할 수밖에 없는 기형적 선거에서 비롯되고 있다. 또한 일반, 교육선거를 통합하여 1인8표제의 동시선거를 하다보니 후보자를 판단하기 어려웠고, 이는 유권자들의 무관심을 방조하는 원인을 제공하였다. 그리고 교육선거는 정치적 중립을 강조하다보니 정당배제를 통한 선거를 할 수밖에 없었고, 이는 결과적으로는 후보자나 유권자 모두 이미 정치적 선택을 하고 있는 허구성을 보여주었다. 왜냐하면 후보자의 공약을 보면 교육정책의 이념적 선택이 드러나는 상황에서 유권자의 입장에서는 자신의 정치적 선호에 따라 선택하게 되었기 때문이다. 또한 후보자의 선거공보도 일반선거의 후보자들이 사용했던 정당을 표현해주는 그들만의 고유한 색깔을 활용함으로써 정당의 영향을 받아 유권자의 표심을 자극하려는 모습이 드러났기 때문이다.

우리나라 지방자치가 부활되어 20여년의 세월이 흘러 이제 어느 정도 자리를 잡아가야 함에도 불구하고 유독 교육부문에서는 교육의 전문성과 독립성에 중점을 두어 정치적 중립성을 강조하는 교육자치를 주장하다보니 일반행정과의 분리된 상황에서 교육행정이 이루어져 왔던 것이다. 교육의 정치적 중립성이라고 하는 헌법적 가치로 인하여 교육의원이나 교육감은 정당에 소속이 되거나 정당의 지지를 표방할 수 없도록 하고 있다. 그럼에도 불구하고, 교육정책에 대한 성향이 정파적이라고 하는 문제에서 벗어나지 못하는 모순을 가지고 있다. 진보적 교육정책과 보수적 교육정책으로 정치적 대결구도를 형성하여 교육계를 분열과 혼돈으로 몰아가야만했던 아픔이 자리잡고 있기 때문이다. 여기에서 우리는 교육의 정치적 중립성을 어느 범위까지 해석해야 할 것인가를 고민해야 한다. 즉, 우리가 주장하는 것은 교육내용에 대한 정치적 중립을 요구하는 것이지, 교육정책에 대한 선호까지 중립적이어야 함을 주장하는 것은 아니지 않는가 하는 것이다. 따라서 교육정책에 대한 선호까지 중립을 요구하는 차원에서 정당의 참여를 배제하는 교육선거는 '눈가리고 아웅하는 격'의 모습으로 비춰질 수 있다. 또한 교육자치는 가능한 한 주민(교육수요자)과 가까운 행정계층에서 실시하는 것이 효과적일 수 있는데, 그동안은 주민에게서 거리가 먼 광역자치단체인 시 · 도에서만 교육자치를 실시하도록 되어있는 상황에서 교육자치라기보다는 '교육행정의 자치'라는 비판에서 자유로울 수 없었다. 이는 교육자치단위가 넓은 광역단위는 교육자치가 추구하는 수요자중심의, 또는 교사중심의 체감도 높은 교육효과를 지향하는데 기초단위보다 취약하다는데 있다. 따라서 교육자치는 교육수요자들의 참여와 결정을 존중해주어 교육효과를 제고시킬 수 있는 작은 단위인 기초단위 내지 학교자치구로 발전시켜야 한다.

그리고 지난 교육법개정으로 교육의원선거가 폐지되어 교육관련 의결기관의 존재가 사라졌다는 것이다. 이는 지방의원으로 하여금 교육의원을 대신하게 한다는 것으로 통합의 효과를 극대화하겠다는 발상이나 교육의 전문성과 특수성이 존중되는 선에서의 통합을 논의해야 한다. 즉, 교육전문성이 있는 인사가 선출되어 지방의회에서 활동하게 할 수 있는 제도적 자치를 구상해야 한다.

이제 지방자치의 완성도를 높이고, 그 가운데 주민(교육의 수요자, 학부모)이 그들의 자녀들에게 교육시킬 내용에 대한 자유와 교육세를 부담하는 것에 대한 교육선택의 권리를 확보해주어야 하는 논리에서 일반행정과 교육행정은 통합형태의 새로운 교육자치모델을 창출해내야 한다. 그 연장선상에서 이번 교육선거를 준비해야 하고, 이를 계기로 기존의 교육행정의 모순을 극복할 수 있는 교육자치 재구조화의 시금석을 놓아야 할 때가 바로 지금이다.

(충청신문 2014.1.6.)

지방시대 자치분권의 회고(回顧)와 전망(展望)

05

지방시대 자치분권 2.0을 향하여

01

지방이양일괄법 제정에 부쳐

2020년 1월 9일 마침내 문재인 정부에서 지방이양일괄법이 국회를 통과하였다. 그동안 단일사무별로 이양을 논의하던 비효율적인 사무배분방식에서 탈피하여 이를 일괄적 · 종합적으로 처리할 수 있게 함으로써 자치권 확대 수단의 효율성이 높아지게 되었다. 그만큼 지방자치단체는 자치분권 논리에 맞게 자치권 행사가 가능하게 되었다. 이는 참여정부부터 중앙권한의 지방이양사무를 논의해 오면서 16년간 중앙과 지방 간 사무배분의 소중한 경험과 교훈을 토대로 이루어낸 값진 결과물이라 할 수 있을 것이다.

소위 자유민주주의 국가에서 지방민주주의의 기본요체로써 자치분권이 제대로 이루어지려면 국가와 지방정부의 권한과 책임이 바로 정립되어야 하는데, 여기에 국가와 지방간 사무배분의 문제가 제기되는 것이다. 그동안 대한민국은 정부수립 이후 반세기 넘게 중앙집권적 정치 · 행정체제 속에 너무 길들여지다 보니 지방자치단체가 자율과 책임으로 해야 하는 일을 국가에 과도하게 의존하여 처리할 수밖에 없는 형편이었다. 1991년 지방의회 재구성에 따른 지방자치 부활 이후 1994년도 국가와 지방자치단체 사무구분은 총 사무수가 15,744개로 국가가 직접 처리하는 사무는 11,744개(75%), 지방자치단체에 위임한 사무는 1,820개(12%), 자치단체가 자주적으로 처리할 수 있는 사무는 2,110개(13%)에 불과한 것으로 조사되고 있어 이를 증명하고 남음이 있다.

그런 배경에서 지방분권 시대를 맞아 국민의 정부는 중앙권한의 지방이양을 추진하기 시작하였다. 이후 참여정부 등 역대정부에서도 꾸준히 국가와 자치단체 간 사무를 주민편익 증진과 집행효과 등을 고려하여 배분하여 왔다. 그러나 개별사무별로 지방이양을 결정하다보니 다수의 법률을 국회 상임위원회별로 처리하면서 위원회별 상이한 의결결과와 긴 소요시간 등 비효율적 행태를 보게 된 것이다. 이러한 문제점을 극복해야 한다는 염원 속에 이번 법 제정이 이루어진 것으로 이제 국가권한을 지방자치단체에 넘겨주기 위해 하나의 법률에 총괄하여 개정하게 됨으로써 16개 부처 소관 46개 법률에 해당하는 400개 사무가 한꺼번에 지방에 이양하게 된다. 해양수산부가 135개 사무와 7개 법률이고, 국토교통부는 70개 사무와 9개 법률, 여성가족부 51개 사무와 1개 법률 등이다. 한편 349개 사무(87.2%)는 국가에서 지방자치단체로, 51개 사무(12.8%)는 시 · 도인 광역자치단체에서 시 · 군 · 구인 기초자치단체로 이양하는 것으로 대부분 국가에서 시 · 도에 이양하는 사무가 절대 다수(242개 사무, 60.5%)이고 국가가 시·군·구에 이양하는 사무는 50개 사무(12.5%) 정도가 될 것으로 보인다.

2021년부터 시행되는 지방이양일괄법은 지역별 여건에 맞는 지역개발 효과가 클 것으로 기대되고 있다. 해양수산부의 지방관리항 항만시설 개발·운영권한 이전은 지역 내 산업환경 등을 종합적으로 고려한 맞춤형 항만시설로 투자확대가 이루어질 수 있어 지역주민 고용창출 효과가 클 것으로 예상된다. 국토교통부의 개발이익 환수를 위한 개발부담금 사무는 부담금액의 정확한 산정·부과와 신속한 징수, 지역여건을 반영한 부담금 감면 등을 통해 자치단체 주도로 지역개발 기능이 강화될 것으로 보인다. 뿐만 아니라 보건복지부의 외국인 환자 유치의료기관 및 유치업등록 관련 9개 사무이양은 지역별로 한방, 성형 등 지역 내 특화된 의료기관을 적극적으로 발굴·등록하게 될 것이다. 나아가 해외마케팅, 연계 관광상품 개발 등 국제의료관광객 유치에 인적·물적 자원을 집중투자함으로써 지역개발에 큰 성과를 기대해볼 수 있게 되었다. 요컨대, 지방이양일괄법은 자치분권 정책의 실효성을 배가시키는 중요한 법률이다. 이제 자치단체는 지역여건에 맞는 개발로 지역주민에게 실익이 돌아가도록 실제적인 권한행사를 해야 할 것이다. 이를 계기로 중앙과 지방간의 합리적인 관계모형이 설정되고 지방의 자율과 책임성이 정착되는 실질적인 자치분권 시대를 기대해 본다.

(강원일보 2020.1.14.)

02

(지방)분권형 헌법개정의 당위성

2018년 대한민국은 (지방)분권형 헌법개정의 당위성을 엄중하게 명령하고 있다. 1987년 민주화 항쟁 이후 얻어낸 소중한 과실로서의 지방민주주의의 징표인 지방자치가 제대로 작동하지 못하고 있고, 제왕적 대통령제에서 비롯된 수많은 문제(측근비리, 국정농단 등)와 중앙집권적 국정운영에 따른 국가발전에의 역기능 현상을 보며 더 이상 '87년 헌정체제로는 국민을 위한 국가소임을 다해 나아갈 수 없음을 깨닫고 있는 것이다. 특별히 문재인정부에 분권형헌법개정의 기대를 거는 이유는 2000년대 초반 노무현 참여정부가 갈망하였지만 미완성에 그쳤고, MB와 박근혜정부 역시 미완으로 남겨두었던 지방분권과 국가균형발전에의 과제들을 보다 완성된 작품으로 만들어 가야만하는 시대적 상황에 놓여있기 때문이다. 물론 그동안 약 27년의 지방자치체제의 경험(물론 1,2공화국의 9년간의 지방자치 경험을 합산하면 제헌헌법제정 이후 35년임)은 여러 부정적인 평가에도 불구하고 자치분권이라는 국정운영체계에 힘입어 국가의 주요정책이 민생의 주체인 주민들에게 가장 근접한 곳에서 그 지역의 여건에 맞게 정책의 과실을 실효성 있게 체감할 수 있게 하였고, 그것이 지역발전과 국가발전의 성장동력이 될 수 있다는 데에 큰 의미를 부여할 수 있을 것이다.

그런데 작금의 지방정치 · 행정의 환경은 보다 강화된 자치분권에의 길을 요구하고 있음에도 불구하고, 어려운 헌법개정보다는 법률개정으로도 보다 확대된 자치분권이 가능하다고 주장하는 이들이 있다. 이는 현행 헌법이 자치입법권, 자치조직권, 자치행정권, 자치재정권 등 자치분권의 핵심적 내용이 법령에 위임되어 지방자치단체는 중앙정부의 하급기관으로 전락하여 중앙정부가 시키는 것만, 또는 시키는 대로 하는 형식적 지방자치 수준에 그칠 수 밖에 없음을 간과하고 있는 것이다. 일반적으로 자치단체는 주민에게 양질의 행 · 재정서비스를 창출하고 배분하는데 있어 자치권을 행사해야 하는데 국가가 정하는 법령의 범위 내에서 작동하도록 만들어놓았기 때문에 지방에서 자치적으로 할 수 있는 일은 매우 제한적이라는 사실이다. 설사 법률을 개정하려고 해도 국회와 중앙부처는 비협조적이어서 국회에 계류 중인 수많은 자치분권개혁입법안이 사장된 경우가 허다했다. 지난 20여 년의 정권마다 지방분권관련 특별법을 제정하여 자치분권 강화를 외쳤지만 에너지만 낭비한 꼴이 되었던 이유이다.

이는 중앙정부가 지방자치단체의 역량과 잠재적 능력을 무시하거나 과잉보호(?)하여 그들의 잠재적 역량을 사장시켜 버리는 결과를 초래하고 있는 것이다. 좋은 부모의 역할은 자녀가 자신의 역량을 십분 발휘해 자기 여건에 맞게 행복한 삶을 영위하도록 지원해주는데 있지 자녀의 모든 문제를 간섭하고 통제하여 대신 결정권한을 행사하는데 있지 않은 것이다. 물론 자녀가 성인으로 성장할 때까지 후견인으로서 지원해주고 통제해야 하는 것은 당연하지만 이제 성인이 되어 가정을 이룬 자녀에게는 그들 스스로 자기 인생을 개척해 나아갈 수 있도록 역량을 강화시키는 지원을 아끼지 말아야 하는 것이다.

프랑스가 혁명기의 자코방과 나폴레옹적 중앙집권주의에 따라 지방자치단체에 후견인제도를 두어 지역의 보호자 · 감독자 역할을 하게 했으나, 마침내 이 제도는 1982년 프랑수와 미테랑(François Mitterand) 사회당 좌파정권에서 폐기되면서 획기적인 자치분권화의 시대를 전개할 수 있었다. 이어 지방분권개혁 추진과정에서 나타난 중앙부처의 과거로의 회귀현상, 즉 재중앙집권화의 흐름을 차단하고 자치분권을 강화하기 위한 조치로서 자크시락(Jacques Chirac) 대통령이 지방분권형 헌법개정을 단행하게 되는 배경이 되었다. 국가의 행정조직을 분권화하는 신중한 개혁으로서 헌법 제1조에 프랑스 공화국조직은 지방분권화이다(Son organisation est décentralisée)라고 규정하면서 자치분권으로의 변화를 가져올 수 있는 수단과 방법을 국가, 지방자치단체, 주민의 시각에서 제시하고 있는 것이다. 즉, 공화국의 조직, 지방자치단체를 위한 새로운 역할, 보다 역동적인 주민의 역할을 강조하고 있다.

여기서 우리는 국가의 성격규정을 단일공화국체제로서 단방국가체제인가 연방국가체제인가를 명확히 해야 하고, 국가와 지방자치단체간의 연계성 확보 및 주민참여효과를 극대화하는 자치분권을 규정해야 한다. 이와 함께 지방자치단체는 국가와의 권한배분에 있어 지방자치단체 각 계층에 가장 효율적으로 사용될 수 있는 모든 권한에 대한 결정을 행사할 수 있게 하는 보충성의 원칙을 밝히면서 자유스러운 행정이 보장받고 자치단체에 관련된 모든 사무를 결정할 권한을 부여하도록 해야 한다. 한편 자치단체의 자치재정력을 강화하여 과세자주권, 재정지출의 자주성, 권한과 재원의 동시배분, 지방재정조정제도의 확립을 보장해주어야 한다. 그리고 촛불정신으로 표출된 실질적 주권자로서 주민의 직접민주주의를 강화해야 한다.

이제 중앙정부와 지방정부, 행정기관과 주민의 관계는 더 이상 '가부장적인 아버지'와 '어린아이'와의 후견인, 피후견인 관계가 아니다. 지방은 자기의 역량을 그 지역여건에 맞게 가치화하여 지역발전을 이뤄내고 주민에게 실익(실과)을 제공하여 구성원으로서의 자긍심을 갖게 해야 한다. 이를 통해 대한민국의 발전을 견인해내는 새로운 시대를 열어가야 한다. 여기에 2018년 대한민국의 지방분권형헌법개정은 더 이상 선택사항이 아니라 필수사항임을 잊어서는 안된다.

(조선주간 2018.3.13)

03

2018년 지방자치법 전부개정에 부쳐

우리나라의 근대적 의미의 지방자치제도는 대한민국 정부수립과 더불어 제헌헌법에 보장되어 제정된 지방자치법(1949.7.4)에 의해 비롯되었다. 그러나 우리의 지방자치는 집권자의 정권연장의 수단으로 이용되거나 국가행정의 능률성 도모를 위해 유보당하는 역사적 시련을 겪으면서 진전되어 왔다. 즉, 헌법에 지방자치가 보장되었음에도 불구하고 정치권력의 창출에 유리하게 활용할 뿐이었고, 나아가 중앙집권적 행정국가의 틀 속에서 헌법에 보장한 지방자치제를 헌법부칙를 두어 지방의회의 구성을 조국통일시까지 유예하거나 지방자치단체의 재정자립도를 감안하여 순차적으로 하되, 그 시기를 법률로써 정할 것을 규정하였던 것이다. 이렇듯 정치권으로부터 정권유지나 권력의 도구로 전락되었던 우리의 지방자치는 1987년 6.29 민주화 항쟁 이후 마침내 대통령직선제로의 헌법개정을 보게 되었고, 지방자치를 유보하게 했던 헌법부칙조항도 삭제하게 되면서 제3공화국 이후 시행하지 못했던 지방(지역)민주주의의 보루인 지방자치제가 부활하게 되었던 것이다. 즉, 1991년 지방의회를 재구성하고 당시 임명제였던 자치단체장을 1995년 주민직선으로 획기적인 지방자치의 시대를 열게 하였다. 그러나 30년만에 부활된 지방자치도 주민이 필요로 하는 지방자치를 추구하지 못했고, 중앙정부와 정치가의 필요성에 의하여 그들의 정쟁게임 하에서 지방자치를 시행하다보니 주민을 위한 진정한 지방자치(주민자치)와는 거리가 먼 제도로 진전되어 왔던 것이다. 여전히 중앙의 정치논리와 국가행정의 (전분적) 우위성에 입각한 효율적 행정논리에 따른 '중앙집권방식으로의 지방자치제'가 되고 있는 것이다.

이러한 그동안의 지방자치의 한계를 인식하여 문재인정부가 지방자치제 부활을 이끌어내었던 1988년 지방자치법 전부개정 이래 30년만에 다시 지방자치제를 이제 온전히 주민의 손에 돌려주려는(주민중심의 지방자치 구현) 전면적이고 대대적인 지방자치법 전부개정을 준비하고 있는 것이다. 행정안전부가 지난 제6회 지방자치의 날을 맞이하여 획기적인 주민주권 확립을 통해 실질적인 지역(지방)민주주의를 구현하고, 자치단체의 자율성을 확대하고 이에 상응하는 투명성과 책임성을 확보하며, 중앙과 지방의 관계를 협력적 동반자관계로 전환하고자 하는 지방자치법 전부개정안(주요개정 방향)을 제안하였던 이유는 바로 여기에 있다. 즉, 국가권력의 정당성은 국민에게 있음을 명백히 하는 국민주권설에 근거하여 주민주권은 지방자치단체의 의사를 결정하는 원동력이기 때문에 실질적인 지방민주주의의 확립을 위해서 '주민참여에 기반한 지방자치'를 법목적규정에 명시하고 있는 것이다. 우선 주민자치원리를 강화하는 차원에서 주민의 참여권 확대, 주민조례발안제도 도입, 주민감사청구인수 상한기준 하향, 주민감사 청구가능기간 연장(3년), 단순청구권 기준연령 완화(18세), 주민투표대상 확대 및 명확화, 주민소환 청구요건 차등적 완화, 주민투표 · 주민소환 개표요건 폐지, 확정요건 도입, 주민자치회 전면 실시, 주민투표로 기관구성 변경 가능 등의 규정을 개정 보완하고 있는 것이다.

다음으로 자치단체가 지역주민을 위해 보다 값싸고 양질의 행 · 재정서비스를 창출하고 배분하기 위해 지방의 자율성과 자기사무를 획기적으로 확대해 가도록 하였다. 즉, 사무배분기준으로 보충성, 불경합성, 자기책임성의 원칙을 규정하고 국가와 자치단체의 준수의무를 부과하였으며, 법령 제 · 개정시 사무배분 적정성, 자치권 침해여부 등을 사전적으로 검토하는 '자치분권 영향평가'를 의무화하였다. 또한 17개 시 · 도 행정수요 변화 등을 고려하여 기존 법정 부단체장 외에 특정분야전담 부단체장 1명을 필요시 조례를 통해 자율적으로 설치가능하도록 하였다(조직운영 자율성 확대). 그리고 시 · 도지사권한이었던 시 · 도의회 사무직원에 대한 임용권을 시 · 도의회의장에게 부여하여 지방의회 사무처 인사운영의 독립성을 보장하게 하였다. 이와 더불어 자치단체의 투명성과 책임성을 제고하는 정보공개 확대, 국정통합성 강화, 국가가 보충적으로 (시·도가 조치를 취하지 않는 경우) 시 · 군 · 구의 위법 · 부작위에 시정 · 이행명령이 가능하도록 하였고, 지방의회에 윤리특위설치를 의무화하여 책임성 확보를 꾀하고자 하였다.

마지막으로 국가와 자치단체와의 관계를 기존의 수직적 관계에서 수평적인 협력적 동반자관계로 재편하고 자치단체 상호간 협력을 활성화하고자 하였다. 이를 위해 대통령-시 · 도지사 간담회의 제도화를 위해 국가와 지방자치단체가 협력하는 '(가칭)자치발전협력회의' 설치를 위한 법적 근거를 마련하였고, 단체장 인수위원회의 구성을 제도화하였으며, 교통 · 환경 등 광역적 행정수요에 효과적으로 대응할 수 있도록 다수 자치단체의 연합으로 구성하는 특별지방자치단체 설치 · 운영 등에 관한 법적 근거를 구체화하였다. 이외에도 자치단체간 공동 · 협력사무 활성화를 위해 행정협의회 설립절차를 간소화하였으며, 인구 100만 이상의 대도시에 별도의 특례시를 부여하고 추가적인 사무특례를 확대해 가도록 하였다.

이렇듯 이번 전부개정안은 그간 국가중심의 자치에서 주민중심의 자치로 제도설계를 다시 해야 한다는 지난 36년 지방자치의 소중한 경험과 값진 교훈에서 출발하고 있다. 그런 배경에서 진정한 지방(지역)민주주의 실현을 위해 헌법이 보장하는 지방자치의 본질을 이해하여 주민주권의 주민자치를 기반으로 지역주민의 참여와 국가와 지방자치단체간의 동반자적인 협력을 통해 지방자치단체의 역량을 강화하는 방향에서 그 해답을 찾고 있는 것이다. 이제 이런 맥락에서 자치분권의 재설계를 도모하여 중앙정부가 243개 지방자치단체를 모두 장악하여 국가발전을 이끌어내는 과거 중앙집권적 발전행정론이 아니라 각각의 자치단체가 각자의 여건과 능력에 맞는 자치역량을 키워내 주민주권자인 주민에게 실익이 돌아가는 지방분권적 자치행정으로 국가발전을 이루어내는 행보로 전진해 나아가기를 기대해 본다. 새로운 국가발전 패러다임으로 대한민국의 제2의 도약을 견인해내는 당위성이 바로 여기에 있다.

(대통령소속 자치분권위원회 2018.11.19)

04

지방자치의 제2도약(자치분권 2.0)을 위한 지방자치법전부개정(2020.12.9)의 발전적 고찰

우리나라의 근대적 의미의 지방자치제도는 대한민국 정부수립과 더불어 제헌헌법에 보장되어 제정된 지방자치법(1949.7.4.)에 의해 비롯되었다.

그러나 우리의 지방자치는 집권자의 정권연장의 수단으로 이용되거나 국가행정의 능률성 도모를 위해 유보당하는 역사적 시련을 겪으면서 진전되어 왔다. 즉, 헌법에 지방자치가 보장되었음에도 불구하고 정치권력의 창출에 유리하게 활용할 뿐이었고, 나아가 중앙집권적 행정국가의 틀 속에서 헌법에 보장한 지방자치제를 헌법부칙을 두어 지방의회의 구성을 조국 통일 시까지 유예하거나 지방자치단체의 재정자립도를 감안하여 순차적으로 하되, 그 시기를 법률로써 정할 것을 규정하였던 것이다.

이렇듯 정치권으로부터 정권유지나 권력의 도구로 전락되었던 우리의 지방자치는 1987년 6.29 민주화 항쟁 이후 마침내 대통령직선제로의 헌법 개정을 보게 되었고, 지방자치를 유보하게 했던 헌법부칙 조항도 삭제하게 되면서 제3공화국 이후 시행하지 못했던 지방민주주의의 보루인 지방자치제가 부활하게 되었던 것이다.

즉, 1991년 지방의회를 재구성하고 당시 임명제였던 자치단체장을 1995년 주민직선으로 획기적인 지방자치의 시대를 열게 하였다. 그러나 30년 만에 부활된 지방자치도 주민이 필요로 하는 지방자치를 추구하지 못했고, 중앙정부와 정치권력의 필요성에 의하여 그들의 정쟁게임 하에서 지방자치를 시행하다보니 주민을 위한 진정한 지방자치(주민자치)와는 거리가 먼 제도로 진전 · 왜곡되어 왔던 것이다.

여전히 중앙의 정치논리와 국가행정의 우위성에 입각한 효율적 행정논리에 따른 '중앙집권방식으로의 지방자치제'가 되고 있는 것이다. 이러한 그동안의 지방자치제의 한계를 인식하여 문재인 정부는 정권브랜드로서 평가받고자 했던 참여정부의 지방분권과제들을 보다 발전적으로 계승해가고자 하는 의지를 펼치면서 6대 추진전략, 33개 과제를 제시하게 된다. 그러면서 자치분권의 핵심적 가치를 주민주권(주민참여권 보장, 확대)과 다양성(선택적 자유 확장을 위한 제도개선) 및 공동체(협력적 제도개선)에 두고, 이를 반영할 전면적이고 대대적인 지방자치법 전부개정(2020.12.9 ; 2022년 1월 13일 효력발생)을 보게 된 것이다.

즉, 주민자치의 새로운 지표설정으로 획기적인 주민주권의 시대를 열어가고자 하였다. 따라서 지방자치법 제1조 목적규정에는 "주민의 지방자치행정 참여에 관한 사항"을 명시하고 있는 것이고, 제17조에

… 지방자치단체의 정책의 결정 및 집행과정에 참여할 권리를 갖게 함으로써 주민이 권력의 원천임을 밝히고 있는 것이다.

이와 함께 주민이 지방의회에 직접 조례를 발의할 수 있는 '주민조례발안제'를 도입하며, 지방자치법에 근거를 둔 주민소환 · 주민투표의 청구요건 등도 완화하여 실질적인 주민참여가 이루어질 수 있도록 하였다. 더 나아가 그동안 획일적으로 운영해왔던 자치단체의 기관구성형태(기관분립형)도 다양성을 존중하여 인구규모 · 재정여건 등에 따라 해당 지역에 맞게 주민투표로 선택할 수 있도록 하였던 것이다.

다음으로 주민에게 실질적인 행 · 재정서비스를 제공해주어야 할 지치단체에게 보다 자율적으로 일할 수 있게 하기 위해 실질적인 자치권을 확대해 주고자 하였다. 따라서 중앙의 자의적인 사무배분을 막기 위해 보충성 · 자기책임성 등 사무배분원칙을 명확히 하였고(제11조), 법령 제 · 개정시 자치권 침해여부 등을 심사하는 '자치분권 영향평가'도 도입하였다. 이와 함께 지방의회의 자율성과 역량강화를 위해 기존의 시 · 도지사가 가지던 시 · 도의회 사무직원의 임용권을 시 · 도의회의장에게 부여하여 의회사무처 운영의 독립성을 보장하였으며, 시 · 도, 시 · 군 · 구 지방의원들의 의정활동을 지원할 '정책지원전문인력'제도의 도입근거를 마련하였다.

뿐만 아니라 자치단체의 자율성강화에 상응하는 투명성 · 책임성 확보차원에서 자치단체의 정보공개 의무 및 방법 등 정보공개에 관한 일반규정을 신설한 것과, 아울러 지방의원의 윤리성과 책임성을 제고하기 위해 윤리특별위원회 설치를 의무화하였다.

마지막으로 중앙과 지방의 관계를 기존의 수직적 관계에서 협력적 동반자관계로 전환하고자 하였고, 자치단체의 사무수행에서 능률성 강화를 위한 조치로서 단체장 인수위원회 구성에 대한 적정기준을 마련하여 인수위의 효율적 운영을 도모하고 인수위원의 책임과 의무를 명확히 하였다.

또한 교통 · 환경 등 광역적 행정수요에 효과적으로 대응할 수 있도록 다수 자치단체의 연합으로 구성하는 특별지방자치단체 설치 · 운영 등에 대한 법적 근거를 두었으며, 인구 100만 이상 대도시에 별도의 행정적 명칭(특례시)을 부여하고 추가적인 사무특례를 확대해 가도록 하였다.

그럼에도 불구하고 이번 지방자치법전부개정안은 주민자치제를 추구하기 위한 노력의 산물로서 기여하였지만 여전히 많은 규정들이 단체자치의 법체계 안에 놓여있는 상황에서 일정한 한계로 지적될 수밖에 없다.

이는 자치법의 규정에서 "... 대통령령으로 한다"고 규정하는 내용이 다수이고, 또한 자치단체 사이에서 발생하는 갈등 및 조정역할에서 상위정부가 관여할 수 있도록 하고 있으며, 더욱 심각한 것은 자치단체의 투명성 및 책임성 강화차원에서 내 놓은 기초자치단체에 대한 국가의 강력한 통제가 자치행정을 제한할 수 있다는 우려에서 비롯되고 있다. 즉, 종전까지는 시 · 도가 시 · 군 · 구의 위법행위에 대해 시정명령과 그에 따른 취소 · 정지권을 발동하지 않을 경우 국가(중앙정부)가 관여할 수 없었다는 점에서 국가의 기초단위까지 통제의 고리를 연결하여 지방자치단체의 자치사무 수행의 책임성을 더욱 강화하고자 한 것이 다른 한편으로 지방자치단체의 자율성을 제한하는 것으로 볼 수 있기 때문이다.

어쨌든 이번 전부개정안은 그간 국가중심의 자치에서 주민중심의 자치로 제도설계를 다시 해야 한다는 지난 39년 지방자치의 소중한 경험과 값진 교훈에서 출발하고 있다. 그런 배경에서 진정한 지방민주주의 실현을 위해 헌법이 보장하는 지방자치의 본질을 이해하여 주민주권의 주민자치를 기반으로 지역주민의 참여와 국가와 지방자치단체간의 동반자적인 협력을 통해 지방자치단체의 역량을 강화하는 방향에서 그 해답을 찾고 있는 것이다. 이제 이런 맥락에서 자치분권의 재설계를 도모하여 중앙정부가 243개 지방자치단체를 모두 장악하여 국가발전을 이끌이내는 과거 중앙집권적인 발전 행정론이 아니라 각각의 자치단체가 각자의 여건과 능력에 맞는 자치역량을 키워내 주민주권자인 주민에게 실익이 돌아가게 하는 지방분권적 자치행정으로 국가발전을 이루어내는 행보로 전진해 나아가기를 기대해 본다.

(대통령소속 자치분권위원회 2022.1.21. 전문가기고)

05

지방자치의 제2도약으로서의 자치분권2.0의 준비

우리나라는 정부수립 후 제헌헌법에 근거하여 자유민주주의의 징표인 지방자치제를 보장받았지만 정치권으로부터 정권유지나 국가행정의 능률성 도모를 위해 유보당했던 시련을 겪으면서 마침내 1987년 6.29 민주화 항쟁이후 제6공화국헌법(1987.10.27)에 따른 1988년 지방자치법 전부개정과 지방의회구성을 위한 일련의 법개정으로 지방민주주의의 보루인 지방의회(지방의원선거)를 다시 구성하게 하였다. 즉, 1961년 5.16군사혁명으로 중단된 지방자치제가 30년 만에 부활되는 역사적 사실 앞에 대한민국의 지방민주주의는 새로운 희망의 돛을 올리는 벅찬 기대감에 자유시민의 자긍심을 가질 수 있었다.

그로부터 흘러간 30년의 세월 속에, 지방의회의 재구성(1991년 3월 26일 기초의원선거, 6월 20일 광역의원선거)으로부터 다시 시작된 우리의 지방자치제도는 아쉽게도 지방민주주의의 근원으로서의 지방의회제도가 주민의 생활 속에 자리잡지 못하여 그들이 필요로 하는 민주주의의 훈련장으로서의 지방자치를 추구하지 못하였다. 결국 중앙정부와 정치가의 권력추구의 필요성에 의하여 그들의 정쟁게임 하에서 국가와 지방자치단체 중심의 지방자치(단체자치)를 시행하다보니 주민을 위한 진정한 지방자치(주민자치)와는 거리가 먼 제도로써 시행착오의 시기를 보내야만 했던 것이다.

이에 오늘날 여전히 중앙의 정치논리와 국가행정의 전문적 우위성에 입각한 효율적 행정논리에 따른 '중앙집권방식으로의 지방자치제'가 시행되고 있는 것이다. 여기에서 지난 30년의 지방자치제도가 불완전하였지만 외형적이나마 지방자치의 토대를 제공해 준 시기로(지방자치 1.0)로 해석해 볼 수 있다면, 이제 앞으로의 30년은 이를 교훈삼아 지방자치제도의 내실을 다지는 진정한 주민주도의 자치분권(지방자치 2.0)시대로 진전해 가야 할 당위성이 있다고 할 것이다.

이러한 배경에서 문재인정부(대통령소속 자치분권위원회)가 32년 만에 다시 지방자치제를 이제 온전히 주민의 손에 돌려주려는(주민중심의 지방자치 구현) 전면적이고 대대적인 지방자치법 전부개정(2020.12.9)과 75년의 국가경찰제를 자치분권에 맞도록 주민의 가장 가까운 곳에서 주민밀착형의 치안서비스(범죄예방, 생활안전, 여성청소년, 교통, 지역경비 등)를 담당할 자치경찰제도의 법제화를 단행하였다.

이는 행정안전부와 자치분권위원회가 2018년 제6회 지방자치의 날을 맞이하여 획기적인 주민주권 확립을 통해 실질적인 지역(지방)민주주의를 구현하고, 자치단체의 자율성을 확대하고 이에 상응하는 투명성과 책임성을 확보하며, 중앙과 지방의 관계를 협력적 동반자관계로 전환하고자 하는 취지에서 준비해왔던 것이다. 즉, 국가권력의 정당성은 국민에게 있음을 명백히 하는 국민주권설에 근거하여 지방정부의 자치권도 주민주권에 기초하여 지방자치단체의 의사를 결정하는 원동력으로 해석하였다.

따라서 실질적인 지방민주주의의 확립을 위해서 '주민참여에 기반한 지방자치'를 법목적규정에 명시하고 주민생활에 영향을 미치는 정책결정 · 집행과정에 참여할 수 있는 권리를 강화한 것이다. 이런 연유에서 주민자치원리를 강화하는 주민의 참여권 확대, 주민조례발안제도 도입, 주민소환 청구요건의 차등적 완화, 주민투표 · 주민소환 개표요건 폐지, 확정요건 도입, 주민투표로 기관구성 변경 가능 등의 규정을 개정 보완하고 있는 것이다.

다음으로 자치단체가 지역주민을 위해 보다 값싸고 양질의 행 · 재정서비스를 창출하고 배분하기 위해 지방의 자율성과 자기사무를 획기적으로 확대하였다. 즉, 사무배분기준으로 보충성, 불경합성, 자기책임성의 원칙을 규정하고 국가와 자치단체의 준수의무를 부과하였으며, 법령 제 · 개정시 사무배분 적정성, 자치권 침해여부 등을 사전적으로 검토하는 '자치분권 영향평가'를 의무화하였다.

또한 17개 시 · 도 행정수요 변화 등을 고려하여 기존 법정 부단체장 외에 특정분야전담 부단체장 1명을 필요시 조례를 통해 자율적으로 설치 가능하도록 하였다(조직운영 자율성 확대). 그리고 시 · 도지사권한이었던 시 · 도의회 사무직원에 대한 임용권을 시 · 도의회의장에게 부여하여 지방의회 사무처 인사운영의 독립성을 보장하게 하였고, 지방의회에 윤리특위설치를 의무화하여 책임성 확보를 꾀하고자 하였다.

마지막으로 국가와 자치단체와의 관계를 기존의 수직적 관계에서 수평적인 협력적 동반자관계로 재편하고 자치단체 상호간 협력을 활성화하고자 하였다. 이를 위해 대통령-시 · 도지사 간담회의 제도화를 모색하여 국가와 지방자치단체가 협력이 가능한 회의체 설치를 위한 법적 근거를 마련하였고, 자치단체장의 효율적인 리더십전이를 위한 단체장 인수위원회의 구성을 제도화하였으며, 교통 · 환경 등 광역적 행정수요에 효과적으로 대응할 수 있도록 다수 자치단체의 연합으로 구성하는 특별지방자치단체 설치 · 운영 등에 관한 법적 근거를 구체화하였다. 이외에도 자치단체간 공동 · 협력사무 활성화를 위해 행정협의회 설립절차를 간소화하였으며, 인구 100만 이상의 대도시에 별도의 특례시를 부여하고 추가적인 사무특례를 확대해 가도록 하였다.

이렇듯 또 다른 30년을 준비해야 하는 시점에서 문재인정부의 지방자치법 전부개정은 국가중심의 자치에서 주민중심의 자치로 제도설계를 다시 해야 한다는 지난 39년의 지방자치의 소중한 경험과 값진 교훈에서 출발하고 있다. 그런 배경에서 진정한 지방민주주의 실현을 위해 헌법이 보장하는 지방자치의 본질(헌법 제118조 ①지방자치단체에 의회를 둔다)을 이해하여 주민주권의 주민자치를 기반으로 지역주민의 참여와 국가와 지방자치단체간의 동반자적인 협력을 통해 지방자치단체의 역량을 강화하는 방향에서 그 해답을 찾고 있는 것이다.

여기에서 우리는 본질적인 주민중심의 자치분권의 논리가 무엇인지 고민하지 않을 수 없다. 그것은 바로 그동안 지역사회에서 국가의 의사가 직접적, 수직적으로 침투하는 비대화된 행정영역을 줄이고, 그동안 상대적으로 소외되었던 주민참여와 주민통제의 역할을 강화할 수 있는 자치의 영역을 키워나가는데 있다고 할 것이다. 지방자치의 존립근거가 되는 기관이자 주민의 대표기관인 지방의회의 존재이유(la raison d'être de l'assemblée locale)를 재확인하여 주민의 일상생활에 함께하는 기관으로 재탄생시켜야하는 절대적인 이유는 바로 여기에 있다.

자유민주주의 국가에서 지방자치제를 논의하면서 지방의회를 무시하거나 부정하는 일은 마치 “다리 없이 걷고자하는, 날개 없이 날고자하는” 헛된 바람으로 자치분권의 거대한 원동력을 차단하는 것과 같은 이치로 이해될 수 있음을 상기해 본다. 이와 함께 자유민주주의에 내재된 건전한 시민정신에 입각한 성숙한 시민의식이 뒷받침된 지역사회를 만들어가는 일이 무엇보다 중요할 것이다. 자기이익에만 급급한 소아적인 주민이 아니라 우리 지역 공동체를 위해 봉사하고 희생할 줄 아는 성숙한 시민의식을 가진 주민을 길러내야 하는 것이다.

국가나 지방정부가 주민을 위해 무엇을 해줄 것인가를 묻지 말고 주민이 국가나 지방정부에 무엇을 해 줄 수 있을 것인가를 물을 수 있어야 하는 것이다. 대한민국의 지방자치의 제2의 도약을 견인해내는 자치분권2.0의 당위성이 바로 여기에 있다.

(대통령소속 자치분권위원회 홈페이지 전문가기고 2021.3.26.)

06

민선 7기 출범과 자치분권 실현

촛불민심과 남북 화해협력(평화체제 구축)이라는 시대적 흐름에 적극적으로 대응하지 못하고 계파간 권력싸움으로 비춰진 자유한국당(야당)은 지방선거 역사상 그 유례를 찾아볼 수 없는 대참패의 수모를 6.13 지방선거(2018년)로 확인받았다.

보통 지방선거가 정권의 중간평가 성격의 선거임에도 더불어민주당(여당)이 압승하면서 문재인정부의 자치분권 국정운영이 더 한층 탄력을 받을 것으로 보고 있다. 그러나 지역의 일꾼을 뽑아야 하는 지방선거가 철저히 중앙정치의 예속 하에 움직일 수밖에 없는 정치적 구도를 연출해내면서 자율과 책임, 자기역량을 우선시해야 하는 지방자치의 정신에 상당한 흠결을 남겨 놓고 말았다.

이제 7월 2일부터 민선7기가 시작된다. 그동안 23년의 민선자치 경험(물론 1,2공화국의 9년, 1991년 지방자치 부활로 다시 시작된 지방자치 경험을 합산하면 제헌헌법제정 이후 36년임)은 우리에게 지방민주주의를 위해서 지불해야 하는 소중한 경험과 값진 교훈을 주었다.

자치단체장과 지방의원을 주민들이 직접 선출만 한다고 해서 우리가 염원하던 진정한 민주주의는 완성될 수 없음을 체득하는 학습효과를 겪고 있는 것이 그것이다. 민주화된 정당체제를 갖추지 못한 상태에서 정책정당으로서의 주민의 요구를 반영하지도 못하고, 유능한 인사가 지역에 봉사할 수 있게 하는 지역민이 공감하는 정치적 충원제도를 마련하지 못하여 갈수록 정치에 대한 불신을 낳게 하고 있는 것이다.

또한 민선자치가 시행되면서 직선된 자치단체장과 지방의회의원은 재선이라는 절대적 과제에 봉착하면서 주민들에게 '표'만을 생각할 수밖에 없는, 따라서 전시행정 내지 인기행정의 유혹에 매몰되어 지방정책은 왜곡될 수밖에 없게 되었다.

더구나 그간의 민선자치는 신자유주의와 결합되면서 더욱 수요자중심주의, 고객지향적 행정 등을 강조하면서 주민들을 단순한 행정서비스의 객체로서의 지위만을 부여하다보니 자치단체의 행정서비스에 대해 소비자로서의 수동적인 주민을 만들어내었을 뿐이었고, 더 나아가 대다수 주민들은 지역이기주의와 자기이해에 함몰되어 공동체정신을 중시하는 자치행정에 많은 혼란과 위기를 맞게 하였다.

이와 같은 교훈을 거울삼아 민선7기는 지방민주주의의 완성을 향해 전진해 나아가야 한다. 그런 배경에서 자치분권이 실질적으로 실현되는 관계요소로서 간주되는 국가, 지방자치단체, 주민의 입장에서 소박한 바램을 담아본다.

우선 대한민국이 단일국가라는 정통성 안에 243개 자치단체의 다양성과 특성을 살린 자치분권이 균형과 조화를 이루어 나아가야 한다. "지방분권은 자치의 형태이지 독립의 형태가 아니다(André de Laubadère)"라는 단일국가의 자치분권의 정책기조 아래 국가와 243개 지방자치단체가 협력네트워크체제가 가동되어야 한다.

따라서 국민대표기관인 국회와 주민대표기관인 지방의회간의 연계협력체제를 가동하고 우리가 마주친 현안과제들을 국가와 지방자치단체의 두 시각에서 조절하게 하는 제도적 장치를 강구해 주었으면 한다. 이와 더불어 광역자치단체와 기초자치단체가 그 지역에서만 격리되어 존재하게 하지 말고 그 지역의 문제를 국가차원에서, 광역차원에서 통합적으로 함께 논의할 수 있도록 해주어야 한다.

국가의 문제가 지역의 문제로, 지역의 문제가 국가의 문제로 될 수 있기 때문이다. 그리고 자치분권에 맞는 국가와 지방자치단체와의 관계를 설정해 주어야 하는데, 여기에는 자치권, 기능배분, 중앙통제(국가의 지방자치단체에 대한 지도·감독) 등의 내용을 자치분권의 논리에 맞게 설계해 주어야 한다. 국가는 지방자치단체가 보다 확장된 권한을 가지고 이를 자율적으로 행사할 수 있도록 해 주어야 하는 이유이다.

따라서 기존의 중앙집권 논리에 순치된 자치입법권, 자치조직권, 자치행정권, 자치재정권의 내용이 지방분권 논리에 맞도록 재설계되어야 하고, 그 일환으로 국가와 지방자치단체간의, 지방자치단체 상호간의 권한(기능)배분의 조정이 이루어져야 한다.

그런 면에서 그동안 지방이양 의결(2000~2012년, 3,101개) 이후 자치단체에 장기간 미이양된 사무(500여개)는 '지방이양일괄법(중앙행정권한 및 사무 등의 지방일괄이양을 위한 관계 법률정비와 지원에 관한 법률)'의 제정을 통해 조속히 해결할 수 있어야 한다.

다음으로 지방자치단체는 더욱 더 어떻게 하면 자치의 주체인 고객(수요자)인 주민에게 보다 값싸고 양질의 행·재정서비스를 제공할 수 있을 것인가를 고심해야 하며, 자치분권의 실익이 주민에게 돌아갈 수 있도록 해주어야 한다.

여기에서 자치단체의 자율과 책임에 기반한 자기혁신이 이루어져야 한다. 행정업무의 질적 변화에 따른 지방공무원의 전문화와 함께 지방공직자들을 변화의 역군(役軍)으로 지역발전의 창도자(唱導者)로서의 명예를 드높여주어야 한다.

또한 실적제와 직업공무원제에 입각한 우리 지방공무원들이 지역주민의 요구에 적극 대응할 수 있는 관료적 대응성 제고차원의 노력이 균형적으로 이루어졌으면 한다. 이에 더하여 지방자치단체의 자율성 확대에 상응하는 행정역량 및 책임성이 강화되는 대안들이 준비되었으면 한다.

지방이양일괄법으로 중앙행정권한의 지방이양을 추진하고, 국세와 지방세의 합리적 조정과 지방재정조정제도를 통해 자치재정권을 제고하며, 자치입법권, 자치조직권 확대 및 지방구성원들이 공감하는 지방인사의 공정성을 확립함으로써 자치역량을 강화할 수 있을 것이다.

또한 자치단체의 책임성을 강화하기 위해 내부통제제도로서의 감사시스템을 작동하게 하고 더 나아가 감사원(지역감사원)에 의한 자치단체의 예산·회계의 적법성 통제가 가능하도록 제도적 장치를 준비해

주어야 한다. 그리고 무엇보다 중요한 것은 지방의회가 주민으로부터 신뢰받는 기관으로 다시 태어날 수 있도록 도와주어야 한다.

지역주민의 아픔과 고충을 함께 하며 그들을 위해 전적으로 봉사할 수 있는 자세가 명예롭게 존중받는 사회문화를 만들어 가야 한다. 노블레스 오블리주(Noblesse oblige) 정신이 지방의회에서 작동할 수 있게 해 주어야 하는 이유는 바로 여기에 있다.

마지막으로 우리는 자치분권의 정신과 논리에 맞는 새로운 공동체적 주민의 창출과 더불어 주민과 함께 행·재정서비스를 만들어내는 신거버넌스체제(New governance system)를 확립해 나가야 한다.

자기지역의 문제에 직접 참여하여 어떻게 하면 우리 자치난제를 위해 우리의 권리와 의무를 다할 수 있을 것인가를 깊이 생각하게 하는 성숙한 주민을 만들어 나아가야 한다. 시민교육을 어떻게 정립하여(시민주도, 정부지원) 활성화 시킬 것인가에 대한 고민이 필요한 대목이다.

그리고 특히 촛불정신으로 표출된 실질적 주권자로서 국민적 참여요구가 증대된 시대적 상황에서 이 새로운 지역주민이 자기 자치단체의 정책결정, 집행에 대해 직접적 표현능력을 행사할 수 있도록 직접민주주의제를 강화해 주어야 할 것이다. 주민투표제, 주민발의제, 주민소환제, 주민참여예산제를 더욱 확대·보완해야 하는 이유는 바로 여기에 있다.

(대통령소속 자치분권위원회 전문가기고, 2018.6.29.)

07

특별지방자치단체의 출범의 의의와 발전적 전개방향

자치분권2.0시대를 알리는 이번 전부개정된 지방자치법(2020.12.9 국회통과/2021.1.12 공포/2022.1.13시행)은 이전의 '대통령령'에 맡겼던 특별지방자치단체의 설치·운영사안을 좀 더 명확하고 비중있게 구체화시키고자 제12장을 신설하여 이의 설치(제199조-제201조), 규약과 기관구성(제202조-제205조), 운영(제206조-제211조)에 관한 사항을 담게 하였다. 즉, 2개 이상의 지방자치단체가 공동으로 특정한 목적을 위하여 광역적으로 사무를 처리할 필요가 있을 때에는 특별지방자치단체를 설치할 수 있게 하였고, 이 경우 특별지방자치단체를 구성하는 지방자치단체는 상호 협의에 따른 규약을 정하여 구성 지방자치단체의 지방의회 의결을 거쳐 행정안전부장관의 승인을 받아야 하는 것으로 하였다(지방자치법 제199조). 이는 한편으로는 그동안 소극적이고 활성화되지 못했던 자치단체간의 협력사업에 대한 성찰과 또 한편으로는 새로운 지방자치행정환경변화로서 광역행정방식의 적극적 대응 필요성에 근거한 규정으로 특별지방자치단체의 활용도를 강화하고자 한 것으로 이해할 수 있다. 일반적으로 특별지방자치단체는 일반(보통)지방자치단체와 대비되는 개념으로 자치행정상의 정책적 관점에서 특정한 목적을 수행하거나 특수한 행정사무를 처리하기 위하여, 또는 행정사무의 공동처리를 위하여(일반지방자치단체의 독자적 사무처리가 어렵거나 비효율적인 경우) 설치되는 자치단체를 말한다. 따라서 특별지방자치단체는 일반지방자치단체와는 다른 관할 구역과 구성원으로 특정한 업무를 수행하는 자치단체로서 광역적 수요와 일반지방자치단체간의 다양한 갈등사례, 즉 행정권과 생활권의 불일치로 인한 생활의 불편야기나 지역주민들의 지역간의 편익과 부담의 불일치에 따른 민원의 증가, 규모의 불경제로 인한 주민복지의 차등화현상, 지역이기주의에 근거한 님비 · 핌피현상 등의 문제를 해결하기 위한 조처로써 오늘날 매우 중요한 제도로 부각되고 있는 것이다. 요컨대, 지난 30여년의 지방자치분권, 지역균형발전정책의 소중한 경험 속에 얻은 값진 과제 중에는 어떻게 하면 자치단체간 협력 · 연합에 기반한 지역의 경제발전, 지역간의 불균형 문제를 해소해 낼 수 있을 것인가의 문제와 광역적 수요인 광역교통망의 구축, 환경보호, 수자원보호, 쓰레기 매립장 건설 등의 논의를 어떻게 효율적으로 대응할 수 있을 것인가의 고민이었던 것이다.

이런 배경에서 국가로부터 독립된 법인격을 갖춘 특별지방자치단체가 그 설치운영을 보다 자치분권의 논리에 접근하여 그동안 보통지방자치단체로는 해결하기 어려웠던 문제나 제한적이었던 사안들 때문에 주민들에게 양질의 행정서비스를 적극적으로 제공할 수 없었던 기능(사무)들을 이제 능동적으로 추진해나갈 수 있는 여건을 마련하게 되어 그 기대감이 자못 크지 않을 수 없다. 그런 면에서 최근 부 · 울 · 경(부·울·경 특별연합)을 필두로 대구 · 경북, 대전 · 세종 · 충남 · 충북, 광주 · 전남 메가시티(초광역권역) 논의는 자치분권2.0시대에 맞는 자치분권과 지역균형발전을 이루어낼 수 있는 기제로 작동할 수 있을 것으로 본다. 새로운 지방자치행정환경변화에 대응하여 지역적 특색을 적극 반영 · 활용하여 지방정부의 협력을 이끌어내고 국가(중앙정부)가 지원 · 협력하는 자치분권형 지역균형발전모델을 정립하여 이를 근거로 광역경제권역, 메가리전(Mega-Region)으로서의 지위를 준비해야 하는 이유이다. 여기에서 기존의 생활권역과 불일치되는 행정구역, 그리고 일반지방자치단체가 제공하는 행정서비스로는 광역행정수요를 감당하기 어려운 규모행정에 제 역할(기능)을 수행할 수 있게 하는 특별지방자치단체로서의 적정한 기능배분이 이루어져야 한다. 이 기능을 수행할 조직으로서 기관을 구성해야 하는데, 현행법은 집행기관의 수장으로서 특별지방자치단체의 장을 의결기관인 특별지방자치단체의 의회에서 선출하도록 하는 기관통합형(권력융합주의) 정부구성을 규정하고 있다. 이는 기관구성다양화를 규정한 이번 지방자치법전부개정의 취지로 볼 때는 그 지향목적에 맞게 또한 특수한 업무를 수행하는 특별지방자치단체의 상황에 맞게 기관구성형태가 주민이 선택으로 이루어질 수 있도록 해주어야 할 것으로 본다. 그러면서 지역의 정치행정환경변화에 대응하여 각각의 여건에 맞는 특별지방자치단체와 지방정부 발전전략을 도모해야 한다. 즉, 특별지방자치단체 내의 지역간 연계 · 협력체제(메가시티리전(Mega City Region)으로서의 광역권역의 대도시간의 정치 · 행정적 연계협력체제 구축) 강화는 물론 중앙-특별자치단체간의 협업체계가 효율적으로 작동될 수 있도록 해주어야 할 것이며, 이를 토대로 다극중심의 초광역권역 지역개발(대도시, 중소도시), 지방정부간의 경쟁(대도시, 중소도시, 농·산·어촌)이 가동되도록 설계해야 할 것이다.

(자치발전 2022.5.23.)

08

문재인정부의 자치분권 공약 및 실천과제

I. 서론

보수우파 박근혜 대통령 탄핵정국에 따라 보궐선거 성격으로 치른 대한민국 제19대 대선(2017.5.19)은 민주당 제3기 정부라 일컫는 진보좌파 문재인정부를 탄생시키게 하였다. 지방분권의 기초를 다진 민주당 제1기 김대중 국민의 정부를 거쳐 지방분권과 국가균형발전을 정권브랜드화한 민주당(열린우리당) 제2기 노무현 참여정부가 제시하였던 행정수도(행정중심복합도시)와 47개 지방분권과제는 이제 민주당 제3기 문재인 정부에서 그 완성도를 높여 제2의 도약을 이루어내야 하는 시대적 상황에 직면해 있다. 이에 본고는 문재인 후보가 내걸었던 "지방분권 강화 및 균형발전"에 대한 공약내용을 살펴보면서 그 실천과제를 점검해 보고자 한다. 또한 기능을 다한 1987년 헌법을 분권형 헌법개정으로 새 시대의 헌법으로의 탄생을 염원해 본다.

II. 지방분권 강화 및 균형발전의 공약내용

참여정부의 자치분권의 계승자로서의 성격을 갖는 문재인 정부는 지방분권 강화 및 균형발전이라는 이름으로 다음과 같은 공약을 제시하였다.

1) 중앙권한을 지방으로 이양하고 지방의 자치역량을 강화하는 지방분권의 실현

첫째, 중앙권한을 지방으로 이양하고 지방의 자치역량을 강화하는 등 지방분권을 실현하겠다면서 대통령과 광역지방자치단체장이 참여하는 "제2국무회의"제도를 제안하였다. 이는 그동안 지방분권정책을 추진해오면서 국가(중앙정부)-지방정부간의 연계협력체제의 중요성을 강조한 사안으로 볼 수 있다. 그동안의 우리 지방분권은 국가의 정책이 지방에서 수용되지 못하고 지역이기주의에 매몰되어 갈등을 양산해내는 측면이 많았다. 이는 그간의 지방자치분권이 지방자치단체의 자율과 책임이라는 논리에서만 접근되었지 국가와 지방자치단체간의 협력차원에서는 소홀했다는 비판을 면키 어려운 것이었다. 즉, 국가와 지방자치단체와의 관계가 국가의 통일성 내에서 유기적인 협조 내지 연계성 있는 분권화가 되어야 한다는 논리이다. 국가와 지방자치단체간의 협력을 통해 자치단체의 의견을 국정에 반영할 수 있는 체제가 갖추어 있지 않으면 지방분권의 효과는 상대적으로 미비할 수 밖에 없기 때문이다. 따라서 국정운영을 책임지는 대통령과 지방자치단체의 대표격으로서의 17개 시도광역자치단체장이 함께 자치분권의 민주적, 효율적 운영에 머리를 맞대는 "제2국무회의"제도는 고무적이다.[1]

둘째, 지방자치법 전면개정을 통한 자치와 분권의 법적 기반을 확보하겠다는 것이다. 이를 위해 우선, '지방자치법' 및 '지방자치단체의 행정기구와 정원기준 등에 관한 규정' 개선으로 지방정부의 실질적 자치조직권을 확보하겠으며, 다음으로 자치입법권, 자치행정권, 자치재정권, 자치복지권의 4대 지방자치권을 보장하겠다는 것이다. 이 역시 그동안 자치권의 강화차원에서 모색해 왔던 내용들이지만 이제 본질적으로 자치권 확대에 맞는 지방자치법이 전면개정이 이루어져야 할 것이다. 이때 기본적으로 지방자치단체의 자치권은 법률로서도 박탈할 수 없는 헌법적 권리라는 차원에서 인식되어야 한다.

셋째, 적극적인 사무이양을 위한 '지방이양 일괄법' 제정을 제안하였다. 이 역시 그동안 중앙정부의 지방자치단체에의 사무이양관련 논의를 해오면서 터득한 사안으로 개별단위사무가 아닌 기능중심의 사무를 발굴하고 일괄적으로(en bloc) 사무이양을 추진하겠다는 것으로 볼 수 있다. 또한 효율적이고 체감도 높은 사무이양이기 위해서 규제

1 그러나 지방자치단체의 대표격으로서 17개 광역자치단체장만을 인정하는 것은 모순이라는 비판이 제기될 수 있다. 226개 기초자치단체장도 있고, 17개 광역의회의장도, 226개 기초의회의장도 있는 것이다. 따라서 장기적으로는 지방자치단체를 대표하는 전국 243개 자치단체의 자치단체장-지방의회의원의 대표를 지역별로 선정하여 국회의 상원제도로서 기능하게 할 수 있는 방안을 논의해야 한다(필자가 참여정부시부터 강조해온 사안임). 또한 지금의 '제2국무회의'제도는 집행부 중심의 사고에 편향되어 민주주의가 의회권력으로부터 출발한다는 중요한 핵심가치를 간과하고 있는 것은 아닌지 성찰해보아야 한다.

완화 및 주민생활불편해소사무를 중심으로 지방이양을 추진하고자 하는 것이다. 결국 중앙정부의 권한을 지속적·단계적으로 지방에 이양하여 지방의 권한을 확대하고자 하는 것이다.

넷째, 지방의회의 권한 강화, 지방의원의 전문성 및 책임성 제고 등 생산적인 지방의회제도를 제안하였다. 이 또한 그동안 수차례 논의되어왔던 사안으로 지방자치의 핵심적 기관으로 지방의회가 주민의 신뢰 위에 굳건하게 자리매김할 수 있는 여건을 조성해야 할 것으로 본다. 우리나라 지방민주주의(지방정부의 주민자치의 완성을 지향하기 위한)의 핵심적 과제는 더 이상 집행부(자치단체장) 중심의 권력구조에 안주하는 것이 아니라 지방의회를 살리는 방향으로 개선하는 일이 될 것이다. 우리나라 집행부 주도의 정책결정 구조가 이제 더 이상 주민자치를 수행해나가는데 한계에 도달할 것으로 보여 이제 지방의회(입법부, 의결기관)의 정책기능이 활성화되어 전문성이 강화되는 방향으로 나아가야 할 것이다. 지방의회의 입법지원체계 및 인사권 문제와 관련된 전문성 강화논의는 지방분권의 기본이념 및 방향에서 국가체제와의 관계 속에 큰 틀 안에서 제시해 주고, 그에 따른 새로운 입법지원체계구축으로서 하위 목표와 원칙, 내용들이 제시되어야 할 것이다(최진혁, 2011).

2) 지방의 재정자립이 실현될 수 있도록 강력한 재정분권의 추진

이 문제 역시 그동안 수없이 논의되어왔던 사안으로 첫째, 국세-지방세 구조개선 및 자주재원 확충 등 재정분권을 확대해 나아가겠다는 것이다. 이를 위해 우선 국세의 지속적인 지방이양을 기조로 한 국세-지방세간 세목의 합리적 조정을 이뤄내고, 지방소비세의 규모를 확대하며, 지방세 비과세 · 감면율을 15% 이하로 축소하고, 지방세의 신세원을 발굴하고, 정액세율을 현실화하는 등의 지방세제를 개편하고자 하는 것이다.

둘째, 이전재원 조정으로 지방재정의 자주역량을 제고하겠다는 것이다. 이를 위해 지방교부세율을 상향조정하고 교부세제도를 개선하고, 국고보조사업을 정비하고, 실질적인 포괄보조금제도를 도입하고자 하는 것이다.

셋째, 지방재정의 건전성 강화를 도모하겠다는 것이다. 여기에서는 지방세 및 세외수입 체납징수율을 제고하고, 세출구조조정을 통한 지출절감을 이뤄내는 등 자치단체 자구노력을 강화할 것으로 예상된다. 또한 축제예산 등 지방자치단체 예산낭비사업근절을 위한 제도개선을 꾀할 것으로 본다.

넷째, 고향사랑 기부제도 도입을 추진하겠다는 것이다. 자치단체의 재정력을 확보하기 위해서 특히 재정자립도가 낮은 자치단체에 대해 기부하는 경우 세금을 면제해 주는 방안을 제시하고 있다.

3) 주민참여 확대로 자치분권과 풀뿌리민주주의의 강화

그동안 단체자치적 측면에서 논의되어 왔던 분권논의에서 주민자치적 요소를 강화하는 방향으로 나아가자는 것이다. 이를 위해 첫째, 주민발의, 주민소환, 주민투표제도의 확대 및 기준완화를 모색하고자 한다. 주민발의권의 실질화를 위해 조례 제 · 개정 청구요건을 광역 · 기초단위의 인구규모에 따라 세분화하고자 한다. 또한 '주민투표법'을 개정하여 주민투표발의 주체 및 적용대상을 확대해 나가고자 한다. 그리고 주민소환 청구요건과 투표율 기준을 완화하여 주민통제를 강화해 나아가고자 하는 것이다.

둘째, 지자체 주민참여예산제도를 확대해 나아가겠다는 것이다. 자치단체의 핵심사업과 정책을 대상으로 주민참여제도를 적용하여 주민중심의 예산편성과 행정의 책임성을 강화하고자 하는 것이다.

셋째, 국가예산 국민참여예산제도도 도입하겠다는 것이다. '주민참여예산제'와 같이 국가예산편성에도 국민의 의사가 직접 반영될 수 있도록 국민참여예산제를 신설하겠다는 것이다.

4) 명실싱부한 행정중심복합도시로서의 세종시 건설

세종시를 명실상부한 행정중심복합도시로 만들겠다는 의지로 첫째, 정치행정수도로서의 세종시 이전여부는 개헌안 준비과정에서 국민의 의사를 물어 결정하도록 하겠다고 하였다. 세종시의 출범은 중앙정부의 과도한 결정력을 지방에 이전하여 줌으로써 실질적 자치분권을 실현하고, 행정중심의 복합도시, 더 나아가 행정수도로서의 기능을 완수하게 하여 종국적으로는 국가의 균형발전을 이루어내게 하는 데 있는 것이다.

둘째, 행정자치부, 미래창조과학부를 세종시로 이전하겠다는 것이다. 국내 행정업무를 총괄하는 행정자치부는 행정중심의 도시에서 그 역할을 수행해야 할 것이고, 특히 미래창조과학부의 경우 국내 과학기술분야의 컨트롤 타워역할을 담당해야 하는 점에서 국제과학비즈니스벨트 거점지구와 대덕특구가 위치한 지정학적 측면에서도 타당하다고 보는 것이다.

셋째, 국회분원을 설치하겠다는 것이다. 그동안 행정부와 입법부가 지리적 공간을 달리하여 발생하는 행정비효율현상을 겪어야만 하였다. 따라서 상대적으로 이동이 수월한 국회의원들이 세종시에서 역할을 수행하도록 하는 것이 훨씬 효율적이라는 판단에서 적어도 상임위원회 회의는 국회분원을 통해 이루어질 수 있도록 해야 한다는 지적이다(최진혁, 2015).

넷째, 국제기구유치를 추진하겠다는 것이다. 행정중심도시의 위상을 국제화 수준에 대응하여 세계인류에 기여할 국제기구를 유치를 통해 세종시의 인프라를 공고히 하겠다는 것이다.

다섯째, '세종-서울 고속도로'를 조기에 착공하겠다는 것이다. 이 역시 세종시의 행정수도로서의 완성도를 높이기 위한 인프라사업으로 볼 수 있을 것이다.

5) 혁신도시를 4차 산업혁명의 전진기지(혁신도시 시즌2)로 삼아 균형발전의 실현

기존의 혁신도시를 지렛대로 삼아 제2의 도약을 이루어내겠다는 의지로 첫째, 혁신도시 중심의 클러스터를 통한 지역산업의 경쟁력을 확보하겠다는 것이다. 이를 위해 정주여건 개선과 지역산업육성을 동시 추진하여 혁신도시를 자족기능을 갖춘 대단지 클러스터로 발전시키겠다는 것이다. 또한 혁신도시 내 혁신기업과 대학 등 지역 내 학·연·산·관의 협의체를 구축하여 혁신도시가 4차 산업혁명을 선도할 수 있게 하는 최적의 기업생태계를 조성하겠다는 것이다. 그리고 지능형 스마트 빌딩, 자율 주행도로와 교통, 재생에너지 자립도시, 자원순환경제기반도시, 스마트상하수도(수자원) 등을 통하여 도시관리의 효율성과 시민의 삶의 질을 향상시키게 하는 '지능형 스마트도시'로서 혁신도시를 건설하겠다는 것이다.

둘째, 혁신도시와 구도심의 균형발전을 추진하겠다는 것이다. 이를 위해 도시재생과 기존 시가지의 활성화 사업을 동시에 추진해 가겠다는 것이고, 부처별 분산된 도시재생 관련 예산(연 2조원)의 통합 및 효과적 활용과 '도시재생 활성화 및 지원에 관한 특별법'개정을 추진하겠다는 것이다.

셋째, 대기업 본사의 지방이전 촉진을 통한 지역상생형 기업생태계를 구축하겠다는 것이다. 즉, 지역산업 육성에 파급력이 큰 대기업 본사의 지방이전 촉진을 통해 국가균형발전을 보다 업그레이드 시키겠다는 것이다.

넷째, 대기업 본사의 지방이전시 획기적인 지원을 제공하겠다는 것이다. 지방이전 대기업 본사 종사자 수의 일정 비율만큼 법인세를 감면해주고 지역별 발전정도와 고용효과에 기반하여 법인세율을 차등적으로 인하하고, 신규추가고용시 지방투자촉진보조금에서 고용보조금을 지원하는 것으로 하고, 대기업 본사 이전을 위한 입지지역 개발시 복합지원시설(주거, 연구시설, 생산시설 등) 건립을 지원하는 것으로 하였다.

6) 산업단지 활성화 방안 마련

산업단지 활성방안을 모색하기 위해 첫째, 현행 '산업단지 환경개선 정부합동공모사업'의 확대해 나아가겠다는 것이다. 이를 위해 지역산업단지 주변 대학 · 대학원을 연계하여 문화예술체육교육에 지원하겠다는 것이고, 지역산업단지 주변 초등학교 등을 이용한 지장어린이집을 설치하고, 신단 주변 임대 기숙사 · 공동주택을 지원해 주며, 지역 대학(원)과 연계한 산단 기술교육을 강화(온라인 교육 활성화, 교육이수자에게 일자리 연결)해 가겠다는 것이다.

둘째, 산업기술단지가 지역혁신의 거점이 될 수 있도록 산학연 공동 R&D 및 사업화 기능 강화하고 신기술 기반의 지역산업을 육성하겠다는 것이다.

셋째, 노후산업단지를 사람 · R&D · 산학융합중심의 혁신 산단으로 전환하고, 산단 내 중소기업의 스마트화 추진으로 산단의 활력과 경쟁력을 강화하겠다는 것이다.

넷째, 지역산단 내 기업들에 대한 지역 · 산업 · 기업 · 제품 · 실적 정보를 데이터베이스화하고 네트워크를 구축하여 기업간 협업체제을 구축하겠다는 것이다.

7) 고속도로 공공성 강화와 스마트고속도로의 전환을 통한 균형발전의 동력화

고속도로의 공공성을 강화하고 스마트고속도로로 전환하여 균형발전의 동력이 되도록 하기 위해 첫째, 민자고속도로 통행료 경감추진(계약기간 연장, 사업자변경 등) 및 명절 · 연휴 등 교통정체시 탄력요금제 도입 등 고속도로의 공공성을 강화 · 추진해 나아가겠다는 것이다.

둘째, 고속도로 전 구간을 자율협력 주행이 가능한 첨단 스마트 고속도로로 단계적으로 전환하여 국가성장 기반으로 구축하겠다는 것이다.

셋째, 고속도로 내 주유소에 전기, 수소 등 친환경 충전인프라를 조기에 구축하겠다는 것이다.

넷째, 졸음쉼터 확충, 빌리지존 확대, '제로'포트홀 추진 등으로 사고 없는 안전 고속도로를 추진하겠다는 것이다.

다섯째, 친환경차 통행료를 경차수준으로 할인하고,

여섯째, 전 고속도로 명절기간 무료화하고,

일곱째, 이용률이 낮은 동해선, 광주/대구선은 무료화를 시범추진하고,

여덟째, 동계올림픽기간 '영동고속도로'무료화를 추진하겠다는 것이다.

8) 철도공공성 강화, 세계 3위 고속철 육성 등 철의 실크로드에의 대비

이를 위해 첫째, 녹색교통인 철도의 비중을 확대하고, 공공성을 강화하여 국민부담을 경감 해 주도록 추진하겠다는 것이다. 둘째, R&D 및 설비투자 확대로 시속 600km대, 세계3위권 고속철 기술 및 부품산업 경쟁력을 확보해 나아가고, 셋째, 무가선 트램을 수도권에서 시범도입 추진하고 단계적 확대 실시하며, 넷째, 장기적으로 한반도 X자형, U자형 고속철도망을 구축하고, 다섯째, 수도권 광역급행열차를 대폭 확대해 가며, 여섯째, 유라시아 이니시어티브 실행 노력으로 국제철도협력기구(OSJD)에 조기 가입을 추진하고, 남북철도연결사업추진, 한-러, 한-중 협력 강화을 꾀하며, 일곱째, 한중페리연결사업을 적극 추진하겠다는 것이다.

III. 결론 : 분권형 헌법개정으로 새로운 대한민국 건설

이제 대한민국은 국민(주민)주권시대를 맞이하여 지방자치권을 실질적으로 보장하여 자치분권과 균형발전을 선도해 낼 수 있는 시대적 사명을 완수해야 한다. 따라서 기능을 다한 1987년 헌법을 분권형헌법개정으로 중앙정부로는 대통령과 국회의 권력구조를 삼권분립 속에 협치가 가능한 체제로 만들어 주어야 할 것이며(수평적 권력구조), 중앙과 지방이 소통과 협치가 가능한 국가-지방권력구조(수직적 권력구조)가 무엇인지 논의해 주어야 한다. 특히 중앙-지방정부간의 연계협력을 강화하는 차원에서 지역의 지방의회가 국회와의 연계성을 가지면서 지방자치행정을 펼쳐나갈 수 있는 제도적 장치가 필요한 것이다. 즉, 지방자치단체의 대표가 참여하여 국정을 논의하게 하는 상원개념의 국회를 구성한다면 진정으로 중앙-지방의 정치행정적 차원의 통합적 자치분권이 실현되어 지방의 발전과 국가의 발전이 선순환하는 실천적 자치분권의 틀을 만들어 갈 수 있을 것으로 본다.

(지방행정 2017.7.14.)

09

문재인정부의 자치분권 과제 : 지방분권과 국가균형발전의 제2의 도약

I. 서론

박근혜 대통령 탄핵정국에 따라 보궐선거 성격으로 치른 대한민국 제19대 대선(2017.5.19)은 민주당 제3기 정부라 일컫는 문재인정부를 탄생시키게 하였다. 지방분권의 기초를 다진 민주당 제1기 김대중 국민의 정부를 거쳐[1] 지방분권과 국가균형발전을 정권브랜드화한 민주당(열린우리당) 제2기 노무현 참여정부가 제시하였던 행정수도(행정중심복합도시)와 47개 지방분권과제는 이제 민주당 제3기 문재인 정부에서 그 완성도를 높여 제2의 도약을 이루어내야 하는 시대적 상황에 직면해

1 주민의 직접참여를 확대하기 위해 주민의 조례제정/개폐청구제도(지방자치법 제15조) 및 주민감사청구제도(지방자치법 제16조)를 도입하였다.

있다. 이에 본고는 상기의 진보좌파의 지방분권정책과 이명박(MB), 박근혜 보수우파 정부의 지방분권정책 운영의 경험을 토대로 문재인정부가 펼쳐 나아갈 국가-지방운영과제로서의 (지방)자치분권정책의 바른 방향에 대해 논의해보고자 한다.

II. 대한민국 국가성격에 맞는 지방분권의 목표와 전략수립

우선 문재인정부가 우리나라 자치분권정책이 그동안 어떤 배경에서 어떻게 전개되어 어떠한 결과물(공과)을 도출했는가에 대한 정확하고 올바른 진단을 통해 이 시대에 맞는 자치분권의 정책을 제시할 수 있는 동력을 창출해야 할 것으로 본다. 특히 참여정부에서 제시했던 지방분권과제와 국가균형발전정책이 왜 제대로 착근되지 못하였는지에 대해 깊이있는 분석을 통해 그 방향 및 내용을 설정해야 할 것이다. 이 과정에서 국가의 지방행정수행방식의 공과를 국민들에게 소상히 알리고 교감(소통)하여 우리나라가 민주선진국가로 발돋움하기 위해서는 국가 및 지방권력구조와 운영시스템의 일대전환으로서의 자치분권정책의 재설계 논리를 제공해야 한다.

그런 맥락에서 우리나라 국가의 성격을 규정하고 그 안에서 지방분권의 기본이념 및 방향을 국가체제와의 관계 속에서 제시해 주고, 그에 따른 하위 목표 및 원칙들이 제시되어야 할 것이다. 예컨대, 우리나라 지방분권의 기본논리는 자유민주주의체제를 기본으로 하는 단일국가체제의 헌법적 가치를 존중하는 틀 속에서 제시해주어야 한다. 왜냐하면 우리나라는 실질적으로 정부수립 후 제헌헌법이래 단일국가체제를 유지해온 민주공화국이기 때문이다. 즉, (물론 연방국가체제를 인정하는 국민합의로 헌법개정이 있기 전까지는) 우리나라의 지방분권은 연방국가체제가 아닌 단일(방)국가체제 속에서의 지방분권을 추진한다는 원칙을 제시해 주어야 한다. 그럼으로써 단일국가가 채택하는 자치분권의 논리를 명확히 할 수 있기 때문이다. 예컨대, "우리나라는 '대한민국 공화국의 불가분성(indivisibilité de la République Korea)'과 주권불가분성(indivisibilité de la souveraineté)에 기초하여 국가의 단일성원칙을 존중하는 자치분권화이어야 한다"는 사실을 밝혀주어야 한다. 따라서 어떤 정치세력도 자치의 영역을 확대해준다는 미명 하에 대한민국 주권을 나누어 가지려는 위험을 차단하고 국가의 단일성(통일성) 내에서 지방자치단체의 다양성을 확보해나가는 지방분권 국가임을 천명해 주어야 할 것이다.

이를 기반으로 다음과 같은 대한민국 국가의 지방분권목표가 설정되어야 하고 그에 따른 지방분권개혁방향 및 과제를 제시해야 할 것이다.

1) 자치분권목표 : 지방자치단체의 자율행정보장, 국가와 자치단체간의 협력보장, 새로운 주민의 창출(주민의 권리확충강화, 의무강화)

문재인 정부는 자치분권을 통해 궁극적으로 이루어야 하는 것이 무엇인지 성찰해야 한다. 결국 243개 자치단체로 구성된 대한민국은 더 이상 중앙정부가 일일이 해당 자치단체를 간섭하고 통제하는 획일적 방식으로는 소기의 성과를 이루어낼 수 없다는 사실을 깨닫는 시행착오을 겪으면서 이제 자치단체별로 주민 스스로 자지 지역의 문제를 자율과 책임으로 처리해 나갈 수 있도록 국가(중앙정부)가 해당 자치단체의 역량을 강화해주는 지원협력체제로서의 자치분권정책을 정착시켜야 하는 것이다.

그러나 우리나라 국가의 지방자치단체에 대한 매우 강력한 통제·감독은 자치단체의 자율성을 보장하기엔 일정한 한계가 있었다. 국가가 그동안 자치권을 지방자치단체에 부여해주었다고 하지만 강력한 중앙통제로 인해 자치권 실효성은 매우 제한될 수밖에 없었음은 큰 시행착오였던 것이다. 즉, 우리 정부는 무엇보다 자치분권의 성공의 열쇠가 어떻게 하면 자치단체가 그 지역의 문제를 그들의 부담으로 스스로 처리해 가는 자유스러운 행정(la libre administration)을 보장할 수 있는가에 달려 있다는 사실을 간과한 것이었다. 따라서 자치(자율)행정을 근간으로 하여 분권과 참여의 논리가 적용되는 국가-지방자치단체 간의 새로운 관계설정을 도모하고 이를 뒷받침할 헌법, 지방자치법을 개정해야 할 것이다.

같은 맥락에서 그동안의 우리 지방분권은 국가의 정책이 지방에서 수용되지 못하고 지역이기주의에 매몰되어 갈등을 양산해내는 측면이 많았다. 이는 그간의 지방자치분권이 지방자치단체의 자율과 책임이라는 논리에서만 접근되었지 국가와 지방자치단체간, 지방자치단체간(광역과 광역, 광역과 기초, 기초와 기초) 협력차원에서는 소홀했다는 비판을 면키 어려운 것이었다. 따라서 국가와 지방자치단체간의 협력보장이라는 자치분권목표가 설정되어야 한다.

또한 자치분권사회에 맞는 성숙한 주민의 창출을 도모해야 한다. 매번 자기이익에 반하면 비판만하는 고객지향적인 주민에서 국가와 자기 자치단체의 공익을 생각할 수 있는 성숙한 가치지향적인 새로운 주민으로서의 변화를 이끌어내 주어야 한다. 아무리 많은 자치분권제도를 법률과 함께 내놓는다 하더라도 공익적 사고에 가치지향화된 공동생산자(co-producer)로서의 주민이 존재하지 않는다면 문재인정부가 추구하려는 자치분권정책이 모두 허상이 되고 말 것이기 때문이다. 따라서 민주주의에 새로운 주민의 창출을 모색해야 하는 바 시민교육을 어떻게 정립하여(시민주도, 정부지원) 활성화시킬 것인가에 대한 대안이 필요하다.

2) 지빙분권개혁방항 및 과제

위와 같은 배경에서 이제 막 출범한 문재인 새 민주정부는 지속적으로 지역발전과 균형발전을 담보해 낼 수 있는 자치분권개혁을 추진해야 할 것으로 본다. 이를 위해 우선 국정의 통합을 유지할 수 있는 자치분권정책을 제시해야 한다. 전국 243개 지방자치단체에서 발생하는 정치 · 경제 · 사회 전반에 걸친 문제를 〈내치〉차원에서 종합적으로 조정하여 통치권의 정치적 부담을 완화시켜 줄 수 있어야 하기 때문이다. 그리고 지방행 · 재정 등을 총괄적으로 지원 · 관리하여 국정과 지방행정을 통합 · 조정해야 한다. 이는 정부와 소속정당을 달리하는 지방자치단체장 출현시 예상되는 국정표류를 차단하고 국가 주요정책 사업을 지속적으로 추진해야 하기 때문이다. 이러한 맥락에서 우리나라에 합당한 중앙-지방자치단체간의 바람직한 관계를 설정해야 한다. 즉, 국가와 지방자치단체, 지방자치단체와의 관계가 국가의 통일성 내에서 유기적인 협조 내지 연계성 있는 자치분권화를 도출해야 한다. 국가의 지배논리가 너무 강해서도 아니 되지만 지방의 독립적 논리가 너무 강해서도 아니 된다는 것이다. 환언하면 국가와 지방자치단체가 따로 격리되어 지방자치행정을 수행하는 것은 바람직하지 않다는 사실이다. 그런 측면에서 지방의 문제가 국가의 문제가 될 수 있으며, 국가의 문제가 지방의 문제가 될 수 있다는 현실에서 서로 통합의 논리에서 자치분권화를 재조명해야 한다.

이러한 배경에서 그동안 논의되었던 광역지방자치단체장의 국무회의 참석제도(국정을 시도지사와 협의)와 최근의 그보다 진전된 '제2국무회의 신설'(대통령과 17개 시도지사)[2]은 긍정적이다. 여기에서 한 걸음 더 나아가 정치적 측면에서의 연계협력을 강화하는 차원에서 지역의 지방의회가 국회와의 연계성을 가지면서 지방자치행정을 펼쳐나갈 수 있는 제도적 보완을 고민해야 한다. 그런 의미에서 지방자치단체의 대표가 참여하여 국정을 논의하게 하는 상원개념의 국회를 모색해 볼 수 있다. 그럼으로써 진정으로 정치행정적 차원의 통합적 자치분권이 실현되어 지방의 발전과 국가의 발전이 선순환하는 실천적 지방자치의 틀을 만들어 갈 수 있을 것이다.

둘째, 지방자치단체의 자율성을 확대하고 이에 상응하는 행정역량 및 책임성을 강화하는 자치분권개혁이어야 한다. 중앙행정권한의 지방이양을 추진하고, 국세와 지방세의 합리적 조정과 지방재정조정제

2 지난 대선을 앞둔 4월 27일 문재인 대통령후보는 서울 여의도 당사에서 지방분권 공약 발표 기자회견에서 "대통령과 광역지방자치단체장이 참여하는 제2국무회의는 자치분권과 국가 균형발전을 위한 각종 현안과 국가 중장기 과제들을 다루는 최고 수준의 자치분권 논의기구가 될 것"이라고 강조했다(디트뉴스, 2017.5.) 이는 문재인대통령후보가 민주당 경선당시 제시된 안희정 충남지사의 공약을 반영한 것으로 보인다.

도를 통해 재정자립도를 제고하며, 자치입법권 확대 및 지방인사의 공정성과 개방성을 확대해 나감으로써 자치역량을 강화해야 한다. 또한 지방자치단체의 자율성을 신장시켜주기 위해서는 국가가 지방자치단체에게 자치권을 확대해 주어야 하는 것도 필요하지만 이와 더불어 그동안 지방자치단체에게 행했던 강력한 중앙통제의 게임을 바꿔주어야 할 것이다.[3] 21세기 자치분권시대에 맞는 문재인 정부의 통제방식을 설정해야 하는 이유는 바로 여기에 있다. 그런 면에서 프랑스 진보좌파 사회당 프랑수와 미테랑(François Mitterand)대통령이 주도했던 ①권력적 · 사전적 통제의 폐지, ②행정법원에 의한 적법성의 통제③감사원(지역감사원)에 의한 예산 · 회계의 적법성 통제방식은 매우 시사하는 바가 클 것으로 본다.

셋째, 주민자치적 측면을 강화한 자치분권개혁이 되어야 한다. 그동안 주민참여, 주민통제지향적인 지방민주주의를 추구하려고 노력하였지만 집단이기적인 주민 앞에 그 효과가 상쇄되었던 시행착오를 겪었다. 따라서 이제 주민의식과 역량을 제고할 수 있는 장치가 필요하다. 특히 그동안 민선자치가 강조해 온 주민관은 수요자중심주의, 고

3 지방자치단체에 대한 국가의 통제는 지방자치의 이념을 존중하는 방향에서 자치단체의 자율적 통제장치가 제대로 기능하지 않을 때에 한하여 행사하도록 해야 할 것이다. 따라서 다음과 같은 방향에서 이루어져야 할 것으로 본다. 첫째, 기관위임사무의 경우 국가의 통제가 불가피하다고 볼 수 있으나 자치사무에까지 법령위반여부에 대해서 국가나 광역자치단체가 판단하는 것은 무리가 있다. 따라서 자치사무에 대해서는 사법부에 의해 보다 중립적으로 법령위반여부를 판단하도록 해야 한다. 이와 함께 자치단체장의 행위에 대한 판단은 일반행정문제는 사법부에서 재정문제는 회계검사원(감사원)에 판단하도록 하는 합법성 통제에 충실해야 한다. 즉, 단체장의 작위 또는 부작위가 위법이라고 인정될 때에는 주무부장관은 그 내용이 행정에 관한 것이라면 이를 취소·정지시키거나 또는 이행을 강제하는 판결을 구하는 소를 법원에 제기하고, 예산 및 재정에 관한 것이면 회계원(감사원)에 청구하여 각각 그 판단에 따르게 해야 할 것이다. 둘째, 주무부장관이 자치행정에 대한 합목적성의 통제를 못하도록 해야 한다. 자치행정의 내용이 공익에 부합되는가, 공익을 해할 우려가 있는가, 합목적적인가의 여부에 대하여는 중앙정부(주무부 장관)가 관여하지 않도록 하며 당해 집행기관, 지방의회 및 주민통제에 의하도록 해야 한다(최진혁, 2013).

객지향적 행정 등으로 주민을 단순한 행정서비스의 객체로서의 지위만을 부여했을 뿐이었다. 그러다보니 자치단체의 행정서비스에 대해 소비자로서의 수동적인 주민만을 만들어내었다. 요컨대, 공동체정신을 존중하는 주민의 민주적 소양이 전제되지 않고서는 자치분권이 성공할 수 없다는 사실을 반면교사로 받아드릴 수밖에 없다. 고객지향적이고 수요자중심의 논리에서 만들어 놓은 주민의 형상에서 이제 양질의 행정서비스를 주민과 함께 만들어내는 행정서비스의 공동생산자(co-producer)로서 더불어 책임질 수 있는 성숙한 주민의식과 역량을 구축해 내어야 하는 이유이다.

넷째, 우리가 구축해야 할 새로운 협치로서의 자치분권 거버넌스는 크게 두가지 측면의 통합관계를 고민해야 하고, 그 안에서의 질적인 상관관계를 모색해야 한다. 즉, 그동안 단순히 거버넌스 체제 안에 놓여진 구성요소들간에 관습적으로 행하는 협력관계가 아니고 서로 창의적으로 영리함으로 시너지효과를 극대화하는 협력을 이끌어내는 다양한 행위자들(개인, 기구, 공공부문과 민간부문)의 수평적인 통합을 이루어내고, 국가 전체발전의 목표와 전략에 상응할 수 있는 국가와 지방자치단체간의 수직적 통합을 이끌어낼 때 가능하다는 사실을 잊어서는 아니된다(최진혁, 2012).

3) 자치분권의 방법

그리고 자치분권을 어떠한 방법으로 수행하느냐에 대한 답을 제시해 줄 필요가 있다. 우리의 자치분권이 국가와 지방자치단체간의 관계에서 비롯되는 여러 방법들도 중요하지만 주민의 지방자치단체에의 참여와 그들에 의한 자율행정추구가 무엇보다 중요하기 때문이다. 따라서 헌법개정시 다음과 같은 방법에서 자치분권의 방향을 설정해 주어야 할 것이다. 즉, "대한민국의 자치분권은 주민대표기관(지방의회, 지방자치단체장)과의 대화와 협의를 기본으로 한다"가 그것이다(최진혁, 2013).

(자치발전 2017.5.22.) / 특별기획 제19대 대통령에게 바라는 지방자치

10

지방자치 부활 30주년에 부쳐 : 충청남도 의회의 미래과제

올해는 충청남도의회가 1961년 5.16 군사혁명으로 해산되었다가 1991년 다시 구성되어(1991.6.20선거/7.8개원) 지방자치의 부활을 알렸던 해로부터 외형적이나마 자치분권의 기틀을 다져온지 30주년이 되는 뜻깊은 해이다. 대한민국 정부수립 73년의 세월 속에 자유민주주의의 징표인 지방자치제는 지방의회를 헌법상의 기관으로 그 지위를 보장하고 있음에도 불구하고 정치권의 이해관계 속에서 주민의 필요보다는 정권의 유지나 국가행정의 능률성 도모, 당파적 이해에 우선하는 권력투쟁의 산물로서 점철되어온 굴곡진 역사 속에 투영되어 오늘에 이르고 있다. 그러다보니 우리의 지방의회의 존재는 풀뿌리 민주주의를 담보하는 주민자치(autonomie des citoyens)와는 거리가 있었고, 중앙정부 중심의 지방행정수행방식의 연장선상에 놓일 수밖에 없는 기관에 불과하였다. 이런 배경에서 탄생한 우리의 지방의회는 강시장-의회형의 기관분립형 지방정부조직에 갇혀 더욱 그 위상이 낮게 평가받고 있는 실정이다. 기관분립형 지방정부의 근본취지인 견제와 균형의 원리도 두 기관간의 불균형화된 관계, 지역주의에 매몰된 지방선거로 인해서 소기의 성과를 거두지 못하고 있는 것이다. 더구나 지방의원의 전문성, 도덕성이 결여되어 의정활동이 제대로 효율적으로 이루어지지 못해 시/도민으로부터 더욱 불신의 대상이 되고 있는 현실이다. 의원의 역량과 시/도민의식이 부족해서 발생하는 의정활동의 결과는 결과적으로 시/도민이 그 피해를 고스란히 안아야 한다는 점에서 심각성이 있다. 그렇다고 선거가 전문성 높은 의원들만 선출되도록 보장해줄 수도 없는 상황이기에, 물론 전문성있는 인사를 주민이 선별하여 선출해주어야 하지만 그것도 일정한 한계가 있다는 사실에서 의원을 도와 의정활동을 효율적으로 수행할 수 있게 하는 방안을 모색할 수밖에 없는 이유이기도 하다.

여하튼, 지방자치부활 이후 지방자치제도의 근간인 지방의회제도의 정착화를 위한 30년의 노력에 긍정적인 면이 있었음에도 불구하고 여전히 주민으로부터 거리가 있는, 인정받지 못하는 기관으로 존재하고 있는 것은 어떤 이유인지 반문해 보아야 할 것이다. 그런 배경에서 이제 충남도의회는 새로운 30년을 준비하는 자치분권2.0시대에 맞게 지방의회를 온전히 주민에게 돌려주어 주민의 신뢰를 한 몸에 받는 새로운 주민대표기관으로 재설계(restructuring)해야 하는 당위성이 있다. 국가중심의 자치에서 주민중심의 자치로 제도설계를 다시 해야 한다는 지난 39년(1,2공화국 9년+6공화국 30년)의 지방자치의 소중한 경험과 값진 교훈에서 출발하고 있기 때문이다.

그런 배경에서 우선, 충남도의회는 진정한 지방민주주의 실현을 위해 헌법이 보장하는 지방자치의 본질(헌법 제118조 ①지방자치단체에 의회를 둔다)을 이해하여 주민주권의 주민자치를 기반으로 지역주민의 참여와 국가와 지방자치단체간의 동반자적인 협력을 통해 지방자치단체의 역량을 강화하는 방향에서 그 해답을 찾아야 할 것이다. 여기에서 우리는 본질적인 주민중심의 자치분권의 논리가 무엇을 어떻게 해야하는 것인지에 대해 명확히 짚고 가지 않을 수 없다. 그것은 바로 그동안 지역사회에서 국가의 의사가 직접적, 수직적으로 침투하는 비대화된 행정영역을 줄이고, 그동안 상대적으로 소외되었던 주민참여와 주민통제의 역할을 강화할 수 있는 자치의 영역을 키워나가는데 있다고 할 것이다. 그것은 바로 지방자치의 존립근거가 되는 기관이자 주민의 대표기관인 지방의회의 존재이유(la raison d'être de l'assemblée locale)를 강화하는 것이고, 지방의회가 주민의 일상생활에 함께하는 기관으로 자리매김할 때 가능한 일이라고 본다. 따라서 주민과 함께 동고동락하며 주민의 일상 삶의 고충과 애환을 함께 나눌 수 있도록 하여 주민이 필요로 하는 지방의회로 완전히 거듭나야 한다. 그리하여 멀지않은 미래에 적어도 충남도민의 70-80%이상이 그들의 일상문제를 자치단체장을 포함한 집행기관보다도 도의회와 상의하여 처리한다는 주민의 고백을 들을 수 있어야 할 것이다. 그러기 위해선 집행부보다 더욱 주민의 삶을 잘 이해하고 그들의 문제를 주민의 입장에서 잘 처리해주는 역량있는 의회로 탈바꿈해야 할 것이다.

그런 배경에서 다음으로 지방의회의 전문성을 강화시켜나가는 노력이 필요하다. 우수한 인력을 충원하여 다양한 분야에서 주민의 삶의 질을 제고시킬 수 있는 의정서비스의 창출을 가능하게 하는 전문적 관리를 강화해야 한다. 이를 위해서는 지방의회의원 뿐만 아니라 사무처직원을 위한 우수한 인재의 충원방식을 고려해야 한다. 의원들의 경우 그들의 '권력의 섬'으로 제한시켜 놓은 정치인들의 충원을 지역사회의 인재들을 골고루 등용할 수 있는 지역대학과 연계한 우수인재 충원이 가능한 정당민주화가 작동될 수 있도록 해주어야 할 것이다. 이와 함께 앞으로 시 · 도지사권한이었던 시 · 도의회 사무직원에 대한 임용권이 이제 시 · 도의회의장에게 부여되어 인사권운영에 있어 독립성을 보장받게 되는바, 사무처직원을 우수공직자로 충원하고, 전문보직관리를 시행하고, 더불어 의정활동 지원에 필요한 전문교육이 가능한 교육과정을 제시하고 상위직급으로 승진한 경우 일정기간 교육훈련풀에 배치하여 자유롭게 필요한 지식과 기술을 습득할 수 있게 하고, 의회 업무의 유사성 등을 기준으로 몇 개의 전문분야로 구분하여 승진 등의 관리를 도모할 수 있는 도의회인사운영체제를 가동할 수 있어야 한다. 여기에 더해 의원들의 의정활동에 있어 책임성, 윤리성이 확보될 수 있는 방안을 모색해야 하는바, 의원의 윤리 및 징계에 관한 사항을 심사하고 주민과 소통하는 윤리특별위원회를 가동하여 지방의회의 투명성과 신뢰성을 제고할 수 있어야 할 것이다. 그렇게 될 때 충남도의회는 의정활동의 전문성과 함께 의원의 책임성, 윤리성을 담보한 값싸고 양질의 의정서비스를 제대로 창출할 수 있는 의회로서 지방민주주의를 더욱 탄탄하게 자리 잡게 하는 선도자로서의 지위를 향유하게 될 것이다.

충남도의회 기고문

11

지방의회의원의 책임성과 윤리성 논의

I. 서론 : 문제제기

우리나라의 지방의회는 그 구성이 서유럽 민주주의 국가가 진행시켜온 대의민주주의의 발현과정으로서 주민의 필요에 의해서 이루어진 것이라기보다는 국가(중앙정부)의 필요에 의해서 시작되었다는 점에서 그것도 집권자의 정권연장수단으로써 악용되어 왔던 점에서 근본적인 태생적 한계를 지닌다. 1991년의 지방의회도 주민의 필요에 의해 구성되었기보다는 국가의 필요, 정확히 이야기하면 집권정치세력의 이해관계에 의해 구성되었다는 사실에서 한계가 있었다. 따라서 주민과 유리된 공간 - 권력관계 속에서 그들(정치인)만의 잔치가 되어버릴 수밖에 없었던 소이(所以)이다. 그렇다고 서유럽의 역사적 과정 속에 나타난 주민이 필요로 생각할 수밖에 없는 과정을 우리가 재현하는 노력을 감행해야 하기에는 그 환경적 차이로 인해 어려움이 있다. 절대적인 권력 앞에 무기력하였던 시민들의 이해를 대변함으로써 시민의 우월한 의사를 마침내 인정하게 했던 과정에서 시민들의 신뢰를 한 몸에 받을 수 있었던 서유럽의 의회탄생 배경과는 그 차이가 크기 때문이다. 요컨대, 우리나라의 지방의회의 존재는 풀뿌리 민주주의를 담보하는 앵글로색슨계의 지방자치제도, 주민자치(autonomie des citoyens)와는 거리가 있었다. 즉, 이는 지방자치 없이도 지방의회가 존재할 수 있고, 반대로 지방의회 없이도 지방자치의 존재가 가능하다는 철저한 국가위주의 지방행정수행방식으로서의 발상이었다(최진혁, 1999 : 56). 이런 배경에서 탄생한 우리의 지방의회는 강시장-의회형의 기관분립형 지방정부조직에 갇혀 더욱 그 위상이 낮게 평가받고 있는 실정이다. 기관분립형 지방정부의 근본취지인 견제와 균형의 원리도 두 기관간의 불균형화된 관계로 인해서 소기의 성과를 이루지 못하고 있다. 더구나 지방의원의 전문성, 도덕성이 결여되어 의정활동이 제대로 효율적으로 이루어지지 못해 시민으로부터 더욱 불신의 대상이 되고 있는 현실이다. 의원의 역량과 시민의식이 부족해서 발생하는 의정활동의 결과는 결과적으로 시민이 그 피해를 고스란히 안아야 한다는 점에서 심각성이 있다. 그렇다고 선거가 전문성 높은 의원들만 선출되도록 보장해줄 수 없는 상황이기에, 물론 전문성있는 인사를 주민이 선별하여 선출해주어야 하지만 그것도 일정한 한계가 있다는 사실에서 의원을 도와 의정활동을 효율적으로 수행할 수 있게 하는 방안을 모색할 수밖에 없는 이유이기도 하다.

이런 맥락에서 본고는 이제 민선7기가 시작된 시점에서 진정으로 주민이 필요로 하는 지방의회로 탈바꿈해내지 못한다면 지방의회의 존재이유가 위협을 받을 수밖에 없다는 절박한 위기의식에서 지방의회의 재구조화 패러다임을 제시해야 하는 정당성이 있다 할 것이다. 과연 21세기 새로운 지방정치 · 행정환경에 부응하는 지방의회의 재설계방향과 내용은 무엇으로 어떻게 준비해야 할 것인가에 대한 담론 차원에서 지방의원의 의정활동에서의 윤리성, 도덕성 제고를 위한 내용을 검토하고자 한다. 요컨대, 오늘날 지방의회 의정활동의 전문성과 함께 의원의 책임성, 윤리성을 담보한 값싸고 양질의 의정서비스를 제대로 창출할 수 있도록 지방의회를 재설계해야 하는 당위성이 존재하는 것이다.

II. 지방의회의 의정활동 전문성, 책임성, 윤리성과 관련한 이론적 논의

1. 지방의회와 지방의회 의정활동 전문성의 의의

1) 지방의회의 존재이유

지방의회의 존재이유는 다음과 같은 지위 내지 역할(기능)에서 찾을 수 있을 것이다(최창호, 1997 : 443-444 ; 서울특별시의회, 2009). 본 연구에서는 특히 입법정책지원기능에 초점을 두고 있기 때문에 의결(정책결정) 및 입법기관으로서의 기능에 중점적으로 논의를 전개하고자 한다.

(1) 대표기관 : 지방의회는 주민이 선출한 의원에 의하여 구성되어 자치단체의 의사를 심의 · 결정하는 것이므로 주민의 대표기관으로서의 지위를 가진다.

(2) 의결기관 : 지방의회는 법적으로 부여된 지방자치단체의 사무를 독자적으로 결정할 수 있는 권리와 법령의 범위 안에서 자치단체의 의사를 스스로 결정하는 최고의사결정기관으로서의 지위와 권한을 갖는다. 지방의회 의결권의 범위는 지방자치법 제39조 제1항에서 예시적으로 열거하고 있으나 지방자치법을 포함한 개별법령 또는 조례에서 정하는 사항에 대하여 의결권을 행사할 수 있다(지방자치법 제39조 2항)(서울특별시의회, 2010 : 71). 지방의회는 지방자치단체의 정책과 입법, 주민의 부담, 기타 지방자치단체의 운영사항에 대하여 지방자치단체의 의사를 최종적으로 확정하는 권한을 가진다. 그런 의미에서 그러한 의사의 결정에 관하여 의견을 제시하는데 그치는 이른바 자문기관과는 다르다. 이런 측면에서 의결기관으로서의 의회는 지방자치단체의 의사를 확정하는 기관이기 때문에 이를 의사기관이라고도 할 수 있다.

(3) 입법기관 : 지방의회는 지방자치단체 내의 입법권과 집행권의 분립체제 아래서 입법권 행사를 그 기본적인 기능으로 하고 있으므로 입법기관으로서의 지위를 가진다. 지방자치단체의 자치법규의 근간인 조례의 제정권이 지방의회의 전속적 권한에 속하기 때문이다. 지방의회는 법령의 범위 안에서 그 소관사무에 대한 조례를 발의하고 의결할 수 있는 법적권한이 있다. 다만 주민의 권리제한 또는 의무부과에 관한 사항이나 벌칙을 정할 때에는 법률의 위임이 있어야 한다(헌

법 제117조, 지방자치법 제22조).

(4) 대집행부 견제 · 감시기관 : 의회의 결정사항이 집행기관에 의하여 그대로 실현되고 있는가를 감독 · 확인하는 집행감시기관의 지위를 갖는다. 의회에 이 기능이 부여되어 있지 않으면 의회의 대표기능과 의결기능이 제대로 보장될 수 없으므로 필수적인 기능으로 간주할 수 있다.

2) 지방의회와 의정활동 전문성의 개념

지방의회(Local council, Local assembly ; Assemblée locale)는 그 구성원이 헌법에 의해 보장된 민주적 선거방식에 따른 직접보통 선거원칙으로 선출되어야 하는 합의제 기관이며 지방정부의 중요한 의사결정을 담당하는 의결기관이다. 이는 지방민주주의의 상징적인 기관으로 공법인격을 가진 지방자치단체수준에서 주민들이 선출한 지방의회의원들에 의해 자유롭게 운영 · 관리된다. 우리나라 헌법 제118조 제1항에는 "지방자치단체에 의회를 둔다"와 제2항에는 "지방의회의 조직 · 권한 · 의원선거와 지방자치단체의 장의 선임방법 기타 지방자치단체의 조직과 운영에 관한 사항은 법률로 정한다"라고 규정하면서 지방의회를 헌법상의 기관으로 그 지위를 보장하고 있음을 알 수 있다. 따라서 지방의회는 헌법이 보장하는 자유민주주의의 체제와 지방자치제도의 핵심적 기관으로 간주된다.

지방의회는 주민 가까이에서 주민들의 일상생활에 관련되는 사항을 다루는 점에서 주민의 일상생활과 복지, 지역경제에 관련된 주민의 의사를 지역사회의 의사결정체제에 충실히 반영하여 값싸고 양질의 의정서비스를 민주적인 장(대의제 민주정치)에서 주민에게 제공하려는 데 그 존재가치를 찾을 수 있다. 그런데 이러한 존재가치가 빛을 발하고 지방의회가 성공적으로 뿌리내리기 위해서는 지방의회의 전문성 확보가 시급한 상황이다. 그동안 우리나라 지방의회가 부정적인 평가를 받아 온 이유 중의 하나는 지방의원의 전문성부족과 정책보좌인력의 부족에 따른 의정지원체계의 미흡에서 비롯된 것으로 조사되고 있다(지방자치학회, 2007 ; 서울특별시의회, 2009). 요컨대, 지방의원 개개인의 전문성부족과 제도적으로 지방의원에 대한 의정활동 보좌기능의 미비는 지방의회의 성공적 수행을 가로막는 장애요인으로 간주되고 있다. 따라서 지방의회 의정활동의 전문성 확보가 무엇보다 중요하게 대두되고 있는 이유이다.

그렇다면 의정활동의 전문성을 어떻게 정의할 수 있을 것인지에 대한 고민이 필요할 것 같다. 전문성은 어떤 분야에 상당한 지식과 경험을 가지고 한가지의 분야(학문, 사업)에만 전심하는 속성을 지닌 것으로서 볼 수 있다. 그런데 이 전문성을 시간적 개념에 의거하여 지방의원이 되기 이전까지의 출신배경으로 본 인적 전문성과 지방의원이 된 이후 의정활동을 통해 체득한 기능적 전문성으로 분류하고 있다. 더 나아가 인적 전문성과 기능적 전문성은 지방의원 의원으로서 직무수행을 얼마나 전문성을 가지고 수행할 수 있느냐 하는 직무전문성과 함께 지방의원이 의원으로서의 역할을 어느 정도 적극적으로 수행하는가와 관련되는 역할전문성으로 분류하고 있다(최봉기, 2005 : 345-348). 같은 맥락에서 인적전문화와 업무상의 전문화로 구분하고 있다.

본 연구에서는 의정활동의 전문성을 지방의회가 주민에게 의정서비스를 제공하는데 있어 지방의회의 존재이유(la raison d'être de l'assemblée locale)[1]에 합당한 지식이나 경험(포괄적 이해력)이 풍부함을 일컫는 의미로 정의하고자 한다. 즉, 주민을 대표하여 주민생활 의정활동을 하면서 이에 관계된 입법지식이나 의사운영경험이 풍부하여 지방의회의 대 집행부 견제감시기능과 의결기능 및 입법기능을 원할히 수행해 낼 수 있는 의원을 의미한다. 이 경우 의정활동 전문성 확보는 의원 개개인의 전문성차원(개인적 차원)과 의원들의 의정활동과 정책활동을 보좌하는 의정지원제도 차원(제도적 차원)으로 해석해 볼 수 있을 것이다. 그런데 지방의회의원들의 의정활동은 크게 세 가지 범주로 정리해 볼 수 있는바, 의회업무에 관련한 행정사무처리 활동과 지역구와 주민에 관련한 진정 내지 민원을 처리하는 활동, 그리고 주민들의 이해와 지역구의 여건을 반영한 입법과 정책결정 등에 관련한 활동이 그것이다.

2. 지방의원의 책임성, 윤리성

1) 행정윤리

행정윤리(administrative ethics)란 정부조직에 종사하는 공무원들이 지켜야 할 행동규범(code of conduct)으로 공무원이 직무수행에 있어 그의 전문적 능력을 최대한 발휘하여 국민전체에 대한 봉사자로서 행정이 추구하고자 하는 공공목적을 달성하여야 할 의무로 규정하고 있다(이종수, 하태권 외 : 485-507). 일반적으로 행정공무원(지방공무원)들은 국가(지방자치

1 지방의회는 통상적으로 주민의 대표기관, 입법기관, 의결기관, 집행부의 견제·감시기관으로서의 존재이유를 갖는다(전술).

단체) 업무를 능률적으로 수행할 책임을 질뿐만 아니라 공공의 이익을 수호해야 하는 책무를 지고 있다. 따라서 행정공무원들은 일반시민이나 회사원의 경우보다 더 높은 윤리기준을 요구한다. 보편적인 의무로서 성실의무, 복종의무, 직장이탈금지 의무 외에 수행업무의 특성상 영리업무에 종사해서는 아니 되며, 청렴하고 품위를 유지하여야 하는 추가적인 윤리기준이 요구되는 것이다.

행정윤리는 일종의 공공윤리(public morality)로서 대인이나 가족, 특수조직을 위한 편협한 구성원 이익을 위한 것이 아니라 광범위한 주민의 이익에 봉사하는 것으로 볼 수 있다. 지방의원(공무원)들이 의정업무를 능률적으로 수행하지 못하거나 의정권한을 자신의 영향력 확대나 가족, 친지의 이익을 배려하는 기회로 활용한다면 이는 부정부패의 연결고리에 자유롭지 못한 공공의 이익을 침해하는 일이 될 것이다. 결국 행정윤리는 부정부패의 방지라는 소극적인 면으로 이해되기도 하지만 적극적 의미로 파악할 경우에는 공익성과 봉사정신이 강조되어야 한다.

2) 행정윤리의 내용

국가공무원법과 공직자윤리법은 부정과 비리를 방지하기 위한 소극적 윤리를 강조하고 있으며, 공무원 윤리헌장과 취임선서 등에서는 봉사와 충성 그리고 창의와 책임을 강조하는 적극적 윤리가 천명되고 있다.

국가공무원법의 공무원이 지켜야 할 행동규범은 다음과 같다.

①성실의무 : 모든 공무원은 법령을 준수하며 성실히 직무를 수행하

여야 한다.

법령준수의무

②복종의 의무 : 모든 공무원은 직무를 수행함에 있어서 소속 상관의 직무상의 명령에 복종하여야 한다.

③직장이탈금지 : 공무원은 소속 상관의 허가 또는 정당한 이유 없이 직장을 이탈하지 못한다. 현행범이 아닌 공무원을 수사기관이 구속하고자 할 때에는 사전에 그 소속기관의 장에게 통보하여야 한다.

④친절공정의 의무 : 공무원은 주민전체의 봉사자로서 친절하고 공정하게 집무하여야 한다.

⑤비밀엄수의 의무 : 공무원은 재직 중은 물론 퇴직 후에도 직무상 지득한 비밀을 엄수하여야 한다.

⑥청렴의 의무 : 공무원은 직무와 관련하여 직접 또는 간접을 불문하고 사례/증여 또는 향응을 접수할 수 없으며, 직무상의 관계 여하를 불문하고 그 소속 상관에 증여하거나 소속 공무원으로부터 증여를 받아서는 아니 된다.

⑦외국정부의 영예 등의 수령규제 : 공무원이 외국정부로부터 영예 또는 증여를 받을 경우에는 대통령의 허가를 얻어야 한다. 자국의 이익에 전념하도록 하기 위한 것이다.

⑧품위 유지의 의무 : 공무원은 직무의 내외를 불문하고 그 품위를 손상하는 행위를 해서는 아니 된다.

⑨영리업무 및 겸직금지 : 공무원은 공무 이외의 영리를 목적으로 하는 업무에 종사하지 못하며 소속기관의 장의 허가 없이 다른 직무를 겸할 수 없다.

⑩정치운동의 금지 : 공무원은 정당 기타 정치단체의 결성에 관여하거나 이에 가입할 수 없다. 또한 공무원은 선거에서 특정 정당 또는 특정인의 지지나 반대를 위한 권유운동 등을 하여서는 아니 된다.

⑪집단행위의 금지 : 사실상 노무에 종사하는 철도공무원, 체신공무원 등을 제외하고 공무원은 노동운동 기타 공무 이외의 일을 위한 집단적 행위를 하여서는 아니 된다.

: 부정부패를 방지하기 위하여 공무원이 지켜야 할 행동규범으로 공직자윤리법이 규정하고 있는 내용은 다음과 같다.

-재산등록 및 공개

-선물신고

-퇴직공직자의 취업제한

멸사봉공(滅私奉公)의 정신으로 개인이나 정당보다도 국가에 충성해야 함을 강조하고 있다.

III. 지방의회의원의 권리와 의무 : 행정윤리와 근무규율[2]

1. 지방의회의원의 권리와 의무

지방의회의원은 해당 지방정부의 이해를 위해서만 그들의 기능을 종료하고 그들의 행위를 규제한다. 지방정부에 대해 충성의 의무를 존중하는 선에서 의원에게 명백하고 불편부당하게 부여한 기능을 완수한다.

2 유럽연합 공무원의 권리와 의무(Droit et obligation du fonctionnaire)를 참조하였음(최진혁, 2015)

-지방의원은 품위에 손상을 줄 수 있는 모든 행위와 품행을 절제해야 한다.

-모든 지방의회의원은 모든 정신적 /성적 학대의 형태로부터 삼가는 태도를 지향해야 한다.

-지방의회의원은 충성과 불편부당원칙을 엄격하게 존중하는 선에서 표현의 자유권한을 향유한다.

2. 공직부패방지를 위한 조치 : 반부패 척결위원회 구성[3]

의회에 반부패척결위원회를 두어 일정한 독립성을 보장해주면서 의회운영의 효율성, 효과성과 책임성을 강화하는 기제로 활용하도록 한다. 이 위원회는 의원들의 부정적 행위에 대항하여 시민여론조사를 수행하여 조치할 수 있도록 하고 있다. 위원회는 최적의 결과를 얻을 수 있는 방식으로 부정과 싸우는 부정척결위원회의 역량을 강화하는 조치를 해야 하는데, 예를 들어, 여론조사시 인간의 권리보호, 부정행위 척결분야에서 부패척결위원회와 이들의 전략적 동반자와의 협력강화와 부정척결위원회의 보다 효과적인 여론조사의 집행과 추적이 보장되는 조처를 보장해주어야 한다는 것이다. 그리고 이와 같은 제안은 최종결정과정에 승인을 위해 의회(Conseil)에 이송되는데, 특히 의원들의 부정행위 방지의 주춧돌로 활용하고 있다.

3 반부정(행위)척결유럽위원단(OLAF : l'Office européen de lutte antifraude)의 개혁을 참고하였음(최진혁, 2015)

3. 프랑스 지방의회의원의 책임성과 보호(Responsabilité et protection des élus locaux)

지방의원은 공직자의 기능보호와 연계된 보호제도에 혜택받는다. 이 조치는 다음의 세가지 유형에 해당한다.

-지방의원이 자기 의정기능을 수행하는 선에서 사고의 희생자일 경우,

-지방의원이나 그의 친인척이 지방의원으로서 결과하는 폭력이나 모욕(명예훼손)을 당했을 경우,

-지방의원이 기능수행상에 연결된 행위가 민형사상 대상이 되는 경우나 그들의 관리가 지역회계심의원(la chambre régionale des comptes)의 통제가 되는 경우,

4. 공무원의 징계제도

징계는 공무원의 의무위반에 대한 제재를 의미한다. 즉 징계는 법령, 규칙, 명령 위반자에 대한 처벌을 뜻한다. 징계는 공무원이 맡은 바 직무를 보다 더 성실하게 수행하고 행동규범을 준수하기 위한 통제활동으로, 의무위반자에 대한 제재를 통하여 공무원들의 잘못된 행태를 교정하려는데 주목적이 있다. 따라서 징계는 교정의 목적도 있지만 예방의 목적도 아울러 지니고 있다고 할 수 있다. 즉 징계를 적극적 측면에서 보면 단순한 처벌이 아닌 교육훈련의 의미도 가지게 되는 것이다(징계사유발생을 차단하는 억제 예방적 목적).

징계의 사유는 국가공무원법 제78조와 지방공무원법 제69조에서 규정하고 있다.

국가공무원법 제78조 : ①이 법 및 이 법에 의한 명령에 위반하였을 때, ②직무상의 의무에 위반하거나 직무에 태만하였을 때, ③직무의 내외를 불문하고 그 체면 또는 위신을 손상하는 행위를 한 때이다.

지방공무원법 제69조(징계사유)

① 공무원이 다음 각 호의 어느 하나에 해당하면 징계의결을 요구하여야 하고, 징계의결의 결과에 따라 징계처분을 하여야 한다.

1. 이 법 또는 이 법에 따른 명령이나 지방자치단체의 조례 또는 규칙을 위반하였을 때

2. 직무상의 의무(다른 법령에서 공무원의 신분으로 인하여 부과된 의무를 포함한다)를 위반하거나 직무를 태만히 하였을 때

3. 공무원의 품위를 손상하는 행위를 하였을 때

② 징계에 관하여 다른 법률의 적용을 받는 공무원(국가공무원을 포함한다)이 이 법에 따른 징계에 관한 규정을 적용받은 공무원으로 임용된 경우에 임용 이전의 다른 법률에 따른 징계사유는 그 사유가 발생한 날부터 이 법에 따른 징계사유가 발생한 것으로 본다. 다만, 같은 사유로 이미 징계처분을 받은 경우에는 그러하지 아니하다.

③ 특수경력직공무원이 경력직공무원으로 임용된 경우에 임용 전의 해당 특수경력직공무원의 징계를 규율하는 법령상의 징계사유는 그 사유가 발생한 날부터 이 장의 규정에 따른 징계사유가 발생한 것으로 본다.

④ 경력직공무원이 특수경력직공무원으로 임용된 경우에 임용 전의 해당 경력직공무원의 징계를 규율하는 법령상의 징계사유는 그 사유가 발생한 날부터 특수경력직공무원의 징계를 규율하는 법령상의

징계사유가 발생한 것으로 본다.

징계처분의 종류와 그 효력에 대해서 다음과 같이 규정하고 있다.

제70조(징계의 종류)징계는 파면 · 해임 · 강등 · 정직 · 감봉 및 견책으로 구분한다.

파면, 해임, 강등, 정직(중징계)// 감봉, 견책 (경징계)

파면과 해임은 공무원을 강제로 퇴직시키는 중징계 처분의 하나이다. 파면된 사람은 5년동안 공무원으로 임용될 수 없고 해임은 3년 동안 공무원으로 임용될 수 없다. 또한 파면의 경우에는 퇴직급여액의 1/2이 삭감되는 불이익을 받는다. 그러나 해임의 경우에는 연금법상의 불이익은 없다. 강등은 1계급 아래로 직급을 내리고(연구관 및 지도관은 연구사 및 지도사로 한다) 공무원신분은 보유하나 3개월간 직무에 종사하지 못하며 그 기간 중 보수의 2/3를 감한다. 정직처분은 공무원 신분을 유지하지만 직무에 종사하지 못한다. 정직기간은 1개월 이상 3개월 이하이며, 정직기간 중에는 보수의 2/3를 감하도록 되어 있다. 감봉은 1월 이상 3월 이하의 기간동안 보수의 1/3을 감하는 처분이며, 견책은 잘못된 행동에 대해 훈계하고 회개하는 처분이나 공식적인 징계절차를 거치며, 그 처분결과는 인사기록에 기재된다.

제71조(징계의 효력) ① 강등은 1계급 아래로 직급을 내리고(연구관 및 지도관은 연구사 및 지도사로 한다) 공무원신분은 보유하나 3개월간 직무에 종사하지 못하며 그 기간 중 보수의 3분의 2를 감한다. 다만, 제4조제2항에 따라 계급을 구분하지 아니하는 공무원, 임기제공무원 및 「고등교육법」 제14조에 따른 교원과 조교에 대해서는 강등을 적용하지 아니한다. 〈개정 2012.12.11., 2014.1.7.〉

징계기관 및 절차는 지방공무원법 제72조(징계 등 절차)에서 규정하고 있는데, 징계의결을 요구하고 징계결정을 집행하는 일은 각급 행정기관의 장이 행하는 것으로 하고 있다.

지방공무원법 제72조 : 징계처분 등은 인사위원회의 의결을 거쳐 임용권자가 한다. 다만 5급 이상 공무원 또는 이와 관련된 하위직공무원의 징계처분등과 소속기관(시도와 시군구, 시군구)을 달리하는 동일사건에 관련된 사람의 징계처분 등은 시도의 인사위원회의 의결로 한다.

5. 소청심사위원회

지방공무원의 징계 기타 그 의사에 반하는 불이익 처분에 대한 소청을 심사, 결정하기 위해 시 · 도에 임용권자별로 지방공무원 訴請심사위원회 및 교육소청심사위원회를 두고 있다(동법 제13조).

지방공무원법

제13조(소청심사위원회의 설치)공무원의 징계, 그 밖에 그 의사에 반하는 불리한 처분이나 부작위(不作爲)에 대한 소청을 심사 · 결정하기 위하여 시 · 도에 제6조에 따른 임용권자별로(임용권을 위임받은 자는 제외한다) 지방소청심사위원회 및 교육소청심사위원회(이하 "심사위원회"라 한다)를 둔다.[전문개정 2008.12.31.]

제14조(심사위원회의 위원) ① 심사위원회는 16명 이상 20명 이하의 위원으로 구성한다. 이 경우 제2항제1호 및 제2호에 따라 위촉되는 위원이 전체 위원의 2분의 1 이상이어야 한다. 〈개정 2012.3.21.〉

② 위원은 다음 각 호의 어느 하나에 해당하는 사람 중에서 특별시장 · 광역시장 · 도지사 또는 특별자치도지사(이하 "시·도지사"라 한다) 또는

교육감이 임명하거나 위촉한다. 다만, 인사위원회위원, 「정당법」에 따른 당원, 지방의회의원 및 제31조 각 호의 어느 하나에 해당하는 사람은 심사위원회의 위원이 될 수 없다.

1. 법관 · 검사 또는 변호사로 재직하는 사람

2. 대학에서 법률학을 담당하는 부교수 이상으로 재직하는 사람

3. 소속 국장급 이상의 공무원

③ 제2항에 따라 위촉되는 위원의 임기는 2년으로 하되, 연임할 수 있다.

④ 심사위원회의 회의는 위원장과 시 · 도지사 또는 교육감이 회의마다 지정하는 6명의 위원으로 구성한다. 이 경우 제2항제1호 및 제2호에 따라 위촉된 위원이 5명 이상이어야 한다. 〈신설 2012.3.21.〉

⑤ 회의에 참석하는 위원에게는 해당 지방자치단체의 조례로 정하는 바에 따라 실비보상을 할 수 있다. 〈개정 2012.3.21.〉

⑥ 위원 중 공무원이 아닌 위원은 그 직무상 행위와 관련하여 「형법」이나 그 밖의 법률에 따른 벌칙을 적용할 때 공무원으로 본다. 〈개정 2012.3.21.〉

⑦ 제1항부터 제6항까지에서 규정된 사항 외에 심사위원회의 구성 · 운영 등에 필요한 사항은 대통령령으로 정한다. 〈개정 2012.3.21.〉[전문개정 2008.12.31.]

제15조(심사위원회의 위원장) ① 심사위원회에 위원장 1명을 두며, 위원장은 심사위원회에서 제14조제2항제1호 또는 제2호에 해당하는 심사위원회 위촉위원 중에서 호선한다.

② 위원장은 심사위원회를 대표하고, 심사위원회의 사무를 총괄

한다.

③ 위원장이 부득이한 사유로 직무를 수행할 수 없을 때에는 위원장이 미리 지정한 위원이 그 직무를 대행한다.[전문개정 2008.12.31.]

제15조의2(위원의 신분보장) ① 심사위원회의 위촉위원은 금고 이상의 형벌이나 장기의 심신쇠약으로 직무를 수행할 수 없게 된 경우 외에는 본인의 의사에 반하여 그 직에서 면직되지 아니한다.

② 심사위원회의 위원이 제14조제2항 단서의 결격사유 중 어느 하나에 해당할 때에는 그 직을 당연히 퇴직한다.

Ⅳ. 결론

우리나라는 헌법 제118조 ①항에서 "지방자치단체에 의회를 둔다"고 하였으며, ②항에서 "지방의회의 조직 · 권한 · 의원선거와 지방자치단체의 장의 선임방법 기타 지방자치단체의 조직과 운영에 관한 사항은 법률로 정한다"(1987년 제6공화국 헌법 : 전부개정 1987.10.29)고 규정하였다. 이는 지방자치단체가 자치권에 근거하여 그의 관할 구역과 주민을 통치하고 그 관리사무를 자율과 책임 하에 처리할 수 있게 하는 법률적 권능을 합의제 기관인 지방의회에 두게 함으로써 대표제(the representative regime ; le régime représentatif) 내에서 지방민주주의(the local democracy ; la démocrtie locale)를 구체화하겠다는 의지로 풀이할 수 있을 것이다.

합의제기관인 지방의회는 주민의 일상생활과 관련된 지방적 이해(les intérêts locaux)의 표현을 숙지하여 지방민주주의라 칭하는 것에 합당한 것으로 구체화시켜야 하는데, 이 민주주의는 원칙적으로 대표제도 내에서 구현되는 것으로 이해해야 한다. 이 대표제도가 원활히 수행되기 위하여는 주민의 참여가 기본으로 전제되어야 한다. 민주주의가 대표제도에만 머무를때 불완전하게 된다는 사실을 민주주의 역사의 교훈에서 깨우치고 있기 때문이다. 따라서 시민의 권리와 의무를 중시한 참여제도는 매우 중요한 요인으로 자리잡게 되었다. 시민은 납세자이면서 동시에 지방공공서비스의 사용자이기도 하다. 경우에 따라서는 상당한 지출액에 따르는 지방자치단체의 고객으로서 존재한다. 따라서 시민은 개인적으로 일반의지 형성에 협조해야 하는 권한이 있고, 시민 스스로 공적 기여금(세금)의 필요성을 확인하고 그것으로 직종(일자리)을 찾아가는 권한이 있고, 행정수행원인 기관원에 행정수행 결과에 따른 계좌를 요구하는 권한이 있다(프랑스 혁명시 시민의 권리선언 / Raséra, 2002 : 10-11). 결국 지방민주주의는 대표제도와 주민참여의 기제로서 그에 상응하는 내용을 담아내야 할 것으로 본다. 여기에 더해 의원들의 의정활동에 있어 책임성, 윤리성이 확보될 수 있을 때 지방민주주의는 더욱 탄탄하게 자리를 잡을 수 있을 것이다. 그런 배경에서 21세기 대의제민주주의의 보완에 따른 지방의회의 재구조화 논의는 그 당위성이 매우 크다고 할 수 있다.

참고문헌

김찬동외. 2009. 의정발전지원을 위한 연구 vol4. 지방의회발전을 위한 비교연구, 서울특별시의회.
조경호·김명수. 1995. “한국 기초지방의회의 주민대표성과 입법전문성평가”, 「한국행정학보」 29(1).
최봉기. 2005. “한국 지방의회의원의 전문성제고방안”, 「한국지방자치학회보」, 17(1).
최진혁. 2004. “프랑스 지방정부의 조직과 인사고권에 대한 자율권”, 「지방행정」 제53권 612호, 대한지방행정공제회.
최진혁. 1999. “지방의회의 비교연구 : 한국과 프랑스 모델을 중심으로”, 「한국지방자치학회보」.
최창호. 1995. 「지방자치학」, 삼영사.
이종수/하태권 외. 2004. 「새인사행정론」, 대영출판사.
서울특별시의회. 2009. 정책전문성강화를 위한 해외 지방의회의 의정활동지원연구. vol.02. 서울시정개발연구원.
국가공무원법
지방공무원법

Auby, Jean-Marie, Auby, Jean-Bernard, Jean-Pierre Didier, Taillefait Antony. 2002. *Droit de la fonction publique*. Paris : Dalloz.
Lacaïlle, Philippe. 1996. *Le statut de l'élu local*. Paris : Berger-Levrault.
Lorach, Jean-Marc. 2003. Le nouveau régime de l'élu local. Héricy : Editions du puits fleuri.
Muller-Quoy, Isabelle. 2001. *Le droit des assemblées locales*. Paris : L.G.D.J.
Http://www.interieur.gouv.fr(2019.12.10)

전국시도의장협의회(정책자문)

12

광역경제권역과 지방행정체제개편에 따른 충청남도의 대응방안

I. 서론 : 문제제기

이명박정부의 지방분권과 국가균형발전정책의 방향설정은 그동안 정부수립 후 반세기 이상 내국적 차원에서 머물러 있는 균형발전과 중앙집권방식에 길들여져 있는 정치행정체제, 중앙정부 중심의 지역발전, 수도권과 비수도권과의 갈등구조로는 더 이상 효율적인 국가발전(국가경쟁력 제고)을 이룰 수 없게 되었음을 깨닫게 되었다는 사실에서 비롯되고 있다. 따라서 21세기 새로운 환경변화에 부응하기 위해서는 국경 없는 세계화시대에 경쟁력 있는 도시를 창출해야 하고, 지역별 비교우위를 토대로 차별화된 발전전략으로 지역의 잠재력을 확충하여 지역경쟁을 유도하여야 한다는 것이다. 이와 더불어 지난 정부의 지방분권을 실질적인 지방분권으로 전환하여 지역의 자율성과 책임성을 동시에 제고할 수 있도록 하고, 중앙과 지방의 협력체계를 구축하는데 지역이 주도하고 중앙은 이를 조정하고 지원하는 협력방식으로 하며, 수도권과 비수도권간 및 각 지역간 발전적 분업구조 형성과 상호 협력을 통해 지역간 동반 · 상생 발전을 도모하여야 한다는 것이다(국가균형발전위원회, 2008).

이러한 배경 하에서 이명박정부는 전국토의 성장잠재력을 극대화하기 위한 차원에서 기초생활권과 5+2 광역경제권 및 초광역개발권을 구상하고 있고, 신성장동력발굴을 통한 지역특화발전을 모색하고 있다(후술). 한편 제17대 국회에서 논의되었다가 중단된 지방행정체제 개편을 이명박정부는 100대 국정과제로 채택하여 다시 진행하고자 하고 있다. 즉, 현 지방행정체제는 1896년 13도제를 채택한 이후 100년 넘게 중앙집권적으로 유지되고 있어 지방자치의 활성화에 장애요인이 되고 있으며, 오늘날과 같이 교통 · 통신이 발달된 정보화시대에 부합하기 어렵고, 경제활동구역과 행정구역불일치로 인한 주민의 불편을 강요하고 있고, 다계층제로 인한 기능의 중복과 예산, 인력의 낭비에 따른 행정의 비효율성이 제기되고, 정치사회의 해묵은 지역감정 문제를 노출하고 있어 개편의 필요성이 정당화되고 있다는 것이다. 따라서 행정계층을 1단계 감축하기 위하여 도를 폐지하고, 시 · 도와 시 · 군 · 구를 통합하여 전국을 60-70개 전후의 '통합광역시'로 재편하자는 주장이다.

이러한 맥락에서 본 연구는 충청남도가 어떠한 환경변화에 이르게 될 것이며, 이러한 시대적 환경에 부응하여 정부가 내세우는 실질적 지방분권과 지역균형발전을 성공적으로 착근하는데 기여하기 위해서 어떠한 노력(대응과제)을 강구하여야 하는가를 모색해보고자 한다.

II. 충청남도 행정환경변화와 전망 : 5+2광역경제권과 지방행정체제개편 하의 충청남도의 위상 및 지위

1. 5+2광역경제권 하의 충청남도의 위상 및 지위

신정부의 지역발전정책에 따라 전 국토의 성장잠재력을 극대화하고 신성장동력 발굴을 통한 지역특화발전을 모색하고 있다.[1] 이런 배경에서 대전, 충남, 충북의 광역자치단체를 묶어 광역경제권으로 할 경우 충남의 위상은 이 광역경제권을 자치단체로 할 것인가, 아니면 기존의 광역자치단체의 지위를 가지면서 단순한 광역경제권역의 공영조물기관으로만 부여할 것인가에 따라 달라진다. 전자에 의하면 초광역자치단체로서의 법인격을 갖는 것이므로 충남은 대전과 충북과

---

1 이명박정부의 지역발전정책 추진전략 : 전국토의 성장잠재력 극대화
기초생활권, 광역경제권, 초광역개발권 단위로 차별화된 발전을 도모한다(표1 참조).

〈표1〉 전 국토의 성장잠재력 극대화 전략

단계	범위	개발방향	개발방법
기초생활권	163개 시 · 군	기초수요(삶의 질) 충족	정주여건 개선, 도농통합적 개발, 지역계정(포괄보조금)
광역경제권	16개 시 · 도를 7개(5+2) 광역경제권으로	광역경제권 형성 및 경쟁력 제고	지역간 연계협력 발굴 · 촉진, 광역계정
초광역개발권	3대 해안벨트(동해안, 서해안, 남해안), 접경지역벨트(남북교류)	열린 국토 구현	국가주도, 국제적 연계협력, 일반회계, 민자활용

자료 : 국가균형발전위원회(2008)

의 광역경제권역청을 두고 경쟁하여야 하는 상황이 된다. 따라서 광역경제권역의 중심도시로서의 부상하기 위해 필요한 노력이 준비되어야 한다. 후자의 경우 영조물기관으로서 경제권역으로 남는 경우에는 기존의 자치단체의 지위는 보유하고 있으므로 대전과 충북과의 자치단체간협력관계의 틀 속에서의 공공기관의 지위를 갖게 된다.

1) 법인격을 가진 초광역자치단체로서의 지위부여

국가로부터 독립된 법인격을 가진 초광역자치단체로서 지위를 부여할 경우 그에 따른 집행기관과 의결기관을 관장하는 지방정부구성형대를 어떻게 실정할 것인가를 고려해야 한다. 따라서 기존의 충남의 집행부와 지방의회와의 관계설정을 어떻게 준비해야할 것인가를 논의해야 한다. 이와 더불어 초광역자치단체와 충청남도간의 기능배분, 재원배분, 인력배분, 지도감독, 협력체제 등도 분권화의 논리에 맞게 설정되어야 할 것이다.

2) 지방자치단체가 아닌 경제구역(공영조물기관)으로서의 지위부여

광역경제권역을 자치단체가 아닌 경제구역으로서 공영조물(établissement public)의 지위를 부여하는 경우에는 지방자치단체와는 다르게 독립된 의사결정권이 주어지지 않기 때문에 충청권(광역경제권) 주민의 참여 하에 집행부와 의회가 관여하여 자체적으로 결정권한을 행사할 수 없다. 다만 충청권 안에 존재하는 3개 광역자치단체간(대전, 충남, 충북)의 협력방식을 어떻게 도모할 것인가를 논의해야 한다. 이 경우 경제광역권을 대표하는 집행부와 의결기관을 어떠한 지위로 하여 어떻게 구성할 것인가에 대한 논의를 해야 한다. 즉, 경제광역권의 업무를 수행할 집행기관장과 의결/심의하는 지방의회의 구성과 지위를 3개 자치단체의 집행기관장과 지방의회의 논의를 통하여 협의체 중심의 기관구성으로 준비해가야 한다.

2. 충청남도의 행정환경변화

(1) 신성장동력 발굴을 통한 지역특화발전

신정부는 지역발전의 동인을 신성장동력을 발굴하여 지역의 특성 있는 발전을 모색하는데 있다고 보아 지역이 원하고 지역발전을 견인할 수 있는 선도 프로젝트를 추진하고, 시도 전략산업 분야 간의 연계/융합을 통한 신산업을 창출하며, 다음과 같이 광역경제권의 1-2개 선도전략산업을 지속적인 성장으로 이끌어 내어 일자리 창출의 대표산업으로 육성하고자 하고 있다.

①수도권 : 금융, 비즈니스, 물류 등 고부가가치 지식서비스

②강원권 : 의료, 관광

③충청권 : 의약바이오, 반도체, 디스플레이

④대경권 : 에너지, 이동통신

⑤호남권 : 신재생에너지, 광소재

⑥동남권 : 수송기계, 융합 부품소재

⑦제주권 : 물산업, 관광레저산업

따라서 충청남도는 과학기술 산업화에 따른 첨단/지식기반산업이 확대될 것으로 보인다. 의약바이오, 반도체, 디스플레이 등 첨단 과학

기술의 발전과 확산을 도모할 수 있는 지역혁신체제 구축, 전문고급 두뇌들의 일상생활의 욕구를 충족시켜줄 수 있는 정주여건, 자녀교육 등 인프라 구축, 과학과 기술의 산업화촉진을 위한 기반조성 등이 중요한 과제로 제기될 것이다.

(2) 지역적 기능과 위상변화

충청남도는 그 지리적인 위치로 보아 서해안 거점항만 조성으로 환황해경제권의 주요 교류거점으로 그 기능이 증대될 것으로 보인다. 대중국교역과 교류증대에 따라 서해안의 역할이 활성화되어 외교적 협력이 중요하게 대두될 것이다.

(3) 고속 간선교통, 정보체제구축에 따른 국토중심지 기능강화

충청남도는 충청권이 도로, 철도 등 국가간선교통망의 중간결절지 기능을 수행하고 있고 21세기 고속전철 건설, 초고속정보망의 구축, 청주국제공항의 활성화에 따라 국내지역간 물류유통의 주요 결절지역으로서 명실상부한 국토중심지의 기능수행이 가능한 여건을 활용하려 할 것이다.

(4) 역사문화/경관자원의 육성

역사성이 있는 문화자원을 보존하고 개발하여 지역경제활성화와 관광산업화의 요구가 증대할 것이다. 따라서 해양, 호수 및 산악관광자원의 연계와 백제문화권, 내포문화권 등을 육성을 도모해야 할 것이다.

2. 지방행정체제개편안에 따른 충남의 위상

그동안 정치권의 논의에서 학계의 선행연구에 이르기까지 제시된 개편대안들을 살펴보면, 대체로 일곱 가지 대안들로 요약할 수 있다(하혜수, 2008 : 6-9). 즉, 도 폐지와 시군통합 광역시로의 단층제안, 도와 시 · 군의 기능분리안, 도의 국가기관화안, 광역시와 도의 통합안, 특별시 · 광역시 자치구 폐지안, 특례시안, 초광역지방정부(강소국연방제) 등이 그것이다. 그런데 이러한 지방행정체제개편안 중에서 충청남도의 위상에 크게 영향을 미칠 수 있는 대안을 보면 도 폐지와 시군통합 광역시로의 단층제안과 광역시와 도의 통합안이 될 수 있다. 이에 따른 충남의 대응과제는 무엇인지 고찰해보고자 한다(III장 참조).

1) 도폐지와 시 · 군통합 광역시로의 단층제안

현행 농촌지역의 광역자치단체인 충청남도를 폐지하고 기초자치단체인 시 · 군을 통합하여 60-70개 정도의 통합광역시로 재편하고자 하는 것이다. 이 안은 지방자치단체로 하여금 규모의 경제를 통한 행정효율성을 확보할 수 있고, 지방정부의 책임성을 명확하게 할 수 있어 지방정부의 경쟁력 강화에 도움을 줄 수 있을 것으로 기대할 수 있다. 그러나 광역도가 폐지됨으로써 그만큼 정치적 위상이 약화될 것이고, 중앙정부의 관여 내지 통제가 통합광역시에 직접 투입되어 중앙집권으로 회귀할 수 있는, 그리하여 분권국가체제구축에 정면으로 배치될 수 있는 위험성이 있다. 실제로 이 안은 충청남도는 폐지된다기보다 충청남도 안에 있는 시군이 폐지되고 몇 개의 통합광역시로 분할하는 모습이다.[2] 따라서 충청남도는 도폐지론에 대한 문제점을 부각하여야 한다. 즉, 현재의 도체제는 오랫동안의 지역 내의 정치, 경제, 사회, 문화적 특성을 포함한 역사성에 토대를 두고 있어 주민의 정서를 반영한 지역단위라는 사실이다. 따라서 인위적인 접근은 지역민의 반발을 사 국론분열을 가져올 수 있음을 경고해야 한다. 또한 도폐지는 그나마 규모의 경제를 실현할 수 있는 도의 공간을 세분화시켜 역량을 약화시킴으로써 대도시(서울, 수도권)와의 불균형격차를 심화시키게 된다. 실질적인 분권정책추진 없이 도 폐지는 지방행정의 혼란을 가져올 것이고, 정치적 위상이 높은 도지사폐지로 지방정치권은 중앙의 정치적 시녀로 전락하게 되어 중앙정부에 예속되는 집권국가로 전환하게 될 것이라는 위험성을 경고해야 한다.

2) 도와 시 · 군의 기능분리안

현재의 자치2계층제를 유지하면서 기능분리에 초점을 두어 도와 시군의 사무를 명확히 구분하고자 하는 것이다. 도는 광역적 · 조정적 사무로 한정하고 나머지 주민생활관련 모든 사무는 시군에서 처리하도록 하며 도의 시군에 대한 지도감독 기능을 폐지하고자 하는 것이다. 이는 구조개편 없이도 기능조정을 통해 기능중복을 방지하고 지방행정의 책임성을 명확히 할 수 있고, 도의 반대가 예상되지만 다른 대안에 비해 비교적 수월할 수 있다는 것이다. 그러나 기능(사무)구분

2 정치권에서 주장하고 있는 "도폐지, 시/군통합"은 본질과 실체로 볼때 오히려 "도분할, 시/군폐지"라고 보아야 한다. 도를 폐지하는 것이 아니라 도를 여러 개로 쪼개어 16개 시/도를 60-70개의 광역시로 분할하겠다는 것으로 본다. 이는 시/군을 광역화하는데 초점을 두는 것이 아니라 도의 규모를 축소하겠다는 것으로 해석할 수 있다(이기우, 2008 :5).

의 명확성을 확보하기 어렵고, 시군에 대한 도의 감독관행이 지속될 수 있으며, 지방행정체제를 개편하지 않는다는 점에서 행정체제개편의 명분을 확보하기에 어려움이 있다. 이 안에 따를 경우 충청남도는 도와 시군의 기능배분을 어떠한 기준과 원칙에 따라 시행할 것인지를 고민해야 한다. 실질적 지방분권을 가능하게 하는 기능배분 원칙과 내용을 담아야 할 것이다.

3) 도의 국가기관화안

도의 기능을 시군에 대폭 이양하되 특별지방행정기관의 기능을 도에 통합시켜 도를 국가기관화하자는 것이다. 이 안은 기초자치단체 중심의 풀뿌리민주주의를 강화할 수 있고, 국가정책과 지방정책의 연계성 강화를 통해 정책의 효과성을 제고할 수 있는 장점이 있다. 그러나 자치단체의 자치권 침해와 분권국가체제에의 역행, 광역지방자치단체가 없음으로 인한 지방정부의 위상약화의 단점이 예상된다. 이 경우 충청남도는 국가에 완전 종속하게 되어 지방화 및 분권국가체제 구축에 역행하는 꼴이 되어 시민사회의 반대에 직면하게 될 것이고 따라서 그 실현가능성이 낮은 것으로 평가된다.

4) 광역시와 도의 통합안

그동안 도농분리구역개편에서 오는 문제점을 시정하고자 도농통합 구역개편을 모색할 수 있는데, 본래 동일한 뿌리의 지리적 특성과 역사성, 광역행정수요에 대한 효과적 대응에 가치를 두어 광역시와 도를 통합하고자 하는 것이다. 현재의 광역시는 도의 관할 안에 두되

행 · 재정적 특례를 부여하여 관리하는 방안이다. 따라서 충청남도는 대전광역시와 통합되어 보다 광역화된 행정수요에 부응할 수 있을 것이다. 즉, 대전시와 충청남도는 원래 같은 뿌리의 지역정서를 가지고 있는 자치단체로서 그동안 분산 투자되고 있는 행 · 재정적 비용을 줄여 행정의 효율성을 제고할 수 있고 위상이 강화된 광역지방자치단체의 등장으로 말미암아 지방정부경쟁력이 제고될 수 있다. 그러나 광역시의 상대적인 위상약화를 초래하게 되고, 대도시 행정수요에 효과적으로 대응하지 못하는 단점이 예상된다. 따라서 충청남도는 대전시와 같은 대도시행정의 특성을 감안한 행 · 재정체제를 구축하여 특별히 관리할 수 있는 체제를 준비해야 하고, 소도시와 농촌도시 등에 적합한 행 · 재정체제를 준비하면서 상호 협력보완이 활성화되는 통합행 · 재정서비스체계를 구축해야 할 것이다.

5) 특별시 · 광역시 자치구 폐지안

특별시와 광역시에 존치하였던 자치구제를 폐지하자는 것이다. 이는 자치구제를 폐지하여 행정구제로 할 수 있고 또 다른 안으로는 준자치구제로 할 수 있는데, 어쨌든 특별시 · 광역시와 자치구의 통합을 모색하자는 것이다. 이는 대도시 전체로서 종합행정을 원활히 수행할 수 있고(대도시 행정수요에 효과적인 대응이 가능하고), 행정의 책임성을 강화할 수 있으며, 광역화를 통한 분권국가체제를 구축할 수 있으며, 단층제에 따른 행정의 효율성을 기대할 수 있다. 그러나 주민참여에 의한 풀뿌리민주주의에 역행할 수 있음이 큰 제약요인으로 대두된다.

6) 특례시안

인구 50만명 이상의 대도시에 대하여 대도시의 경쟁력 강화를 위해 규모에 상응하는 행·재정 특례 및 국가의 지도감독 특례를 부여하자는 것이다. 이는 대도시 행정수요에 대한 대응력을 제고하여 다른 시 지역과 다르게 지역의 특성에 맞는 정책추진이 가능하고, 자치역량에 상응하는 자치권 부여 등으로 효율적인 행정을 수행할 것으로 기대된다. 그럴 경우 충청남도는 자기 관할 안에 있는 대도시가 특례로서 관리되기 때문에 충남도의 영향 력은 상대적으로 축소될 우려가 있다. 따라서 충청남도의 종합행정을 원할히 수행할 수 있도록 충청남도와 대도시간의 기능배분과 권력배분, 지도감독 내용을 분권화의 논리에 맞게 준비해야 한다.

7) 초광역지방정부(강소국연방제)

이는 기존의 시도를 초월하는 초광역지방정부를 창설하고자 하는 것이다. 이는 경제권과 생활권에 따라 6개 내지 7개로 구분하고 있다.

(1) 경제권 중심 : 6개 / 서울, 중부(인천, 경기), 서부(대전, 충남북, 전북), 남부(광주, 전남, 부산, 울산, 경남), 동부(대구, 경북, 강원), 제주권 ---시군구기초자치단체를 200여개의 시로 자율통합

(2) 생활권중심 : 7개 / 서울, 경기, 충청, 호남, 경상, 강원, 제주권 ---시군구기초자치단체를 120-140개로 점진적으로 개편하고자 함

이는 자원의 집중을 통한 지역경제의 시너지효과, 중앙정부의 권한이양, 주정부에 버금가는 지위와 권한을 부여하여 지방분권체제를 강화할 수 있고, 강력한 지방정부의 창설을 통한 국가경쟁력(인구 500

만-1000만명의 강소국가)을 제고할 수 있다. 이럴 경우 충청남도는 광역경제권역서 고찰하였듯이 기존의 광역자치단체와의 협력관계 하에서의 통합정치 · 행정체제를 구축하여야 할 것이다. 이런 맥락에서 정부권력구조, 기능배분, 지도감독내용을 어떻게 설정할 것인가를 고민해야 한다. 그러나 주정부에 버금가는 지위와 권한을 초광역지방정부에게 부여하게 됨으로써 단방제 국가체제의 기본틀을 초월하는 문제가 발생하고, 헌법개정과 이를 통한 국가체제의 개편을 요구하게 됨으로 정치논쟁과 국론분열을 초래할 수 있는 단점이 있다. 게다가 지역감정을 고착화시켜 신지역주의를 정당화하여주고 그럼으로써 국가통합성을 크게 훼손할 수 있는 우려가 있다.

III. 결론 : 충청남도의 과제

1. 5+2 광역경제권에 따른 과제

1) 광역경제권역의 정치 · 행정체제 구축

광역경제권의 의결기관과 집행기관을 조직하고 대전시, 충청남도, 충청북도와의 관계를 설정해야 한다. 우선 기관구성형태에 따른 권한배분 및 지도감독을 어떠한 원칙과 기준으로 할 것이며, 다음으로 광역경제권의회와 광역경제권도지사의 지위, 역할을 규정하고 그 관계를 설정해야 한다.

2) 지역특화발전 모색

광역행정체제 구축 하에 신성장동력 발굴을 통한 지역특화발전을 도모해야 한다. 이를 위해 충청남도는 지역특성을 고려하여 논의되어 온 4대권 개발을 활용할 필요가 있다(최진혁, 2003 : 360).

①서해안권 : 태안해안 국립공원, 안면도, 부여를 연결하는 서해안 지역으로서 해양레저기능과 중국과의 교역기능을 강화하여 국제관광 및 환황해권 전진기지로 중점 육성한다.

②백제권 : 백제의 고도인 부여, 공주축을 중심으로 교육, 관광, 문화기능을 복합 · 발전시켜 국제적인 문화권으로 육성한다.

③북부권 : 천안, 아산, 당진축을 신산업지대로 육성하여 수도권의 기능분담과 21세기 중부권 교역 및 산업중심지로 육성한다.

④금강권 : 금강수계의 치수개발을 통하여 물류, 유통산업, 근교농업 등 대도시 연계기능 특화와 중소규모의 자족적 전원도시로 개발한다.

3) 다른 광역경제권과의 협조체제구축

다른 광역경제권과 협조체제가 강화될 수 있어야 한다. 따라서 수도권, 강원권, 대경권, 호남권, 동남권, 제주권과 협력을 강화할 수 있는 정치/행정체제를 구축해야 한다.

2. 지방행정체제개편에 따른 과제

1) 도폐지와 시 · 군통합 광역시로의 단층제안

만일 이 안이 적용된다면 충청남도는 폐지되어 광역시로 분할되는 것이므로 충청남도의 위상은 크게 손상될 것이다. 따라서 앞에서 강조했던 집권국가로 갈 수밖에 없는 위험한 논리를 강변해야 할 것이다. 그럼에도 불구하고 이 안이 채택될 경우 충청남도의 우리의 역사성과 전통성을 존중하는 차원에서 지방자치단체는 아니지만 국가의 행정구역 내지 공영조물기관으로 관리해 나갈 수 있도록 준비해야 한다. 따라서 기존의 충청남도는 국가의 지방행정이 실현되는 지점으로서 국가의 의사가 효율적으로 전달되고 집행될 수 있는 지역으로 존치하도록 해야 한다.

2) 광역시와 도의 통합안

만일 이 안이 적용된다면 대전시와 충청남도는 통합되어 과거의 충청남도 안에 대전시가 속하게 되는 과거의 정치/행정체제로 돌아가게 된다. 따라서 같은 뿌리의 지역정서를 가지고 있는 자치단체로서 통합의 효과가 극대화될 수 있는 여건을 조성해야 한다. 따라서 충청남도는 대전시와 같은 대도시행정의 특성을 감안한 행・재정체제를 구축하여 특별히 관리할 수 있는 정치・행정체제를 준비해야 하고, 소도시와 농촌도시 등에 적합한 행・재정체제를 준비하면서 상호 협력 보완이 활성화되는 통합 정치・행정(행・재정서비스)체계를 구축해야 할 것이다.

참고문헌

이기우.(2008). "정치권의 지방행정체제개편론에 대한 대안적 제안",
최진혁.(2003). "충청권 행정환경의 변화와 발전과제", 사회과학연구 제14권, 충남대학교 사회과학연구소
최진혁.(2008). "지방행정체제개편의 내용과 전망 : 대안검토를 중심으로", 대전발전연구원/충남대학교 사회과학연구소 공동학술회의 논문집.
최진혁.(2008). "이명박정부의 지방분권과 지역균형발전정책의 발전적 고찰", 한국정책학회 2008년 동계학술대회 논문집.
하혜수.(2008). "지방행정체제 개편의 추진전략 및 체제", 지방행정체제 개편과 자치단체 자율통합방안 모색, 한국지방자치학회/경제정의실천시민연합 공동세미나.
국가균형발전위원회.(2008). 지역발전정책.
Baguenard, Jacques. (1996). *La décentralisation*. Paris : P.U.F.
Baguenard Jacques et Becet, Jean-Marie. (1995). *La démocratie locale*. Paris : P.U.F.
Bécet, Jean-Marie. (1996). Les compétences de la commune. CNFPT, *Les collectivités locales en France*, Paris : La documentation française.

(충발연(08))

13

자치분권과 국가균형발전정책에 따른 광역 행정시대에 부응하는 국립대학의 혁신 방향 : 충청권역을 중심으로

I. 서론 : 문제제기

우리사회는 65세 이상 고령인구의 증가[1]와 저출산 문제로 인한 인구감소(인구구조재편)에 따라 지방소멸위기지역이 증가하고 있으며, 이로 인한 파급력은 지역대학의 소멸(존폐)위기론을 불러오게 하는 매우 위중한 상황에 내몰리게 되었다. 더구나 반세기 이상 대학진학이 인생의 부와 성공적 삶에 결정적 역할을 하는 것으로 믿었던 절대적 신화가 계속 진행될 것인가에 대한 의구심이 작용하는 시기에 대학은 더욱 어려운 입장에 놓이게 될 것으로 본다. 이와 함께 대학은 과학기술

1 2021년 8월 현재 전국의 고령인구비율은 16.9%이다. 충청권역을 전국 평균과 비교하면 대전광역시는 15.0%, 세종특별자치시 10.0%인데 반해 충청남도는 19.6%, 충청북도는 18.6%이다.

혁신에 따른 인공지능(AI), 사물인터넷(IoT), 무인자동차, 나노·바이오 기술 등이 일상화되는 제4차산업혁명시대에 직면하여 보다 새로운 지식의 창도 아래 미래의 인재를 육성해야 하는 과제를 안고 있다. 또한 그동안 보다 나은 교육, 일자리[2]를 찾아 수도권으로 몰려드는 청년들의 삶은 시간이 갈수록 수도권과 비수도권의 격차를 더욱 확대시키는 불균형적 성장을 이끌어 내었고, 이의 뒤안길에서 지역대학의 고민은 더욱 깊어질 수밖에 없었다. 가히 '한국적 병(la maladie coréenne ; korean disease)'이라 하지 않을 수 없는 인력, 산업, 인프라 등에서의 과도한 수도권 집중과 이에 따른 지역인구(지역인재) 유출 등은 지역거점국립대학의 존재이유와 경쟁력을 약화시키는 주범이 되고 말았다. 뿐만 아니라 학령인구의 급격한 감소가 예상되는 가운데 자연히 대학의 재정악화로 대학본연의 임무인 교육·연구·봉사에 재정투자할 수 있는 여력이 소진하여 교육혁신 등 자체적인 혁신동력 창출에 한계를 드러내고 있다. 특히 국립대학에 한정되었던 국가적 재정적 지원을 사립대학까지 확대하고 있고 MB정부 이래 등록금동결조치 등은 더욱 지역거점국립대학의 재정악화를 부추기는 어려운 상황이 되고 있다.[3]

여기에 지방민주주의의 열매로서 재등장한 지난 30여년의 지방자치의 소중한 경험은 정당이 관여하는 지방선거로 정치적 인사(지방자치

2 비수도권과 수도권의 임금격차가 갈수록 커짐에 따라 수도권 취업자 수가 가파른 증가세를 보이고 있는 실정임(이미 2017년부터 수도권 취업자 수의 증가현상이 비수도권에 비해 역전되어 나타난 시기임). 그에 따라 소득도 수도권과 비수도권의 지역내총생산(GRDP) 수도권으로의 역전현상이 2015년을 기점으로 나타나게 됨. 수도권에 유입된 청년층의 수는 2015년 42,484명에서 2020년 89,841명으로 5년간 청년인구 2배에 달하고 있다(한국고용정보원, 2022.4 보도자료).

3 거점국립대학은 대학재정지표(학생 1인당 교육비, 세입 중 등록금 비율, 학생1인당 장학금, 등록금 대비 장학금 지급율, 산학연구부문 전임교원 1인당 연구비(교내외 포함), 외국인 전임교원비율, 학부학위과정 등록 외국인 비율 등)에서 사립대 평균보다 낮은 수준으로 조사됨(한국도시행정학회, 2017).

단체장)를 선출하고 이들에 의해 자치(교육)행정을 추구하는 방식에서 대학도 서서히 자치단체의 재정적 영향력 하에 놓이게 되었고, 이 과정에서 이들이 고등교육에 대한 이해나 지원보다는 정치적 색깔로 대학을 재단할 수 있는, 즉 대학이 정치적 힘에 좌우될 수 있는 여지가 만들어지게 된 측면이 있다. 이는 정치적 중립에 의해 철저히 존중받아야 할 대학교육이 정치적 공간에 노출됨에 따라 대학이 가져야 하는 본질적 가치(자율성, 창의성)가 훼손될 수 있는 위험에 빠질 수 있게 됨으로써, 특히 지역민(충청인)의 인재교육의 간절한 염원을 담아 탄생된 지역거점국립대학이 지역민들의 기대와 신뢰에 부응하고 있는 것인지에 대한 의구심이 들게 한다. 이렇듯, 21세기 급변하는 환경과 그에 따른 엄중한 도전 앞에 고등교육기회의 형평성을 제고하고 국가균형발전을 도모하여 국가 및 지역의 경쟁력 확보를 위해 지역거점국립대학의 전면적 혁신과 핵심 인재양성을 위한 새로운 역할 재조명이 무엇보다 필요할 것으로 본다.

이런 배경에서 최근 자치분권과 국가균형발전정책정책에 따라 제시되고 있는 광역행정체제에 부응하는 국립대학을 포함한 지역거점국립대학의 혁신방향을 충청권역을 중심으로 논의해보고자 한다.

II. 지방정치·행정환경변화(지방행정체제개편)에 따른 지역거점 국립대학의 재설계

지역발전에서의 국립대학의 역할은 절대적 위치를 차지한다. 국립대학의 우수한 인적 · 물적 자원은 지역경제 · 산업 · 사회의 근간으로 작용하여 국립대학의 경쟁력이 지역사회의 성장과 발전을 좌우하기 때문이다. 따라서 지역발전의 중심축으로서 지역거점국립대학이 우수한 교육, 연구역량을 지자체와 기업, 연구소 등 다양한 주체와의 협력을 통해 미래가치를 창출하는데 핵심적 역할을 다해야 하는 것이다.

우리나라 지역거점국립대학은 그 설립 시기는 다르지만 1945년 해방이후 40년대 후반 50년대 전반에 걸쳐 지역민들의 성원에 힘입어 각 지역거점(9개)[4]별로 지역인재를 육성하기 위해 설립되었다. 우리 충청권에는 두 개의 지역거점국립대학이 존재하는데, 이는 우리의 지방행정체제가 충청북도와 충청남도로 구분하여 행정서비스를 제공하는 단위(도)로 출발하였기 때문이다. 여기에 충남, 충북을 대표하는 충남대학교와 충북대학교의 설립을 보게 된 것이다.[5]

그런데 그동안 지방정치 · 행정환경변화에 따라 행정서비스 공급단위도 도시와 농촌을 구분하는 지방행정체제개편(도·농 분리)이 이루어졌다. 따라서 충청남도는 도청소재지인 대전시가 도시화의 진전에 따라 대도시(광역도시)로서 충남도에서 분리하여 정부가 직접 관할하는 직할시, 광역시로서의 위상을 가지게 되었다. 그리고 지금의 세종특별자치시는 국가의 지방분권과 국가균형발전 정책의 일환으로 충남지역인 공주시와 연기군, 일부 충북 오송지역을 관할구역으로 하는 광역자치단체로서 지위를 받아 출범하였다. 이러한 과정에서 기존 충청남도는 3개의 광역자치단체로 분리되어 행정서비스를 제공하는 상황이

4 강원대, 경북대, 경상국립대, 부산대, 전남대, 전북대, 제주대, 충남대, 충북대

5 충남대학교는 1952년 도립 충남대학교로 출발하였으며, 1962년 충북대학과 통합하여 국립충청대학교로 개편하였다가 1963년에 다시 분리되었다. 충북대학교는 1951년 도립 청주초급농과대학으로 개교하였고, 1956년 도립충북대학으로 성장하여 오늘에 이르고 있다.

되었고, 여기에 자연히 3개의 광역자치단체장이 각각 해당 지역의 주민선거에 의해 당선되는 각각 분리된 정치적 공간 속에 놓이게 되었다. 반면 충청북도는 도청소재지인 청주시가 도시화가 진전되었음에도 불구하고 광역도시로 승격되지 못하고 그대로 충청북도 안의 도청소재지이며 기초자치단체로 오늘날까지 이르고 있다. 이런 배경에서 충북대학교와는 다르게 충남대학교는 지역거점국립대학으로서 수행해야 하는 고유한 교육수행업무(역할)에 상당한 혼란을 겪을 수밖에 없었다. 이는 기존의 지방행정체제(대전, 세종이 분리되기 전 충남) 속에서 대학교육서비스도 행정서비스와 함께 통합적으로 관할되어 운영되어 왔던 것이 지방행정체제변화(도·농분리, 자치분권 균형발전도시 창설)라는 정치·행정적 변화 속에 거점국립대학교육행정이 이에 적극적으로 대응하지 못한 상황에서 오는 혼란이었다. 즉, 대학교육행정은 지역교육청과는 별개로 교육부 관할의 업무로 존재하였음에도 국가가 일반행정과 대학행정을 조정해주지 못한 상황에서, 또한 대학 자체의 인식부족에서 기존의 지역거점국립대학의 존재이유를 망각케 하는 비효율적 행보를 보이게 하였던 이유이다. 새로운 지방행정체제개편으로 충남이 3개의 자치단체(대전, 세종, 충남)로 분리되었다면 이에 대응한 지역거점국립대학의 대학교육행정체제도 합당하게 정리해주었어야 했지만 그러하지 못했다. 그런 면에서 새로운 지방행정구역개편에 발맞추어 충남대학교를 중심으로 하는 충남권역의 국립대학의 구조조정과 통합이 이루어져야 했다. 그것이 여의치 않았다면 대학교육을 책임지는 정부(교육부)로서는 기존의 일반행정구역과는 별도로 대학교육을 관장할 대학구(University district)를 조성해 지방정치·행정환경의 변화에 따르는 빈번한 지방행정구역개편의 영향에서 벗어나 본래 추구하려는 지위와 교육목표에 맞게 지역거점국립대학을 지역발전의 중심축으로 유지·활용해야 했다.

또한 우리나라는 교육의 소중함을 직시하여 지방자치와 더불어 교육자치제를 광역단위에서 시행하고 있는데, 즉, 초·중등교육은 교육청(교육집행기관)을 두어 책임지고 운영하고 있는 반면, 지방자치(교육자치)가 시행된 지 30여년이 흐른 오늘날까지도 여전히 대학은 교육부(중앙정부)중심의 관치운영에서 벗어나지 못하고 있다는 사실이다. 이제 대학운영도 교육자치분권의 연장선상에서 그 패러다임을 교육부 중심에서 대학중심으로, 지역민 중심으로 바꿔나가야 하고, 여기에 자치분권과 균형발전에 따른 광역권체제에 맞는 대학교육을 재설계해야 한다. 그런 배경에서 대학교육을 책임지는 광역권의 집행기관장으로 광역권 대학총장(Recteur/Chancelier)과 의결기관으로 대학교육협의회(가칭)를 두어 대학교육의 새로운 변화와 도전에 대응해야 할 것이다. 자치분권과 국가균형발전정책에 부응하는 광역지방시대에 국립대학의 자율적 혁신과 책무성 제고를 추진하여 지역인재양성에 중추적 역할을 수행하게 함으로써 지역발전과 국가발전을 견인해내는 지역거점국립대학으로 새롭게 재정립해주어야 하는 이유는 바로 여기에 있다.

III. 광역행정체제에 부응한 대학설계 / 고등교육에 대한 도전과 변화

이렇듯 우리사회는 지난 30여년의 자치분권과 국가균형발전정책의 연장선에서 또 다른 제2의 지방행정체제의 변화를 맞이하고 있다. 이는 기존의 분절된 자치단체가 제공하는 행정서비스방식으로는 주민의 기대에 부응할 수 없다는 인식에서 출발하고 있다. 이제 광역행정방식으로 충청권메가리전(mega-region)를 통해 일반 및 교육행정서비스를 통합적으로 제공해야 하는 시대에 와있음을 깨닫고 있는 것이다. 교통 · 통신수단의 발달, 경제권역의 확대, 과도한 수도권의 팽창 등에 따라 과거에 분리 · 운영되었던 대전 · 세종 · 충남 · 충북이 광역행정체제로서 서로 연계 · 협력하지 않으면 발전된 새로운 도시와 지역으로 진입해 가기가 어렵게 되었다. 여기에 지역거점국립대학이 중앙정부와 기업, 연구소 등과 보다 영리(Intelligent)한 파트너십을 구축하여 새로운 성장동력인 지역혁신거버넌스체제(Regional innovation governance system)를 가동해 지역발전을 선도해가야 하는 이유가 있다. 마치 노스캐롤라이나주립대학(NCSU)이 듀크대학(Duke University). 노스캐롤라이나대학(UNC)과 노스캐롤라이나주(Raleigh. Durham. Chapel Hill)정부와 금융권, 재계와 손잡고 기존의 농업(담배·섬유) 산업에 머물러 있던 낙후된 지역을 미래의 고부가가치산업인 의료생명공학의 중심지로 지역발전을 선도해냈던 것처럼 말이다. 거기에는 현재에 안주하지 않고 끊임없는 변화와 혁신의 주체로 첨단지식을 창출하고 배분하며 현실에 적용되게 하는 대학교육과 연구의 활성화 노력덕분에 가능한 것이었다. 결국 지역발전의 핵심은 미래를 선도하는 대학의 교육과 연구 활동에서 나오는 자산에 있음을 확인한 셈이다. 경쟁력 있는 대학과 지자체가 기업, 연구소 등과의 활발한 협력체제로 지식에 기반한 연구활동과 산학협동을 진전시킬 수 있다면, 이는 자연히 기업들을 유인할 수 있을 것이고, 기업과 함께 젊은이들이 몰려오는 활력이 넘치는 도시가 될 수 있을 것임은 자명한 이치이다. 그런 배경에서 우리 충청권의 충남대학교는 충남도지역에 위치한 공주대와의 통합을 거쳐 충북대와의 연계 · 협력체제(통합)를 논의해야 할 이유가 있다. 2개의 지역거점국립대학을 인접한 지역의 국립대학과 연계 · 통합하여 그 안에서 3-4개 대학과 도시를 잇는 광역권체제의 성장거점지역으로 활용해 나가야 한다. 특히 공학계열은 카이스트(KAIST)와의 연구역량을 함께 공유하여 그 시너지효과를 거양해야 함은 물론이다. 여기에서 이제 창조적인 대학(the creative university)으로 변화해야 한다. 과거 대학교육은 지식의 보존과 전달에 치중하였다면 이젠 보다 부가가치가 높은 새로운 지식을 창출하는 쪽에 힘을 기울여야 한다. 그러려면 창의력을 키워주는 교육을 해야 하는데, 이는 지금과 같은 세분화된 학과체제 속에서 운영되는 학위프로그램으로는 어려울 것이고 학문간의 통섭 · 융합교육으로 프로그램화하는 교육으로 학위제도가 바뀌어야 할 것이다. 이공계의 창의적 활동은 인문계와 사회계의 지식을 통하여 보다 구체화될 수 있을 것이고, 인문계나 사회계의 지식은 문화 예술계를 통해 더욱 창의적인 사고를 갖게 할 수 있을 것이기 때문이다. 그런 배경에서 학생의 수요 및 진로를 반영한 학사구조개편도 뒤따라야 할 것이고, 그에 따른 교육과정 개발 노력도 있어야 할 것으로 본다. 또한 국내에 한정된 교육에서 벗어나 해외대학과 공동교육과정을 개설하고 공동학위제 및 교수들의 공동연구를 장려해주어 국내외 학생들이 접근할 수 있는 접촉면을 넓혀주어야 할 것이다. 인구감소와 지방소멸이라는 국가적 위기에 처한 오늘날 대한민국의 양질의 교육과 일자리를 책임질 수 있는 지역거점국립대학의 중추적 역할이 더 한층 강조되는 이유이다.

대전세종연구원(고등교육)

지방시대 자치분권의 회고(回顧)와 전망(展望)

06

기타 칼럼 및 언론 인터뷰

01

새내기들에 대한 당부의 글 / 대학생활을 어떻게 할 것인가?

졸업과 입학시즌을 보내며 무릇 모든 만물에는 시작과 끝이 있고, 만인에게는 탄생과 죽음이 있으며, 모든 일에는 처음과 나중이 존재한다는 것이 자연법칙이자 인생사이다라는 평범한 진리가 더욱 깊이 있게 느껴진다. 우리 모두는 반드시 시작을 했으면 반드시 결산을 해야 할 시점이 있다는 사실을 깨달아야 한다. 대학의 지성인으로서 학문도야를 위해 상아탑에 발을 들여놓는 입학의 시작이 있었다면 어느 순간 우리는 대학생활을 마감하는 졸업을 맞이하게 되는 시간을 가질 것이다. 여기에서 우리는 어떠한 대학생활로 어떠한 성적표로 결산을 하여야 할 것인가에 대해 생각해 보지 않을 수 없다. 이러한 맥락에서 설레이는 마음으로 미지의 세계에 대한 도전과 탐구정신에 해맑은 눈망울을 가진 우리 새 내기들에게 '성공한 대학생활'을 위한 몇 가지 부탁을 해보고자 한다.

첫째, 자기계발의 시간이 될 수 있어야 한다. 자기가 가지고 있는 재능(달란트)을 백분 발휘할 수 있는 노력이 뒤따라야 한다. 성경말씀을 인용해 보면 예수님은 달란트의 비유를 통해 우리가 추구해야 할 삶의 방식을 제시해 주고 있다. 즉, 세 명의 종에게 각각의 재능대로 금 다섯 달란트, 두 달란트, 한 달란트를 주었는데, 다섯 달란트, 두 달란트를 받은 자는 열심히 자기 재능을 활용하여 각각 다섯 달란트, 두 달란트를 재생산해 내었으나, 한 달란트를 받은 자는 그 재능을 그대로 땅에 묻어 썩히는 꼴이 되었다. 나중에 주인이 돌아와 결산/회계할 시에 다섯 달란트와 두 달란트를 남긴 종들은 칭찬을 받았으나, 한 달란트를 남긴 종은 게으르고 악한 종이라는 질책과 동시에 그 남긴 한 달란트도 빼앗기는 신세가 되는 비유를 들어 삶의 경계를 삼도록 교훈하고 있다. 여기에서 우리는 다섯, 두달란트를 가진 자와 같이 자기계발을 위해 열심히 대학생활에 정진해 나가는 지혜가 필요할 것으로 보인다. 그러기 위해서는 무엇보다도 지성인으로서의 교양, 전공서적을 탐독하는 생활이 되어야 할 것이다. 예로부터 남아수독오거서(男兒須讀五車書)라는 말이 있듯이 적어도 우리 충대인은 다섯 수레정도의 책은 독파할 수 있는 시간을 확보해야 할 것으로 본다. 또한 책을 선정함에 있어서, 현칠고삼제(現七古三制)의 습관을 갈파했던 고 양주동박사님의 논리를 차치하고라도 고전 내지 역사서에서 우리의 미래를 예측해 볼 수 있는 지혜를 찾아야 할 것이다.

둘째, 나눔의 기쁨을 함께하는 시간을 가져야 할 것이다. 그런 면에서 민주주의의 학습과정으로서의 학우들과 합리적인 토론을 통해 합리적인 대안을 제시할 수 있는 안목을 키워나가야 한다. 때로는 국가의 발전적 장래에 대해 밤샘으로 토론을 할 수 있는 열정도 있어야 한다. 이 경우 상대방과 의견이 달리할 수 있음을 인정하고, 공동의 이익에 부합하는 결정을 하는 성숙된 민주의식을 고취하는 자세를 견지해야 함은 물론이다.

세째, 학교를 소중하게 자랑스럽게 생각하며, 가르쳐 주시는 교수님들께 감사하는 마음을 견지해야 한다. 감사하는 마음은 또 다른 감사를 불러일으키어 기하급수적인 감사의 폭과 정도를 커지게 하는 즐거움과 기쁨의 묘약을 제공하여 신바람나는 학교생활로 이어질 것이기 때문이다.

(충대학보, 2003)

02

지방자치시대 노블레스 오블리쥬(Noblesse Oblige : 지도층의 의무)를 떠 올리며[1]

지방의 문제가 중요하게 부각되고 있는 시대에 살면서 어떻게 하면 우리지역, 우리대학의 문제를 자율적으로 잘 처리해 나갈 수 있을까 하는 고민을 해보게 된다. 왜냐하면 그동안의 우리나라 지방과 대학은 중앙집권적인 논리 하에서 중앙(정부)의 일방적인 지시와 감독 하에 존재해왔기 때문이다. 그동안 대학에서 공부하고 가르치면서 지나온 시간을 반추해 보면 오늘날 강조하는 자율과 책임의 지방자치는 그냥 하루아침에 이루어진 것이 아니라 그간의 수많은 시련과 역경 속에서 숙성되어온 우리의 역사적 산물이 아닌가 싶다. 즉, 우리나라의 민주화의 운동이 지방자치 시대를 열게 하였고, 오늘날 지방자치시대의

1 양현수총장의 이름으로 대작하였음을 밝힙니다(충청투데이, 2005/2006).

화두는 어떻게 하면 '지방분권과 지역균형발전'을 이루어낼 수 있을까 하는 고민으로 발전되어 갔던 것이 아닌가 여겨진다. 이는 이 시대의 큰 흐름으로서 21세기 지식정보화사회, 세계화시대의 새로운 정치행정환경에 부합하기 위해서는 국가의 일방적인 통치(Government)로서는 더 이상 국가발전을 기약하기 어렵고 따라서 지역중심의 국정운영을 수행케 하여 지방자치단체와 대학과 시민사회가 협치(Governance)로서 국가발전을 도모하여야 한다는 논리이다.

그리하여 각 지역마다 정계, 학계, 시민단체의 전문가를 중심으로 이러한 환경변화에 부응한 지방분권의 올바른 방향을 제시하려는 많은 학술세미나가 경쟁적으로 치뤄지고 있고, 그동안 많은 정책과제들을 제시한 바 있다. 그러나 정작 지방자치의 수혜자가 되어야 할 주민과 대학구성원들의 지방분권과 지방자치에의 체감도는 그리 높지 않은 것이 현실인 듯하다. 그 이유를 여러 가지 요인에서 찾을 수 있겠지만 다음의 몇 가지 사항을 떠올리게 한다. 첫째, 우리의 지방자치와 지방분권이 누구의 필요에 의해 제기되었는가의 물음에서 찾을 수 있지 않을까 본다. 즉, 그동안 민주화의 운동의 결과로서 획득한 제도임에도 불구하고, 우리의 지방자치와 지방분권은 주민, 대학구성원들의 필요보다는 중앙정부의 정치권의 지배논리에 따른 국가의 필요에 의해 더 많이 추구되어졌던 것이 아닌가 싶다. 그러다보니 지방과 대학의 문제를 중앙(정부)의 논리로 해결해나가려 했던 의지가 더 강하게 작용하였지 않았나 하는 것이다. 즉, 지방분권을 중앙집권방식으로 수행하려 했던 것이 우리의 솔직한 지방자치의 모습이었던 것이다. 둘째, 지방자치를 지역의 독립성과 자율성에만 강조하다보니 지방자치단체나 대학기관들이 국가나 지방자치단체와 연계성을 갖지 못한 채 격리되어 운영될 수밖에 없는 비효율적 상황을 맞이하게 되었던 것이다. 셋째, 중앙정부로부터 완전하게 자율과 책임성을 부여받아야 할 자치권이 미약하여 지방자치단체나 대학이 자율적으로 일을 처리하는 데는 일정한 한계가 있다는 사실이다. 넷째, 지방자치단체나 대학이 자치역량을 강화하기 위한 제도적 개선노력이 미흡하였고, 다섯째, 지역이기주의에 따른 지방행정의 비효율성이 심화되었다는 사실을 상기할 수 있을 것 같다. 그러나 여기서 간과할 수 없는 중요한 사항은 지방정치행정을 이끄는 구성원들의 행태가 민주주의정신에 적합하지 못했다는 생각을 지울 수 없다. 왜냐하면 우리 지방행정의 책임자들은 주민의 봉사자로서의 역할을 강조하기 보다는 권력지향적인 인사들로 만들어 놓았기 때문이다. 민선자치단체장과 지방의회의원의 부정부패에 따른 지방행정의 신뢰성 상실 등은 바로 여기서 비롯되었던 사실이 아닌가 여겨진다.

이러한 배경에서 '성공한 지방자치'로 지방화시대에 지역발전을 이루어 국가발전을 선도하기 위해서는 다음과 같은 요인들이 재평가되어야 한다고 생각된다.

우선, 국가와 지방자치단체, 지방자치단체와 대학, 그리고 시민사회와의 관계가 국가의 통일성 내에서 유기적인 협조 내지 연계성 있는 분권화가 되어야 한다는 것이다. 이는 국가의 지배논리가 너무 강해서도 아니되지만 지방의 독립적 논리가 너무 강해서도 아니된다는 데서 비롯된다. 국가와 지방자치단체, 또는 지방자치단체와 대학, 시민사회가 따로 격리되어 지방행정을 수행하는 것은 바람직하지 않다는 사실이다. 그런 측면에서 지방의 문제가 국가의 문제가 될 수 있으며, 국가의 문제가 지방의 문제가 될 수 있다는 현실에서 서로 통합의 논리에서 분권화를 조명해야 할 것으로 본다.

그리고 무엇보다도 중요한 것은, 지도자의 의무를 강조하는 지방자치가 되어야 한다는 것이다. 왜냐하면 그동안 우리의 지방자치는 그 본래적 가치인 주민을 위해 봉사하는 민주성 개념보다는 능률적인 권력행사에 초점을 두어 운영하려는 측면이 강하였기 때문이 다. 따라서 우리의 지도자를 주민, 혹은 구성원 객체에게 봉사하게 하는 기쁨을 크게 주지 못하게 하였던 것이다. 지도자는 권력을 가진 자로 주민에게 군림하는 것이 아니라 그 권력으로 주민과 기관구성원들에게 봉사하는 것이 자랑스럽고 명예스럽게 자리매김할 수 있을 때 지방자치의 빛을 크게 발할 수 있으리라 본다. 지방자치시대에 노블레스 오블리쥬(Noblesse Oblige : 지도층의 의무)를 생각하게 되는 이유는 바로 여기에 있다.

(유성구, 2003)

03

프랑스 대선이 주는 교훈 : 우파분열의 의미

최근 우리나라 대선과정을 지켜보며 문득 지난 1995년의 프랑스 대통령선거가 파노라마처럼 스쳐가는 이유는 무엇일까? 14년의 좌파정권을 종식시키고 잃어버렸던 정권을 되찾아오겠다는 우파인사들의 바람이 마치 잃어버린 10년 운운하며 날센 공방전을 벌였던 지난 우리의 대선상황과 외연적으로는 너무 흡사하였기 때문이다. 14년의 임기의 종반에서도 여당인 사회당은 일찍 대선후보자를 내지 못하고 이쪽 저쪽 후보자를 물색하느라 갈팡질팡하였다. 당시 사회 분위기는 압도적인 우파지지 분위기였다. 따라서 우파는 오래전부터 대통령에 뜻을 두어 준비해온 자크시락(Jacques Chirac) 당시 파리시장이 우파를 대표해 대통령선거를 준비하고 있었다. 그런데 예기치 않은 일이 발생하였다. 그것은 바로 그와 오래전부터 당내 경쟁 상대였던 에드워드 발라뒤르(Edward Balladur) 수상이 대통령선거에 나서겠다는 의지를 밝히면서 우파분열의 전조를 알리기 시작하였다는 것이다. 행정업무를 꼼꼼하고 치밀하게 수행하였던 발라뒤르는 미테랑정권 후반에 누구도 꺼릴 수밖에 없는 어려운 시기에 총리자리를 마다하지 않고 들어가 훌륭하게 업무를 수행하였던 것이다. 따라서 시락을 추종했던 인사들이 업무수행능력에서 탁월함을 발휘한 행정가형인 발라뒤르에 매료되어 지지의 추를 바꿔버리고 만 형국이었다. 정권창출을 앞두고 오랫동안 대통령을 위해 준비해온 시락의 입장에서는 청천벽력과도 같은 커다란 시련이었다. 이렇듯 우파는 뼈아픈 분열의 골이 깊이 패여지는 상처를 받으며 내선을 낮이하여야만 하였다.

좌파도 우여곡절 끝에 교육부장관을 역임했던 리오넬 조스팽(Lionel Jospin)이 대선후보로 확정되었다. 그리하여 좌파 조스팽후보와 우파는 분열되어 시락과 발라뒤르 두 후보가 동시에 경합을 벌이는 형국이 되었다. 프랑스 대통령선거는 1,2차선거로 나뉘어 진행되는데 1차 선거에서 유효투표 과반수 지지를 받으면 당선되어 종료되지만 대부분 그러하지 못하고 1, 2위한 후보가 결선투표를 하게 된다. 중요한 사건은 1차 선거 종료 후에 시작되었다. 압도적인 우파지지의 분위기에서 1,2위 모두 우파후보자 일 것이라도 자만심 내지 농(弄)도 있었지만 프랑스 좌파는 균형감 있게 선전하였다. 그리하여 1위는 좌파인 조스팽이 되었고, 2위는 시락, 3위가 발라뒤르가 되어 조스팽과 시락이 결선투표에 나가게 되었던 것이다. 여기에서 중요한 대목을 목격할 수 있었다. 즉, 3위로서 결선에 나가지 못하고 좌절을 보게 된 발라뒤르는 그동안 시락과의 처절한 싸움으로 얼룩진 상처난 마음을 정리하면서 그를 지지하는 많은 유권자들 앞에서 다음과 같은 말을 남기고 떠났다. "지금까지 저를 지지해준 여러분 표는 다음 주 2차 선거에서 우리 프랑스 공화국을 위해 모두 자크시락에게 돌려주어야 할 것입니다"라고 말이다. 이로써 우파는 뼈아픈 분열 속에서 많은 아픔과 좌절을 맛보아야 했지만 큰 정치, 정당정치가 확고히 자리매김하고 있는 프랑스 정치체제 속에서 우파는 다시 힘을 합하여 큰 통합의 정치로 정권을 되찾아올 수 있게 되었던 것이다. 프랑스 국가의 저력을 볼 수 있는 대목이었다. 그런데 우리의 상황은 어떠한가? 우파정권을 창출하는 데는 성공하였지만 대선과정에서 이명박, 박근혜후보가 보여줬던 갈등의 골은 분열의 양상으로 치닫고 있는 형국이다. 박근혜후보는 한나라당인데 한나라당에서 공천을 받지 못한 박근혜인사들은 친박연대 내지 자유선진당 등으로 서로 다른 색의 옷을 입고 총선을 준비하고 있다. 참으로 그 모습이 애처롭기까지 하다. 우파분열이 갈등과 증오로 끝나는 것이 아니라 보다 큰 정치로 수렴될 수 있는 통합의 정치로 발전하여 국민에게 희망과 기쁨을 줄 수 있는 그날을 기대해 본다.

(서울신문, 08.4.8)

04

내각제와 정계개편

정부수립 이후 54년의 우리 정치사를 반추해 보면, 약간의 혼합적 색채(의원내각제의 요소를 어느정도 가미한 대통령 중심제)를 띤 시기도 있었지만 그래도 53년은 대통령제 정부였고, 9개월은 순수한 내각제 정부였던 것 같다. 내각제의 경험이 이렇게 짧았지만 내각제 문제는 제헌과정부터 오늘날에 이르기까지 정권변동을 앞두고 정치가의 단골메뉴처럼 정계개편의 구심점에 항상 존재하고 있었다.

지방선거와 대통령선거를 치뤄야 할 올해도 어김없이 지방권과 대권을 두고 각 정파는 자기에게 유리한 시나리오를 구상하면서 내각제가 정계개편 논의에 큰 변수가 되고 있는 듯 하다. 특히 충청권의 맹주인 JP는 제왕적 대통령제에서 비롯되는 수많은 문제점을 해결할 수 있는 유일한 대안이 내각제를 실시하는 것이라며 그 목소리를 높이고 있다. 그러나 JP의 '구국충정'의 발로에 의한 발언이 정치가에 그리 크게 영향을 미치고 있지 못하는 이유가 무엇일까? 내각제가 민주국가의 우수한 정치적 제도임에도 불구하고 우리 정치계에서는 왜곡되고 변질된 이유가 무엇일까? 의문해 보지 않을 수 없다.

첫째로, 개인적 성향의 문제가 될 지 몰라도 우리 정치지도자에게는 무소불위의 제왕적 권력의 유혹에 당당하지 못했다는 점을 들고 싶다. 가까이 DJ정권이 그러했다. 내각제로 JP와 의형제를 삼아 정권을 창출했건만 어려운 경제사정을 이유로 국민과의 약속을 헌신짝 내어버리듯 쉽게 내각제개헌을 버리고 좋은 권력 앞에 쉽게 순응하였던 것이다. 이로써 정권 초기의 자신에 찬 개혁의지는 친인척비리와 각종 게이트로 정권을 마감하면서 또다시 개혁의 대상이 되는 악순환의 굴레를 밟고 있는 것이다. 이는 대통령제도의 제도적인 문제점으로 어느 시대, 어느 나라를 막론하고 어느 한 개인에게 권력이 집중될 때 항상 재앙이 초래했다는 단순한 진리를 잊어버린 것이 아닌가 싶다.

둘째, 우리의 부정적인 정치사적 경험에서 찾을 수 있다. 즉, 50년대 자유당의 전제정권에 대항해 소중하게 얻은 민주주의의 싹이 제대로 그 꽃을 피우지 못했던 그 곳에 내각제가 자리잡고 있었던 것이다. 내각제 정부에서 지켜보아야 했던 당시의 정치불안과 사회적 혼란은 내각제 권력구조 하에서 어쩔 수 없이 발생하는 필연적 결과라는 인식이 정치권에 자리매김하고 있지 않나 싶다.

셋째, 실제 정치논리에서 볼 때, 정치인들의 내각제 주장은 전두환정권 후반부에서나 김영삼정부 후반부에서 보는 것처럼 패배가 예상되는 대통령직선을 피하여, 혹은 대통령선거에서 이길 자신이 없는 상황에서 원내 다수를 통해 원만하게 자기의 정치적 입지를 구축할 요량으로 제기되었다는 점이다. 즉, 직선제 대통령제 하에서 집권이 희박한 정당이나 정치인들의 정략적 계산에서 이루어졌다는데 큰 한계를 가지는 것이다.

넷째, 내각제가 제대로 뒷받침되기 위해선 국민에게 체질화된 정당이 자리매김하고 있어야 하는데 우리의 상황은 그렇지 않았지 않나 싶다. 또한 정해진 규칙을 준수하면서 공정한 경쟁을 할 수 있어야 하고, 정당간의 분명한 정책논조와 이념이 자리잡고 서로간의 공조체제가 가능했어야 하는데 그러하질 못했다. 우리 정당은 국민 속에 뿌리내리지 못하고 정치이해, 권력관계에 따라 그동안 닦아온 정치적 소신, 이념을 뒤로 한 채 좌 · 우 색깔 구분없이 모여들어 국민의 의사에 배치되는 왜곡된 정계개편을 추구했던 것이다. 따라서 1인 보스정치 내지는 파벌정치, 지역분할정치가 만연하게 되었던 것이다.

이러한 측면에서 내각제를 통한 정계개편이 이루어지기 위해선 다음과 같은 방향에서 합리적인 정치제도와 정치문화가 이루어져야 할 것으로 본다.

첫째, 민주화운동으로 얻어진 값진 지방분권(지방자치)이 제대로 정착이 되어야 한다. 왜냐하면 국가와 지방자치단체간의 수직적 분권이 이루어지지 않은 상태에서 내각제실시는 우리 정치의 고질적 병폐인 지역주의로 인하여 그 효과를 기대할 수 없게되기 때문이다.

둘째, 정해진 규칙을 준수하면서 공정한 경쟁을 할 수 있는 국민에게 체질화된 사회화된 정당이 존재하여야 한다. 내각제는 정당을 기반으로 하는 권력구조이기 때문에 국민에게 뿌리내린 민주정당, 정책정당으로서 그들간의 결속력이 강하고 규율이 엄격한 정당이 되어야 하는 것이다.

셋째, 높은 윤리의식과 시민성에 바탕을 둔 「노블레스 오블리즈」(noblesse oblige : 지도층의 의무)를 실천할 수 있는 정치지도자가 필요하다. 또한 주민의 높은 정치의식이 필요하다. 즉, 자치행정에 대한 주민 통제를 활성화하여 참여민주주의를 이끌어내고 주민의 의식구조에 올바른 가치가 자리잡을 수 있도록 유권자들에게 공공심과 자유정신(l'esprit de la liberté)을 함양시켜주어야 할 것이다.

이와 같은 노력이 선행될 때 비로소 JP가 신년휘호에서 밝힌 바처럼 이화위존(以和爲尊)의 정치가 펼쳐질 수 있지 않을까 생각된다.

(대전일보, 2002)

05

지방선거, 대통령선거를 맞이하여

올해는 우리나라 대표민주주의의 실천정도를 가름하는 평가잣대로서의 지방선거와 대통령 선거가 치뤄지는 중요한 해가 된다. 원래 선거란 통치자에게 정치적 정통성을 보장하는 수단으로서 대표민주주의의 기본원칙을 구성하는 것으로 '누가 공직을 맡아야 하는가에 관한 주민들의 선호를 투표로서 기록할 수 있게 하는 과정'으로 이해될 수 있다. 따라서 공정한 선거야말로 그 나라 민주정치의 성패를 가늠하는 핵심적 요소로 간주되고 있는 것이다.

이러한 측면에서 올해 양대 선거는 한국대표민주주의의 병폐요인을 시정하고 진정한 민주주의 국가로서 도약하는 전기를 맞게 된다고 본다. 따라서 지성인으로 대변되는 우리 대학생들은 그동안 한국정치사에 얼룩진 왜곡된 민주주의를 바로 하는 측면에서 양대 선거를 바라보아야 할 것이다. 즉, 자치행정에 대한 주민통제를 활성화하여 참여민주주의를 이끌어내고 주민의 의식구조에 올바른 가치가 자리잡을 수 있도록 유권자들에게 공공심과 자유정신(l'esprit de la liberté)을 함양시켜주는데 도움을 줄 수 있어야 한다. 또한 위정자들에게는 정치지도자의 높은 윤리의식과 시민성에 바탕을 둔 노블레스 오블리주(noblesse oblige)를 실천할 수 있도록 도움을 주어야 한다고 본다. 그러기 위해서는 다음과 같은 방향에서 합리적인 선거제도와 선거문화가 이루어져야 할 것으로 보인다.

-우선 우리나라 정당정치의 고질적 병폐로 지적되고 있는 1인 보스정치, 파벌정치, 지역분할정치를 차단할 제도적 장치를 마련하여 민주적 정책정당으로 탈바꿈될 수 있도록 해야 한다. 이를 위해 상향식 공천제와 예비선거제가 필요하다. 그리고 인신공격 내지 네가티브한 선거방식으로 국민에게 실망을 주기보다는 당내쇄신으로 국민에게 새로운 희망과 비젼을 제시하는 국민으로부터 신뢰받는 정책정당이 되어야 한다.

-특히 지역할거주의에 의한 투표행태로 지방에서는 일당지배적인 지방의회, 집행기관의 장이 출현하게 되어 「견제와 균형」(checks & balances ; contrepouvoirs)의 이념을 가지는 지방정부구성이 그 의미를 상실하게 되었다는 점이다. 또한 지방선거의 경우 유권자의 지지표가 의석수에 제대로 반영되지 못하여 적은 득표로 다수의석을 점하게 되는 〈대표성〉의 문제가 제기되고 있다. 따라서 소선거구제 다수대표제는 중, 대선거구제 정당명부식 비례대표제를 고려해야 한다.

-상대다수투표의 1회 투표에서 오는 폐해를 시정해야 한다. 얻은 득

표수의 비율에 관계없이 일등을 차지한 한 후보자가 당선되는 방식은 탈락한 후보자가 얻은 표는 자연히 사표화된다는 의미에서 주민대표성의 문제에 심각한 문제를 제기하기 때문이다. 따라서 일정한 득표 상한선(일반적으로 과반수)을 정해놓고 이에 이르지 못할 경우 2차 선거로 1, 2위 한 후보자가 경선을 벌이는 결선투표도 고려해 볼 필요가 있다.

-지방정치가 중앙정치화 되는 것을 지양하여야 한다. 이를 위해 우리 정치문화의 특수성에 너무 민감하여 인위적으로 지방선거에 정당배제를 주장할 수도 있으나, 그 보다는 그 지역의 현안문제를 중앙정당과는 별개로 독자적으로 행보할 수 있는 단체들을 주민 스스로 형성할 수 있도록 해야 할 것이다. 또한 일반적으로 행해지고 있는 중앙정당의 후보공천을 중앙에서 강압적이고 일방적인 낙하산식이 아니라, 그 지역에서 실력과 자질을 평가받은 자가 정당표방을 할 수 있도록 중앙정당의 체질개선이 이루어져야 한다.

-돈이 안드는 선거가 되어야 한다. 따라서 선거비용에 대한 규제를 강화하고 그 실효성을 확보할 수 있는 제도적 장치를 마련한다. 이와 함께 선거비용의 수입, 지출과정을 투명화하는 법적 장치를 마련해야 한다.

이와 같은 제도적 장치를 기반으로 주민과 정치인의 성숙한 민주시민으로서의 의식의 발전을 유도해나가야 한다. 그럼으로써 그동안 우리가 쌓아온 국가형성과 경제발전, 민주화운동으로 지펴진 분권화(지방자치)가 대한민국 민주주의를 건강하게 할 수 있을 것으로 본다.

(충대학보, 2002)

06

자치분권에 합당한 개헌안 논의

I. 서론 : 문제제기

1987년 6월 민주화항쟁의 결과로 만들어진 현행헌법은 21세기 대격변기를 헤쳐 나갈 새로운 국가시스템을 구축해야 하는 시점에서 재설계(내지 전면개정)되어야 하는 당위성을 안고 있다. 그동안 지방자치와 지방분권의 측면에서 볼 때 헌법에서 규정해야 할 사항들을 법률에 위임하고 법률은 또 다시 대통령령이나 부령에 위임함으로써 국회의 다수당이나 중앙정부의 관점에서 이루어져온 것이 사실이다. 그런 배경에서 지방분권형 헌법개정의 필요성에 전적으로 공감하지만, 즉 지방정부가 보다 많은 자치권을 향유해야 한다는 측면에서 분권헌법을 준비해야 하는 것에 공감하지만 또 한편으로는 단일국가모델 하의 243

개 지방자치단체들이 다양성을 함께 추진해나가야 하기 때문에 국가의 중요성을 간과해서는 아니된다는 논리에서 다음과 같은 문제제기를 하고자 한다. 그런 배경에서 프랑스 지방분권형 헌법개정의 배경, 의미와 시사점을 참고해야 할 것 같아 제시하고자 한다(최진혁, 2013).

1. 기본방향

-자치분권국가로의 이행선언 (시민주권이 강화된 자치분권국가)

-권력분립과 보충성의 원칙이 잘 적용된 지방(자치)분권형 헌법

-실질적 지방자치를 위한 지방자치권 보장

(문제 : 지방자치의 내용이 법령에 의해 좌우되고 조례의 제정권이 '법령의 범위 안에서'로 규정되어 자치입법권이 크게 제약되어 있음)

-중앙 · 지방정부간의 연대협력 강화 : 지방정부의 국정참여를 위한 국회 상원도입

(지방4대협의체가 참여하는 중앙 · 지방협력회의)

-주권자에게 헌법개정권력을 부여하기 위한 개정절차

(헌법개정은 국회재적의원 과반수, 대통령 또는 국회의원선거권자 100만명 이상의 서명으로 헌법개정안을 발의하여 국민투표로 결정할 수 있다.)

I. 전문, 총강, 국민의 권리와 의무

헌법의 성립유래와 헌법의 기본정신을 담아야 하는 전문이기 때문에 대한민국 국민의 인권과 국민주권의 원리를 바탕으로 하는 자치분권 조항을 보완해야 되지 않나 여겨진다.

분권을 강조하기 위한 측면에서 자치분권으로 명기하는 방안을 고

려해볼 수 있다. 따라서 "유구한 역사와 전통에 빛나는 우리 대한국민은 ...... 자율과 조화, 자치분권을 바탕으로 자유민주적 기본질서을 더욱 확고히 하여 ... 개정한다"

헌법정신의 내용

① 대한민국의 건국이념과 임시정부의 법통계승, ② 정의/인도/동포애로 민족단결의 공고, ③ 자율과 조화, 자치분권을 바탕으로 자유민주적 기본질서의 확립 ④ 국민의 기본권보장 ⑤ 책임과 의무의 강조 ⑥ 항구적 국제평화의 추구

2. 대한민국 구성

제1조 ① 대한민국은 민주공화국이다.

② 대한민국의 주권은 국민에게 있고, 모든 권력은 국민으로부터 나온다.

여기에 더하여 대한민국의 성격을 보다 구체화할 필요가 있다. 이는 국가의 형태 내지 성격과 연계하여 밝혀주어야 하는 중요한 명제이기 때문이다. 예컨대, "대한민국은 주권불가분성(indivisibilité de la souveraineté)에 의한 단일한 국가(unitary state)이다. 따라서 우리가 추구하는 지방분권개헌은 주권불가분성에 기초하여 국가의 단일성원칙을 존중하는 지방분권으로 하는 국가의 성격규정으로부터 비롯되어야 하는 것이다.

③ 대한민국은 주권불가분성에 의한 단일국가이다.

제2조 ① 대한민국의 국민이 되는 요건은 법률로 정한다.

② 국가는 법률이 정하는 바에 의하여 재외국민을 보호할 의무를

진다.

③ 대한민국은 불가분적, 비종교적 민주공화국이다. 대한민국은 출신(성분), 인종, 종교의 차별없이 모든 국민에 대하여 법률 앞에서의 평등을 보장한다.

제3조 대한민국의 영토는 한반도와 그 부속도서로 한다.

제4조 대한민국은 통일을 지향하며, 자유민주적 기본질서에 입각한 자치분권적 평화통일정책을 수립하고 이를 추진한다.

3. 국민의 권리와 의무

제38조

②국민의 모든 자유와 권리는 국가안전보장·질서유지 또는 공공복리를 위하여 필요한 경우에 한하여 법률 또는 자치법률로써 제한할 수 있으며, 제한하는 경우에도 자유와 권리의 본질적인 내용을 침해할 수 없다.

자치법률로 제한할 수 있는 것은 원칙적으로 자치사무여야 할 것이다. 따라서 국가안전보장과 관련한 문제를 자치법률로 제한하기에는 무리가 있다는 생각이다.

4. 자치분권 국가선언

대한민국은 자치분권국가이다.

지방분권형 개헌에 합치되기 위해서는 국가의 기본조직을 규정하는 조항에 당연히 다음과 같은 규정이 필요하다.

① 국가의 조직은 자치분권으로 한다.

5. 실질적 지방자치보장

제8장 지방자치

1) 지방자치권 강화

지방정부의 자치권은 주민에 속하며, 지방정부의 권력은 주민으로부터 나온다. 결국 지방정부의 지방자치권력은 주민으로부터 위임받은 권력이라는 것이다. 지방정부는 주민이 위임한 자치권을 자기책임하에 처리한다.

2) 자치입법권 강화

제43조

③ 자치정부의 조직은 헌법에 특별한 규정이 없는 한 당해 자치의회가 입법하는 자치법률 또는 조례로 정한다.

우리가 추구하는 지방분권은 단일한 국가 내에서 자치단체의 다양성을 존중하는 체제이기 때문에 일정부분 국가의 관여가 필요한 부분도 있을 것이다. 지방자치법은 헌법에 의거하여 자치단체의 조직의 대강을 규정하고 있으며, 그밖의 구체적인 조직사항에 관하여는 일정한 범위 안에서 자치입법의 형식으로 조직하거나 조직에 참여할 수 있는 권능을 부여하고 있다. 주민자치 대표격인 영국의 주민자치도 국회의 법률에 의거하여 월권의 법리(doctrine of 'Ultra vires')를 적용하고 있는 것이 통례인 까닭에 자치의회가 독립적으로만 해당 자치정부의 조직에 대한 규정을 논의하기에는 과도한 면이 없지 않다. 따라서 법령이 아니라 법률 안에서 논의해야 할 부분을 규정함이 바람직하다.

③ 자치정부의 조직은 헌법과 법률에 특별한 규정이 없는 한 당해 자치의회가 입법하는 자치법률 또는 조례로 정한다.

지방의회가 제정하는 입법형식을 헌법에서 법률로 규정함으로써 주민의 권리제한, 의무부과, 벌칙을 지방의회에서 통과된 법률로써 제정하게 함.

④ 정부와 자치정부간, 자치정부 상호간 행정권의 배분은 헌법에 특별한 규정이 없는 한 보충성의 원리를 따른다.

이 규정도 같은 맥락에서 "헌법과 법률에 특별한 규정이 없는 한 ..."으로 규정해야 할 것이다. 그리고 보충성의 원리만을 부각시키고 있는데, 그 보충성 원리가 제대로 작동하기 위해서는 자치정부간의 감독금지 규정이 따라야 할 것이다. 보충성의 논리로 기초자치단체에 우선 배분하였다고 하지만 광역자치정부가 기초자치정부에 과도한 감독이 진행된다면 그 효과는 반감될 수밖에 없기 때문이다. 따라서 ④정부와 자치정부간, 자치정부 상호간 행정권의 배분은 헌법과 법률에 특별한 규정이 없는 한 보충성의 원리와 자치정부간 감독금지 원칙을 따른다.

3) 지방정부의 종류

지방자치단체의 종류는 법률로 정하되, 이를 변경하고자 하는 경우에는 (의무적으로) 주민투표를 거쳐 법률로 정한다.

4) 중앙-지방정부간 사무배분 원칙 명시

보충성의 원칙 명시 : 중앙정부와 지방정부간 사무배분과 수행은 주민에게 가까운 정부가 우선 처리하는 보충성의 원칙에 따른다.

6. 국회

국회에 양원제를 도입하는 것은 지방분권을 위해 필요하다는 견해를 이미 오래 전부터 필자는 주장해 왔다. 그런 면에서 긍정적이다. 다만 그 구성규정은 지방분권논리에 맞도록 하는 것이 타당할 듯싶다.

제51조

①참의원은 자치의회에서 선출한 국회의원으로 구성한다.

이렇게 규정하면 상원(참의원)의원을 두는 효과가 없다. 왜냐하면 참의원을 두는 것은 지방자치단체의 대표가 국회에 진입하여 지방의 문제를 진솔하게 다루게 할 수 있기 때문이다. 그리고 지방자치단체의 대표들이 다양하게 진입하게 하는 것이 보다 지방분권논리에 부합하기 때문에 그에 따른 선출방식으로서의 선거제도를 고민해야 한다. 또한 국회와 지방의회와의 연계협력체제를 확보할 수 있는 차원에서 상원제도를 고민해야 한다. 그런 배경에서 일반적으로 광역단위에서 선거인단을 조직하여 간접선거방식을 활용하는 방식을 제안한다. 선거인단은 국회의원, 광역의원, 기초의원으로 한다. 따라서 ①참의원은 국회와 자치의회를 포함한 선거인단에서 선출한 국회의원으로 한다. 그래야만이 국회와 지방의회가 연계고리를 가지고 협력의 장이 만들어질 수 있는 것이다. 그런 배경에서 ②, ③규정은 전면 재고를 요한다.

7. 정부

제98조

① 정부와 자치정부간 연대와 협력을 추진하고 자치와 분권을 강화하기 위하여 자치분권평의회를 둔다.

② 자치분권평의회는 대통령, 각 광역자치정부의 장, 기초자치정부의 장의 협의회가 광역자치정부의 장의 숫자와 동수로 선출하는 대표로 구성한다.

③ 정부와 자치정부는 자치분권평의회에 법률안 · 자치법률안 · 명령안 · 예산안 · 조례안 등에 관한 의견을 제출하거나 자문을 구할 수 있다.

④ 자치분권평의회는 대통령이 주재하되, 그 조직 · 직무범위 기타 필요한 사항은 참의원의 의결을 얻어 법률로 정한다.

자치분권평의회를 두는 것이 지방분권 논리에 합당한 것인가를 숙고해야 한다. 일반적으로 진정한 지방분권은 자치적 분권으로의 완성을 말한다. 따라서 국회차원의 참의원을 구성하여 지방의 대표의 대표기관에게 지방의 문제의 이니시어티브를 쥐게 해주는 것이다. 따라서 자치분권평의회와 참의원의 관계를 규정해주어야 한다. 공연히 참의원의 역할에 방해되는 자치분권평의회가 되어서는 곤란하기 때문이다.

8. 감사원

제104조 국가의 세입 · 세출의 결산, 국가 및 법률이 정한 단체의 회계검사와 행정기관 및 공무원의 직무에 관한 감찰을 하기 위하여 감

사원을 둔다.

지방분권의 논리에 부합하기 위해서는 제104조 이외에 지방자치단체의 세입/세출의 결산, 자치단체의 회계검사 및 자치단체 공무원의 직무감찰을 위해 지역회계감사원을 둘 필요가 있다. 따라서 적정한 단위(권역별)에 지역회계감사원을 구성한다.

9. 자치의회와 자치정부

제121조

① 광역자치의회는 주민이 직접 선출하는 의원과 기초자치의회가 선출하는 의원으로 구성한다. 다만, 참의원의 의결을 얻어 제정된 법률로 당해 지역의 기초자치의회의 합동회의가 광역자치의회를 겸하도록 할 수 있다.

광역자치의회 구성을 주민이 직접 선출하는 의원과 기초자치의회가 선출하는 의원으로 구성하는 진정한 이유가 무엇인지 모르겠다. 또한 기초자치의회의 합동회의가 광역자치의회를 겸하도록 할 수 있다는 의미는 무엇인지 의아하다. 민주주의 대표원리에 입각하면 광역의회가 해당 지역주민으로부터 대표로서의 위상을 위임받은 것인데, 구태여 기초의회가 또 선출하게 함은 오히려 대표위임을 침해하는 상황이 될 수 있다. 다만 광역의회와 기초의회가 같은 구역에서 대표권을 가지고 따로 따로 업무를 수행하다보니 비효율적인 의정활동이 되어버린 것이다. 특히 대도시 광역의회와 기초의회와의 관계는 더욱 그렇다. 따라서 광역의회의원 중에서 해당 선거구역을 포함하는 경우 기초의회의원을 겸할 수 있는 의원선정이 이루어지는 방향에서 찾으면 어떨까 한다. 물론 기초자치의회의원은 해당지역의 주민으로부터 선출하도록 한다. 결국 기초의원 중에는 기초의원만 하는 의원도 있고 기초의원과 광역의원을 동시에 수행하는 의원도 있게 되는 상황이 만들어지는 것이다.

10. 기타

이외에 분권형 헌법개정을 위해 성숙한 주민에 대한 규정을 마련하는 것이 어떨까 한다. 즉, 보다 역동적인 역량있는 주민의 역할에 대해서 말이다. 예를들면 주민의 청원권을 강화하여 지방자치정부의 유권사가 지방의회에 그들의 고민을 숙의할 수 있도록 하고, 직접민주주의의 진전에 도움이 되는 규정들을 생각해 보는 것이 어떨까 한다. 유권자들이 해당 자치단체의 조직의 변경이나 자치단체의 경계변경 등의 논의를 할 때는 반드시 주민의 의견을 의무적으로 들어 처리하도록 하는 것이 그것이다.

또한 지방분권형 헌법개정에 필요한 내용은 무엇보다 재정자치의 수단을 넓혀주는데 있다. 따라서 법률의 범위 내에서 자원의 자유스러운 처분이 가능하도록 해주어야 할 것이고, 지방자치정부가 모든 사물에 대해 전체 혹은 부분적으로 세를 부과할 수 있는 가능성을 부여해주어야 할 것이며, 권한과 재원의 동시배분이 이루어지도록 해야 하며, 법률에 의한 지방재정조정기구를 두어 부유한 자치정부와 그렇지 못한 자치정부의 재정을 관리해야 할 것이다.

11. 프랑스 헌법개정의 배경과 시사점

2003년 헌법개정은 1982년 지방분권화 추진과정에서 나타난 재중앙집권화의 흐름을 차단하기 위한 차원에서 시도되었다. 즉, 미테랑 정권에서 추진한 지방분권개혁이 그 시행과정에서 중앙부서의 공직자들에 의해 직·간접적으로 간섭받거나 제한을 받는 상황들을 보면서 이를 바로 잡는다는 차원에서 헌법개정을 보게 되었다. 이에 따라 2002년 5월에 우파정권을 창출한 자크시락대통령은 국가의 행정조직을 분권화하는 신중한 개혁으로서 이러한 변화를 가져올 수 있는 수단과 방법을 제시하고 있는 것이다(후술).

첫째, 단일한 공화국체계 내에서 국가조직의 지방분권화를 명시하였다. 즉, 헌법개정을 통한 지방분권추진은 공화국체제를 보존하면서 국가의 행정조직만을 분권화하려는 의지를 담고 있다. 이런 배경에서 국가와 지방자치단체간의 연계성 확보 및 주민참여효과를 극대화하는 지방분권이 되고 있는 것이다(근접성과 연계성<응집성, 조화성>의 요구).

프랑스의 지방분권은 우선 단일국가체제 내에서 국가의 통일성과 지방자치단체의 다양성을 함께 추구하려는 논리에 맞는 방향에서 추진되고 있다. 즉, 국가와 지방자치단체가 연계성을 가지고 주민참여의 효과를 극대화하는 방향에서 지방분권화를 추진하고 있다. 그런 배경에서 주민의 근접성을 강화하는 지방행정이 가능한 기능배분을 추구하고 있다. 각 행정수준에 적합한 임무에 따라 권한의 유사한 단위를 구성하여 배분할 수 있다. 경우에 따라서는 실험적 국면을 거친 후에 권한의 유사한 단위를 형성할 수 있을 것이다.

둘째, 자유스러운 행정(자치행정)구현에 부응하는 지방분권체계를 모색하고 있다. 그런 배경에서 국가와 지방자치단체간, 광역자치단체와 기초자치단체간의 기능배분은 자유스러운 행정을 어떻게 하면 구축할 수 있겠는가의 논리에서 여러 가지 원칙을 제시하게 하고 있다. 예를 들면 지방자치단체간의 감독금지원칙, 총체적 이양의 원칙 등이 제시되는 것이 바로 그것이다. 더 나아가 개정헌법은 지방자치단체는 모든 권한을 결정할 임무를 갖는다고 규정하고 있다.

셋째, 명백하고 확장된 권한을 추구하고자 한다. 여기서 선도지방자치단체을 활용하고 있다. 명백한 기능배분과 확대된 권한을 향유하기 위해서 총체적 이양의 원칙과 권한의 유연한 배분을 시도하고 있다. 즉, 국가와 지방자치단체간, 지방자치단체간의 계약화를 통해 보완적으로 권한배분의 유연성을 확보하게 하고 있다. 뿐만 아니라 선도지방자치단체를 활용하여 지방자치단체의 권한개입의 중복으로 오는 혼란을 배제하고자 하였다. 국가와 지방자치단체간의 권한배분에 있어 유사한 권한의 총체적 이양의 목적은 그동안의 경험에서 볼 때 달성하기 어렵다는 것을 알게 되었고, 따라서 입법관은 주민에게 제공하는 서비스를 향상시키기 위해 협력동반체(les partenariats)를 조직하게 되었다. 선도지방자치단체(collectivité 'chefs de file')의 지명은 (기존의 자치단체간의 공동 분할하여 행사되는 권한) 동반권한(compétences partagées)영역에서 추구된 정책의 연계성(조화성)을 실현시키는데 유용하게 활용할 수 있을 것이다.

넷째, 지방자치단체간의 권한배분을 적정하게 맞추기 위해 공공정책의 응집성(연계성)과 근접성의 요구에 따라 권한위임방식(des délégations de compétences)을 활용할 수 있을 것이다. 권한위임은 권한이전과는 다르게 임시적이며, 자발성과 계약에 기초한다. 권한위임은 주민에게 가장 가까운 수준에서 결정이 이루어지기 위해 국가 혹은 지방자치단체에게 그의 책임성과 통제 하에 하위수준의 단체에게 어떤 활동을 부여하는 것을 허용할 수 있다. 요컨대, 권한 위임의 실제는 보충성의 원칙을 실행하는데 기여할 수 있을 것이다.

다섯째, 지방자치단체의 권한은 주민의 가장 가까운 수준에서 가장 효과적으로 행사될 수 있는 차원에서 배분되도록 하고 있다. 즉, 지방자치단체는 지방자치단체 각 계층에 가장 효율적으로 사용될 수 있는 모든 권한에 대한 결정을 행사할 수 있게 한다. 이 보충성의 원칙(principe de subsidiarité)은 또 한편으로는 주민에게 가장 가까운 수준에서 권한의 유사한 그룹으로 이전하게 한다.

여섯째, 지방자치단체의 실험권한(droit à l'expérimentation) / 지방자치단체의 책임성을 강화하고 있다. 또한 지방자치단체가 법률이 부여한 권한을 행사하거나 법률, 법규에 유리하게 기여할 수 있는 변경사항 등을 스스로 실험할 수 있게 하고 있다. 그러나 실험권한의 영역은 엄격하게 설정된다. 즉, 실험은 자치권행사나 헌법적으로 보장된 권한의 필수불가결한 조건들을 규정하는 규칙을 손상시킬 수 없는 범위 내에서 이루어지도록 한다. 이러한 자치단체의 실험권한의 귀결로서 헌법에서 보충성의 원칙을 제시할 수 있다. 이러한 규정의 배경은 지방자치단체가 그들의 실험권한을 사용할 때 새로운 규칙과 과거의 규칙이 공존하는 기간을 가지게 되는데, 이 경우 가장 적절한 규칙이 다른 것을 대체하게 된다는 사실을 시사하게 한다. 프랑스 헌법 제37조-1은 규제권을 행사하는데 있어 입법관과 정부내각이 지방자치단체의 권한배분 부문에서 이 실험화를 행사하는 권리가 있음을 밝히고 있다. 이는 권한을 행사하는 적절한 수준을 결정하기 위해서 뿐 아니라 지방자치단체에 능력을 주기 위해서 마련되었다. 요컨대, 새로운 제도를 도입할 경우 구체적인 내용에 따라 지방자치단체에서 충분한 논의와 실험을 거쳐 이를 활용하게 하고 있다. 따라서 지방자치단체마다 단순히 획일적으로 제도를 도입할 것이 아니라 자치단체에 따라 정책적 실험을 거쳐 선별적으로 채택하는 방안을 강구할 수 있다.

일곱째, 역동적이고 적극적인 주민을 강조하고 있다. 즉 직접민주주의를 강조한다. 이런 배경에서 지방행정을 보다 민주적으로 추구하기 위해 주민투표제를 채택하였다. 기존의 자문형 주민투표제에서 결정형 주민투표제로 변경하여 직접민주주의를 강화한 것이 바로 그것이다.

여덟째, 자치재정력을 강화하고 있다. 이를 위해 자치재정권을 헌법에 보장해야 한다. 즉, 과세자주권, 재정지출의 자주성, 권한과 재원의 동시배분, 지방재정조정제도의 확립을 강화해야 할 것이다.

(개헌자문)

07

성별 영향평가와 지역 여성정책연구기관의 거버넌스 구축역할

토론문

대전여성가족센터의 창립 1주년을 축하하며 대전여성가족센터가 국가 및 지방자치단체의 각종 정책에서 진정한 성평등을 실현해 내는데 기여할 수 있는 기관으로 자리매김하기 위한 과제들을 고민해 보고자 한다.

1. 그동안 국가와 지방자치단체가 성별영향평가를 통한 정책결정내용 및 개선사례, 그에 따른 효과를 제시해주었으면 보다 이해를 제고하는데 도움이 될 것으로 본다.

2. 1995년 북경세계여성대회 : 성평등에 대한 새로운 접근으로서 성주류화전략을 채택한 이후 각국에서의 정부정책의 변화내용 등을 비

교할 수 있는 자료를 제시해 주었으면 보다 우리의 현 상황을 이해하는데 도움이 되었을 것 같다.

예를 들면 정부는 평등하고, 효율적이고, 적절한 자원배분을 도모하고 성평등을 위한 예산분배를 위해서 편성, 개발, 적용, 시행 등 모든 예산과정에서 젠더관점을 결합하여야 한다는 북경행동강령(1995년)에 따라 성인지 예산제도를 도입하게 되었지만, 각 국의 상황은 천차만별적인 모습을 보이고 있기 때문이다. 그리고 그들의 행한 성인지 예산제도에서 어떠한 교훈을 얻을 수 있는 것인지?

성인지예산제도의 법적근거, 추진주체와 추진범위, 분석방법 등을 고려힌 적정한 모델제시(각국이 저한 성불평등성의 역사와 사회문화적 맥락 안에서 이해하려고 할 것임)가 필요하다.

성평등에 대한 정부(자치단체)의 의지를 예산이나 정책에 나타나게 해주어야 성인지 예산규모를 산출할 수 있느냐?

성인지 예산개념을 '모든 예산을 대상으로 한 여성과 남성에 대한 예산의 차별적 효과를 분석하는 것'이라고 한다면 예산규모는 산출할 수 없다. 성인지 예산규모를 산출한다는 것은 성인지예산을 여성예산 또는 현재의 양성평등정책예산에 국한하는 경우에 해당한다. 그러나 성인지예산은 모든 예산과 예산과정에 성인지적 관점을 적용하는 것이라고 보기 때문에 성인지 예산규모의 산출은 원칙적으로 불가능하다(윤영진, 2011).

특정예산인 여성예산으로 분류한 피임도구배포, 아동보건 등이 여성만을 대상으로 하는 예산으로 보기 어려운 측면이 있다. 이런 구분이 모호한 경우 성특정예산과 성형평성예산구분이 실익이 낫다.

양성평등정책 예산의 증액문제 철학적 문제이다. 예컨대, 장애아동에 대한 지원은 한편 양성평등지향예산이라 볼 수 있으나 장애아동어머니를 가정에 속박하는 측면이 있음을 생각할 때 반드시 성평등적이라고 볼 수만은 없다(윤영진, 2011).

성인지예산제도를 도입할 때 받을 수 있는 편익은 무엇인지에 대한 내용을 국민에 홍보해야 할 것이다.

3. 주민자치를 강화해주는 틀 내에서 전문가그룹과 시민단체를 아우르는 대전여성가족센터의 역량을 제고해야 한다.

대전여성가족센터의 위상과 역량을 강화하기 위해서는 회원 확대와 대중성의 확보, 자율성을 해치지 않는 범위 내에서 지방자치단체와의 협력 강화, 전문가 집단과의 연대강화 등이 필요하다. 특히 민선자치시대에는 주민의 의사를 대의기관을 통해 정책에 반영하는 것이 중요하므로 지방의회와의 관계에서 윈-윈게임 전략으로 서로의 위상을 높일 수 있어야 할 것이다. 그리고 중앙정부(기획재정부, 여성가족부, 국회, NGO단체)와 연계활동을 강화해 나가야 한다. 지역의 문제가 중앙의 문제가 될 수 있고, 중앙의 문제가 지역의 문제가 될 수 있기 때문이다. 또한 지역 NGO나 여성정책기관이 지역에 국한하여 격리되어 활동하는 것은 거버넌스시대 논리에 맞지 않기 때문이다.

그런 배경에서 지방의회와 여성정책기관의 연계강화의 긍정적 효과를 창출해야 한다.

첫째, 성평등관련 정책에 대한 상호간의 자원의 공유를 들 수 있다. 즉, 상호 연계의 결과 지방의회는 자신이 파악하고 있는 집행기관 정책에 대한 정보자원을 여성정책기관과 공유할 수 있고, 여성정책기관이 소지하고 있는 시민사회(여성단체, 시민단체 등)에 대한 정보를 공유할 수 있다는 것이다.

둘째, 연계는 지방의회와 여성정책기관간의 상호작용에 있어 거래비용을 감소시키는 효과를 가져올 수 있다. 즉, 지방의회의 성평등 정책관점에 대한 시민단체(여성단체)의 반응을 미리 알 수 있도록 하거나 시민단체(여성단체)가 반대할만한 내용을 사전에 제거할 수 있도록 함으로써, 성평등정책과정에 양자간의 갈등을 감소시킬 수 있을 것이다.

셋째, 양자간의 연계는 양자의 문제해결능력을 향상시킬 수 있다. 지방의회는 시민단체와의 연계를 통해 참신한 착상, 지역사회문제에 대한 정보, 정책대안 등을 투입받을 수 있을 것이며, 이는 지방의회의 정책능력향상에 기여할 수 있을 것으로 보인다.

넷째, 연계는 상대에 대한 통제의 제도화 효과를 기할 수 있다. 통제의 제도화는 상대의 행동을 안정적으로 제약하는 것을 의미한다. 상호작용참여자는 각자 빈번한 통제와 개입의 비용을 낮추기 위해 통제를 제도화할 필요가 있다. 예컨대, 지방의회는 시민단체(여성정책기관, 여성단체 등)와의 연계를 통해 지역사회의 조직화된 정치세력 중의 하나인 시민단체가 자신에게 비우호적으로 행동할 여지를 줄일 수 있고, 시민단체(여성단체)가 선호하는 정책을 지방의원에게 학습시킬 수 있다.

일곱째, 연계는 서로의 위상을 강화시킬 수 있다. 지방의회는 여성정책연구기관과의 연계를 통해 성평등과 관련된 제반 정책결정에서 적실성 있는 문제제기, 향상된 문제해결능력 및 지방의회에 대한 신뢰도 향상 등이 가능하며, 이를 통해 그 위상을 높일 수 있다. 마찬가지로 여성정책기관은 전형적인 성평등 관련 지역사회 현안문제 해결자로서의 인상을 강화함으로써 지역사회 내에서 그 위상을 강화할 수 있다.

4. 주민 삶의 네트워크에 기초한 공동체의 재건에 노력해야 한다.

대전여성가족정책센터는 주민간의 강한 유대감과 교류, 삶의 네트워크에 기초한 공동체의 형성에 노력해야 한다. 왜냐하면 다양성 내의 일체성의 확보는 민주적 사회통합의 기본이 되기 때문이다. 자기 지역으로서의 귀속감과 주인의식, 지역사회에 대한 애착을 고무시키는데 있어 지역시민단체의 역할은 매우 중요하다 할 것이다. 이러한 맥락에서 대전여성가족정책센터는 지역 시민단체와 공동보조를 통하여 지역사회 실정에 맞는 주민의 대응성을 높이는 데에서 성평등정책 대안을 찾아야 할 것이다. 그리고 최근 인터넷 활용으로 전자민주주의(electric democracy)가 가능한 상황에서 지방정부는 주민들에게 보다 양질의 정치행정정보를 제공할 뿐만 아니라 주민들이 지방정부에 접근하기 용이하도록 하여 주민참여를 강화할 수 있는 사이버체제를 구축하여 성평등정책관련 내용을 제공해 줄 필요가 있다. 같은 맥락에서 대전여성가족정책센터는 역시 주민과 함께 하는 전자포럼(electronic), 전자공청회(electronic hearing), 원격회의(teleconference) 등을 활용하여 주민과의 활발한 소통의 장을 열어야 할 것이다.

5. 자기평가

대전여성가족정책센터(여성정책연구기관)가 성평등의 주류화를 열어나갈 수 있는 기제로 자리매김하기 위해서는 자기활동에 대한 냉철하고 합리적인 평가가 이루어져야 한다. 예를 들면 성별영향평가 등 성평등정책과 관련한 거버넌스 구축에 따른 문제점을 해결하기 위해 다음과 같은 대전여성가족정책센터(여성정책연구기관)의 평가과정으로서의 7가지 절차를 통하여 문제해결모델로서의 정책방안을 제시할 수 있다. 즉, ①문제점 확인, ②원인분석, ③해결안 선택, ④계획안 형성, ⑤활동들의 계획화, ⑥집행, ⑦통제 및 평가가 그것이다(최진혁, 2001 : 272-273).

대전여성가족센터 1주년 기념

08

신행정수도 및 도청이전에 대한 발전전략: 충남도청 이전의 발전적 고찰

I. 서론 : 문제제기

대전시가 1989년 1월 1일부터 충청남도의 일반시로부터 직할(광역 : 1995년 명칭전환)시로 승격되면서 충청남도와 동등한 광역자치단체로서 충청남도와는 별개의 지방자치단체로서 분리되어 운영되고 있다. 중앙집권시대에는 도청이전문제가 크게 부각되지 않았지만 1991년 지방자치시대를 맞이하면서 대구 · 경북, 광주 · 전남, 대전 · 충남지역을 중심으로 활발히 제기되고 있다.

충청남도는 그동안 도청이전을 위해 입지유형과 소요비용 추계조사를 하여, 시 · 군으로부터 도청이전 후보지 11곳을 추천받은 뒤 입지기준 설정 및 후보지 평가용역을 충남발전연구원을 통해 시행하였고 지난 2002년 3개 후보지가 도에 제출된 상태였다. 그런데 참여정부 출범과 더불어 제기된 충청권에의 신행정수도건설논의는 충남도청이전논의를 잠정적으로 유보시키는 상황으로 전개되었다. 왜냐하면 도청이전은 행정수도이전계획이 가시화된 이후에 논의하여도 늦지 않는다는 그 배경이었다. 이는 신행정수도건설에 내재된 역동성을 충남도의 발전을 위해 보다 멀리, 넓게 포용하자는 의미가 내재되었다고 볼 수 있다.

이제 참여정부의 지방분권과 지역균형발전의 정책 하에 추진되고 있는 신행정수도 건설지역이 연기 · 공주로 확정된 뒤[1] 충남도청이전 문제가 다시 급부상될 것으로 전망된다.[2]

이러한 배경 하에서 그 어느 정부보다 강력한 분권의지를 가진 참여정부는 대통령선거공약의 이행을 구체화하기 위한 작업으로 정부혁신지방분권위원회를 조직하고 적극적인 지방분권개혁과 지역균형발전을 가속화하고 있다. 그 일환으로 각 지역마다 정계 · 학계 · 시민단체의 전문가를 중심으로 지방분권과 지역균형발전의 올바른 방향을 제시하려는 많은 학술세미나가 경쟁적으로 치러지고 있고, 이를 바탕으로 지방분권 추진 로드맵(Roadmap)을 제시하고 있다.[3]

---

1 청와대는 8월 11일 신행정수도 예정지로 충남 연기 · 공주지구의 결정과 관련해 국가균형발전 등 국가 경쟁력을 강화하는 계기가 될 것임을 밝히고 있다. 청와대 김종민 대변인은 "신행정수도예정지가 충남 연기 · 공주로 결정됨으로써 국가균형발전과 지방분권을 통한 국가 제2의 도약의 계기가 될 것으로 기대한다"(대전일보 2004.8.12)고 하였다.

2 심대평 충남지사는 8월 11일 신행정수도 후보지가 확정되면 지난 2002년 도청이전 용역결과를 기초로 6개월 정도의 보완용역을 시행하겠다고 하면서, 2005년 상반기부터 용역결과를 토대로 도의회와 협의를 거쳐 임기 내에 도청이전 후보지를 최종적으로 결정짓고 싶다고 피력하신 바 있다(조선일보 2004. 6,25).

3 정부혁신지방분권위원회는 참여정부의 지방분권에 대한 의지를 담아 정권창출 후 5개월 여의 준비과정을 거쳐 2003년 7월 지방분권개혁에 대한 청사진을 제시하였다.

이러한 맥락에서 본 연구는 충청남도도청이전 문제와 관련하여 구역개편의 적실성 논의를 전개하면서 참여정부가 내세우는 지방분권과 지역균형발전에 부응하는 구역개편으로서의 충남도청의 이전(분리)의 찬반양론의 근거를 고찰해본다. 그러기 위해서 도청이전과 지역균형발전의 의미는 무엇인지 그 이론적 배경을 고찰해 보고, 도청이전의 기대효과 및 현안문제를 짚어보며, 그에 따른 발전과제를 프랑스의 사례를 통해 제시해 보고자 한다.

II. 충남도청이전과 지역균형발전

1. 충남도청이전의 당위성의 배경

1) 현행 2자치계층구조에 따른 도·농분리적 행정구역개편의 필연적 결과

현행 우리나라 자치계층구조는 도시지역, 농촌지역을 불문하고 2계층구조를 채택하고 있다. 도청이전문제는 현재의 광역자치단체를 대도시지역과 농촌지역으로 분리하여 각각 2계층구조를 취하는 자치계층구조에서 비롯되고 있다. 즉, 광역자치단체인 도의 주요구성도시였던 시가 대도시로 분리해 나오면서 새로운 광역자치단체를 형성해가면서 나타나는 문제이다.

cf. 우리나라 지방자치단체 계층구조의 변천(정세욱, 2000 : 460-461)

① 1949년 7월 지방자치법(법률 제32호) : 우리나라 자치단체의 계층구조는 2층제를 원칙으로 하고 다만 서울특별시에만 대도시인 동시에

수도라는 특성을 고려하여 단층제로 하였다.

-서울특별시 단층제

-기타 도시지역 도-시의 2층제

-농촌지역 도-읍 · 면 2층제 (국가의 보통지방행정청으로서의 지위/ 도의 하급행정기관으로서의 지위를 갖는 군이 도와 읍·면 사이에 존재)

② 5.16 군사혁명정부 1961년 9월 '지방자치에 관한 임시조치법'을 공포하여 읍면자치제를 폐지하고 읍면을 군의 하부행정조직으로 전환하는 대신 군을 기초자치단체로 함으로써 계층구조는 도-시 · 군의 2층제가 되었다.

③ 1988년 4월 전문개정된 지방자치법 : 특별시와 광역시의 구를 지방자치단체화함으로써 지방자치계층구조는 대도시지역과 농촌지역을 막론하고 특별시 · 광역시 · 도와 자치구 · 시 · 군의 2층제로 되었다(제2조 1항, 2항)(그림1참조).

그러나 읍 · 면 · 동은 시 · 군 · 자치구의 행정구역으로서, 그 행정기구는 시 · 군 · 자치구의 하급행정기관으로 계속 존치되고 있으므로, 읍 · 면의 법인격이 상실되고 그 대신 군에 법인격이 부여되었을 따름이지 중앙정부-특별시 · 광역시 · 도-시 · 군 · 자치구-읍 · 면 · 동의 행정계층구조에는 아무 것도 달라진 바가 없다.

<그림1> 우리나라 지방자치 계층구조

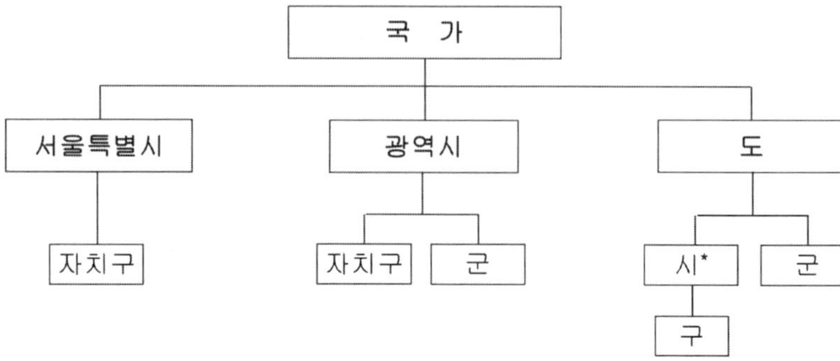

*인구 50만 이상인 시의 구

2) 도청이전 당위성의 근거

도청이전문제는 충남지역의 중추기관인 도청이 대전광역시의 중심부에 계속 존치하는 데서 비롯되는 사안으로 다음과 같은 문제점이 제기되고 있다.

① 대전광역시는 충청남도와 분리된 별개의 자치단체이다. 그럼에도 불구하고 대전광역시의 관할구역에 충청남도청이 존재함으로써 충청남도 주민의 접근성이 떨어지고 행정의 비능률성, 행정비용의 증가, 행정업무의 지연 등에 따른 행정경쟁력의 약화를 초래하고 있다.

② 본격적인 지방자치시대를 맞이하여 고품질의 지방행정서비스에 대한 도민의 기대와 수요가 증가하고 지역경제에 대한 도민의 관심이 증폭되고 있으나 이에 대한 적절한 조치를 취하기 어렵다. 따라서 지역경제의 낙후성과 지역의 불균형개발 및 개발잠재력의 저해요인이 되고 있다.

③ 도민의 공복인 도청공무원이 대부분 대전광역시에 거주함에 따라 자기기관의 자기선임이 되지 못하여 지방자치에 역행하게 되는 현상이 발생하고 있다. 또한 도민이 낸 세금에서 봉급을 받는 도청공무원들이 자신들의 세금을 대전광역시에 납부하여 자기부담에 의한 자치행·재정이 이루어지지 않고 있다.

2. 지역균형발전의 개념

국가균형발전특별법 제2조에서 정의하고 있는 국가균형발전이란 '지역간 발전의 기회균등을 촉진하고 지역의 발전잠재력을 증진함으로써 삶의 질을 향상하고 국가경쟁력을 강화하는 것'을 말한다. 이렇게 볼 때 우리가 추구하는 지역균형발전은 4가지 주요한 요소를 전제하는 다의적 개념이라고 할 수 있다. 첫째, 지역간 발전의 기회균등 촉진 둘째, 지역의 발전잠재력 증진 셋째, 주민의 삶의 질 향상 넷째, 국가경쟁력 강화가 그것이다.

일반적으로 지역균형발전이란 지역간에 경제적, 사회적 제개발지표(1인당 소득, 제조업 생산액, 도로, 상하수도 등)들이 서로 대등한 상태에 있어야 하는 것으로 이해될 수 있다. 그러나 그 개념정의는 매우 모호하다. 왜냐하면 지역균형발전은 지역이 구체적으로 어디를 말하는 것인지, 균형의 참뜻은 무엇인지, 그리고 발전의 참모습은 어떤 것인지에 대한 주관적인 질문을 담고있기 때문이다.[4] 그러나 일반적으로 국토의 모

4 지역균형발전에서 균형(balance)의 의미는 일정한 시스템 속에서 모든 부속품(하위체제)이 원활하게 작동할 수 있도록 서로 조절되었을 때의 안정된 상태를 의미한다. 그러나 안정된 상태, 즉 균형에 도달

든 지역을 차별성 없게 정치적, 행정적, 경제적, 사회 · 문화적으로 균형 있게 발전시켜 나가는 일련의 모든 과정을 의미할 수 있다.

그러나 또 한편으로 지역균형발전은 지역간 성장과실의 단순한 균등배분이 아니라 지역간의 '창의적인 경쟁'과 '민주적 참여'의 원칙 하에서 각 지역의 잠재력을 최대한 살릴 수 있는 '기회'가 보장되고, 국가 전체적으로 최선의 시너지 효과를 낳을 수 있는 것이어야 하는 것으로 이해될 수 있다(이정식, 2001 : 5). 지역간의 형평보다는 기회의 형평성을 통해 사람간의 균형과 개인의 자아실현이 우선되는 지역균형발전을 도모해야 함은 바로 여기에 있다.

그런 측면에서 도청이전문제는 국가의 지역균형발전정책의 일환으로서 중앙과 지방으로 다원화된 행정주체들의 권한이 최상의 조화상태를 실현하고 있는가, 또한 개인의 인간다운 삶을 영위하고, 인간의 창의성과 기회가 보장되는 지역사회건설이라는 관점에서 판단되어야 하며, 어떠한 경우에도 타 지역의 발전을 배제하면서 특정지역의 개발을 우선적으로 고려하여서는 안될 것이다(김남철, 2001 : 7).

III. 충남도청이전의 찬·반 양론의 근거

1. 충남도청이전의 찬성론(대전·충남 분리론)

① 주민의 접근성 약화, 행정의 비효율성 등으로 행정의 경쟁력 약화

할 때까지 시간이 얼마나 걸릴지는 부속품에 따라 달라질 수 있는 것이다. 또한 모든 지역이 똑같이 균등하게 발전되어야 하는가에 대한 논쟁으로서 진정한 의미의 균형발전은 지역이라는 장소보다는 그 장소에서 살고있는 사람을 위한 발전을 추구하는 것이 되어야 한다는 것이다(이정식, 2001 : 3).

② 지역경제의 낙후성, 지역불균형발전

③ 지방자치정신에 위배(자기기관의 자기선임, 자기부담의 자치재정)

④ 생활권과 자치권의 불일치로 인한 주민불편

1) 도청이전에 따른 효과(충청남도, 1996 : 27-32)

① 지역의 개발잠재력 제고와 균형발전

② 행정서비스의 효율적 제공과 주민대응성의 증대

③ 지역의 중추적 관리기능 및 중심성 확보

④ 도정의 구심력 결집과 자긍심 제고(지역연대감 강화)

⑤ 주민생활편의 및 복시증신 기여

⑥ 지역경제 활성화

2) 도청이전의 문제점

① 지역이기주의의 확산과 갈등심화

② 지역간 발전격차의 심화와 불균형발전

③ 지방재정력의 약화와 보상관련 민원발생

④ 부동산 투기 및 환경파괴문제

3) 도청이전의 합리적 기준(권오혁, 2002)

① 행정구역내에 있어 지리적 중심성

② 행정구역의 전지역으로부터의 접근성

③ 행정구역 내에 있어 지역적인 중립성

④ 광역행정기관이 입지할 지역의 역사성

⑤ 행정기관의 독립적 상징성

⑥ 행정기관입지의 지역개발효과

⑦ 행정구역 내에 있어 지역균형효과

⑧ 행정기관의 재입지에 투입되는 조성비용

⑨ 행정기관이 업무를 생산적으로 수행하기 위한 효율성측면 고려

⑩ 행정기관 소속공무원들의 생활수준 보장과 선호

4) 분리구조 구역개편의 근거(김천영, 2001 : 35)

① 지방정부간에 경쟁을 자극시킴으로써 결과적으로 능률성과 대응성을 보다 촉진시킬 수 있다.

② 이웃 자치단체간의 지도자들의 경쟁 / 재선의 기회를 높이기 위해 그들 지방정부의 성과를 향상시키려고 할 것이다. 분리된 구역개편으로 각 지방정부들은 당해 지역의 주민에게 보다 성과있는 행정서비스를 제공하기 위해 노력하게 된다. 따라서 서비스 및 조세의 수준 또는 전반적인 경제, 사회지표의 향상을 위한 유인책을 제공하게 된다.

③ 통합구조는 경쟁이 없는 상황에서 느슨해지는 경향이 있거나 또는 관료의 예산극대화를 허용할 수 있는 동기부여를 제공하고 있다.

④ 지출과 지방정부단위의 수간에 負의 상관관계 존재: 분리구조가 오히려 공적감시와 통제를 촉진시킹으로써 서비스비용을 절감케 하는 효과를 가져오게 한다.

2. 충남도청이전의 반대론(대전·충남 통합론)

1) 일반적 근거

① 역사적 전통과 주민의 정서상 동질성의 유지와 회복,

② 인건비절약에 의한 예산절감의 효과,

③ 광역행정의 효율성 제고,

④ 도 재정기반의 확충을 통한 도시지역과 농촌지역의 균형적인 발전

⑤ 지역이기주의 극복

⑥ 생활권과 행정구역의 일치로 인한 주민생활편익의 증대

2) 구역개편 통합론의 근거 : 분리구조의 폐해(Yates, 1980 : 336 ; 김천영, 2001 : 34)

① 불필요한 업무중복

② 중첩된 관할구역

③ 서비스공급의 불명확한 책임소재

④ 정치적 불안정성 및 통제력의 약화

⑤ 정치적 대응성의 결여

⑥ 정책결정의 분절 및 불안전성

⑦ 자금관리와 효과적인 프로그램집행의 연계성 미비

지방정부의 분리구조와 지방정부의 비용간에는 정비례관계(正의 상관관계)에 있다. 즉 지방정부가 분절구조를 갖을수록 지출비용이 늘어난다는 것이다. 그러므로 이러한 비용을 줄이기 위하여는 규모의 경제를 가져올 수 있는 통합정부구조로 대체하는 것이 필요하다. 그 결과

지방정부간에 지불되는 비용을 절약할 수 있어 효율적인 서비스공급이 가능하다.

IV. 논의사항

1. 자치구역과 계층구조에 대한 논의

1) 현행 도·농분리적 구역개편에 대한 문제점 인식

① 지역경제 약화

② 생활권과 자치권의 불일치로 인한 주민불편야기

③ 중복투자로 인한 예산낭비와 능률성 저하

④ 시 · 도간의 비생산적인 경쟁의식에 따른 광역행정 수행의 어려움

2) 대도시의 2층제 구조에 대한 문제점 인식

① 대도시 전체로서 종합성, 통일성 있는 행정이 미흡

2. 지방분권과 지역균형발전에 대한 논의

1) 기능 · 역할배분

2) 감독(통제)

3) 연계성

V. 가능한 대안모색 : 대전·충남의 분리 속의 통합 방안 - 특정시 제도, 특별법규적용도시

1. 특별법규적용도시제도의 의의

대전광역시를 기초자치단체화하고 그러나 대도시의 특성을 고려하여 운영할 수 있도록 특별법규적용을 받는 도시로 관리할 수 있다(예 : 일본의 지정시, 프랑스 특별법규적용도시(les villes à statut particulier))

대도시의 특별한 행정수요에 대처하여 다른 기초자치단체와 달리 지방행정을 접근해야할 것이다. 즉, 도내에 있는 대도시의 경우 도시화 진전에 따른 주민들의 특별한 행정수요에 대처하여 그들에게 보다 나은 양질의 서비스를 제공하기 위해서는 대도시 광역자치단체에 준하는 '특정시'로서 특례적 지위를 부여하여야 한다는 주장이다. 그럼으로써 대도시 행정 · 재정환경에 부응하는 행 · 재정서비스를 효율적으로 공급할 수 있어 주민에 대한 근접성과 종합성있는 행정을 실현할 수 있다는 것이다. 또한 지역균형발전의 측면에서는 권역별 거점도시로서 그 지역의 성장잠재력과 개발효과를 주변지역으로 파급하는 성장결절지로서의 역할을 할 수 있게 한다는 것이다.

그러나 도에서 특정시를 분리해냄으로써 해당 도의 행 · 재정력을 심하게 약화시킬 수 있고, 또한 같은 생활권 내에 행정지휘체계를 이원화함으로써 행정낭비요인이 될 수 있다. 뿐만 아니라 도와 특정시간의 편익과 비용을 두고 갈등의 여지가 있으며, 도 지역의 다른 기초자치단체간의 지역불균형의 심화현상을 어떻게 처리할 수 있는지 고민거리이다.

이런 배경 하에 최근 참여정부가 추구하는 지방분권과 지역균형발전논리에 맞는 특정시 제도가 되기 위하여 어떠한 방안을 모색해야 하는지를 제시하고자 한다.

2. 특정시 도입에 있어 고려해야 할 사항

1) 국가와 지방자치단체와의 관계 재정립

특정시 도입은 우선 단일국가체제 내에서 국가의 통일성과 지방자치단체의 다양성을 함께 추구하려는 지방분권논리에 맞는 방향에서 추진되어야 할 것이다. 즉, 국가와 지방자치단체가 연계성을 가지고 주민참여의 효과를 극대화하는 방향에서 특정시 제도가 수립되어야 한다. 따라서 행정계층구조를 어떻게 설정할 것인지, 그리고 그에 따라 국가의 기능설정과 지방자치단체의 역할설정을 어떻게 정할 것인지를 검토해야 한다(그림2참조). 이를 근거로 국가와 특정시와의 역할정립를 모색해야 한다. 같은 맥락에서 도와 특정시와의 차별화된 기능설정을 해야 할 것이다(후술). 요컨대, 특정시는 국가와 지방자치단체의 기능배분, 재원배분, 감독(통제)정도를 지방분권화의 논리에 적합한 체계 내에서 설정해야 한다.

2) 주민의 근접성을 강화하는 지방행정 실현

특정시도입은 주민의 일상생활권과 일치되어 행정에 접근성을 높일 수 있는 방향에서 설정해야 한다. 마찬가지로 지방자치단체의 대주민 대응성 강화차원에서 설정되어야 한다. 그런 측면에서 특정시의 도입이 하나의 지역성을 갖는 행정구역을 인위적으로 분리시켜 생활권을 분리시키는 우를 범해서는 아니될 것이다.

3) 지역균형발전의 강화

특정시도입은 중앙집권체제와 과도한 도시집중이 만들어 놓은 갈등구조를 해결하는 지역균형발전의 틀 속에서 설정되어야 한다. 이러한 배경에서 국가와 특정시간에, 특정시와 도, 다른 기초자치단체간에 상생 · 보완 · 협력하는 지역균형발전을 도모해야 한다. 즉, 특정시 도입은 단순한 대도시의 행정수요에 따른 분리가 아니라 인근 비도시권 기초자치단체에 대한 종합적이고 체계적인 지원과 투자(각종 기반시설 확충, 세제혜택, 보조금지급, 고용촉진 등)가 이루어지는 차원에서 모색되어져야 할 것이다.

프랑스 신도시(les villes nouvelles) 개발은 대도시 주변의 도시로서 무정부적 발전에 대처하고 부정적인 도시화진전(도시중심부에 너무 많은 인구 집중)에 따른 균형적인 도시창출에 두었다. 파리지역의 경우 1965년의 도시계획안에 의하면 8개 도시를 예견하고 있었다. 그 중에서 5개만이 최종적으로 채택되었다. 파리 주변으로는 Cergy-Pontoise, Evry, Marne-la-Vallé, Melun-Sénart, Saint-Quentin-en-Yvelines도시가 있고, 지방에는 Lille-Est, Le Vaudreuil pres de Rouen, L'Isle-d'Abeau pres de Lyon, Rives de l'Etang de Berre(Fos) pres de Marseille가 있다.

4) 광역행정에 적합한 구역개편

교통 · 통신의 발달, 과학 · 기술의 비약적 발전에 따라 사회 · 경제권역이 그 어느 때보다 확대되고 있고, 자치단체간의 상호의존관계가 점차 확대되어가고 있다. 따라서 기존의 행정구역을 광역화하여 주민의 생활권역과 일치시킴으로써 행정의 효율성과 주민의 편의성을 증대시킬 수 있을 것이다. 예를 들면 충청권은 국내적으로 국토의 중심부로서 수도권 기능의 분담과 개발효과의 전국적 확산의 기능을 담당하고 있을 뿐만 아니라 과학과 첨단기술의 산실인 대덕연구단지, 오송생명과학단지 기능 활성화에 따라 국가발전거점지역으로 활용할 수 있을 것이다.

5) 광역과 기초자치단체간의 관계 재정립

특정시제도는 광역과 기초자치단체간의 바람직한 관계재정립을 모색하는 차원에서 도입되어야 한다. 광역자치단체는 기획과 조정업무, 정책결정기능을 중심으로 사무를 배분하고 기초자치단체는 대부분의 집행사무를 관장하는 것으로 한다. 더 나아가 주민이해 관련사무는 대폭적으로 기초자치단체가 담당하는 것이 바람직하다.

또한 지방자치단체의 권한 영역의 각각은 객관적, 지리적 성향에 따라 이전되어야 할 것이다. 즉, 근접성 혹은 이를 행사할 수 있는 기술적 능력, 채택된 지방정치 · 행정구조에 따라 행사되어야 할 것이다. 마찬가지로 각 지방자치단체의 영역은 고유한 그들의 기능적 임무를 고려해 주어야 할 것이다. 예를 들면 프랑스의 경우 다음과 같은 접근이 이루어졌다.

즉, 꼼뮨기초자치단체는 토지의 관리와 정리에 적격이었다. 따라서 토지의 사용, 가장 가까운 주민문제(주민의 직접적 표현에 관한 것)에 대응하여 유리하도록 배분이 이루어졌다. 한편, 데빠르트망 광역자치단체는 자치단체간의 연대성의 임무가 행해졌다. 따라서 사회부조와 사회서비스 기능이 중요한 역할로 보장되게 되었다. 마찬가지로 데빠르트망 광역자치단체는 농촌민의 욕구에 대응하여 농촌개발의 책임을 갖게 하였다. 또한 레지옹 광역자치단체는 특히 직업훈련과 기획화를 통해 경제발전을 도모하는 임무를 수행하였다. 이 권한은 레지옹 광역자치단체가 야기할 수 있어야 하고 관리할 수 있어야 하는 것으로, 자치단체간의 능력을 고려하여 배분되었다.

일반적으로 프랑스 지방자치단체의 권한배분문제에 제기되고 있는 분야별 권한은 다음과 같나(Greffe : 64-73). (<표1> 참조).

6) 자치단체간 협력 강화

특정시도입은 자치단체간의 협력을 강화할 수 있는 차원에서 모색되어져야 한다. 참고로 프랑스 자치단체간 협력강화와 간소화에 따른 법의 목적을 소개하면 다음과 같다.

자치단체간 협력강화와 간소화에 관한 1999년 7월 12일 법(la loi du 12 juillet 1999 relative au renforcement et a la simplification de la cooperation intercommunale)의 목적

(1) 사업소세의 공동처분에 의한 재정적 연대를 모색하였다. 특히 주민 5만명 이상의 도시에서는 합병공동체(communautés d'agglomération)를, 주민 50만명 이상의 지역에서는 도시공동체(communautés urbaines)를 기초로 재정적 연대를 강화한다(표-2참조).

(2) 적용된 권한의 의무적 행사로 도시지역의 발전을 보장한다. 즉, 지역의 균형적 발전을 도모하였다.

(3) 2002년 1월 1일부터 자치단체간협력방식을 3가지 형태(도시공동체(communauté urbaine), 도시지역의 합병공동체(communauté d` agglomération en milieu urbain), 농촌지역에 적용된 시읍면 공동체(communauté de commune adaptée au milieu rural))로 하여 시읍면자치단체간 관계상황을 단순화하였다.

이들 세 가지 자치단체간 협력방식은 단일사업세(taxe professionnelle unique)와 경상종합교부금(Dotation globale de fonctionnement)을 그 주요 재원으로 하고 있다.

요컨대 프랑스의 자치단체간 협력방식의 특징은 다음과 같이 요약할 수 있다.

① 도시지역에서의 시읍면기초자치단체간의 발전이 추구되었다.

② 레지옹광역자치단체의 시읍면 기초자치단체간 조합망 추구는 농촌지역에서도 인구를 조밀하게 할 수 있게 하였다.

③ 단일 사업소세 제도를 일반화(la généralisation du régime fiscal de la taxe professionnelle)하였다.

<표 1> 권한의 새로운 배분

분야	시읍면(꼼뮨) 기초자치단체	도(데빠르트망) 광역자치단체	'지역(레지옹) 광역자치단체
지역기획, 국토계획, 경제발전	지역개발, 발전의 자치단체간 부담형성과 승인	농촌설비에 대한 보조프로그램	국가-지역간의 개발계획 계약을 기초로 지역개발 계획안 작성 -지역계획안 형성 -지역자연공원
직입훈련 및 견습			-직입훈련과 견습 활농의 시행 -지역프로그램, 지역기금
도시개발 계획과 유물 및 유적보호	-분야별 도시계획안 작성 -토지이용계획안의 확립 -토지이용계획안(POS) 승인 후 건축허가서 발부		
사회부조 및 위생	-도 경비에 시읍면 재정의 참여, 어떤 사회부조 형태의 긴급 승인권, 사회부조기관에 의한 사회부조 서류의 지침 -공중위생	-의료방문 -사회부조(어린이, 가족, 장애인, 노인) -모자보건 -도의 사회서비스 -사회기관의 감독 -마약, 암 퇴치	
운하, 하항			-운하, 하항의 건설 -하항과 수로의 활용 및 관리
해항	유람항	상업항, 낚시항	
낚시			연안낚시의 부표의 현대화
해양 경작지		경작지 관리(정비)사업에의 부조	기업에의 부조
학교수송	도시교통범위 내에서의 학생수송의 조직과 재정	도시교통범위 밖에서의 학생 수송의 조직과 재정	
교육	유치원, 초등학교건설, 관리 및 교육	중학교의 건설 관리 및 교육	고등학교, 특수교육
환경 및 문화활동	문화서비스, 도서관, 박물관	문화서비스, 도서관, 박물관	문화서비스, 도서관, 박물관
농업	도시화와 도시계획상의 지대구분	농촌장비, 수작업, 토지의 재통합	농업교육과 발전

자료 : Les cahiers français, n 220 ; Greffe, La décentralisation 에서 발췌, 정리함.

<표-2> 도시공동체(Communautés urbaines) 사례

communauté urbaine	세제도	기초자치단체수	인구수
Marseille	TPU	18	991,953
Brest	TPU	8	221,600
Bordeau	TPU	27	671,875
Nantes	TPU	24	568,517
Cherbourg	4taxe	5	91,717
Nancy	TPU	20	264,657
Lille	TPU	85	1,107,560
Dunkerque	TPU	18	212,241
Alencon	4taxes	19	52,700
Arras	TPU	24	93,571
Strasbourg	TPU	27	456,551
Lyon	TPU	55	1,186,748
Le Creusot Monceau les Mines	TPU	16	94,501
Le Mans	4taxes	8	188,852
TOTAL		354	6,203,043

TPU(Taxe professionnelle unique) / 단일사업세
4taxes / 4가지 직접세 : 주거세(taxe d`habitation), 사업세(taxe professionelle), 건축물 토지세(taxe foncière sur les propriétés bâties), 미건축물토지세(taxe foncière sur les propriétés non bâties)
자료 : Ministère de l'Intérieur, de la sécurité et des libertés locales-Direction générale des collectivités locales(2003).

<그림2> 대안모색 : 자치계층구조 및 구역개편

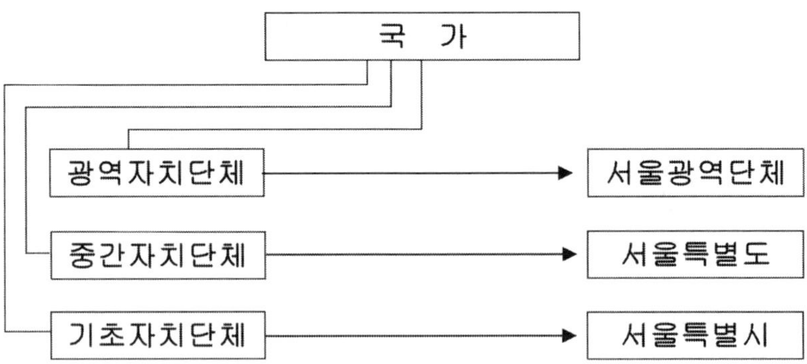

09

자치분권위원회 정책자문위원장 인터뷰

[중도초대석] "진정한 균형발전 위해 지방 분권 힘 실어야"
최진혁 충남대 자치행정학과 교수 "중앙과 지방관계 재정립해야"
"행정분권 이어 정치분권 논의해야 할 시점"

"진정한 자치분권이 되기 위해서는 중앙과 지방의 수평적 관계에서 논의할 수 있는 관계 정립이 우선돼야 합니다."

그동안 중앙부처가 맡았던 400개 국가 사무가 내년 지방자치단체로 이양되는 일명 '지방이양일괄법'이 지난 9일 국회 본회의를 통과했다.
대통령 직속 자치분권위원회 정책자문위원장으로 이번 '지방이양일괄법'에 힘써온 최진혁 충남대 자치행정학과 교수는 참여정부시

절부터 자치분권 과제에 참여하며 중앙정부의 많은 권한과 사무 · 기능 · 역할의 지방 이양을 주장해 온 지방자치의 대표 학자다.

자치분권시대, 지역과 수도권의 균형 발전을 위해 동분서주하는 최진혁 자치분권위원회 정책자문위원장(충남대 행정학부 자치행정학과 교수)를 만나 지방분권시대 중앙정부와 지방자치단체의 역할과 과제를 들어봤다. 〈편집자 주〉

-자치분권위원회 정책자문위원회는 어떤 조직인가.

▲ 자치분권은 주민의 자발적인 참여가 기본이다.

그동안 자치분권 정책이 논의돼 왔지만 실생활에 이어서는 주민들에게는 제대로 스며들지 못했다.

중앙정부가 많은 권한을 가지고 있고, 지방자치 사무는 조그마한 것만 이양해주는 말로만 지방분권 시대에 있었다.

그래서 지방자치단체 234개의 지방자치단체 입장에서는 지방자치를 한다고 해도 체감도가 떨어지고, 여전히 주민들은 잘 모르는 경우가 많다.

현 정부의 국정과제 기조가 자치분권인데, 같은 자치분권 정책이 지역사회에 제대로 투영돼 있지도 못했다는 반성이 있었다.

자치분권위원회는 이 같은 반성을 바탕으로 전국의 17개 시도의 지역인사 143명으로 구성됐다.

현장의 지방자치단체 의견들을 중앙정부에 전달하고 있다.

-정책자문위원장에 위촉된 지 6개월 차에 접어든다. 그동안 중점적으로 했던 활동은 무엇인가?

▲ 중앙행정의 지방 이양이다.

지방분권시대에 맞게끔 중앙정부의 많은 권한과 사무 · 기능 · 역할을 지방에 이양해줘야 한다는 논의를 지속적으로 해왔다.

그동안은 단위사무별로 지방에 이양하는 모양새를 갖췄지만 실제적으로는 지방에서 그 권한을 행사할 수 있는 상황이 못 됐다.

지방자치 행정은 종합행정이다.

자치분권 정책을 가운데 실제로 실행이 안 되는 것들, 또 정부가 추진하려는 주요한 과제에 대한 지역 의견들을 대통령께 보고하고 있다.

-올 초 지방이양법에 이어 자치분권 3법의 제도화와 2단계 재정분권, 제2차 지방이양일괄법 추진을 계획하고 있다. 구체적인 계획은 무엇인가.

▲ 지금은 1단계, 걸음마 단계다.

중앙 권한을 지방에 제대로 이양하기 위해서는 중앙과 지방의 관계 정립이 바르게 돼야 한다.

사무 배분을 통해 중앙과 지방이 사무를 통해 통제할 수 있는 고리를 주면 안 된다.

아직까지는 이걸 방지하는 장치 · 시스템이 없다. 중앙-지방이 수평적인 위치에서 대화할 수 있는 것들을 만들어 가야 한다.

사무만 이양에 이어 재원문제도 같이 따라가야 한다.

-이번에 국회를 통과한 지방이양법으로 내년부터 400개 사무가 지방자치단체로 일괄 이양된다. 지방자치단체가 받을 수 있을 만한 수준이나 역량이 충분하다고 보는가.

▲ 많은 학습 효과를 통해서 자치역량을 개발하고, 지방자치단체들이 노력을 해왔기 때문에 어느정도 위치에 와 있다고 본다.

다만 지방 공무원의 전문성을 넓혀 나갈 수 있는 것을 만들어 줘야 하는데 우리나라는 전문성 있는 공무원보다는 일반 행정가를 양성해 왔다.

우리가 공무원들의 전문성을 키우기 위해서는 직제의 한계는 있지만, 그 장점을 제고할 수 있는 노력을 해야 한다.

-지난 8월 정책자문위원장으로 취임했다. 임기 내에 꼭 달성하고 싶은 사업이나 목표가 있다면 무엇인가.

▲ 주민들이 민주적 차원에서 주민주권시대에 맞게 주민소환제도, 주민참여와 같은 여러 제도를 통해 주민들의 의견이 제대로 지방정부에 반영될 수 있도록 해야 한다.

국가와 지방자치단체와의 관계에서부터 지방자치자체 내 문제, 그리고 지방자치를 시행해도 실질적으로 주민들이 체감하지 못하는 부분들까지, 많은 과제가 있다.

지방의 목소리, 현장의 목소리를 면밀히 분석해서 제안해서 지방 스스로 자치분권 견인해 낼 수 있다는 확신을 중앙정치인에게 심어줄 것이다.

-문재인 정부는 지방분권을 국정기조 최우선과제로 삼고 있다. 우리나라 분권 수준은 어느 정도라고 보는가.

▲ 1991년 지방의회가 재구성됐으니 지방자치가 본격 시작된 지 30년이 되어 간다.

하지만 앞서 말했듯이 아직까지 행정적 분권에만 논의가 진행 중이다.

앞으로는 정치권 분권까지 가야 한다.

정치적 분권을 위해서는 국회와 지방의회가 대등해야 한다. 지금은 국회가 지방의회를 표밭관리용으로만 활용하고 있다.

지역대표를 또 만들어 국회에 만들어야 하는게 상원제도인데, 상원제도를 통해 지역대표가 국정을 논의하는 방법도 고려해 볼 필요가 있다고 생각한다.

대담=오희룡 교육과학부장 · 정리=김유진 기자 · 사진=이성희 차장

(중도일보)2020-01-21 11면

10

한성일이 만난 대전 · 충남 지방자치학회장

[한성일이 만난 사람]최진혁 대전충남지방자치학회장

지방자치 30년의 평가와 과제에 대해 말하다

도시자치융합학과 신설해 신입생 모집, 7급 이상 공무원 인재 양성 계획도 밝히다.

한국 행정학의 대표적인 학자로 제자들의 존경을 한몸에 받고 있는 최진혁 대전충남지방자치학회장(충남대 공공문제연구소장)은 지난해 12월 14일 대전세종연구원, 충남대 공공문제연구소, 한국행정학회, 한국지방자치학회, 대전충남지방자치학회와 공동주최로 충남대학교 사회과학대학 강의동 201호에서 '자치분권 2.0시대 도시 · 자치행정의 새로운 방향성 모색-대전세종충청권역의 자치분권발전전략-'을 제목으로

2021년 대전세종연구원-충남대학교 공공문제연구소 기획세미나를 개최했다. 대선과 지선을 앞두고 자치분권 문제가 중요한 화두로 떠오른 시점에 최진혁 회장을 충남대학교 사회과학대학 3층 최진혁 회장 연구실에서 만나 '지방자치의 30년 평가와 과제'에 대해 들어보는 시간을 가졌다.

-최 회장님, 자치분권 전문 학자로서 자치분권에 대한 이야기를 들려주실까요?

▲ 앞으로의 지방정부 자치분권은 시민과 시민단체, 지역공동체 등이 보다 역동적으로 참여할 수 있도록 해야 됩니다. 보다 지혜롭게 행・재정활동을 영위하게 하는 전문가집단과 성숙한 주민의식으로 무장한 시민단체와 협력하는 창의적이고 영리한 거버넌스 체제를 구축해야 합니다. 예를 들면 그동안 적용해온 주민참여 예산제도는 더욱 더 주민 참여 범위를 넓히고 이들의 의식 제고를 위한 프로그램 개발이 필요합니다. 전문성을 갖춘 예산참여위원회를 구성해 지자체의 행・재정 활동의 창의성과 효과성을 견인해 낼 수 있도록 해야 합니다.

자치분권의 또 다른 30년을 준비해야 하는 시점에서 현 정부의 자치분권 정책은 지방자치법 전부개정에서 볼 수 있듯이 국가 중심의 자치에서 주민 중심의 자치로 제도 설계를 다시 해야 합니다. 그런 배경에서 진정한 지방 민주주의 실현을 위해 헌법이 보장하는 지방자치의 본질(지방자치단체에 의회를 둔다)을 이해해 주민주권의 주민자치를 기반으로 지역주민의 참여와 국가와 지방자치단체 간의 동반자적인 협력을 통해 지방자치단체의 역량을 강화해야 합니다. 여기에서 우리는 본질적인 주민 중심의 자치분권 논리가 무엇인지 고민하지 않을 수 없는데요. 그것은 바로 그동안 지역사회에서 국가의 의사가 직접적, 수직적으로 침투하는 비대화 된 행정 영역을 줄이고, 그동안 상대적으로 소외되었던 주민참여와 주민 통제의 역할을 강화할 수 있는 자치의 영역을 키워나가는데 있다고 할 것입니다. 지방자치의 존립 근거가 되는 기관이자 주민의 대표기관인 지방의회의 존재 이유를 재확인해 주민의 일상생활에 함께하는 기관으로 재탄생시켜야 합니다. 자유민주주의 국가에서 지방자치제를 논의하면서 지방의회를 무시하거나 부정하는 일은 자치분권의 거대한 원동력을 차단하는 것과 같은 이치입니다.

자유민주주의에 내재 된 건전한 시민 정신에 입각한 성숙한 시민의식이 뒷받침된 지역사회를 만들어 가는 일이 무엇보다 중요할 것입니다. 자기 이익에만 급급한 소아적인 주민이 아니라 우리 지역 공동체를 위해 봉사하고 희생할 줄 아는 성숙한 시민의식을 가진 주민을 길러내야 합니다. 국가와 지방정부가 주민을 위해 무엇을 해줄 것인가를 묻지 말고, 주민이 국가와 지방정부에 무엇을 해 줄 수 있을 것인가를 물을 수 있어야 합니다. 대한민국 지방자치의 제2 도약을 견인해내는 자치분권 2.0의 당위성이 바로 여기에 있습니다.

-회장님, 자치분권은 어떤 방향으로 내용을 설정해야 될까요?

▲ 먼저 우리나라에 합당한 중앙-지방자치단체 간의 바람직한 관계를 설정해야 합니다. 즉, 국가와 지방자치단체와의 관계가 국가의 통일성 내에서 유기적인 협조 내지 연계성 있는 자치 분권화가 되어야

합니다. 국가의 지배 논리와 지방의 독립적 논리가 균형 있게 적용되어야 합니다. 정치적 측면에서의 연계, 협력을 강화하는 차원에서 지역의 지방의회가 국회와의 연계성을 가지면서 지방 행정을 펼쳐나갈 수 있는 제도적 보완을 고민해야 합니다.

그 다음엔 지방자치단체의 자율성을 확대하고 이에 상응하는 행정 역량과 책임성을 강화하는 자치분권이어야 합니다. 중앙 행정 권한의 지방 이양을 추진하고, 국세와 지방세의 합리적 조정과 지방재정조정 제도를 통해 재정자립도를 제고해야 됩니다. 자치입법권 확대와 지방 인사의 공정성과 개방성을 확대해 자치역량을 강화해야 합니다.

셋째, 지방민주주의, 직접민주주의를 강화하는 주민자치 주도의 자치분권이 돼야 합니다. 이를 위해서는 주민과 가까이 하는 자치행정이 되도록 해야 합니다. 주민들이 자기 자치단체에서 행하는 사무에 대해 정보를 알아야 하고, 그들에 관계되는 정책 결정에 그들의 의견을 자유롭게 개진할 수 있도록 해줘야 합니다. 주민의 이해에 반하는 정책으로 해를 끼치는 경우에는 주민 감사 내지 통제제도를 허용해줘야 합니다. 이는 지방민주주의의 가장 중요한 원칙으로 행정행위의 투명성 원칙과 지방정치에의 주민참여, 주민통제의 원칙을 의미하는 것입니다. 그런데 결국 주민과 가까이 하는 행정은 주민을 대표하는 지방의회를 통해서 제도적으로 가능합니다. 따라서 지방의회의 새로운 역할 정립이 요구됩니다. 특히 지방의원의 자질, 능력을 제고할 수 있는 방안 모색과 자유로운 의회 행정 보장과 같은 분야에 깊은 성찰이 있어야 할 것입니다.

마지막으로, 우리가 구축해야 할 새로운 지방행정 · 재정 거버넌스는 크게 두 가지 측면의 통합관계를 고민해야 하고, 그 안에서의 질적인 상관관계를 모색해야 할 것입니다. 즉, 그동안 체제 안에 놓여진 구성요소들 간에 관습적으로 행하는 협력 관계가 아니고, 서로 창의적으로 시너지 효과를 극대화하는 협력을 이끌어 내 다양한 행위자들의 수평적인 통합을 이뤄내고, 국가 전체발전의 목표와 전략에 상응할 수 있는 국가와 지방자치단체 간의 수직적 통합을 이끌어 내는 것이라고 볼 수 있습니다.

-올해부터 충남대 자치행정학과가 새로운 과인 도시자치융합학과로 바뀌면서 신입생을 뽑으신다죠?

▲ 예, 충남대 자치행정학과가 새로 도시자치융합학과로 변신합니다. 7급 공무원 수준의 우수한 인재를 키워나갈 계획입니다. 지금 행정학은 위기에 처해 있습니다. 도시자치융합학과로 변신해 이 시대가 요구하는 인재를 키워낼 생각입니다. 전국에서 최초로 생기는 학과인 만큼 전국 최고의 인재들을 길러낼 것입니다. 우수학생들이 서울로 빠져나가지 않도록 잡아두는 유인책이 필요할 텐데요. 저희 과가 그런 역할을 해낼 것입니다. 우수 인재를 통해 시너지효과를 발휘할 것입니다. 전국에서 우수한 인재들이 몰려올 것으로 확신합니다. 우리 충남대학교가 지역 명문 거점대학으로 성장하면서 인재들을 키워낼 수 있도록 합심해 노력할 것입니다. 인재들이 자긍심을 갖도록 해줄 것입니다. 이 지역을 벗어나도 대한민국 국가에 기여하고 거기에 맞는 큰 인재들을 키워나가는 것이 도시자치융합학과의 목표입니다. 대한민국 1등 가는 대학으로서의 자부심을 갖고 제자들을 키워내겠습니

다. 충남대에 부임해 자치행정학 발전을 위해 살아온 것을 고맙게 생각합니다.

-회장님은 프랑스에서 10년간 공부하고 오셨고, 서울대에서 연구원으로 계시다가 충남대에 부임하신 이후로도 수많은 연구 활동과 업적을 남겨 오셨는데요. 어떤 가치관과 철학을 갖고 계신지 궁금합니다.

▲ '워커홀릭'이라 불릴 정도로 주말에도 학교에 나와 연구실을 지키는데요. 주일에 교회에 가서 예배를 드리고 나면 반드시 학교에 나와 연구실에서 연구에 매진합니다. 저에게 하나님께서 주신 달란트를 최대한 활용해 국가와 사회를 위해 봉사해야 된다는 생각이거든요. 학생들이 역경을 이겨내고 자기 실력과 재능을 잘 발휘할 수 있도록 지도해 주는 게 교수의 역할이라고 생각합니다. 그런 역할을 할 수 있음에 뿌듯함과 보람이 느껴지지요. 연구를 많이 하는 학자로 학계에서 존중받고 제자들의 존경을 받는 삶에 감사드립니다. 학자로서의 소임을 다하는 것은 연구실을 떠나지 않는 것이라고 생각합니다. 주일예배를 드리면 반드시 연구실에 나와 연구하는 것은 저와의 약속입니다. 20년간 지속 된 제 삶인데요. 역대 정부의 자문을 위해 일주일에 네 번씩 서울에 오르내릴 때도 최선을 다했습니다. 정년이 2년 반 남았는데 이 기간 동안 정리할 논문들과 집필할 책들이 많아 매우 바쁩니다. '자치분권 2.0'도 이제 '자치분권 3.0'을 위한 제3의 도약을 해야 될 시기입니다. 공부할 수 있는 여건을 주신 하나님께 감사드립니다. 한 인간으로서 이 세상에 와 저에게 주어진 사명을 잘 감당할 수 있도록 최선의 노력을 다 하려 합니다. 저에게 주어진 사명을 잘 감당

하고 국가 발전에 이바지하고 싶습니다. 제가 프랑스에 유학 가서 근 10여 년 가까이 공부하는 동안 부모님을 잘 모셔준 아내에게 감사합니다. 프랑스식 도제 공부를 하면서 정말 많이 힘들었지만 최고가 아니면 안 한다는 생각에 최선을 다했습니다. 졸업할 때 상위 4% 이내에 들어 최고점수를 받고 1등급으로 졸업했죠. 학계에서 인정받기 위해서는 끊임없이 쉬지 않고 연구하는 방법밖에는 없습니다. 작고하신 어머님이 제게 주신 교훈은 항상 겸손하라는 말씀이셨습니다. 올해는 신앙인으로서 좀 더 많이 봉사하며 살고 싶습니다. 하나님의 섭리로 영안이 열리고 축복의 한해를 열어나갔으면 합니다. 하나님의 무한한 사랑을 실천하려고 노력하는 마음을 갖고 있습니다. 지극히 높은 곳에서 하늘에 영광, 땅에 평화라고 했는데 하나님이 택하신 백성으로서 항상 하나님을 중심으로 모시고 하나님 나라 확장과 이웃 사랑 실천을 위해 노력할 것입니다. 제가 존경하는 원종수 권사님(서울대 의대 수석 졸업, 미국에서 암 전문의로 활동하면서 선교활동)의 신앙을 본받아 살고 싶습니다. 진정 희생이 뭔지, 참 크리스천으로 살고 있는지, 남에게 아픔을 주지는 않았는지, 학자로서, 교육자로서 삶을 바르게 살아왔는지, 오늘도 하나님이 주신 사랑과 능력 안에서 반듯하게 살았는지, 하나님이 이 땅에 독생자를 주신 의미를 되새기며 하나님의 사랑의 일을 실천할 수 있도록 노력하며 살고 싶습니다.